欧亚古典学研究丛书

乌云毕力格 主编

山林之间

乌梁海部落史研究

特尔巴衣尔 著

上海古籍出版社

本成果得到
中国人民大学"中央高校建设世界一流大学（学科）和
特色发展引导专项资金"支持（项目批准号：17XNLG04）

目　　录

绪　论 1

第一章　早期乌梁海部历史 15
　第一节　图瓦人族源问题 15
　第二节　乌梁海部的起源 18
　第三节　蒙元时期的兀良合部 20

第二章　明代的兀良哈部落 25
　第一节　朵颜兀良哈 25
　第二节　兀良哈万户 32

第三章　清代乌梁海人的来源 37
　第一节　乌梁海人的名称与来源 37
　第二节　乌梁海人与喀尔喀、卫拉特之关系 39

第四章　准噶尔内乱与乾隆帝对乌梁海部的经营 44
　第一节　乌梁海人入卡事件 44
　第二节　乾隆帝对乌梁海部的经营 54

第五章　清廷对科布多乌梁海部的招抚活动 72
　第一节　清廷出兵乌梁海部之理由 72
　第二节　清廷对乌梁海部的征讨与招抚 76

第六章　清廷收服罕哈屯乌梁海部的活动　86
　　第一节　清廷对罕哈屯乌梁海部的劝降　86
　　第二节　清廷武力收服罕哈屯乌梁海部　90

第七章　准噶尔人的反清活动与乌梁海人的命运　97
　　第一节　阿睦尔撒纳叛清与乌梁海人之向背　97
　　第二节　清廷用兵乌梁海　102
　　第三节　大国之争中的乌梁海人命运　108

第八章　清朝对乌梁海的管理　114
　　第一节　编佐设旗　114
　　第二节　纳贡义务的确立　125
　　第三节　乌梁海人的迁移和阿尔泰乌梁海的形成　129

第九章　乌梁海人与哈萨克部的边境纠纷　140
　　第一节　哈萨克部掳掠乌梁海与清廷应对措施　140
　　第二节　西北边陲长期纷争　149

第十章　沙俄入侵与乌梁海部的归属问题　154
　　第一节　《布连斯奇界约》与唐努乌梁海的领土划分　156
　　第二节　中俄勘分西北界与乌梁海领土问题　161
　　第三节　沙俄对唐努乌梁海的商业渗透　164
　　第四节　俄国占领唐努乌梁海　166

第十一章　科塔借地与科阿分治　179
　　第一节　科塔借地问题　179
　　第二节　科阿分治局面之形成　183

附录：本书所用重要满文档案转写　191

参考文献　273

后　记　283

绪　　论

　　乌梁海为蒙古一古老而又重要的部落,在整个蒙古史上都充满生机,其对蒙古起源、蒙古民族的形成和整个蒙古历史发展进程都有着重要影响。乌梁海部在漫长的历史进程中经历了复杂的变迁历程,故其相关研究成为蒙古史研究中的难点和重点。

　　乌梁海部最早生活在贝加尔湖东西两岸广袤的森林地带。蒙古兴起前夕,乌梁海人成为蒙古龙兴之地不儿罕山主人。蒙元时期,该部猛将辈出,为蒙元政权立下了赫赫战功。在明代,以兀良哈自称的朵颜三卫活跃于明蒙之间;又有兀良哈万户占据漠北,威胁北元政权。清代,乌梁海人居于清、俄、蒙交界处的阿尔泰山、唐努山和萨彦岭一带,在清朝、准噶尔部和沙俄三方关系中扮演了重要角色。清朝统一乌梁海后将之分为唐努乌梁海、阿尔泰乌梁海和阿勒坦淖尔乌梁海,统称乌梁海三部。19世纪60年代,沙俄势力开始进入乌梁海地区,通过不平等条约占据了阿勒坦淖尔乌梁海全境和唐努乌梁海一部分。1914年,沙俄派兵占领了唐努乌梁海大部分地区。民国时期,尚属北洋政府控制的阿尔泰乌梁海经过一系列动荡,大部分居民逃亡外蒙古。时至今日,清代乌梁海三部后裔分属俄罗斯联邦图瓦共和国、阿尔泰共和国,蒙古国西部和中国新疆阿勒泰地区等,故研究乌梁海部落变迁史有一定的现实意义。

　　唐努乌梁海因被俄国强占,曾成为中、俄、蒙领土争执问题之一,引起了中外学者一定的关注。但阿尔泰和阿勒坦淖尔乌梁海的历史则多年无人问津。随着人们对非物质文化遗产保护意识的加强,有人开始关注阿尔泰乌梁海,但更多的是将重点放在其民俗和生产生活方式上,在论及民俗民风时会简单介绍到其历史。

　　乌梁海部在清前期分属喀尔喀与准噶尔部,其历史几乎被清朝史书忽略不计,以致这段历史成为乌梁海史和准噶尔史研究中的薄弱点和空白点。同时可以看到,弱小民族的生存与发展受制于强邻,这是一个近代以来较为普遍的历史现象。故其研究有一定的理论意义。

乌梁海人曾役属于准噶尔和喀尔喀等蒙古政权。乾隆二十年（1755），清朝倾全国之力，对称霸中亚的劲敌准噶尔汗国发动了一场大规模的统一战争。"最后的游牧帝国"准噶尔汗国顷刻间被摧毁。在此过程中，清朝派出另一支军队北征，以收服阿尔泰和阿勒坦淖尔乌梁海人。清朝此次对乌梁海的战争是准噶尔战争的一部分，但由于规模极小，又不是在主战场和主战线，治清准战争史者对乌梁海战线重视度不够，甚至将其完全忽略。乌梁海战争形势直接受清准战争总局势左右，同时又反作用于清准战争。因此，欲更加全面和深入地了解清准战争，有必要对乌梁海战争进行细致考察。近年来整理和出版的档案极大地丰富了准噶尔史料，同时也在一定程度上丰富了乌梁海历史资料。但笔者发现，目前所出版的档案当中所收录的阿尔泰乌梁海资料甚少，更谈不上有核心资料。① 关于阿尔泰乌梁海的核心资料主要见于中国第一历史档案馆所藏"军机处满文录副奏折·民族事务类·蒙古项"中，尚未出版。笔者在酝酿硕士学位论文期间，从中国第一历史档案馆抄录了大量相关满文档案。这些珍贵的档案资料为我们提供了许多历史细节。历史的真相往往隐藏于细节之中，通过对历史细节的复原和细究，相信必能有更深入的认识或全新的发现。

本书从乌梁海人的起源开始，梳理元明时期兀良哈人历史，重点探讨清廷统一和统治乌梁海部的政治、军事活动，最后再简单交代唐努乌梁海被俄国吞并的过程和阿尔泰乌梁海息息相关的"科塔借地"与"科阿分治"事件。

一、资料述评

乌梁海之名始见于《辽史》。关于乌梁海人重要组成部分的图瓦人的相关记载却可追溯到唐代，如新旧《唐书》、《册府元龟》、《通

---

① 如《清代军机处满文熬茶档》和《军机处满文准噶尔使者档译编》只有几条相关信息，且价值不大；《乾隆朝满文寄信档》和《乾隆朝上谕档》虽有些相关信息，但都集中在乾隆二十五年（1760）以后的事件。即便在《新疆满文档案汇编》当中我们也很难找到乌梁海核心资料。

绪 论

典》等文献中均有记载。虽然相关记载非常零散和简略,但对追溯乌梁海人来源非常重要。故探讨乌梁海族源问题,汉文史料有着重要地位。除此之外,一些古突厥文碑铭史料中对图瓦人也有只言片语的记载,也应值得注意。

蒙元时期,因乌梁海部与蒙古黄金家族关系非常密切,该部又为蒙元朝廷立下了汗马功劳,故蒙元史籍频见乌梁海人之记载。如《蒙古秘史》记载了乌梁海部与蒙古黄金家族的关系;《元史》有乌梁海部"速不台"①"兀良合台""阿术"三代人传记;14世纪初波斯文史籍《史集》对兀良合部有专门介绍和研究。

明代初期史料中出现最多的蒙古部落即是"兀良哈",该部在明蒙关系中发挥了很大的作用。明代许多官私史籍中均见有兀良哈三卫传,如《明史·兀良哈三卫传》、严从简《殊域周咨录·兀良哈》、郑晓《吾学编·兀良哈》、王世贞《三卫志》等,其他零散记载更是数不胜数。其中信息量最大、最重要者,要数《明实录》。《明实录》主要依据朝廷和各司部院奏章等档案编成,故史料价值非常高,而且对兀良哈三卫的记载比其他蒙古各部更多、更准确。因此,要了解和研究兀良哈部,《明实录》成为最重要的史料。但《明实录》卷帙浩繁,将近三千卷,中华书局所出版的就有183册,查找起来如同大海捞针。日本学者编的《明实录抄·蒙古篇》为我们克服了这一困难。是书摘抄《明实录》当中关于蒙古的所有记载,共10册,还附有索引。但使用该书时一定要核查原书,因为出于该书底本不佳等原因,存在一些小的缺陷。《明实录》还存在一个问题,即记载非常零散,首尾有些不连贯。为克服这些困难,可以先看《明史·兀良哈三卫传》作为入门。但《明史》所提供的信息,我们现今能够在更原始的资料中都能看到,故不可当作第一手史料来用。

本书重点在清代乌梁海。清代的乌梁海被分为三部,即唐努乌梁海、阿尔泰乌梁海和阿勒坦淖尔乌梁海。清朝经营乌梁海历经两

---

① 《元史》中还有《雪不台传》,其实就是《速不台传》,属一人二传。两传记载事迹基本相同,但也有细微的差别。相比之下,《速不台传》信息点更多一些。《速不台传》还附有《兀良合台传》,《雪不台传》则无。但《雪不台传》记载了速不台去世的确切时间。

百余年,乌梁海与清朝有着长期密切的军事、政治、经济联系。又因围绕乌梁海,中俄双方长期争执,故清代官方留下了大量相关文书。清代因有完善的档案保管制度,加上年代较近,留下了数量可观的档案文书。中国第一历史档案馆藏有近千万件清代档案,其中与乌梁海相关的档案有两千多件。这些档案主要是满文录副奏折,多为朝廷机密文件,且所录多为官书所不载,极为珍贵。满文录副奏折中,将军、大臣们详细报告了处理乌梁海各项事务的许多细节,极其详尽,可大补诸书之不足。笔者在中国第一历史档案馆摘得大量相关满文录副奏折,成为本书最重要的基础资料。但录副奏折的特点是极零散,纯粹通过奏折很难完整看清事件首尾。而且奏折只反映大臣们的想法,皇帝的想法多载于上谕档,但目前所出版的《乾隆朝上谕档》和《乾隆朝寄信档》未见太多涉及乌梁海的信息。第一历史档案馆最近在其内网公布的满文上谕档中也有几百件与乌梁海相关的上谕,但遗憾的是尚未来得及将这些珍贵的资料运用于本书,留待以后补充。论及档案,不得不提到蒙古国和俄联邦图瓦共和国联合出版的《图瓦历史档案汇编》第一辑,该辑内容涉及清代,共选入自乾隆三年(1738)至宣统三年(1911)间档案189件,其中满文4件,蒙汉文合璧5件,蒙俄文合璧3件,余者俱为蒙古文。这些文书大多反映的是例行公事,又因流传下来的文书极少,且不系统,显得极为零散。但它们大部分出自唐努乌梁海五旗官员之手,透露了唐努乌梁海基层行政官员执行公务的若干细节,为我们补充了在其他史料中看不到的重要信息。这些内容让我们听到了唐努乌梁海人长期被湮没的声音,提供了一些鲜为人知的细节,相信能够进一步推进该领域的研究。

为考订史实,还需结合清朝官修史书。论官修史书,首先要提及《钦定平定准噶尔方略》(以下简称《方略》)。是书为清朝皇帝敕修方略体史书,是平准事件中官方观点的纪录。是书继《亲征平定朔漠方略》而成,系统记述了自康熙三十九年(1700)起至乾隆三十八年(1773)间清朝与准噶尔间的战和关系,并延伸到西藏和回部历史。全书分为"前编""正编"和"续编",共171卷,可见卷帙之浩大。是书辑录了第一手档案资料,三编俱收录乌梁海事,乌梁海重大历史事件多被囊括其中；收入了边疆将军大臣和各部门官员关于乌梁海问题的大量奏折、呈文、札付与皇帝上谕，以资料汇编的形式编排成书，具有很高的史料价值。但该书也有一定的不足和缺陷。首先，是书并非完整抄录档案，而是对档案烦琐、累赘之处和细枝末节进行了删减，以摘由形式编排。剪裁之余使许多珍贵的历史细节被完全抹去，妨碍了我们对这段历史的完整认识，以致对诸多问题不能深入探究，甚至对某些问题产生误解。其次，对所收档案文书进行了一定程度的选择，并不是将所有关于准噶尔和乌梁海的档案文书都收入进来，而对不符合该书体例和宗旨的一些档案进行了舍弃，也就是对一些自认为不甚重要和与帝王观念不符者尽行舍弃。笔者通过查档发现，与乌梁海相关的许多重要档案都被舍弃了。故许多历史事实，尤其是细节问题，从《方略》中我们不得而知。再者，《方略》书写的是胜利者的声音，选择资料时多有曲解和篡改。因此，虽然《方略》是研究准噶尔和乌梁海的基本史料，但因存在着上述诸多问题，不能盲目笃信，需要慎重甄别真伪，以免坠入封建王统思想的迷雾中不可自拔。

《大清历朝实录》（以下简称《实录》）是清史研究中极其重要的参考资料。是书也收入了大量关于乌梁海历史的重要档案资料。但《实录》存在着与《方略》相同的问题，其编写方式与《方略》类似，也是摘抄和节录，但与《方略》相比更为简略，且取材丰富性也略逊于《方略》。《实录》多取《上谕档》和《起居注》，对奏折利用度不如《方略》高。且《实录》所录乌梁海资料大部分在《方略》中也能找到，而且《方略》记载比《实录》更为详细。但是，《实录》也有诸多《方略》所不载之珍贵乌梁海资料，一定程度上可以补充《方略》之不足，故《实录》也成为本书重要参考资料。而且二书互相参照，互相印证，甚至可互相纠谬，不可分离。

清代的人物传记极其丰富，成为清史研究重要资料。如《满汉名臣传》《八旗通志》《清史列传》《碑传集》等，所载诸多将领大臣曾参与过乌梁海战争。这些传记虽然大部分资料与《方略》《实录》等官方史书重复，但也有部分史料为其他资料所无。因为人物传记不只取自官书和档案，亦采自口传史料及金石史料等，故本书将其作为重要参考。还有《钦定蒙古回部王公表传》《皇朝藩部要略》《蒙古游牧记》等官私史书,也为我们了解乌梁海重要人物世系及其活动,以及乌梁海地区地理位置等方面提供了很有帮助的线索。值得注意的是,蒙古文史料《蒙古秘史》《黄金史》《蒙古源流》,尤其是《阿勒坦汗传》《阿萨喇克其史》《宝贝念珠》以及托忒文文献,为追踪乌梁海起源和了解乌梁海与蒙古其他部的关系提供了诸多线索及佐证。

《大清一统志》收入了乌梁海地区一些山水名和卡伦、驿站名,并绘有科布多地区地图,这些为锁定一些乌梁海地名提供了线索。《大清会典》及其《事例》,介绍了乌梁海官制、地理范围和法律等,但这些反映的是清朝统治乌梁海之后的治理状况。《大清会典图》虽只附有"唐努乌梁海游牧图",而无"阿尔泰乌梁海图"和"阿勒坦淖尔乌梁海图",但附有"科布多游牧图",这些相关地图仍为我们了解地理位置和山川走势提供了方便。《清史稿》之"藩部七"有乌梁海专传,但记述较为简略,且多取材于官书,史料价值极小。何秋涛《征乌梁海略述》为专门记述清朝征讨乌梁海之战事,但也多引自官书,同样没多少参考价值。

18世纪60年代开始,中俄双方围绕乌梁海进行了长期争执和交涉,官方档案和官报中留有大量记载。在一些后人编的汇编文件集中也收入了大量相关信息,如清官修《筹办夷务始末》、王彦威《清季外交史料》《清宣统朝外交史料》、中国第一历史档案馆编《清代中俄关系档案史料选编》、"中研院"编《四国新档——俄国档》、商务印书馆编《中俄边界条约集》等。

民国初期,沙皇俄国企图一举吞并唐努乌梁海。民国政府针锋相对,在乌梁海问题上立场很坚定,为此不惜诉诸武力,做出了武力收复的努力。因此,中俄在乌梁海问题上的活动非常多,所留下的资料也相应比较多。很多都收入了后人编的资料汇编中。如,"中研院"编《中俄关系史料——外蒙古》(1917—1919)、《中俄关系史料——东北边防、外蒙古》(1921)、吕一燃编《北洋政府时期的蒙古地区历史资料》、陈春华译编《俄国外交文书选译——关于蒙古问题》等。在此值得一提的是,樊明方先生所编《唐努乌梁海历史资料汇编》。该汇编始于唐代,尤详于近代以来沙俄对唐努乌梁海的侵占过程,为唐努乌梁海历史研究提供了方便,其贡献巨大。当然,该书无法穷尽相关资料,尤其对清代唐努乌梁海资料的挖掘还远远不够,而且对民国时期俄文、蒙古文资料译编也不够,对民国政府外交档案中大量文书资料亦有缺收。

就民国乌梁海史料,《图瓦历史档案汇编》第二辑共收录1911—1921年间档案125件,除少数几件是蒙汉或蒙俄合璧外,其余均为蒙古文。这些档案资料是研究唐努乌梁海历史的重要资料,为我们提供了许多鲜为人知的重要信息,一定程度上补充了汉文档案之不足。

二、相关研究综述

1. 早期乌梁海部研究

乌梁海是个古老的部落,在蒙古草原拥有一定的势力,对蒙古民族的形成和发展发挥了很大的作用。但是它真正成为一支独立的势力,并受到周边广泛关注,是在明代。故此处笔者将明代以前的乌梁海称之为"早期乌梁海"。作为乌梁海人重要组成部分的图瓦人,早在唐代就有记载。韩儒林先生的《唐代都波》详细梳理了唐代史籍中关于都波的记载,并对古代乌梁海地区与中原关系进行了梳理。① 郭蕴华撰文对乌梁海人源流、社会生活进行探讨,并讨论了其未能成为一独立民族的原因。② 贺继宏通过对历史文献和乌梁海人生产、生活习俗的考察和比较,得出乌梁海人与柯尔克孜族同源的结论。③ 潘世宪认为唐努乌梁海境内的贝克穆、华克穆、克穆奇克三河之"克穆"(kam)与"咸"同音,从而得出了《山海经》中的三咸山即东西萨彦岭和唐努山的结论。④ 周清澍《元朝对唐努乌梁海及其周围地区的统治》,考证了蒙古军1207年北征时所出现的众多林木百姓部落名和地名,还考论了元代对当地的管理,解决了诸多疑

---

① 韩儒林:《唐代都波》,《社会科学战线》1978年第3期。
② 郭蕴华:《阿勒泰乌梁海"德瓦人"的历史变迁》,《喀什师范学院学报》1988年第1期。
③ 贺继宏:《图瓦人考》,《新疆地方志》2001年第4期。
④ 潘世宪:《唐努乌梁海与中原地区的关系》,《内蒙古大学学报》1978年第1期。

难问题。① 除此之外,樊明方先生在其专著《唐努乌梁海历史研究》中对早期乌梁海与中原关系做了梳理。另外,研究乌梁海者无不关注《辽史》中的相关记载,李俊义专就《辽史》和元明清三朝史料中对乌梁海各种译写进行了整理。② 以上研究成果将历史文献和社会调查相结合,综合考察了图瓦人和乌梁海部的来源问题,可以视为早期乌梁海历史研究的阶段性成果。

2. 明代乌梁海历史研究

明太祖于洪武二十二年(1389),设"兀良哈三卫"以牵制北元政权。北元中兴后,兀良哈成为其六万户之一。兀良哈万户被灭后,兀良哈部成为喀尔喀部七鄂托克之一。有明一代,兀良哈部一直扮演着重要角色。兀良哈研究一直是明代蒙古史研究之重点。

对于明代乌梁海,尤其是兀良哈三卫的研究始于明代。如郑晓《兀良哈考》、王世贞《三卫志》、叶向高《朵颜三卫考》、茅元仪《武备志·三卫考》,还有《明史稿·三卫传》《明史·三卫传》《明史纪事本末·设立三卫》等。但这些编撰性史著虽具有一定考证性,但其讹误甚多,不可轻信。

现代,较早研究兀良哈者属日本学者。箭内亘于1914年在《东洋学报》第一期上发表论文《兀良哈三卫名称考》。该文认为,明代的"兀良哈"与《辽史》中的"嗢娘改、斡朗改"等,元代的"兀良合、兀哏孩"等,以及清代的"乌梁海"为同种,其意为"林中百姓",并考证了兀良哈三卫的位置。该文对明代乌梁海做了开创性的研究。③ 蒙元时代的"兀良合"与清代中俄边境之"乌梁海"虽同音且有一定渊源关系,但其同种之说有些欠妥。尤其是该著作者认为乌梁海为"林中百姓"之意,实为谬误。还有,作者认为乌梁海出自乞儿吉思、兀速、憨哈纳思三部之结论更不可取。④

---

① 周清澍:《元朝对唐努乌梁海及其周围地区的统治》,《社会科学战线》1978年第3期。
② 李俊义:《〈辽史〉中的"斡朗改"名称沿革考》,《赤峰学院学报(汉文哲学社会科学版)》2016年第2期。
③ (日)箭内亘:《兀良哈及鞑靼考》,陈捷、陈清泉译,商务印书馆,1932年。
④ 同上。

绪　论

其后,和田清于1959年(昭和34年)出版论文集《东亚史研究(蒙古篇)》①对兀良哈三卫分布、与其周边关系、变迁和消亡做了详尽考证。该书旁征博引,引用元、明、清史书达180多种,进行了详尽的考证,对前人研究中的谬误也进行了逐一订正。该著资料翔实、论证严密、结论可靠,是研究兀良哈史乃至明代蒙古史之经典著作,成为明代蒙古史研究者们的入门书和必读书。

在和田清等人研究基础上,达力扎布撰《明代漠南蒙古历史研究》,对兀良哈三卫的南下做了细致的考证。奥登撰《蒙古兀良哈部落的变迁》,对蒙元时期兀良合部与黄金家族的关系、朵颜兀良哈人的来由和兴衰、乌梁海万户的兴衰、阿尔泰乌梁海的形成等诸多问题进行了讨论。② 金峰在此基础上大量运用蒙古文史籍,结合民俗史料和民间文学等资料,认为卫拉特部出自兀良哈人。文中试着提出了很多新观点,为拓宽我们思维提供了一些有价值的参考,但一些结论仍值得商榷。③

关于明代乌梁海部,尤其是朵颜兀良哈人的研究非常丰富。其中最重要的是南京大学的特木勒,其博士论文以朵颜卫为研究主题。他在前人基础上进一步挖掘《明实录》等基本资料,又参阅前人很少利用的明人诸多文集和地方志,并结合蒙古文史料,对朵颜卫兀良哈人历史进行了进一步深入研究。④

除此之外,还有乌云毕力格、宝音德力根、胡日查、额德、李艳杰等人对兀良哈问题进行过精辟研究,在此不一一展开介绍。

明代乌梁海人另一个重要组成部分是兀良哈万户。由于汉文文献对兀良哈万户记载既少又混乱,成为明代蒙古史另一大难题,相关研究也较多。

较早关注该问题的仍然是日本学者。原田淑人于1908年撰

---

① 潘世宪先生于20世纪70年代末将此书译成中文,改名为《明代蒙古史论集》,上下册,商务印书馆1984年出版。
② 奥登:《蒙古兀良哈部落的变迁》,《社会科学辑刊》1986年第2—3期。
③ 金峰:《再论兀良哈部落的变迁》,《新疆师范大学学报》1990年第2期。
④ 特木勒:《朵颜卫研究——以十六世纪为中心》,南京大学博士学位论文,2001年。

《明代的蒙古》,讨论兀良哈部落,但作者未能将朵颜兀良哈人与兀良哈万户加以区分。① 而另一位日本学者和田清认识到了两者的区别。② 对兀良哈万户的来源,冈田英弘认为:"斡难河的兀良哈成为达延汗时代的兀良哈万户。"③奥登认为:"当兀良哈人者勒蔑后裔东迁额客朵颜温都儿之后,不儿罕山的兀良哈人始终守护着成吉思汗陵寝的伟大禁地。他们在达延汗时代,被封为蒙古左翼三万户之一。"④对朵颜兀良哈人和兀良哈万户进行了准确定位。至此,学界已厘清兀良哈万户出自肯特山之乌梁海千户。

和田清对兀良哈三卫的考证之精辟令人惊叹。但他对兀良哈万户的族属,尤其是其驻牧地的掌握不是太准。兀良哈万户的游牧地也成为一重要论点。这一问题的解决归功于1983年珠荣嘎先生所校注出版的《阿勒坦汗传》。之后,珠荣嘎⑤、冈田英弘⑥、宝音德力根⑦、薄音湖⑧等人均对此展开讨论。学界一致认为,兀良哈万户游牧地应位于蒙古龙兴之地肯特山、克鲁伦河一带,通过推论可知后来的乌梁海鄂托克为兀良哈万户的缩小版。

3. 清代乌梁海历史研究

乌梁海研究是清代边疆研究的组成部分。乌梁海地处极边,清朝对其控制力量较薄弱,管理疏松。其中唐努乌梁海因接壤沙俄,成为沙俄扩张的前沿阵地,因而也就成为中俄争议领土之一。早在19世纪,西北舆地学兴起之际,乌梁海部便受到内地学界关注。⑨

---

① (日)原田淑人:《明代の蒙古》,东亚同文会报告,1908年。
② (日)和田清:《东亚史研究(蒙古篇)》,东洋文库,昭和34年。
③ (日)冈田英弘:《达延汗六万户的起源》,《蒙古学资料与情报》1985年第2期。
④ 奥登:《蒙古兀良哈部落的变迁》,《社会科学辑刊》1986年第2期。
⑤ 珠荣嘎译注:《阿勒坦汗传》,内蒙古人民出版社1991年。
⑥ (日)冈田英弘:《达延汗六万户的起源》,《蒙古学资料与情报》1985年第2期;《兀良哈蒙古的衰亡》,《蒙古学资料与情报》1988年第4期。
⑦ 宝音德力根:《兀良哈万户牧地考》,《内蒙古大学学报(人文社会科学汉文版)》2000年第5期。
⑧ 薄音湖:《俺答汗征兀良哈史实》,《纪念内蒙古大学成立25周年学术论文集》,1982年;《明代蒙古的黄毛与红帽兀良哈》,《民族研究》2002年第5期。
⑨ 如:魏源撰《圣武记》、张穆编《蒙古游牧记》、何秋涛作《朔方备乘》等。

绪　论

到 20 世纪三四十年代,部分学人开始反思乌梁海问题,形成的一些研究成果也追溯到了清代,但论述极其简略。①

1949 年以后,台湾地区学者继续关注清代乌梁海历史,如李毓澍。但李著所用的史料多为清代二手史料,②故对有些问题语焉不详。③另外,其较多关注清末民初乌梁海问题,利用到了大量档案文书,对此曾有较为详尽的论述。④但阿尔泰乌梁海问题始终未能引起学界重视。

1949 年以后,大陆乌梁海历史研究起步稍晚。20 世纪 70 年代末,何星亮简单交代了阿尔泰乌梁海被清朝统一过程。他以田野调查为基础,介绍了位于新疆阿勒泰地区乌梁海人的人口分布、社会组织、政治制度以及社会经济等状况。⑤另外,何先生通过新发现的几方阿尔泰乌梁海官印,来讨论和解释相关问题。⑥ 吐娜结合社会调查,探讨了乌梁海人的来源和变迁。该文认为乌梁海人来自蒙元时期的兀良哈和后来的乌梁海万户。⑦ 她又以社会调查资料为基础,参照文献资料,论述了阿尔泰乌梁海历史概况,详细考证了乌梁海七旗分布地域,下属苏木和其社会组织等情况。⑧ 那音塔在吐娜

---

① 如:者训《唐努乌梁海的现势》,《长城》1937 年第 3 期;何璟《唐努乌梁海问题及其与中俄蒙三方之关系》,《外交月报》第 3 期,1934 年,等等。
② 如李著多引《大清会典事例》《清史稿》《朔方备乘》《圣武记》《藩部要略》等。对《清实录》《平定准噶尔方略》《钦定外藩蒙古回部王公表传》等官方基本史料都没能充分利用。
③ 李毓澍:《外蒙政教制度考》("中研院"近代史所专刊,1978 年)有《乌梁海佐领考》专篇,详细论述了乌梁海人被清朝收服过程。他考证了《大清会典》《大清会典事例》《大清会典图》三者所记乌梁海佐领数差异,并分析了其产生差异的原因。纠正了它书所载乌梁海佐领数之误,并对错误进行了细致分析。
④ 李毓澍:《外蒙撤治问题》("中研院"近代史所专刊,1976 年),由于用到由大陆携往台湾的档案资料,如《中俄关系史料——外蒙古(民国七年)》(李毓澍整理的民国档案),因而有较为细致论述。
⑤ 何星亮:《阿尔泰乌梁海社会历史述略》,《中央民族学院学报》1988 年第 1 期。
⑥ 何星亮:《阿尔泰乌梁海之印及其有关问题》,《中央民族学院学报》1986 年第 2 期。
⑦ 吐娜:《阿勒泰乌梁海蒙古社会生活及文化》,《新疆社会经济》1999 年第 2 期。
⑧ 吐娜:《阿勒泰乌梁海七旗的分布及其盟旗组织》,《卫拉特史论文集》(《新疆师范大学学报》专号),1987 年,第 248—254 页。

基础上进一步考证阿尔泰七旗乌梁海下层社会组织、各家族群体的分布和传说故事等,①对了解清代、民国时期阿尔泰乌梁海人状况有一定参考价值。值得注意的是樊明方先生,他长期关注唐努乌梁海问题,撰文数篇和出版专著,②但樊先生一直努力论证的是清朝对唐努乌梁海的主权和沙俄对唐努乌梁海的侵略。

在此期间,蒙古国学术界对阿尔泰乌梁海历史问题有所关注。如《蒙古国史》③《喀尔喀史》等在叙述喀尔喀与卫拉特历史时有所涉及。④ 尤其是蒙古国乌梁海学者钢图拉噶专门致力于阿尔泰乌梁海历史研究。他综合利用满、蒙、俄文献资料,并结合口述史、民间传说以及风俗习惯,对阿尔泰乌梁海历史进行了全面系统的考察,完成了专著《阿尔泰乌梁海人》。但该著未能充分利用相关汉文史料,尤其是对中国第一历史档案馆所藏丰富的满文档案未能加以利用,故对相关问题的研究未能深入,且得出的许多结论值得商榷。如,他认为阿尔泰乌梁海人出自肯特山乌梁海和后来的兀良哈万户;准噶尔汗国统治时期,乌梁海人属扎哈沁鄂托克等。⑤

需要指出的是,中国国内的相关研究大多建立在引述官修史书基础之上。虽然官修史书在中国古代史研究和史料学领域中占有很高的地位,但如上所述,清代除大量官修史书外,还有非常丰富的档案资料。我们知道,官修史书毕竟是第二手资料,即记述性史料。在纂修过程中,编撰者在史料的选取方面带有较强意识形态色彩。因此为还原历史本来面目,有必要进一步发掘原始史料。中国第一

---

① 那音塔:《关于新疆阿勒泰乌梁海盟旗制度及其氏族统计》,《西北民族大学学报(蒙古文版)》2013年第1期。
② 如《唐努乌梁海并入苏联始末》(《中国边疆史地研究》1997年第2期)、《清朝对唐努乌梁海地区的管辖》(《中国边疆史地研究》1996年第2期)、《19世纪60年代以后俄国对唐努乌梁海盆地的渗透》(《中国边疆史地研究》1998年第1期)等多篇论文,和《唐努乌梁海历史研究》(中国社会科学出版社,2004年)、《唐努乌梁海历史资料汇编》(西北大学出版社,1999年)等专著。
③ 前称《蒙古人民共和国史》,2006年修订时改名为《蒙古国史》。
④ 德·贡格尔:《喀尔喀简史》(蒙古文),内蒙古教育出版社,1990年。
⑤ Ц. Гантулга.《Алтайн Урианхайчууд》, УБ, 2000.

历史档案馆所藏丰富的清代满汉文档案资料,为乌梁海历史研究提供了丰富的第一手资料,为还原乌梁海历史提供了可能。笔者在第一历史档案馆摘抄了一部分重要的满文档案资料,以此为基础,参照《清实录》《平定准噶尔方略》《钦定外藩蒙古回部王公表传》等官修史书,将在本书中对清代乌梁海历史进行重点论述。

4. 民国时期的乌梁海历史

对民国时期乌梁海人历史状况的研究开始于民国初年。1914年俄国强行占领唐努乌梁海,在国内激起了很大的愤慨,有识之士纷纷撰文谴责,形成了报导唐努乌梁海国内状况和研究其历史沿革之热潮。如者训[①]、安伯奇[②]、何璟[③]、余汉华[④]、丹忱[⑤]、陶元甘[⑥]、祥伯[⑦]、景岚[⑧]等。

1949年以后,台湾地区学者继续关注乌梁海问题,如王云五[⑨]、胡秋原[⑩]、刘廉克[⑪]、金兆鸿[⑫]、刘学铫[⑬]等。

以上学者的研究都比较简略,且重在强调边疆意识,研究较为薄弱,其实其中没有一篇真正意义上的学术文章。民国时期乌梁海史研究集大成者仍然是樊明方,樊先生详细论述了俄国和苏联吞并唐努乌梁海的全过程。[⑭] 除此之外,《沙俄侵华史》和《沙俄侵略蒙古地区史》等著作对唐努乌梁海被沙俄侵占情况也进行了较详细的介绍。俄国学者别洛夫大量运用俄罗斯国家档案馆所藏相关文书,

---

① 《唐努乌梁海的现势》,《长城》1937第3期,第69—75页。
② 《苏联侵夺之乌梁海》,《大道月刊》1935年第1期。
③ 《唐努乌梁海问题及其与中俄蒙三方之关系》,《外交月报》1934年第3期。
④ 《苏俄控制下之唐努乌梁海——唐努都温共和国之现状》,《新亚西亚月刊》1935年第6期。
⑤ 《苏联的原子城——唐努乌梁海》,《自由天地》1947年第1期。
⑥ 《漫谈唐努乌梁海》,《青年世界》1946年第7期。
⑦ 《乌梁海边区之概况与素阿特人》,《中央亚细亚》1942年第1期。
⑧ 《唐努乌梁海》,《大公报》1948年1月9日。
⑨ 《控制外蒙与乌梁海》,《"中央日报"》1952年7月13—16日。
⑩ 《外蒙、科布多、唐努乌梁海》,《台湾新生报》1953年3月8日。
⑪ 《乌梁海民族移动考》,《中国学术史论集》第2册,1956年10月。
⑫ 《唐努乌梁海——蒙古方志》,《新夏》1960年第11期。
⑬ 《北陲奥区——唐努乌梁海》,《边政学报》1969年第8期。
⑭ 《唐努乌梁海历史研究》,中国社会科学出版社,2004年。

回顾了从清代开始至1914年为止俄中两国围绕乌梁海问题的交涉过程;①又撰文详细论述了1915年至1919年间俄、中、蒙三方对唐努乌梁海的争夺活动,反映了当时事件之复杂性。② 别洛夫另撰有《1911年—1914年期间俄蒙关系中的乌梁海问题》,载《东方》杂志1995年第1期,可惜尚未译成汉文。③ 除此之外,吐娜《阿勒泰乌梁海七旗的分布及其盟旗组织》④和段续的《乌梁三海述略》⑤对民国乌梁海史研究也有一定的参考价值。

---

① (俄)别洛夫撰,陈春华译:《乌梁海问题》,《中国边疆史地研究》2000年第1期。
② (俄)别洛夫撰,陈春华译:《1915年至1919年期间争夺乌梁海的斗争》,《中国边疆史地研究》2000年第3期。
③ 见(俄)别洛夫撰,陈春华译:《1915年至1919年期间争夺乌梁海的斗争》,《中国边疆史地研究》2000年第3期。
④ 吐娜:《阿勒泰乌梁海七旗的分布及其盟旗组织》,《卫拉特史论文集》,新疆师范大学学报编辑室,1987年。
⑤ 段续:《"乌梁三海"述略》,《新疆地方志》1988年第1期。

第一章　早期乌梁海部历史

第一节　图瓦人族源问题

图瓦人是唐努乌梁海人主要组成部分。唐努乌梁海人在历史上一直以蒙古人自居，现今中国和蒙古国境内的图瓦人也被认定为蒙古族一部落。虽然图瓦人在人种特征、生产生活方式和风俗习惯方面与蒙古人无异，但其语言不属于蒙古语而属突厥语，与柯尔克孜语和哈萨克语比较接近，被称作图瓦语。划分一个民族，语言是个重要衡量标准，因图瓦人有着特殊的语言和一些特殊的风俗习惯，学界对其族属问题长期争论不休，故而其族源成为学界感兴趣的议题。

国内学者普遍认为图瓦人出自唐代的"都波"、元代的"秃巴思"等，①笔者对此非常赞同。下面梳理一下关于图瓦先民都波人的相关记载：

> 北海南，则都波等。虽姓氏各别，总谓为铁勒。并无君长，分属东、西两突厥。居无恒所，随水草流移。人性凶忍，善于骑射，贪婪尤甚，以寇抄为生。②

以上资料说明，都波属于众铁勒当中的一种。其生活地域在北海以南，并隶属于突厥。

《新唐书》有专门介绍都波的内容：

---

① 韩儒林：《唐代都波》，《社会科学战线》1978 年第 3 期；周清澍：《元朝对唐努乌梁海及其周围地区的统治》，《社会科学战线》1978 年第 3 期；贺继宏：《图瓦人考》，《新疆地方志》2001 年第 4 期。郭蕴华：《阿勒泰乌梁海"德瓦人"的历史变迁》，《喀什师范学院学报》1988 年第 1 期。
② 《北史》卷九九《铁勒传》，中华书局，1974 年，第 3303 页；《隋书》卷八四《北狄·铁勒传》，中华书局，1973 年，第 1880 页。

> 都播,亦曰都波。其地北濒小海,西坚昆,南回纥,分三部,皆自统制。其俗无岁时。结草为庐。无畜牧,不知稼穑,土多百合草,掇其根以饭,捕鱼、鸟、兽食之。衣貂鹿皮,贫者缉鸟羽为服。其昏姻,富者纳马,贫者效鹿皮草根。死以木匵敛置山中,或系于树,送葬哭泣,与突厥同。无刑罚,盗者倍输其赃。①

这段记载进一步说明其地域在北海南部,又介绍了其南与回纥、西与坚昆接壤。《通典》补充了都波与回纥间的具体距离,"南去回纥十三日行"。② 唐太宗贞观二十年破延陀,都波等部遣使贡献。③ 二十一年遣使朝贡。④ 二十二年二月"以结骨部置坚昆都督府"。⑤ 说明都波部西边的坚昆指的是坚昆都督府,坚昆都督府设在结骨部境内。"又以回纥西北结骨为坚昆府"。⑥ 坚昆都督府在回纥西北。《新唐书》记载:

> 黠戛斯,古坚昆国也。地当伊吾之西,焉耆北,白山之旁。或曰居勿,曰结骨。其种杂丁零,乃匈奴西鄙也。……故后世得其地者讹为结骨,稍号纥骨,亦曰纥扢斯云。⑦

至此可以肯定,结骨即黠戛斯,吉尔吉斯的前身。其辖地"直回纥西北三千里,南依贪漫山"。⑧ 离回纥政治中心西北三千里之地只能是叶尼塞河流域一带,贪漫山即现今唐努山。看来,黠戛斯人生活地位于现今图瓦一带,而图瓦先民都波人生活在北海以南。"北海",很容易让人联想到贝加尔湖,但韩儒林先生认为,位于色楞格河以北、乌鲁克木河以东的海应该是库苏古尔湖。⑨ 唐努乌梁海一

---

① 《新唐书》卷二一七下《回鹘传下》,中华书局,1975年,第6144页。
② 《通典》卷一九九《边防十五·北狄·都波》,中华书局,1988年,第5467页。
③ 《太平寰宇记》卷一九八《夷二十七·北狄·铁勒》,中华书局,2007年,第3791—3792页。
④ 《太平寰宇记》卷一九八《夷二十七·北狄·都波》,第3796页。
⑤ 《旧唐书》卷三《太宗本纪下》,第60—61页。
⑥ 《旧唐书》卷一九五《回纥传》,第5196页。
⑦ 《新唐书》卷二一七下《回鹘传下·黠戛斯》,第6146—6147页。
⑧ 《新唐书》卷二一七下《回鹘传下·黠戛斯》,第6147页。
⑨ 韩儒林:《唐努都波》,《韩儒林文集》,江苏古籍出版社,1985年,第558页。

部分领域就位于该地区,后划入外蒙古(今蒙古国),现该地区主要居民就是图瓦人后裔。

上文说,都波分为三部,具体是哪三部?《新唐书》记载:

> 东至木马突厥三部落,曰都播、弥列、哥饿支,其首长皆为颉斤。①

此处言都波属突厥。但史书有时谓其属铁勒,有时则言其属黠戛斯,说明图瓦先人族属随统治者不同而不断变化。13世纪,蒙古征服林中百姓后,图瓦人遂开始自称是蒙古人。同样,最后图瓦等部族成为蒙古乌梁海部属民,自然以乌梁海人自居。

《新唐书》接着又说:

> 桦皮覆室,多善马,俗乘木马驰冰上,以板藉足,屈木支腋,蹴辄百步,势迅激。夜钞盗,昼伏匿,坚昆之人得以役属之。②

以上引文所提到的"木马"指的是滑雪板。现今新疆阿勒泰地区的乌梁海人和图瓦人善驭滑雪板,老一辈以滑雪板作为冬季重要交通工具和狩猎工具。这一点也可以成为都波人系图瓦人先祖之佐证。

拉施特《史集》对森林兀良哈人滑雪板做了更为详细和生动的记载:

> 因为在他们国内,山河森林很多,而且雪下得很大,所以冬天他们在雪面上打到许多野兽。他们制造一种叫做察纳的特别的板子,站立在那板上;用皮带作成缰绳,[将它拴在板的前端,]然后手拿着棒,以棒撑地,[滑行]于雪面上,有如水上行舟。他们就这样用察纳[滑雪板]驱逐于原野上下,追杀山牛等动物。除自己踏着察纳外,他们还拖着连接起来的另一些[滑雪板]走,他们将打杀的野兽放在上面。即使放上两三千曼(6 000~9 000公斤)[重荷],花不了多大力气就可以轻快地行走在雪层上。如果是一个不熟练的人,那么,他的两腿就会分开而撕裂,尤其是在下降和疾驰时。受过训练的人则奔驰得极其轻快。③

---

① 《新唐书》卷二一七下《回鹘传下·黠戛斯》,第6148页。
② 《新唐书》卷二一七下《回鹘传下·黠戛斯》,第6148页。
③ (波斯)拉施特主编,余大钧、周建奇译:《史集》第一卷第一分册,商务印书馆,1983年,第203页。

虽然我们无法确定元代的兀良哈部与图瓦有多大的关系,但拉施特描述的是当时分布于贝加尔湖以南森林各部共同的生产生活方式。作为图瓦的前身,蒙元时期的秃巴思部落分布在森林诸部西部是可以肯定的。秃巴思、乞儿吉思等突厥语部落跟森林兀良哈等蒙古部落毗邻而居,处同一纬度和相同的自然环境,其生活方式和风俗习惯方面肯定很多相似之处。

有些学者认为,图瓦人出自拓跋鲜卑。这是一种想当然的说法,相信此说者忽略了汉语音韵学,犯下了以今训古的严重错误,这种庸俗语言学研究方法是中国北方民族史研究最大的忌讳。"拓跋"两字,在魏晋时期发音决不是 tuwa 或 tuba。韩儒林先生认为,"拓跋"一词,魏晋时期发音"T'OK—B'WAT",而不会是 Tuwa。① 以上均与"图瓦"或"德瓦"发音相去甚远,图瓦与拓跋在名称上没任何关系。而且韩先生认为,从其地理位置来看,拓跋兴起地和活动地域偏东,与图瓦人活动地域无涉。② 除此,也有人认为"拓跋"一词与古突厥碑铭中的 Tabgaç③ 同音,即后来的"桃花石"④;也有人认为该词的发音是"to:gbeg"⑤。

第二节 乌梁海部的起源

乌梁海(Uriyanghai)之名称,据笔者所知,最早出现于《辽史》:

(太祖三年)冬十月己巳,遣鹰军讨黑车子室韦,破之。西北嗢娘改部族进挽车人。⑥

---

① 韩儒林:《唐努都波》,《韩儒林文集》,第 557 页。
② 韩儒林:《唐努都波》,《韩儒林文集》,第 557 页。
③ (法)伯希和:《支那名称之起源》,载冯承钧译:《西域南海史地考证译丛》第一编,商务印书馆,1962 年,第 40—41 页。张广达:《关于马合木·喀什噶里的〈突厥语词汇〉与见于此书的圆形地图》,收入《西域史地丛稿初编》,上海古籍出版社,1995 年,第 57—82 页。
④ 该词出现于《长春真人西游记》,指代中原。中亚喀喇汗王朝也常以桃花石汗自居。
⑤ Sir Gerard Clauson, *An Etymological Dictionary of Pre-Thirteenth-Century Turkish*, p.463.转引自罗新《论拓跋鲜卑之得名》,《历史研究》2006 年第 6 期。
⑥ 《辽史》卷一《太祖本纪上》,中华书局,1974 年,第 4 页。

第一章 早期乌梁海部历史

(应历十三年)五月壬戌,视斡朗改国所进花鹿生麑。①
(天庆三年)六月乙卯,斡朗改国遣使来贡良犬。②

嗢娘改、斡朗改均系辽代对乌梁海之译写。辽太祖三年为公元909年。也就是在公元10世纪初,乌梁海部作为一集团力量居辽国西北,与辽朝发生关系,与辽朝具体关系是属国,③而且辽在乌梁海部设有国王府。④ 谭其骧《中国历史地图集》将斡朗改部分布地带画到了贝加尔湖一带。⑤ 笔者认为,谭图画法不准。第一,通过以上引文可知,说乌梁海在西北,并非是在说辽全盛时期的西北,而是在辽太祖三年。对以上引文可以有两种解读法:第一种解释可理解成是在辽太祖三年时辽代疆域西北部;另一种解释是,乌梁海位于黑车子室韦西北。不管怎么理解,乌梁海部驻地不会到贝加尔湖。退一步说,即便是辽全盛时期的西北,也不至于到贝加尔湖一带。因为谭图对辽朝疆域画得有些夸张,其有效控制范围未必如图中所示那么大。那当时乌梁海部驻地在哪?最大的可能性在现今蒙古国东北部。《蒙古秘史》记载,在成吉思汗前十世族时期,乌梁海人故土在不儿罕山一带。不儿罕山位于现今蒙古国肯特省东北部斡难河边,这有力地佐证了乌梁海部至少在10世纪就已经生活在现蒙古国肯特山一带。

对乌梁海部落,学界长期以来有一种错误的认识,即认为"乌梁海"有"林木中百姓"之意,或认为是"林中百姓"之泛称。如箭内亘说:"于是吾人更觉此名称,不得不及于广泛地域之森林生活诸部族。"⑥之后,韩儒林、周清澍等深受其影响而认同这一说法。最早怀疑此说的是和田清,他不认同元代兀良合与清代乌梁海生活在同一区域,以及明代兀良哈三卫就是由从叶尼塞河迁到肇州的乞里吉

---

① 《辽史》卷六《穆宗本纪上》,第78页。
② 《辽史》卷二七《天祚皇帝本纪一》,第327页。
③ 《辽史》卷三六《兵卫志下》,第433页。
④ 《辽史》卷四六《百官志二》,第759页。
⑤ 谭其骧:《中国历史地图集》第六册,中国地图出版社,1996年。
⑥ (日)箭内亘著,陈捷、陈清泉译:《兀良哈与鞑靼》,商务印书馆,1932年,第13页。

思、兀速、憨哈纳思三部组成等说法。① 之后,奥登、宝音德力根等人对此说进行了批评。宝音德力根还否定了《史集》中所谓"森林兀良合"和"蒙古兀良合"之分,认为当时兀良哈只有一种,即肯特山兀良合;兀良合人自称森林中百姓是因为他们生活在肯特山森林,而非贝加尔湖东西或叶尼塞河森林。② 此说非常有道理。拉施特《史集》对兀良合部记载比较混乱,对两种兀良合有互相混淆现象。拉施特在伊朗境内居然找不出一个出自森林兀良哈的人物,在蒙古本土找到了唯一一位代表人物叫兀答赤,专门守护成吉思汗大禁地。肯特山兀良哈人负责世代守灵已是学界常识,所以这位所谓的森林兀良哈人肯定也是肯特山兀良哈人,也就是拉施特所谓的蒙古兀良哈人无疑。《蒙古秘史》有几次提到林木中百姓诸部,但其中从未出现兀良合部。

总之,乌梁海无"林木中百姓"之意,甚至有可能不存在所谓的林木中兀良合。但拉施特提出森林兀良哈并非无中生有。《华夷译语》收入了朵颜兀良哈首领脱儿豁察儿致明朝皇帝的书信,称"巴(俺)兀良罕豁余^黑台(森林)亦儿坚(百姓)"。括号里的是明朝人给出的旁译。③ 说明,到明朝初年为止,兀良哈人仍保持着其当初作为森林部落的记忆。当时可能有一部分兀良哈部众就自称森林兀良哈人,当然,这里的森林指的是肯特山,而不是贝加尔湖一带。拉施特错误地认为一部分兀良哈人就住在贝加尔湖一带。如果说真有两种不同生活形态的兀良哈人存在,那也是后来的事。我们不排除成吉思汗划分95千户后,一部分兀良哈人迁出了肯特山,仍留驻肯特山的兀良哈人称自己是森林兀良哈人。

第三节 蒙元时期的兀良合部

兀良合部一直伴随蒙古部落的起源与发展,成吉思汗的先祖与

---

① (日)和田清:《明代蒙古史论集》(上),商务印书馆,1984年,第93页。
② 宝音德力根:《关于兀良哈》(蒙古文),收入乌云毕力格等编:《硕果——纪念札奇斯钦教授诞辰80寿辰文集》,内蒙古文化出版社,1996年。
③ 《脱儿豁察儿书》,收入《华夷译语》,台湾商务印书馆,1977年。

第一章　早期乌梁海部历史

兀良合部有着密切关系。波斯文蒙古史巨著《史集》记载,兀良合部出自蒙古乞颜—捏古思氏,他们还声称协助拉过七十风箱。① 该传说从侧面反映了兀良合部与蒙古部关系之密切。《史集》在介绍完兀良合部来源后紧接着介绍了其风俗。但笔者认为,拉施特此处更像是在借兀良合部来介绍森林部落的一些风俗,而非兀良合部独特风俗。除此之外,拉施特在介绍林中百姓诸部时,又介绍了一个被称作森林兀良合的部落,最后又说该部现主要居住在埋葬成吉思汗的大禁地不儿罕-合勒敦。该部分还介绍了森林兀良合部的风俗,但笔者仍认为这同样不是兀良合部风俗而属于西伯利亚西南部居民生活生产方式。

《蒙古秘史》记载了很多成吉思汗先祖以及成吉思汗时期兀良合部一些重要人物和成吉思汗家族间的密切关系,如:

> 在豁里·秃马惕地区,人民因互相禁止进入产貂和灰鼠的猎区而引起了不睦,豁里剌儿台·蔑儿干便自立为豁里剌儿。又因不峏罕-合乐敦山野兽[和]可猎物较多,遂投奔到曾在这里立有山神的不而罕-合勒敦的主人兀良孩的哂赤·伯颜处来。②

这是成吉思汗十世族朵奔·蔑儿干时期的事件。可推测,该时期处于公元10世纪的辽代。该记载很清楚地表明,当时布尔罕和勒敦山的主人是兀良合人。朵奔·蔑儿干在森林里从一名兀良合人处索得一部分鹿肉,以此换来一男童作家奴。③ 后来,朵奔·蔑儿干之子孛端察儿连同兄弟们掳掠林木中的兀良合人为奴。④ 兀良合人遂成为蒙古黄金家族之世奴。孛端察儿为前锋驰去,掳住一个怀孕数月的妇人。问道:"你是什么人?"那妇人说:"我是扎儿赤兀惕部

---

① 此句中译本译作:"兀良合惕人声称,他们曾帮助并参加过点燃额儿古涅-昆的七十卒炉。"但原文的 damīdan haftād dam 实际上是拉风箱的意思,并无点燃炉子之意。《史集》(中译本)第一卷第一分册,第 255 页;波斯文原文见德黑兰校本,第 1 卷,第 152 页。
② 阿尔达扎布:《新译集注〈蒙古秘史〉》第 1 卷,第 9 节,内蒙古大学出版社,2005 年,第 32 页。
③ 《新译集注〈蒙古秘史〉》第 1 卷,第 12—16 节,第 36—42 页。
④ 《新译集注〈蒙古秘史〉》第 1 卷,第 35—39 节,第 65—68 页。

阿当罕·兀良合真的人氏。"①孛端察儿把从嫁而来的婢女也纳为妾，生了个儿子叫沼兀列歹。孛端察儿死后，因为沼兀列歹家里常有阿当合·兀良合歹人氏来往，正妻之子以此怀疑其为他们的儿子，被驱逐出悬肉祭天典礼。他的后裔成为沼兀列惕氏。② 可见蒙古乞颜部与兀良合部间关系之密切。可以说，蒙古乞颜部的崛起以征服兀良合部占据不儿罕-合勒敦山为契机，而其不断发展离不开不断与兀良合部建立密切联系。

成吉思汗创业初期，也得到了兀良合部的全力支持。《蒙古秘史》载：

> 兀良合歹氏的札儿赤兀歹老人背着风匣，领着他叫者勒蔑的儿子，从不而罕·合勒敦山来了。札儿赤兀歹说："在斡难河迭里温-孛勒答合山时，你帖木真出生的时候，我曾送上一件貂皮襁褓。我也曾想把这个儿子者勒蔑给你们，因嫌他小，就领回去了。现在，叫者勒蔑［给你］备马鞍，开包门吧！"说罢，就［把他］留给［帖木真］了。③

说明，这种主奴关系一直在持续，同时也说明兀良合部对乞颜部进行着长期不懈的支持。此后，者勒蔑与铁木真共患难，为铁木真家出生入死。蔑儿乞人来袭，铁木真一家与者勒蔑共同逃难。④ 事后，铁木真派者勒蔑等人去侦探蔑儿乞人的踪迹，确保蔑儿乞人远离后返回家里。⑤ 铁木真与札木合决裂时，者勒蔑的弟弟察兀儿罕，以及速别额台·把阿秃儿，离开了兀良罕氏，来与者勒蔑相会。⑥ 铁木真与泰亦赤兀惕人交战，颈部受伤，者勒蔑立马唖吸掉伤口的血，又冒死赤身前往敌营偷取饮料，救了铁木真一命。⑦ 者勒蔑在与

---

① 《新译集注〈蒙古秘史〉》第 1 卷，第 38 节，第 67 页。
② 《新译集注〈蒙古秘史〉》第 1 卷，第 43—44 节，第 71—72 页；札奇斯钦《〈蒙古秘史〉新译并注释》，联经出版公司，1979 年，第 33、35 页。
③ 《新译集注〈蒙古秘史〉》第 2 卷，第 97 节，第 166 页。
④ 《新译集注〈蒙古秘史〉》第 2 卷，第 99 节，第 168 页。
⑤ 《新译集注〈蒙古秘史〉》第 2 卷，第 103 节，第 173 页。
⑥ 《新译集注〈蒙古秘史〉》第 3 卷，第 120 节，第 212 页。
⑦ 《新译集注〈蒙古秘史〉》第 4 卷，第 145 节，第 265 页。

塔塔尔的战斗中还救过拖雷的命。① 者勒篾兄弟参加了铁木真统一蒙古草原所发动的几乎所有战争,冲锋陷阵,所向无敌,立下了赫赫战功,者勒篾还被铁木真封为"四狗"之首。蒙古汗国建立后者勒篾被封为千户长,根据其功劳,令九罪而不罚。② 蒙古汗国建立后不久,者勒篾便去世了。者勒篾之弟察兀儿罕与速不台一同离开札木合来投靠铁木真,后充当合撒儿的那可儿(伴从者、亲兵)。③ 铁木真第一次称汗,派察兀儿罕等人赴札木合处报告称汗之事。④ 1203年夏,铁木真派察兀儿罕出使王汗处,侦知王汗毫无防备,正搭起金帐宴饮,遂将此情况报告铁木真。铁木真得报后连夜奔袭,消灭了客列亦惕部。⑤ 蒙古汗国建立后,受封为功臣千户长,并被委派给皇弟合赤温之子阿勒赤歹担任辅佐大臣。⑥ 者勒篾的另一位兄弟速不台(速别额台·把阿秃儿)及其后代对蒙元王朝功劳更大:

> 速不台(1176—1248),又译雪不台、唆伯台、速别额台。蒙古兀良哈部人。幼以质子入侍铁木真,后为百户长、千户长。元太祖六年(1211),从成吉思汗攻金。后与哲别远征阿塞拜疆、谷儿只、阿速、钦察、斡罗思诸部。太宗时,领兵攻金。太宗四年(1232),在钧州三峰山大败金军。次年五月,受金汴京守将崔立降。七年,西征,为主帅。八年,破不里阿耳部。九年,败钦察部八赤蛮。以后两年间,连破斡罗思诸部,进击马扎尔,前军直抵亚得里亚海滨。乃马真后元年(1242)初,闻太宗死讯,回师。拥戴贵由即汗位。死于土兀剌河上。⑦

速不台之子兀良合台,据《元史》和《兀良氏先庙碑铭》记载,兀良合台自成吉思汗时期就开始效力。后服侍于窝阔台、贵由等,参加长子军西征,屡立战功,并且为蒙哥夺位立下了功劳。蒙哥继位

---

① 《新译集注〈蒙古秘史〉》第9卷,第214节,第407—408页。
② 《新译集注〈蒙古秘史〉》第9卷,第211节,第404页。
③ 《史集》第一卷第二分册,第182页。
④ 《新译集注〈蒙古秘史〉》第4卷,第127节,第230页。
⑤ 《新译集注〈蒙古秘史〉》第6卷,第183—185节,第334—337页。
⑥ 《新译集注〈蒙古秘史〉》第10卷,第243节,第445页。
⑦ 《中国历史大辞典·辽夏金元史》,上海辞书出版社,1986年,第392页。

后的第二年,忽必烈征大理,以兀良合台总督军事,攻下了大理国和交趾。后来兀良合台携子阿术攻打南宋,大小十三战,杀宋兵四十万。① 兀良合台携子征战终生,培养出了一名勇将,即他儿子阿术。《元史》评价阿术"沉儿有智略,临阵勇决,气盖万人"。② 其父兀良合台在攻打大理过程中得病,后期战争主要由阿术来指挥。元军围攻襄樊战争中,阿术发挥了主要作用,冲决宋军藩篱,为下一步灭宋扫平了道路。在灭宋战争中,阿术与伯颜并肩作战,屡立奇功。故《元史》云:"伯颜所以兵不血刃而平宋者,阿术控制之力为多。"③《兀良氏先庙碑铭》说:"南征北战四十年间,大小百五十战,未尝败衄。"还赋词一首以赞之。④ 兀良合家族猛将辈出,与这种特殊主奴关系而受到皇帝信任与重用有关。在成吉思汗分封的95千户中,兀良合千户就有5个,其地位可见一斑。但需要注意是,并不是说这五个千户的属民全都是兀良合人,而是以兀良合人为主,尤其是其首领都是兀良合人。兀良合部还有一叫兀答赤的千户长一直受命守护成吉思汗陵所在大禁地。⑤

---

① 《元史》卷一二一《速不台传》。
② 《元史》卷一二八《阿术传》,第3119页。
③ 《元史》卷一二八《阿术传》,第3123页。
④ 王恽:《秋涧先生大全集》卷五〇,《元人文集珍本丛刊》第2册,第104页。
⑤ 《史集》第一卷第一分册,第259页。

第二章 明代的兀良哈部落

第一节 朵颜兀良哈

明代史籍中关于朵颜乌梁海的记载至少有千余条,比蒙古其他部落多得多,而且记载也比较准确。其原因是明朝与朵颜乌梁海人关系非常密切,来往频繁。故和田清用丰富的汉文史籍对此进行了非常细致的研究。

明代史料多言"兀良哈三卫",指的是明朝在蒙古境内设的三个卫所,即泰宁、朵颜、福余。蒙古文史籍将兀良哈三卫称作"山阳万户""乌济业特兀鲁思"或"山阳六千乌济业特"。明朝方面将其统称为兀良哈人,而蒙古方面将其统称为乌济业特人。明代史籍还介绍了蒙古人对三卫的具体称呼,朵颜卫叫"五两案",泰宁卫叫"往流",福余卫叫"兀者"。① "五两案"就是"兀良哈","往流"意为"有王的",即后来的"翁牛特",一般认为该部为成吉思汗幼弟铁木格斡赤斤或合赤温属部。"兀者"系"乌济业特",即后来的内喀尔喀五部之一。至此,已经非常清楚,只有朵颜卫才是兀良哈人,其他两卫与兀良哈人无关。和田清认为:"所谓兀良哈都必限于朵颜一卫,用其余二卫严格区别开来。"②他又进一步说:"所谓泛称三卫为兀良哈,只是明人的说法,蒙古人自己从来不这么称呼,果尔这必定是明人误用,可能是因为明代经略三卫是从西方的兀良哈开始而误解了。"③所以,在这里必须清楚的是,三卫中只有朵颜卫是兀良哈人。兀良哈三卫也不是自称,而是明朝方面的称呼,三卫人多自称为山

---

① 茅元仪辑:《武备志》卷二二七《北房考·北房译语·地理门》,明天启元年刻、清初莲溪草堂修补本。
② (日)和田清著,潘世宪译:《明代蒙古史论集》(上),商务印书馆,1984年,第114页。
③ 《明代蒙古史论集》(上),第115页。

阳万户。山阳万户跟后来达延汗时期六万户在性质上没有任何区别,而不是什么"蒙古别种"或"第三种力量"等。这是明人的记载给我们造成的错觉。所以山阳万户与蒙古本部没任何区别,是个很纯正的蒙古部落。

我们知道,蒙元时期兀良合人大本营在漠北肯特山一带,但作为山阳万户的兀良哈三卫却在漠南的大兴安岭以南。兀良合与兀良哈是否同族?日本学者箭内亙认为,三卫之兀良哈当为元代时从叶尼塞河一带迁移至乃颜故地肇州的兀速、哈纳思、乞里吉里三部之人。① 但和田清对此进行了彻底否定。因为,清代史料清楚地交代了朵颜兀良哈的后继者喀喇沁旗远祖,其出自肯特山兀良合人者勒蔑。故和田清得出结论:"由此可见,三卫之中至少朵颜卫的兀良哈显然是来自斡难河源,决不是从西北蒙古的唐努山北来的。"②这一观点无疑是非常正确的,朵颜兀良哈与肯特山兀良合确实是同族,为者勒蔑属部。那么,作为生活在斡难河、肯特山一带的兀良合人是怎么到东蒙古的呢?对此和田清也没能搞清楚,说:"然而,元初居住在蒙古北部斡难河源的扎尔楚泰的裔孙乌梁罕部(朵颜卫),究竟是何时并如何迁到今索岳尔济山东麓地方来的呢?这根本搞不清楚。"③后来奥登女士通过《史集》记载似乎解决了这个问题。④《史集》记载,"当成吉思汗把军队分给诸子时,他分给额勒只带那颜三千人……大多数是乃蛮、兀良合惕和塔塔儿人。"⑤拉施特又指出,额勒只带的"兀鲁思和禹儿惕在东方,位于蒙古斯坦正东部,在乞台人所筑的起自哈喇沐涟〔潢河〕直到女真海为止的长城边境,靠近女真地区"。⑥ 额勒只带是成吉思汗三弟合赤温之子。合赤温早死,成吉思汗便将其分子赐给了其子额勒只带。因此,朵颜兀良哈即来自

---

① (日)箭内亙著,陈捷、陈清泉译:《兀良哈及鞑靼考》,商务印书馆,1932年,第22页。
② 《明代蒙古史论集》(上),第95页。
③ 《明代蒙古史论集》(上),第114页。
④ 奥登:《蒙古兀良哈部落的变迁》,《社会科学辑刊》1986年第2期,第63页。
⑤ 《史集》第一卷第二分册,第70—71页。
⑥ 《史集》第一卷第二分册,第70页。

第二章 明代的兀良哈部落

额勒只带受封三千户中的兀良合惕人。但奥登忽略了一个问题,即朵颜兀良哈很清楚是者勒蔑千户的后裔,而分给额勒只带的兀良合人来自察兀儿罕千户。宝音德力根认为,朵颜兀良哈与合赤温属部无关,而与元延祐年间所设"朵因温都儿兀良哈千户所"有关,设立该千户所的原因可能跟乃颜之乱有关。元朝政府平定乃颜之乱后,对该地区进行了整顿。忽必烈从叶尼塞河迁移兀速、哈纳思、乞里吉里三部的同时,从肯特山又迁移者勒蔑千户所属兀良哈到朵因温都儿山,三十年后设千户所。① 看来,朵颜兀良哈人前身是元代忽必烈汗时期从肯特山迁移到朵因温都儿山的者勒蔑千户一部分。

那么,元代从肯特山一带移居东部蒙古的朵因温都儿山的兀良合人与明初兀良哈三卫到底是什么关系?兀良哈三卫又是怎么形成的?

关于三卫的设立,《明史》记载:

洪武二十二年置泰宁、朵颜、福余三卫指挥使司,俾其头目各领其众,以为声援。自大宁前抵喜峰口,近宣府,曰朵颜;自锦、义历广宁至辽河,曰泰宁;自黄泥洼逾沈阳、铁岭至开原,曰福余。独朵颜地险而强。久之皆叛去。②

可知,三卫设于1389年。但这儿成为问题的是三卫的地理位置和范围。乍一看,兀良哈三卫似乎一开始已经就在蓟辽边外活动了。但日本学者箭内亘与和田清敏锐地意识到此说欠妥,因为明清一些史籍明确提到三卫刚开始位于潢水之北,后来才南下到长城边外。明代大部分史家对三卫原居地和其南下过程早已遗忘,想当然地认为兀良哈三卫故土一直在蓟辽边外,使之成为当时的主流观点,《明史》也被这主流观点所误导。《明实录》等明代重要史籍对三卫最初的驻地缺载,单方面依靠明代史料已经无法考证三卫具体位置,但在元明清史籍中可以找到很有价值的线索。日本学者箭内亘

---

① 宝音德力根:《关于乌梁海》(蒙古文),收入乌云毕力格等编:《硕果——纪念札奇斯钦教授诞辰80寿辰文集》,内蒙古文化出版社,1996年,第28页。
② 《明史》卷三二八《兀良哈三卫传》,中华书局,1974年,第8504页。

根据这些线索去寻找三卫当初所在地。他首先根据元代史料,准确地定位了泰宁卫就是元代的泰宁路。但他对其他两个卫的定位有误。他认为福余卫来自古代的扶余,也就是辽代的黄龙府,在今吉林省农安县附近;朵颜卫与元代乃颜王有关,因清代"朵"字读 no 音,所以朵颜应读作"noyan"或"nayan",指的是乃颜。乃颜是成吉思汗幼弟斡赤斤后裔,占据肇州,故将朵颜卫定位在了肇州一带。① 和田清认可箭内对泰宁卫的考证,认为在洮儿河流域。② 但和田清又指出,福余卫绝不是古代的扶余,而跟金代的蒲与路有关,福余当读作 fuyur,位于瑚裕尔河、绰尔河之间的齐齐哈尔。③ 关于朵颜卫的位置,和田清认为,"朵"在清代虽读作"no",但元代仍然读"do",与乃颜无任何关系。④《华夷译语·脱儿豁察儿书》说:"我兀良哈人乃系林木中主人。自蒙受成吉思汗洪福以来,就居住于额客多延温都儿山麓之搠河岸边。根据每年所获猎物、皮货之多寡,谨向大都交纳贡赋。"⑤和田清据此锁定了额客多延温都儿山和搠木连河两地,在《蒙古游牧记·扎赉特部》里找到了朵颜温都儿山,即与索岳尔济山相符;将搠木连河定位为乌兰灰河。索岳尔济山在今兴安盟、锡林郭勒盟和蒙古国交界处,现名宝格达山;乌兰灰河,现名乌兰河,系归流河支流。⑥ 如此一来,此山此水均处于科尔沁右翼前旗境内。但《蒙古游牧记》说朵颜温都尔山在扎赉特旗,与和田清自己的结论相矛盾。故笔者认为,朵因温都儿山非索岳尔济山,而当为扎赉特旗境内的宝格达山;搠木连河亦非乌兰灰河,而是扎赉特旗境内绰尔河为宜。

值得注意的是,明代兀良哈三卫都起源于元代。元代在兀良哈三卫位置上分别设有朵因温都儿(乃)[兀]良哈千户所、灰亦儿等处怯怜口千户所、(古)[台]州等处怯怜口千户所。⑦ 明朝则在三个千户

---

① 《兀良哈及鞑靼考》,第 19 页。
② 《明代蒙古史论集》(上),第 105 页。
③ 《明代蒙古史论集》(上),第 109 页。
④ 《明代蒙古史论集》(上),第 110 页。
⑤ 《华夷译语·脱鲁忽察儿书》,宝颜堂秘籍本。
⑥ 《明代蒙古史论集》(上),第 113 页。
⑦ 《元史》卷八八《百官志四》,第 2237—2238 页。

所治所基础上设立了三卫。故特木勒很形象地说:"兀良哈三卫实际上是元朝的遗留的千户所在新王朝的重新注册。"①

但朵颜兀良哈人并非一直原地不动,从宣德年间开始不断南迁,最后到蓟辽边外靠近长城游牧。和田清对兀良哈三卫南下过程考证得不够清晰。驻牧于朵颜温都儿山一带的兀良哈人后来是如何到达明蓟辽边境的?从明代开始一直流行一种传说,认为永乐帝借助三卫力量发动靖难之役,作为回报,永乐帝将大宁卫界予兀良哈人。《明史》也说:"成祖从燕起靖难……成祖复选起三千人为奇兵,从战。天下既定……遂尽割大宁地界三卫,以偿前劳。"②但和田清等人早就驳斥了此说。达力扎布对兀良哈三卫南下过程进行了详尽考察,他否定了永乐帝界大宁与兀良哈人及永乐借三卫力量靖难之说。③ 达力扎布通过朵颜兀良哈人纳贡渠道和明帝征讨蒙古的路线来证明三卫在明洪武、永乐年间尚未南迁。④ 从宣德年间开始,明朝进入守势状态,兀良哈人开始频频出现在老哈河一带,接着进据整个漠南,甚至进出河套。明景泰年间,明朝方面明确批准兀良哈人可在蓟辽边外驻牧。"至天顺、成化年间三卫的游牧地就完全固定了下来。"⑤但最近有杜洪涛先生根据马文升和贺钦等人的文章,重申永乐借兵和界地与兀良哈的可能性。⑥ 南迁后的朵颜兀良哈人驻牧在何地?明人马文升《抚安东夷记》说:"自古北口至山海关,立朵颜卫。"嘉靖十六年(1537)重修《辽东志》:"自宁前抵喜峰近宣府曰朵颜。"达力扎布认为,这反映了朵颜卫在成化、弘治年间的情况。到嘉靖末年朵颜卫游牧地在嘉靖四十四年所修《全辽志》中得到了反映:"朵颜鞑靼专在宁远迤西境外红螺山、旧大宁城一带

---

① 特木勒:《朵颜卫研究——以十六世纪为中心》,南京大学博士学位论文,2001年,第6页。
② 《明史》卷三二八《兀良哈三卫传》,第8504页。
③ 达力扎布:《明代漠南蒙古历史研究》,内蒙古文化出版社,1997年,第11—12页。
④ 《明代漠南蒙古历史研究》,第12—14页。
⑤ 《明代漠南蒙古历史研究》,第22页。
⑥ 杜洪涛:《靖难之役与兀良哈南迁》,《内蒙古社会科学(汉文版)》2017年第4期。

驻牧。北至广宁迤西细河堡三百余里,至广宁城三百四十余里,东至锦州大兴堡三十余里,至锦州城九十里,南至宁远迤西仙灵寺等堡九十里,至宁远城一百二十里。西至前屯迤北瑞昌等堡二百余里,至前屯城二百二十里。"①从正统年间开始,兀良哈三卫以围剿阿台汗为契机进入河套地区活动几十年,一时间整个漠南地区都成为兀良哈三卫活动地带。景泰末年,北虏入据河套,兀良哈人退出了河套,②但是仍然活跃于蓟辽边外。

兀良哈三卫在北元脱古思帖木儿汗败亡的同一年投降明朝。但不久在也速迭儿的压力下叛逃。永乐继位后重建三卫。朱元璋建立三卫时以元宗室辽王阿札失里为首;但永乐重建时以兀良哈贵族领导下的朵颜卫为首。朵颜卫兀良哈人脱颖而出,显得越来越重要,最后慢慢遮盖了其他两卫。明朝和蒙古历届统治者及掌权者都主动拉拢或打压朵颜卫。而朵颜三卫长期以来也是在明蒙对峙的夹缝中求生存。和田清说:"受羁縻的兀良哈三卫,在有明一代三百年间,就占据今兴安岭以东地面,繁衍兴盛。虽同属蒙古,却每每和西面的蒙古本部形成另一种存在。因此,控制这个地区,就成了明和蒙古两民族争夺的目标几乎也完全支配着当时南北对抗大势。"③由于朵颜卫特殊的政治地理位置,决定了其这种特殊和艰难的生存方式,使其随风摇摆。兀良哈人不仅在明蒙斗争中摇摆,而且在蒙古政权内斗中也左右摇摆,常常成为斗争牺牲品。乌云毕力格教授很形象地形容山阳万户在明蒙关系中其实一直扮演着骑墙角色。④

随着蒙古各部的南迁与东迁,朵颜兀良哈人慢慢退出历史舞台,最后以喀喇沁的名义加盟清朝,成为清喀喇沁三旗。朵颜兀良哈人的消失跟蒙古察哈尔、喀尔喀和科尔沁部的南下有关。

16世纪40年代后,蒙古各部开始南迁。察哈尔达来孙汗便开始经营朵颜兀良哈部。察哈尔部对兀良哈人经营开始于达延汗时期,达延汗与朵颜卫有通婚关系。朵颜兀良哈人与达延汗通婚,壮

---

① 《全辽志》卷六,转引自达力扎布:《明代漠南蒙古历史研究》,第24页。
② 《明代漠南蒙古历史研究》,第25—28页。
③ 《明代蒙古史论集》(上),第126页。
④ 乌云毕力格:《喀喇沁万户研究》,内蒙古人民出版社,2005年。

第二章 明代的兀良哈部落

大势力后要挟明朝,甚至率兵攻略明朝边境。而且常常引导察哈尔汗掳掠明边。和田清、特木勒等人认为,察哈尔东迁后,福余、泰宁二卫被吞并,唯独朵颜卫因恃险要地形而得以存活。但乌云毕力格认为,察哈尔在南迁中,朵颜兀良哈并非毫发无损:察哈尔南迁后驻于潢水以北,也就是说,潢水以北的朵颜卫人很自然被察哈尔部所吞并。"那么,打来孙汗征服的这个朵颜部落的根据地,应该在今赤峰市市区北部到老哈河一带。"① 而且乌云毕力格进一步考证出,察哈尔部所征服地域不限于此,还继续征服了朵颜卫其他一些部众,"这样看来,察哈尔控制了朵颜兀良哈人的几乎一半,是朵颜兀良哈人的北方诸部。地域包括今天赤峰市市区全境、建平县北部、敖汉旗西部一带,北边可能到西拉木伦河,具体情况不明。但是无论如何,察哈尔所征服的朵颜地区,并不在西拉木伦以北"。② 喀尔喀和科尔沁部南下控制了泰宁、福余二卫。达力扎布认为,南下的部分喀尔喀人征服了山阳万户的一部分,形成了喀尔喀五部,游牧在辽河河套地区。南下的科尔沁人,则游牧在嫩江流域,形成了嫩科尔沁部。③ 乌云毕力格进一步论证说:泰宁、福余二卫以及朵颜卫的一部分成为这些部的属民。同时,朵颜卫的一部分,成为喀喇沁和土默特的属民,加入了喀喇沁万户。可以说,是察哈尔部的南下,才导致了山阳万户的瓦解,也导致了喀喇沁万户向朵颜兀良哈地区不断拓展疆域。④

当察哈尔部侵占朵颜兀良哈北部地区之时,右翼蒙古势力也开始进入朵颜卫。和田清认为右翼在嘉靖二十七年(1548)已开始经营朵颜卫,以这一年哈喇慎犯广宁之事为据。⑤ 蒙古文史书《阿勒坦汗传》对右翼吞并朵颜兀良哈有记载:

久为外敌的乌济业特兀鲁斯,以其恩克丞相为首之诸诺颜,举

---

① 乌云毕力格:《关于朵颜兀良哈人的若干问题》,《蒙古史研究》第七辑,第229页。
② 乌云毕力格:《关于朵颜兀良哈人的若干问题》,第230页。
③ 达力扎布:《明代漠南蒙古历史研究》,第一章第五节"左翼蒙古诸部的南下"。
④ 乌云毕力格:《喀喇沁万户研究》,第38—39页。
⑤ 《明代蒙古史论集》(下),第457页。

族携带尊乌格伦哈敦之宫室来降,山阳万户自行降为阿勒巴图之情由如是这般。额尔德尼菩萨土谢图彻辰汗,将恩克丞相赐予其弟兄分别占为已有,将其收为阿勒巴图之情由如这般。①

乌济业特兀鲁斯是对三卫的泛称,在这指的是朵颜兀良哈人,恩克系朵颜卫首领。乌格伦指的是成吉思汗母亲诃额伦夫人,说明朵颜卫拥有诃额伦夫人宫室,其原因可能是因朵颜兀良哈人连同辽王归附明朝,辽王为成吉思汗幼弟斡赤斤后人,因幼子守灶之俗,可能一直拥有母亲的宫室。后来朵颜卫开始壮大,逐渐蚕食泰宁卫的辽王,诃额伦夫人的宫室也许就在这过程中被朵颜卫所掠。达力扎布根据以上记载,再结合汉文史料,认为右翼兼并朵颜卫是在嘉靖二十五年(1546)到嘉靖二十七年(1548)间。② 特木勒却认为,右翼兼并朵颜卫是在嘉靖二十九年(1550)庚戌之变以后,而在此之前,朵颜兀良哈人只是名义上投降,实际上没真正归附右翼。③ 但乌云毕力格认为,朵颜兀良哈人投降右翼是在恩克时期,时间在 1548 年到 1550 年之间。④ 其归降原因是"为了免遭察哈尔的征服,恩克率领南部兀良哈部落,自动归附了当时不可一世的俺答汗,以遏制察哈尔势力"。⑤ 从此,朵颜兀良哈人成为喀喇沁万户的一部分而退出了历史舞台;至清初,以喀喇沁的名义投靠清朝,形成了清代喀喇沁三旗。

第二节　兀良哈万户

明代兀良哈人另一重要组成部分即是兀良哈万户。关于兀良哈万户,汉文史料记载非常模糊,其情况主要依靠蒙古文史籍来了解。达延汗分封六万户,其中就有兀良哈万户,其游牧地在漠北,占据现今蒙古国大部分地区。学界一致认为,所谓兀良哈万户与《史

---

① 佚名:《阿勒坦汗传》,珠荣嘎译注,内蒙古人民出版社,1990 年,第 46—47 页。
② 《明代漠南蒙古历史研究》,第 113 页。
③ 特木勒:《十六世纪后半叶的朵颜卫》,第 50 页。
④ 乌云毕力格:《关于朵颜兀良哈人的若干问题》,第 232 页。
⑤ 乌云毕力格:《关于朵颜兀良哈人的若干问题》,第 231 页。

集》所言兀良哈千户有关。

在成吉思汗时,有一个出自这个部落(森林兀良哈)的异密,名叫兀答赤,是左翼千夫长。后来,他同他的千户一起,受命守护不儿罕-合勒敦地方的成吉思汗的大忽鲁黑。①

上引"兀答赤"之名不见《蒙古秘史》,宝音德力根认为,其实兀答赤系者勒蔑之子。② 兀良哈其他千户驻牧地可能也都在漠北,故成吉思汗时期兀良哈几个千户到明代中期发展壮大成了万户。兀良哈万户与朵颜兀良哈一样均同属一个部族,而且都与者勒蔑有关。兀良哈万户与朵颜兀良哈一样,并不是说万户所有人都是兀良哈人,而是以兀良哈人为主体,包括众多其他部族,但其首领和主体为兀良哈人。和田清认为兀良哈万户起源于扎剌亦儿部,③当然是错误的。冈田英弘正确地指出兀良哈万户出自守护肯特山成吉思汗陵墓的兀良哈千户。④ 我们知道,成吉思汗分封95个千户,至北元形成了6个万户。最初的千户和万户经几百年风风雨雨已荡然无存,此时,由千户发展成万户的仅兀良哈一例。那么,兀良哈由千户发展壮大成万户的原因何在?首先,者勒蔑家族为黄金家族世奴,与黄金家族关系非常密切,当时以兀良哈人统领的千户就有5个,其底子非常厚。再者,有元一代,朝廷一直打击削弱兀良哈部周边的蒙古东道诸王。这对兀良哈千户的壮大创造了发展空间。最主要的是,明朝不停用兵于北元朝廷,兀良哈部非但毫发无损,而且坐收渔翁之利。还有一个不可忽视的重要原因是达延汗与兀良哈家族间的特殊关系。达延汗的母亲为兀良哈氏希克尔公主。⑤ 达延汗对作为其舅方的兀良哈部会有一定的特殊关照。而达延汗一死,兀良哈部与察哈尔部关系立刻恶化,最后导致战争和兀良哈万户的灭亡。

对于兀良哈万户游牧地,郑晓《皇明北虏考》载:"北有兀良罕营

---

① 《史集》第一卷第一分册,第204页。
② 宝音德力根:《关于兀良哈》,第32页。
③ 《明代蒙古史论集》(上),第361页。
④ (日)冈田英弘:「ダヤン・ハーンの六万人隊の起源」,『モンゴル帝国から大清帝国へ』,藤原书店,2016年,第305页。
⑤ 洛桑丹金:《黄金史》,乌兰巴托,2011年影印本,第312页。

一,故小王子北部也。因隙叛去,至今相攻。"① 汉文史籍所见兀良哈万户记载比较笼统,仅言"负瀚海而居"等,只窥得其大概位置。和田清依据汉文史籍记载得出了兀良哈万户位置在现今乌拉特、茂明安、四子部落、阿巴嘎北部,并且靠近鄂尔多斯的错误结论。② 要想真正弄清兀良哈万户游牧地,只能依据蒙古文史书,尤其是《阿勒坦汗传》。当然,也有人对《阿勒坦汗传》误读,认为兀良哈万户游牧地在现蒙古国杭爱山一带。奥登和薄音湖首先准确指出兀良哈万户驻地在肯特山一带,但后来又误解了杭爱山的位置。③ 宝音德力根通过《元典章》确定在元代兀良哈千户始终生活在肯特山一带,又通过蒙汉文史书确认兀良哈万户也在肯特山,没有变动;再通过《阿勒坦汗传》里出现的几个地名来考证出"15—16世纪初兀良哈万户的住牧地在肯特山和克鲁伦河、斡难河上游地区"。④ 但是兀良哈万户作为一支强大力量经常困扰察哈尔万户。于是在博迪汗时期开始了讨伐兀良哈万户的军事行动。叶向高《四夷考》载:

> 异种黄毛者凶悍,不能别死生,众少于三部。虏或时深入,黄毛辄从后掠徼,取子女玉帛,虏苦之。因合兵急击,大破,臣黄毛。以是无内顾,得专事我。⑤

对此《蒙古源流》有详细记载:

> 兀良哈万户在格根丞相、托噶台哈喇呼和带领下谋反,达延汗率察哈尔、喀尔喀二部前往征讨,并遣使告知其子巴尔斯博罗特济农,率右翼三万户前来助战……在卓尔噶勒打败了兀良哈,俘获许多战俘,将他们并入其他五万户,兀良哈作为一个万户的地位随之而废除。⑥

---

① 薄音湖、王雄点校:《明代蒙古汉籍史料汇编》(第一辑),内蒙古大学出版社,1993年,第218页。
② 《明代蒙古史论集》,第361页。
③ 奥登:《蒙古兀良哈部落的变迁》,第75页;薄音湖:《俺答汗征兀良哈史实》,第101页。
④ 宝音德力根:《兀良哈万户牧地考》,《内蒙古大学学报(人文社会科学汉文版)》2000年第5期。
⑤ 叶向高:《四夷考》,国学文库第十三编,1934年,第157页。
⑥ 《蒙古源流》卷六,乌兰巴托,2011年影印本,第488页。

第二章　明代的兀良哈部落

汉文史料也有类似的信息：

> 小王子集把都儿台吉、纳林台吉、成台吉、血剌台吉（原注：部下着黄皮袄为号）、莽晦、俺探，已宁诸酋首，兵抢西北兀良哈，杀伤殆尽，乃以结亲绐其余，至则悉以分于各部，啖以酒肉，醉饱后，皆掩杀之。此其一事也。①

虽然《蒙古源流》说这次战争由达延汗发起。但通过参与者的名字便可知此战肯定不是达延汗发动的，只能是由其孙子博迪汗发起的。达延汗小时候被送到兀良哈，在那儿长大，后娶兀良哈部女子为妻，与兀良哈部关系非常密切，兀良哈部也不大可能在达延汗时期发动叛乱。而且《蒙古源流》似乎把好几次军事行动合在一起说了。

蒙古文史籍《阿勒坦汗传》记载俺答汗六次出击兀良哈万户，在此不一一列举。俺答汗刚开始与察哈尔部合兵征讨，后来便自行征掠，最终彻底击溃兀良哈部。据冈田英弘等人考证，兀良哈战争从1524年一直延续到了1538年。

汉文史籍将兀良哈人称作"黄毛鞑子"：

> 兀良哈（原注：哈一作汗），甚骁勇，负瀚海而居，虏中呼为黄毛（原注：亦呼花当为黄毛）。予尝见一降者，黄鬓鬘鬓，发如植竿，其睛亦正黄，轻锐趫健，莫与伦比。西北一部落，亦曰兀良哈，性质并同，但戴红帽为号，兵合不满数万，好畜马驰，小王子辈利其所有，累岁侵夺，战死者过半，余则引与俱归。②

以上记载有无体质人类学意义，不得而知。但笔者觉得，兀良哈万户的人与其他蒙古人在长相方面应该没太大的差别。蒙古人称兀良哈人为黄毛，可能不是出于其长相，而是一种文化标志。岷峨山人所见这种黄毛长相的人在蒙古人中非常普遍，到处都有。该降人恰巧就是个黄毛，使人误以为所有兀良哈人都有黄毛长相。蒙古人很可能称兀良哈人为"sira uriyanghai"，即黄兀良哈，这很容易

---

① 岷峨山人：《译语》，《丛书集成初编》第3177册，第50—51页。
② 岷峨山人：《译语》，第32—33页。

让人理解成为黄毛兀良哈。蒙古人之所以称兀良哈为黄兀良哈,可能跟成吉思汗祭祀有关。兀良哈人长期守护成吉思汗陵,并担任祭祀义务。成吉思汗陵被尊称黄金斡儿朵,专门负责黄金斡儿朵者自然以黄代之。现今负责成吉思汗陵祭祀的达尔扈特人被称作"sira darhad",即黄达尔扈特人。这批达尔扈特人就是兀良哈人,从漠北被迁到河套。

引文中还出现了红帽兀良哈。薄音湖以金峰文为据,认为红帽鞑子与卫拉特人有关。金峰认为,红帽鞑子就是卫拉特人,而且红帽卫拉特人随阿黑麻汗西征到中亚成为"克孜勒巴什"突厥人。"克孜勒"为突厥语中的红,"巴什"在突厥语中是头的意思,可引申为帽子或头巾。但没其他材料能证明克孜勒巴什就是卫拉特人,进而得出是红帽兀良哈人的结论。但有意思的是,现今蒙古国西北部的杜尔伯特人戴红帽,称作"yuudum mahala",yuudum 词意不明。杜尔伯特人生活地与岷峨山人所说红帽部地理位置相符,但杜尔伯特人迁徙到当地是清中期以后的事。我们不知道这种红帽是杜尔伯特部落传统,还是当地原有传统。

第三章　清代乌梁海人的来源

第一节　乌梁海人的名称与来源

清代的乌梁海被分为唐努乌梁海、阿尔泰乌梁海和阿勒坦淖尔乌梁海。清代的三个乌梁海与元代的兀良合部、明代的兀良哈是否为同一个部族？两者到底什么关系？这类问题长期困扰着学界。元明时期的兀良哈人是非常地道的蒙古人，但清代三乌梁海大部分人都操突厥语，故现今有些乌梁海人有着突厥认同。为解决这一矛盾，学界进行了不懈努力。

蒙古国学者刚图拉噶认为，乌梁海三部直接出自蒙古兀良哈部。① 吐娜虽然意识到了乌梁海三部成分的复杂性，但没能说清楚乌梁海三部与蒙古乌梁海部的关系，基本上认同乌梁海三部来自蒙古乌梁海部之说。② 奥登在《蒙古兀良哈部落的变迁》一文中根据《阿勒坦汗传》等蒙古文文献中出现的博迪阿拉克汗两次出征兀良哈时地点的变化来断定，兀良哈万户在达延汗的打击下一直西迁至杭爱山以西，成为后来的唐努乌梁海与阿尔泰乌梁海人。③ 但珠荣嘎、宝音德力根等人认为，《阿勒坦汗传》里的杭爱山不是蒙古国西部的杭爱山，而是阴山西段。而且，万户之百姓即便逃到了西边，但乌梁海万户属民是典型的蒙古人，而清代乌梁海三部突厥特色非常明显，与作者一味强调乌梁海人为蒙古人的论断互相矛盾，不能自圆其说。④

---

① Гантулга《Алтайн уриахайчууд》. Улаанбаатар 2000 он.（刚图拉噶：《阿尔泰乌梁海人》，乌兰巴托，2000 年。）
② 吐娜：《阿勒泰乌梁海蒙古社会生活及文化》，《新疆社会经济》1999 年第 2 期。
③ 奥登：《蒙古兀良哈部落的变迁》，《社会科学辑刊》1986 年第 2 期。
④ 珠荣嘎译注：《阿勒坦汗传》，内蒙古人民出版社，1991 年，第 33 页；宝音德力根：《兀良哈万户牧地考》，《内蒙古大学学报（人文社会科学版）》2000 年第 5 期。

冈田英弘《兀良哈蒙古族的灭亡》一文指出："现今的图瓦人在清朝被看作兀良哈的原因是,他们曾经是兀良哈领主萨木贝玛后裔的臣民。"①他利用《阿萨喇克其史》《钦定蒙古回部王公表传》等蒙汉文文献证明了这一论断,为解决这一问题前进了一步。

结合各方面的研究,我们可以得出以下结论:清代乌梁海三部族称来自肯特山兀良合,到北元达延汗时期,成为蒙古六万户之一。达延汗之孙博迪阿拉克汗与土默特俺答汗多次出兵,最后灭了兀良哈万户,民众被瓜分。但并不是说兀良哈万户被灭后,兀良哈人至此完全消亡了。值得注意的是,漠北外喀尔喀七大鄂托克当中有一乌梁海鄂托克。说明劫后余生的兀良哈万户属人被喀尔喀部收编,成为喀尔喀部乌梁海鄂托克。据《阿萨喇克其史》记载,格哷森札分封诸子时,将喀尔喀兀良哈鄂拓克被分给了萨木。② 萨木是格哷森札第七子,又叫鄂特欢萨木贝玛。③ 关于萨木的封地,也就是乌梁海鄂托克驻牧地,《蒙古游牧记》提供了线索:"墨德卓里克图自青海归,赐牧阿尔台、额尔齐斯、乌龙贵界。通谟克嗣职,以所居近乌梁海,命辖之。"④墨德卓里克图与通谟克为父子,系萨木贝玛之后人。《蒙古回部王公表传》《蒙古游牧记》载有其系谱:"中右翼末旗扎萨克辅国公游牧。格哷克延丕勒族叔父通谟克。高祖青达玛尼莫济克,号车臣诺颜。曾祖唐古特墨尔根岱青,祖本塔尔岱青巴图尔。有子二:长墨德卓里克图,即通谟克父也。"⑤同时,《阿萨喇克其史》记载:"萨木贝玛的儿子是青达罕赛音默济克卓力克图,青达罕赛音默济克的儿子是唐古特墨尔根岱青,唐古特墨尔根岱青的儿子是本塔尔岱青巴图尔。"以上记载说明:第一,喀尔喀札萨克图汗部乌梁海鄂托克封地位于喀尔喀西部,与西北部的图瓦、乞里吉思、特楞古

---

① (日)冈田英弘:《兀良哈蒙古的衰亡》,《蒙古学资料与情报》1988年第4期。
② 乌云毕力格:《〈阿萨喇克其史〉研究》,中央民族大学出版社,2009年,第129页。
③ 乌云毕力格:《〈阿萨喇克其史〉研究》,第141页。
④ 张穆:《蒙古游牧记》卷一〇,同治六年刻本,第13页。
⑤ 张穆:《蒙古游牧记》卷一〇,第12—13页;包文汉、奇·朝克图整理:《蒙古回部王公表传》(第一辑)卷五六,内蒙古大学出版社,1998年,第396页。

特等操突厥语的森林部众接壤。第二,乌梁海鄂托克贵族控制了这些原住民。乌梁海鄂托克控制下的图瓦等部族自然随其主人被清朝等外界称之为乌梁海人。后来由于喀尔喀与卫拉特部的长期殖民,大量蒙古人涌入当地,与当地人混居、通婚,使当地土著居民经历了蒙古化过程。我们据此可以说,乌梁海人是操突厥语的当地土著居民和蒙古人的混合群体。

第二节 乌梁海人与喀尔喀、卫拉特之关系

据俄国史料记载,17 世纪初,大部分乌梁海地区的人都向和托辉特部①纳贡。② 俄文史料称乌梁海人为"图宾"人,"图宾"为"图瓦"的音译。图瓦又是乌梁海人的主要成分,说明喀尔喀和托辉特部继乌梁海鄂托克后,也开始向图瓦人扩张势力。1616 年,俄国使臣到达阿勒坛汗③驻地时发现,其牧地从唐努山之北的克木齐克河到阿巴根河一带。④

俄文档案记载说:

[1652 年],那些吉尔吉斯人说,阿勒坦汗与罗布藏到了吉尔吉斯和图瓦地方,他们率领的军队约 4 000 人。后来他的一个台吉又带了 1 000 人来支援他阿勒坦汗。阿勒坦汗率军驻扎在离克拉斯诺尔雅堡 5 日程的恩巴河口,并且在瑟达河下游的石城紧紧包围了他自己的侄儿梅尔根台吉及其属民,而且强行抓走了吉尔吉斯和图瓦的头人约 70 人。他阿勒坦汗的人还赶走了吉尔吉斯人、图瓦人和沙

---

① 和托辉特为漠北喀尔喀蒙古西部一部落名,该部似乎非纯种喀尔喀人,名义上归喀尔喀扎萨克图汗节制,但实际上其独立性很强。
② (苏) H. П. 沙斯季娜著,北京师范大学外语系译:《十七世纪俄蒙通使关系》,商务印书馆,1977 年,第 15、18 页。
③ 沙俄方面将和托辉特部首领称之为阿勒坦汗,俄方记载中的阿勒坦汗共有三任。不知为何俄方将和托辉特部首领称作阿勒坦汗,学界有人认为也许是借土默特部阿勒坦汗之名。
④ (英)约翰·巴德利著,吴持哲、吴有刚译:《俄国·蒙古·中国》(下卷),商务印书馆,1981 年,第 998—1026 页。

皇的外国属民的马匹和牲口，抢劫他们的家禽和粮食店，抢占了他们的土地。吉尔吉斯人、图瓦人、阿尔腾人和克连涅茨人为了逃避阿勒坦汗，都拖家带口逃到了克拉斯诺雅尔堡下的克兹尔地方叶尼克河一带，一无所有地躲入了离克拉斯诺雅尔堡2日程的小城。

另外6个军役人员从克拉斯诺雅尔堡出发去图瓦和亚林斯克地方收皇上的实物税，也一无所获，都两手空空地返回。他们说当地的沙皇实物税民，住在叶尼塞河一带的，都因怕阿勒坦汗及其侄儿梅尔根逃到远处各地去了，有的躲进萨彦岭和黑森林了，没法找到他们。也有些沙皇的实物税民被阿勒坦汗强行抓走了，并且阿勒坦汗开始在那些地方向所有人收实物税。①

可见此时的和托辉特部基本上控制了西北一带图瓦人、吉尔吉斯人等部族。

在17世纪初，卫拉特人也受喀尔喀札萨克图汗部赉呼尔汗的控制。② 到17世纪中后期，和托辉特部在同卫拉特部斗争当中失利。③ 卫拉特部大大扩展了在乌梁海的势力和控制范围。至17世纪末，卫拉特准噶尔部噶尔丹掌权，在统一卫拉特各部后，开始开展其"近攻计"，征服回部与中亚，紧接着将矛头指向了喀尔喀。此时，和托辉特部首领在同喀尔喀札萨克图汗争权斗争中失败，投靠了噶尔丹。④ 同时，和托辉特部所属乌梁海人也随之归降噶尔丹。以噶尔丹的"近攻计"，下一步就是与其毗邻的乌梁海鄂托克。在噶尔丹

---

① 《俄蒙关系历史文献集(1636—1654)》，第129号，兰州大学出版社，2014年，第378页。宫胁淳子《17世纪卫拉特与喀尔喀的争逐》(《蒙古学资料与情报》1987年第2期)同引《俄蒙关系历史文献集(1636—1654)》第216号文："1652年，罗卜藏与其父抢掠了吉尔吉斯人和土瓦人，并继续远征到鄂毕河河口。1657年，罗卜藏率7 000大军再次远征至鄂毕河，并俘获一批吉尔吉斯人的子孙及土瓦王公作为人质。"但该书第126号文件摘由是"1652年8月30日：和硕特使臣科苏奇耶内关于阿穆尔河和达斡尔地区问题在外事衙门的答问词"，于阿勒坦汗与图瓦人关系无涉。宫协淳子所看到的当为正文引第129号文件，再结合兹拉特金的注释和其他文献作出的总结。
② 《俄国·蒙古·中国》(下卷)，第973页。
③ 《十七世纪俄蒙通使关系》，第94页。
④ 祁韵士著，包文汉整理：《清朝藩部要略》卷三，黑龙江教育出版社，1997年，第43页。

的猛烈攻击下,乌梁海鄂托克主莫德里卓里克图溃奔青海。① 噶尔丹完全控制了居于喀尔喀与卫拉特之间的乌梁海人。

康熙三十五年(1696),噶尔丹势力破灭后,清军进入科布多地区,驻兵屯田。清朝与当时的准噶尔汗策妄阿喇布坦争夺乌梁海部众。

康熙帝五十四年(1715)七月,康熙帝令和托辉特部辅国公博贝领兵征讨乌梁海,争得以和罗尔迈为首的一部分乌梁海人。②

康熙五十九年八月十九日(1720年9月20日),征西将军祁里德报,清军入铿格尔河,以兵力强攻,迫使额鲁特宰桑塞卜腾投降。俘获额鲁特、乌梁海两千六百余人,牲畜万余头。③

1721年5月6日(康熙六十年夏四月二十)征西将军祁里德疏:副都统鄂三领兵出乌兰古木汛界,招抚乌梁海人二千五百三十一人,送至巴颜珠尔克安置。④

至此,清朝控制了自唐努山阴克木克木齐克至博木地方的乌梁海部众。雍正二年(1724),准噶尔首领策妄阿喇布坦遣使通好。⑤雍正帝随即派使者宣谕策妄阿喇布坦曰:"若台吉果欲辑宁尔国,尚其诚一乃心,与朕所遣大臣等申定疆圻,诸事循理妥议。"⑥雍正三年(1725)策妄阿喇布坦遣使议边,⑦雍正帝敕谕策妄阿喇布坦曰:

> 朕去岁遣使与尔定议疆界。大概以阿尔泰山岭为界,原未实指地名。今尔奏称以唐奴山阴之克木克木齐克地方为词。又有哈噶

---

① 张穆:《蒙古游牧记》卷一〇,同治六年本,第12页。
② 中国第一历史档案馆整理:《康熙朝起居注》,康熙五十四年乙未,九月十七日己酉日,中华书局,第2197页。
③ 傅恒:《平定准噶尔方略》前编卷七,康熙五十九年八月癸丑,第32—33页,乾隆三十七年武英殿刻本,收入《西藏学汉文文献汇刻》第二辑,全国图书馆文献缩微复制中心出版,1990年7月。《清圣祖实录》卷二八九,康熙五十九年八月癸丑,中华书局影印本,1985年,《清实录》第4册,第810页。
④ 傅恒:《平定准噶尔方略》前编卷九,康熙六十年夏四月辛亥,第1—2页;康熙六十年五月甲午,第7—8页。《清圣祖实录》卷二九二,康熙六十年夏四月辛亥,第4册,第840页。
⑤ 《平定准噶尔方略》前编卷一三,雍正二年二月戊午,第13页。
⑥ 《平定准噶尔方略》前编卷一三,雍正二年三月壬辰,第27页。
⑦ 《平定准噶尔方略》前编卷一五,雍正三年四月己卯,第20—21页。

斯地方系喀尔喀、厄鲁特之界,哲尔格西喇呼鲁苏地方系会集之所,哈济尔地方系索林齐居住等语。此尔但陈奏其故,并未执意争求,应无庸议外,今姑以科卜多乌阑古木等处言之。喀尔喀、厄鲁特未构兵时,原混杂住牧。今喀尔喀西境,直抵阿尔台山岭,筑城种地。自唐努山阴之克木克木齐克至博木地方,见有策凌旺布、博贝乌梁海居住。今定疆界,自红郭垒至阿尔台哈道里岭。此千里内,所有巴斯库斯、索罗斯毕、汗和屯、阿尔呼特、阿勒坦淖尔等处为尔疆界。自哈道里以及克木之博木地方,为我疆界。自哈道里以南,由山岭至额尔齐斯。西边自乌隆古布拉罕哈卜塔克、拜塔克直抵乌兰乌苏、罗卜脑儿、噶斯地方,即系沙碛。应自克勒底野以南,定为我国疆界。①

可见划界谈判与乌梁海三部关系非常密切,也成为影响谈判的一大因素。双方就边界线划分范围存在巨大的分歧,划界谈判遂进入了僵局。雍正五年(1727),策妄阿喇布坦死。谈判事宜被搁置。

雍正皇帝更有一统天下之雄心壮志。乘准噶尔汗策妄阿喇布坦之死,出兵准噶尔,欲了其父"筹画多年,未竟之事"。但在和通淖尔一役清军惨败,雍正帝征服准噶尔的计划受挫。新形势下乌梁海地区更加动荡并且强烈震动了喀尔喀蒙古西部地区。雍正帝为稳住喀尔喀部,加强对新占领地区控制,开始重新考虑与准噶尔谈判;准噶尔军队也紧接着在额尔德尼召遭到惨败,无力再与清朝对抗。于是清准双方漫长的边界谈判重新开幕了。

准噶尔方面坚持以哲尔格、西拉胡鲁苏和唐努山以北克穆奇克河至博木一带为界;所要求的西部边界哲尔格、西拉胡鲁苏位于清代扎哈沁旗西部;要求北部边界逾唐努山。清朝方面要求保留对唐努山乌梁海的控制,唐努山以南以西的乌梁海归准噶尔。

双方一直互不相让,讨价还价,经过长期争论,至乾隆四年(1739),终于划定了边界。根据清朝方面记载,清准边界"循布延图河,南以博尔济、昂吉勒图、乌克克岭、噶克察等处为界。北以逊多尔库奎、多尔多辉库奎、至哈尔奇喇博木、喀喇巴尔楚克等处为界。

---

① 《平定准噶尔方略》前编卷一五,雍正三年四月己卯,第20—21页。

额鲁特无逾阿尔台岭,蒙古(喀尔喀)亦止在扎卜堪游牧"。①

布延图河即科布多河支流,发源于阿尔泰山,自西向东汇入科布多河。据德国波恩大学藏《蒙古游牧图》,博尔济、昂吉勒图均为河名,位于清代扎哈沁旗西部。乌克克岭即友谊峰,位于现今中、俄、蒙三国交界处。逊多尔库奎、多尔多辉库奎在科布多河一带;哈尔奇喇博木、喀喇巴尔楚克在唐努山一带。

清准划界,是双方妥协的结果。至此,由康熙帝以来清军占领地得到了认可和确立。早年清准混牧区一部分被划为无人区,但乌梁海人却可以在原地居住。即便如此,乌梁海人的领地也被压缩,致使乌梁海人无法躲避阿尔泰山风雪。划界以后,在严酷自然环境威逼下,乌梁海人为躲避阿尔泰大雪,时有违反规定越界游牧,屡屡受到清方谴责。②

---

① 傅恒:《平定准噶尔方略》前编卷四四,乾隆四年二月庚子,第12—13页;《清高宗实录》卷八七,乾隆四年二月庚子,第353页。
② 《平定准噶尔方略》前编卷四八,乾隆十年二月甲寅、庚申;卷四九,乾隆十一年八月壬子。

第四章　准噶尔内乱与乾隆帝
　　　　对乌梁海部的经营

乾隆十年(1745),准噶尔汗国首领噶尔丹策凌死。准噶尔内部为争夺汗位展开了血腥的争斗,失利者纷纷投靠清朝。乾隆十五年(1750),准噶尔达什达瓦部①投清。乾隆十八年(1753),杜尔伯特部三车凌②投清。乾隆帝开始有了出兵准噶尔的打算。③ 乾隆十九年(1754),辉特部首领阿睦尔撒纳④投清。更加坚定了乾隆帝出兵准噶尔的决心,最终于乾隆二十四年(1759)彻底毁灭了准噶尔部,收服了天山南北。在此军事行动前后,清廷分别两次出征阿尔泰乌梁海。乾隆十八年(1753)十一月至乾隆十九年(1754)九月,清廷派兵秘密抓捕了居于准噶尔与清朝交界处的乌梁海人几个大首领。第二年,清兵涌入伊犁,准噶尔汗国灭亡。紧接着,又派兵潜入罕哈屯河流域,逼降了当地乌梁海人,阿勒坦淖尔乌梁海也随即主动投附清朝。

第一节　乌梁海人入卡事件

乾隆十八年(1753)十二月,准噶尔扎哈沁部宰桑玛木特⑤为追

---

① 达什达瓦为准噶尔大贵族,准噶尔骁将小策零敦多布之孙,准噶尔汗国二十一昂吉之一。昂吉为地方行政单位。是部属众过万,属特大贵族集团。
② 三车凌,又称三策凌。为准噶尔汗国所属杜尔伯特部三个首领,即车凌、车凌乌巴什和车凌孟克。"三车凌"在《平定准噶尔方略》等书中译作"策凌";《清实录》等书作"车凌"。学术界多译作"车凌",本书之译法亦从"车凌"。
③ 参见傅恒等编:《平定准噶尔方略》正编卷二,乾隆十九年五月壬午,第25页。
④ 准噶尔汗国所属辉特部首领。曾协助达瓦齐夺取准噶尔汗位,为一强势贵族。
⑤ 扎哈沁为准噶尔汗国一鄂托克。"扎哈沁"在蒙语中有"守边人"之意。宰桑是准噶尔汗国官名,为重要地方官,鄂托克之长,一鄂托克有一(转下页)

第四章 准噶尔内乱与乾隆帝对乌梁海部的经营

捕三车凌进入清边境,乌梁海有两个德木齐①也参与了这次事件。准噶尔汗国的内乱使乾隆帝开始重新考虑清准关系,并让他感受到了来自边界隐患乌梁海人的压力。玛木特入卡事件让清朝君臣开始将眼光投向了这些"野蛮人"。

玛木特入卡事件与三车凌事件有关,三车凌事件与准噶尔汗国内乱有关系。准噶尔汗国首领噶尔丹策凌死后,国内内讧迭起,其诸子皆惨死。最后,准噶尔大贵族达瓦齐②在辉特部首领阿睦尔撒纳的协助下当上了准噶尔汗。此时,准噶尔另一首领小策零敦多卜之孙讷默库济尔噶尔兴兵讨伐达瓦奇,双方都拉拢杜尔伯特部,杜尔伯特人不知支持何方为宜,犹豫之际,索性投靠清朝以求庇护。杜尔伯特部在三车凌的率领下于乾隆十八年(1753)十月二十一日三千余户由准噶尔出发,于十一月初九日到清朝卡伦请求内附。③在三车凌投清后不久,于十一月二十六日,传来边报,准噶尔宰桑玛木特率二百余人不顾卡伦官兵阻挠,强行进入卡伦追捕三车凌。④

乾隆皇帝接到奏报,极为愤怒,连发数旨,严厉谴责了玛木特的行为,并指出了玛木特行为所将带来的恶劣影响,进而责备成衮扎布和达清阿等边官之失。乾隆帝即刻派侍郎玉宝、前锋统领努三、散秩大臣萨喇尔⑤在参赞上行走,以协助参赞大臣;又命尚书舒赫德

(接上页)宰桑或数宰桑不等。扎哈沁鄂托克有两名宰桑,一个叫"库克新玛木特",另一个叫"通玛木特",两者统称为"两玛木特"。玛木特之名富有伊斯兰教风格,为"穆罕默德(Muhammad)"的别称,准噶尔汗国时期叫"玛木特"的人很多。现今哈萨克等民族当中也不乏其名者,维吾尔语中通常叫做"买买提(Memet)"。

① 又叫"得木齐"。德木齐为准噶尔政权低层官员。据《钦定皇舆西域图志》载:德木齐,内则佐台吉以理家务,外则抽收牧场税务。系管鄂拓克内自一百户以上二百户事物。但据档案载,该德木齐领20~40户不等。
② 准噶尔汗国名将大策凌敦多卜之孙,趁准噶尔内乱,在阿睦尔撒纳帮助下夺取汗位。清军灭准噶尔后,达瓦齐被俘押送至京师,被授予亲王爵位,尚郡主,授多罗额驸,乾隆二十四年卒。
③ 傅恒:《平定准噶尔方略》正编卷一,乾隆十八年十一月甲戌,第1—2页。
④ 傅恒:《平定准噶尔方略》正编卷一,乾隆十八年十二月丁亥,第15页。
⑤ 萨喇尔,准噶尔汗国达什达瓦部宰桑,在达什达瓦遇害后,与达什达瓦妻一同率部众降清。《清实录》译作"萨喇勒",《平定准噶尔方略》译作"萨喇尔"。本书统一采用"萨喇尔"之译法。

赴鄂尔昆军营办理事务。① 十二月壬辰（十一日），成衮扎布来报告说玛木特已经溜出卡伦，乾隆帝感到"殊为骇异"，严厉批评达清阿等人，并下旨："若不能擒获玛木特，伊尚何颜复返。"②

上文提到，在玛木特率军进入清边卡伦时，乌梁海有两个德木齐也参与了此事件。《清实录》在记录乾隆十八年（1753）玛木特入边之事时没有提到乌梁海人，而到乾隆十九年正月决定讨伐乌梁海时，突然提出擒拿入卡之乌梁海两德木齐，③使人感到意外和费解。《平定准噶尔方略》在记载乾隆十八年玛木特入边事件时对乌梁海人入卡事件虽有所提及，但只是一笔带过，事件原委也模糊不清。④然而被史书所忽略的此次乌梁海人入卡事件恰恰成为当时清准冲突的导火线，成为乾隆皇帝出兵准噶尔的开端。

官方编纂史书虽然对乌梁海人入边事件省略、忽略，然而事情远非那么简单。笔者在中国第一历史档案馆查阅军机处满文录副奏折后发现，不仅前往调查该事件的将军大臣们的报告说法不一，而且相关人员的口供更是五花八门。对此，官书囫囵吞枣、含糊其词，没给出一明确的结论。为详细了解该事件真相，笔者欲将档案史料与编纂史料加以比较，对相关记载进行分析、甄别。

乌梁海人长期在边界地带生存，虽然时有越界放牧，但从未闯入清朝卡伦滋事。但这回怎么胆敢闯边开衅呢？乌梁海人同玛木特一起闯入边卡。要想搞清楚乌梁海这次入边原委，首现要搞清楚玛木特入边问题。

对玛木特入边原因，作为清朝最基本史料的《清实录》以及专门纪录这些事件的史料集《平定准噶尔方略》都没做交代。《钦定蒙古

---

① 《清高宗实录》卷四五二，乾隆十八年十二月，中华书局，1986年，《清实录》第14册，第891—896页。
② 傅恒：《平定准噶尔方略》正编卷一，乾隆十八年十二月庚子，第20页。
③ 《清高宗实录》卷四五四，第14册，第916页。
④ 乾隆十八年十一月二十六日（1753年12月20日），卡伦护军伊灵阿等从瞭望处见乌梁海十余人，告称："我台吉噶尔藏多尔济率兵二千，在博托和尼暂歇，即来追策凌。后有阿睦尔撒纳率兵三千，亦二三日内可到。且望见博托和尼西北山麓多有火光，恐分途并进，均未可定。"［傅恒：《平定准噶尔方略》（正编）卷一，乾隆十八年十二月丁亥，第15—16页］

第四章 准噶尔内乱与乾隆帝对乌梁海部的经营

回部王公表传》记载:"十八年,杜尔伯特台吉车凌弃准噶尔来降,达瓦齐遣玛木特追之,由博尔济河入喀尔喀讯,复逸出。"①《皇朝藩部要略》也有相同记载②说明当时清朝官私学者都普遍认为玛木特受达瓦齐之令,率兵追讨三车凌,以往学术界也长期持此观点。但笔者阅读了相关档案文书后发现事情并非如此简单。

清朝卡伦官员在卡伦外追踪玛木特踪迹时发现了乌梁海人。乾隆十八年十二月二十五日(1754年1月17日)的一份满文档案详细报告了这一情形:

> 前已奏闻达清阿③派管旗章京莫尼扎布(monijabu)出卡伦侦查玛木特踪迹之事。今有莫尼扎布于十二月二十四日至军营来报:莫尼扎布我遵大臣之令,至搜吉(seoji)、查干布尔噶苏(cagan burgasu)卡伦外伊兰僧古尔(ilan sengkur)④、道图淖尔(dootu noor)、诺干淖尔(nogon noor)、德楞(delung)等处瞭望,未见踪迹。自此至哈木尔沙扎盖(hamir šajigai)卡伦,从塔布图(tabutu)地方直至扎木特喀然(jamtu karan)山瞭望,见有一群牲畜和蒙古包。派四人以狩猎为名,令其探明诸情。来报称其悉为准噶尔妇孺所在,问彼等驻牧之乌梁海情形……乌梁海人别克(bek)等言:"吾宰桑玛木特前为达瓦齐所调用,今闻其牧地被车凌等人所掠。遂率二百人来诓我乌梁海人众,谎称有达瓦齐之令。此皆为无稽之谈。"再问:"汝此牲畜从何而来?"答道:"吾众上玛木特当,遣数人随之追讨时,拾得之。是为车凌等沿路丢弃疲弱牲畜。……吾众沿路拾得杜尔伯特人所弃牲畜而还。"

玉宝(iuiboo)、策楞(cereng)等当日招来降清的杜尔伯特宰桑霍通(hotong)、巴彦克西克(bayan kesik)、巴图(batu)等询问……

---

① 《蒙古回部王公表传》(第一辑)卷一一五,第725页。
② 包文汉整理:《清朝藩部要略稿本》卷一二《额鲁特要略四》,黑龙江教育出版社,1997年,第196页。
③ 达清阿为正蓝旗蒙古副都统,在金川战役中表现突出,于乾隆十七年正月被派往北路军营为参赞大臣。
④ sengkur系河名,ilan在满语中是"三"的意思。由此来看,该河可能有三个分支。

"吾掠玛木特游牧地之际,其不在家,时助达瓦齐而去。……吾等掠而所余之众,俱避于哈布达克(habdaka)、白塔克(baitak)之地。吾前(尚未掠其营地之际)有属人赴乌梁海处贸易,后追至吾众言:乌梁海德木齐胡图克(hūtuk)等整其众,欲尾随宰桑车凌等,拾其所弃疲弱牲畜而去。"①

可见询问结果与乌梁海人所言一致,双方当事人都做了交代。该档案在最后对乌梁海人入边问题做了分析。卡伦官兵认为,准噶尔乌梁海人言:玛木特妄称其众被车凌所掠。乌梁海人碍于玛木特脸面而为之。霍通等人言:乌梁海德木齐胡图克妄以玛木特之名来拾车凌等所弃疲弱牲畜,追车凌等人而来。玛木特不在家,被达瓦齐调去,其台吉之属人赴乌梁海贸易,言其德木齐胡图克正在整兵,欲拾车凌所弃疲弱牲畜。

最后得出的结论是此二者所言甚相吻合。②

到此,我们明白了,杜尔伯特人在投清路途中,趁玛木特主力在前线作战、后方空虚之机,掠夺了其营地,夺走了其人畜。玛木特为追回人畜,顺路率乌梁海人入边。乌梁海人口供反映,其入卡追掠三车凌的原因是为玛木特所骗和裹挟,其结果是顺路捡了些被丢弃的疲弱牲畜而还。

但清方此次得到的信息,准确率如何?显然,这次事件关系到三方面的人,第一方面是玛木特,第二方面是杜尔伯特人,第三方面是乌梁海人。而这次调查只听到了后二者的声音,而作为事主和主

---

① 《定边左副将军衮扎布奏请是否捉拿追赶三车凌入卡伦之玛木特折》,乾隆十八年十二月二十五日,中国第一历史档案馆藏《军机处满文录副奏折》"民族事务类·蒙古项"(以下档案均出自该类项,不再注明),档案号:03-0174-1358-004,缩微号:033-1980(全综号03,目录号0174,卷号1358,件号004;缩微盘号033,拍照号01980。以下所引档案凡连续出自同一全宗与目录号下者,省去此二号,只有在首次或穿插出现时方注全档号)。以下所列档案未特别说明,均属中国第一历史档案馆藏,满文档案未特别说明者,均系笔者本人译。
② 《定边左副将军衮扎布奏请是否捉拿追赶三车凌入卡伦之玛木特折》,乾隆十八年十二月二十五日,《军机处满文录副奏折》,档案号:1358-004,缩微号:033-1980。

第四章 准噶尔内乱与乾隆帝对乌梁海部的经营

角的玛木特没有出场。那么下面我们来看看玛木特是怎么说的。乾隆十九年清朝发兵诱捕玛木特后对其入边问题进行了审讯，满文档案记录了其口供：

> 车凌抢掠吾营地之际，吾不在家，时率兵助达瓦齐平定讷默库济尔噶尔(nemek jirgal)后的返途中。回营后发现营地人畜和妻儿被一掠而空，极为愤怒，即归家遂与兄弟集结百四十余人追讨。一则随策凌而去之众内有我女婿台吉多布钦，与我女儿相见之故；二则为收集其遗弃之牲畜之故，自至卡伦之百四十人中率二十人进卡追讨，剩余者俱驻齐齐格淖尔(cicik noor)。知车凌等人远去无法追及，遂将一包烟交与不相识之喀尔喀人，嘱咐将其转交之。①

读完以上几条档案纪录后，我们不禁发问，达瓦齐有没有下令乌梁海人随玛木特入边？在这一点上是不是玛木特欺骗了乌梁海人？要解决这个问题，首先要讨论玛木特有没有受达瓦齐之令。

根据档案反映的信息我们已经知道，达瓦齐与讷默库济尔噶尔争斗，玛木特率兵援助达瓦齐。当他还在返回路途中时，三车凌掠夺了玛木特人畜，玛木特为追回其人畜而闯入边卡。关于这一点，杜尔伯特人也承认，这个没有疑问。玛木特的口供一直在为自己辩护，不断地推卸责任，但奇怪的是只字未提有达瓦齐之令。如果真有达瓦齐命令，岂不成为玛木特自我辩白的最好理由？如果说他们的口供出于畏惧或出于袒护其主人等种种原因有不实之处的话，那我们应该听听处理这次事件的直接责任人成衮扎布是怎么说的。

乾隆十八年十二月二十日（1754年1月12日）成衮扎布上报其调查结果如下："车凌等人在归附途中抢掠了玛木特牲畜，玛木特入边追讨乃被逼无奈之举。"②除此，乾隆帝派往北路军营专门处理此

---

① 《军机大臣舒赫德等奏报审讯玛木特口供及解送至京起程日期折》，乾隆十九年一月十九日，《军机处满文录副奏折》，档案号：1358-014，缩微号：033-206。
② 《军机大臣舒赫德等奏报审讯玛木特口供及解送至京起程日期折》，乾隆十九年一月十九日，《军机处满文录副奏折》，档案号：1358-014，缩微号：033-206。

事的参赞大臣舒赫德也有相同的认识,①都没提到有达瓦齐的命令。如果真有所谓的达瓦齐之令,清朝官员不会不上报。再者,此时的达瓦齐正在进行内斗,还不知道三车凌事件,还没来得及下令追讨。到此,我们可以肯定地说,根本不存在所谓的达瓦齐命令。玛木特贸然率兵闯入清朝卡伦的原因,以他自己的话来说,是其人畜和妻儿被三车凌一掠而空,激愤之极;以清朝边官的话来说,是三车凌洗劫了玛木特营地,玛木特闯边乃为被逼无奈之举。

既然达瓦齐还没来得及命令玛木特,更不会有时间来命令乌梁海两德木齐,所以乌梁海人更不会受达瓦齐指使。再者,作为一国之君,不会越级命令一个只统领几十人的小头目德木齐来执行任务。乌梁海两德木齐虽然是达瓦齐附庸的附庸,但不是达瓦齐本人的附庸。达瓦齐即便有调用他们的需求,也只能通过其顶头上司乌梁海宰桑来完成。所以这一说法是经不起推敲的。

那么既然没有达瓦齐命令,那乌梁海人到底受何人之令来追捕三车凌的呢?

乾隆十九年(1754),清朝发兵抓捕乌梁海德木齐胡图克、扎木参等人后,对其二人入卡掠夺原因进行了讯问,满文档案录其口供如下:

乌梁海两德木齐说:

闻三车凌掠我扎哈沁鄂托克人众,我乌梁海八耕户亦随车凌而去。我宰桑图布慎等五人凑军五百,驻于防守我游牧地之僧库尔地方,以我等四德木齐为前锋,令率四十人直至齐齐格淖尔前往探查车凌去向。我等俱山林之民,不知法令而入卡边至齐齐格淖尔卡伦而返回至巴彦朱日克(bayan jurke)与博托和尼(bodogoni)间遇玛木特。马木特再度率我而去,无奈之下,随其至克伯尔,因马畜疲惫而纷纷返回。②

---

① 《军机大臣舒赫德为乌梁海德木齐呼都克冒名尾随车凌等入卡企图行劫请转奏缉拿事咨呈》,乾隆十八年十二月二十九日,《军机处满文录副奏折》,档案号:1309-021,缩微号:031-2752。
② 《军机大臣兆惠奏遵旨往军营审讯札木禅及呼都克情形并仍带回监禁折》,乾隆十九年三月三日,《军机处满文录副奏折》,档案号:1357-007,缩微号:033-1913。

第四章 准噶尔内乱与乾隆帝对乌梁海部的经营

这次审讯给我们提供了另一条信息,即乌梁海两德木齐是先受其宰桑指使,后受玛木特裹挟。还有,在杜尔伯特人掠夺玛木特的人畜中也有乌梁海人。

经侍卫玉保再次审问,德木齐扎木参又言:

> 吾为准噶尔乌梁海宰桑车根(cegen)属下德木齐。……我乌梁海车根等五宰桑率五百人,追车凌等至搜吉、查干布尔嘎斯等地未及。令我札木禅所属乌梁海属民二十人追讨车凌等直至齐齐格淖尔,探其是否已入卡伦。札木禅我遵吾宰桑车根之命,入博多果尼卡伦。返回,于次日遇玛木特,再度率吾众入巴彦朱日克卡伦而回。①

听了此二人口供以及结合之前所探透露的信息,我们似乎可以得出结论:乌梁海人闯入边卡追三车凌之举并非出于其本意,而是受制于人,属无奈之举。说明这次事件中乌梁海人既是大冤家也是个受害者。但事实果真如此吗?

玛木特在口供中又言道:"我队伍中绝无乌梁海人,是其在拣车凌牲畜时所诓之语。我等无权指挥乌梁海,伊等安甘听命于我。"②玛木特说得有道理,乌梁海部根本不受扎哈沁鄂托克管辖或节制。玛木特在未经乌梁海宰桑们允许或达瓦齐授权根本没权力调动乌梁海人。我们排除了乌梁海人在玛木特率领下入边的可能性。那是不是像他们口供中所说的那样有乌梁海五宰桑派遣和指挥?

我们设想,如有 500 人的大部队一窝蜂地齐集齐齐格淖尔卡伦会有什么情况? 当时,三车凌新附,清朝为保护和防范三车凌,调集了大量部队加紧边防。即派达清阿、副将军格勒克巴木丕勒率兵一千对三车凌部众加以保护。③ 清朝边防如此严密,如有 500 人的大队人马涌向卡伦,肯定会引起清军的警觉,但清边卡未得到任何相

---

① 《理藩院侍郎玉保奏报审问札木禅呼都克等情形并请将其解往军管候旨折》,乾隆十九年二月十一日,《军机处满文录副奏折》,档案号:1357-004,缩微号:033-1878。
② 《军机大臣舒赫德等奏报审讯玛木特口供及解送至京起程日期》,乾隆十九年一月十九日,《军机处满文录副奏折》,档案号:1358-014,缩微号:033-2065。
③ 《平定准噶尔方略》正编卷一,乾隆十八年十一月丙子,第 8 页。

关消息。区区几十人到卡伦都引起了清方的警觉,如此大的动作怎么会没有动静呢?再者,纵观前后的档案文书,未见相关记载。其后,乌梁海大小头目,甚至乌梁海五宰桑被捕审问均未提到此事。如果真有这么件事,清方肯定会追问。但清方也好,五宰桑也好,从未提及此事。还有,若乌梁海人有这么大的动静,玛木特不可能不知道,那对玛木特来说是个推卸责任和自我辩白的大好机会。也就是说,玛木特可以说乌梁海人不是他带来的,而是由他们宰桑带来的。这样,玛木特可以为自己摘掉带乌梁海人而来的罪名。但玛木特对此只字未提,说明他不知道有这事,恐怕也不存在这事。

至此我们要问,乌梁海人入卡追捕三车凌动机何在?没有受自己宰桑命令,其宰桑只是派他们去卡伦附近看看三车凌有没入卡;也不可能受玛木特指使,更没有所谓的达瓦齐之令。那乌梁海人为何要入卡?笔者认为,其动机恐怕与玛木特入卡动机相似。两德木齐口供中所言,其八耕户被杜尔伯特人所掠应该属实。乌梁海人受宰桑令,追踪三车凌,也很可能是出于追回被杜尔伯特掠去之部众的缘故,为此一直跟踪到卡伦。但卡伦是两国边防重地,有驻兵,外人不可能随便进出。再者,以乌梁海区区几十人的力量更不可能进入。但结果是乌梁海人确实以如此单薄的力量闯了进来,很明显是借助了外力,这个外力不是别人,正是玛木特。玛木特虽然无权指挥乌梁海人,但可能是诱使乌梁海人入了边。所以说,乌梁海人追三车凌到卡伦外是出于愤怒和为追回自己被掠人畜,但诱使乌梁海人进一步入边的人便是玛木特。《平定准噶尔方略》言,准噶尔人分两路进入,后合二为一。① 我们可以理解为乌梁海人与玛木特分别到卡伦,最后一起入卡。两德木齐口供中也常常提到,在卡伦与玛木特相遇,被欺骗和裹挟而进了卡伦。

最后我们似乎可以得出这样的结论:乌梁海人追踪三车凌到齐齐格淖尔卡伦,返回途中与玛木特队伍相遇。玛木特扬言身后有噶勒藏多尔济和阿睦尔撒纳的大部队要来追讨三车凌,以增强乌梁海人信心,又以杜尔伯特人所弃牲畜为诱饵,再以追回自己部众为目

---

① 《平定准噶尔方略》正编卷一,乾隆十九年正月壬戌,第30—31页。

第四章 准噶尔内乱与乾隆帝对乌梁海部的经营

的,冒险深入探查三车凌踪迹。

玛木特在口供中说,到齐齐格淖尔让手下20人入边拾取杜尔伯特人所遗弃牲畜。而乌梁海也说其宰桑令其率20人左右靠近卡伦侦查,而没要求他们进入卡伦。这正好印证了指使其进一步入边的不是乌梁海宰桑而是玛木特。玛木特以卡伦内遗弃的杜尔伯特的人牲畜为诱饵,诱惑乌梁海人深入。乌梁海人经不住玛木特诱惑,冒险深入卡伦内,在这一点上,玛木特在口供中撒了谎。

我们根据档案记载,修复和澄清了清朝官方编纂史料误导我们的一段乌梁海历史事实。官修史书为什么没有交代清楚这段历史?首现当然是考虑到了文字的简练,有些觉得不太重要的史料就被省略了。但我们经认真观察后发现,清朝官方似乎在特意回避些什么问题。作为最主要的官修史料《清实录》对此避而不谈,专门记录这一系列军事事件的《平定准噶尔方略》含糊其词。

乌梁海入边,清朝进行相应的"惩治"行动,从而引发了清朝长年对西北乌梁海人无休止的征战。面对这么重大事件,对外和对后世总得有个说法。纵观清朝官修史书,每次征战,官方对舆论极其重视,要做到"师出有名",这最集中体现于史书。但清朝官方对此次出师之名,仅以只言片语了之,尤其回避其与玛木特事件之间的关系。其次,只字不提玛木特擅自入边原因。是官方没有弄清楚事情原委?我想不会,清朝官方肯定查清了其真相,但故意加以掩盖。乍一看,此事并不损于清朝脸面,没必要隐晦。但恰恰有损于另外几方面人的脸面,那就是归降清朝的杜尔伯特人和扎哈沁部玛木特等人。

杜尔伯特三车凌在投清途中劫掠了扎哈沁和乌梁海人畜,这在清朝看来是个很不光彩的事。杜尔伯特部较早投靠清朝,而且长期与清朝上层保持高度一致,成为卫拉特部亲清之典范。"模范部落"杜尔伯特在"光荣"的投清活动中做了"不光彩"的事,当然要加以掩饰。再者,也就是最重要的一点原因是,扎哈沁与乌梁海人入边是为讨回"公道"而为之。但是清朝发兵"惩罚"必须具有"正义"标签,否则趁准噶尔汗国内乱突破清准条约约定会显得师出无名。为掩盖清朝接纳对方逃人,强调对方入卡的不合法性,从而达到师出有名,不得不隐瞒真相,对相关问题避而不谈,这才是问题所在。

此外,由于后来扎哈沁首领玛木特在清朝平定准噶尔战争协助有功,并为清朝"殉国",以至于他欺骗和裹挟乌梁海人入边的"卑劣"行为也成为清官方隐讳的内容。这就让我们理解了清朝官方编纂史料对玛木特与乌梁海入边时的相互关系为什么避而不谈。

通过以上现象,我们可以发现,清朝官方在修史时,需要在一些问题上有所隐晦,但又不能明目张胆地去伪造和篡改历史,于是乎在取材和剪裁史料方面暗下功夫,采取种种巧妙方法达到隐瞒和回避的同时,给读者设下重重思维陷阱,诱使读者接受其观点。

第二节 乾隆帝对乌梁海部的经营

之前一直认为是"野兽般的",不值得一提的乌梁海人,如今居然成为边界冲突隐患。堂堂大清,让区区乌梁海所欺,岂不为新附杜尔伯特人耻笑!又何以服喀尔喀与额鲁特之众。因此,在捉拿玛木特的同时,必须收拾一下这些可恶的乌梁海人。

乾隆皇帝为此做出了一系列部署。乾隆十九年十二月七日(1753年12月30日),他下令侍郎玉保、前锋统领努三、散秩大臣萨喇尔在参赞上行走,派往军营协同办理越境冲突事件,特派军机大臣兵部尚书舒赫德赴鄂尔坤军营料理军务。[①]

舒赫德于十二月十八日从京师出发,于十九年正月三日到达军营。开始筹划擒拿玛木特与乌梁海两德木齐,并于十二日报告了其用兵计划。他提出,入卡者并非全是扎哈沁人和乌梁海人,还有准噶尔人。同时得知,额鲁特与乌梁海分兵两路进入。为了不惊动敌人,他也策划兵分两路,出卡捉拿入卡者。令萨喇尔、努三领兵500捉拿乌梁海瑚图克;同时令达清阿亦领兵500捉拿玛木特等,又就近调兵2 000人来助威。[②]

正月二十五日拿获乌梁海入卡之两德木齐扎木参、瑚图克,三

[①] 《平定准噶尔方略》正编卷一,乾隆十八年十二月丁亥,第29—30页。
[②] 《平定准噶尔方略》正编卷一,乾隆十九年春正月壬戌,第29—30页。

第四章 准噶尔内乱与乾隆帝对乌梁海部的经营

十日押至军营。①

据档案记载,在捉拿玛木特和乌梁海两德木齐人选问题上,舒赫德与乾隆帝意见有分歧。舒赫德决定分兵两路,以萨喇尔和乌尔登擒乌梁海两德木齐等;以达清阿擒玛木特。但乾隆帝不同意分兵作战,而要求以萨喇尔为首,达清阿为佐,共同去捉拿玛木特和乌梁海人。

正月二十一日乾隆帝寄谕舒赫德:

萨喇尔曾经战事,又熟悉准噶尔情形。以伊为首,委之宜矣,且事可成。今亦派达清阿为一路,分散兵力,达清阿又无谋略之人,调以用之,似不合机宜。速移文舒赫德,派出兵队,若能合军,即改合为一路。若不及,则以汝之前计行之。舒赫德若知朕前所谕,速着达清阿与萨喇尔合兵为善。倘军队尚未出卡,即依朕所谕,以萨喇尔为首,带领达清阿合兵赴乌梁海地寻踪,捉拿入卡之人。若此行之,有胜算矣,必无闪失。若达清阿恶萨喇尔,同营以至不睦,可即撤回达清阿。

对乾隆帝的指示,舒赫德解释道:

臣等前已查明,额鲁特、乌梁海等因俱入内,故出兵两路进击。现达清阿等已将马木特等人计取审问,复证其曾入我卡内暂驻。萨喇尔等现已至卡伦,奴才亦令达清阿于卡伦附近暂驻,若将达清阿派往萨喇尔处,达清阿之西路军和萨喇尔之中路军相隔数百里。待达清阿尚未至际,萨喇尔事可成矣。因此之故,奴才等共议因两军俱已出卡,不及汇合,故臣遵旨仍分两路出征。②

乾隆帝还是不死心,仍然坚持己见。一月二十六日所寄朱批谕旨云:

览尔之奏,达清阿不可独行此举。又分兵两路善处何在?朕

---

① 《平定准噶尔方略》正编卷一,乾隆十九年二月十日庚寅,第36页。
② 《军机大臣舒赫德等复奏萨喇勒达清阿仍分两路进兵乌梁海折》,乾隆十九年正月二十一日,《军机处满文录副奏折》,档案号:1320-003,缩微号:032-0805。

思之,仅整军一路,以萨喇尔为首,乌尔登与达清阿佐之,行之为宜。朕屡发之圣旨,得之乎?接到此旨,即上奏答复。达清阿是否已出征,为何无声息?数日以来,汝处所奏之文,甚不足。奏文不可断矣。

又寄曰:"查捕进卡乌梁海之事,以萨喇尔为首,较合机宜。朕屡降旨之,今舒赫德仍以萨喇尔与努三为一路;达清阿等为一路。卡伦外又无大山,尽为平原,无大障碍。仅出卡伦而已,非直捣贼巢伊犁。为何分二路、三路乎?军力应仍在一路为宜,不可分二路。为免其马匹疲惫,乘其尚未出卡伦之际,速寄信舒赫德等告之。仍依朕前所降之旨,以萨喇尔为首,乌尔登、达清阿辅之,整军一路,查拿阑入卡伦之人。努三有畏葸之心,何以此辈之人以充数。领此类之人而去,必坏事矣。故努三不可派往。"

面对乾隆帝如此强有力的要求,舒赫德答复道:

原阑入我卡伦者中额鲁特(指玛木特)与乌梁海人均有之,将之尽行查明,断不可蒙诳圣上将之仅作乌梁海一端而为之。额鲁特居于西端之博多格齐地方,而乌梁海居于东端之科布多河此岸,一路军队无法顾及两端,故分路出兵。圣上降旨令以萨喇尔为首,达清阿为辅料理乌梁海事宜。正月初七夜,臣于塔米尔军营接旨。达清阿则于去年十二月二十八即已出乌里雅苏台,其报称于初九、初十至卡伦。萨喇尔于正月初五日自塔米尔出发,与达清阿相距两千里。若再度召回达清阿令其与萨喇尔汇合,来回周折,恐马力不支,且行军日久有泄漏军机之险。臣恐达清阿不可独行,以乌尔登佐之。因兵事不可拖延,经臣等商酌方如此为之。

又以努三佐萨喇尔之事,此次诸参赞大臣悉已派出,努三与萨喇尔曾驻同营,且经再三教导而派出。萨喇尔熟悉乌梁海情形,又曾经战事。乌梁海事皆委于伊,萨喇尔现正值冲锋陷阵之际。谨遵寄谕"为何努三亦被派去,不可派出"之语。臣窃思,萨喇尔、努三于正月二十三日,于卡伦内索卓克处整兵,二十五日即发至卡伦。臣于二十六日夜接旨,若行文撤回努三,恐移文至其处,尚需两三日程,此间,萨喇尔等已出卡伦,并已开始着手办理乌梁海事宜,已不

第四章 准噶尔内乱与乾隆帝对乌梁海部的经营

及另作决定。因兵事不可延误,且为速行圣上交办之事,故臣尚未及圣谕即审时度势而为之,擅自专断矣。①

乾隆帝再三要求以萨喇尔为首,以达清阿为辅,合兵一路解决玛木特和乌梁海问题。但舒赫德对此视而不见,甚至抗旨,非要分兵两路,派萨喇尔和达清阿分别进军。而且把达清阿派往主战场,去攻取玛木特;把萨喇尔派往一小分战场。我们知道,当初玛木特率200人入卡,而乌梁海两德木齐率20人跟随。也就是说,萨喇尔的工作重要性仅仅是达清阿的十分之一。与此同时,派出努三分萨喇尔兵力。而且,萨喇尔的行动更具有艰巨性和风险性,因为乌梁海人分散居住,而且都依深林或险峰自保。让达清阿去计取玛木特,很明显,舒赫德等人让萨喇尔去完成既艰险又不太重要的任务;让达清阿去完成最主要且风险小的任务,立下主功。这跟乾隆帝的计划相左。君臣之间为什么会发生这种分歧?首先,萨喇尔是额鲁特蒙古人,是准噶尔汗国达什达瓦昂吉之宰桑。在准噶尔汗权争夺战中失利,于乾隆十五年(1750)九月与达什达瓦之妻率众投降清朝。舒赫德、达清阿等为满洲官员,与萨喇尔在心理上和情感上有所隔阂,当然不愿意让萨喇尔立头功。另一方面,舒赫德等人不信任萨喇尔,"非我族类,其心必异",害怕萨喇尔给准噶尔通风报信或临阵倒戈,以造成更大的麻烦。退一步说,即便不倒戈,一旦立功做大,将来也是个隐患,应防患于未然。对舒赫德等满洲官员们的想法,乾隆帝也应该明白。而乾隆帝原则是"以夷制夷",不仅继承了中原王朝对周边民族一贯实行的策略。更重要的是,满族作为一个小民族,在征服比自身更为强大的周边民族时,善于拉拢敌方的人来打击对方,这也成为清朝能够成功的重要原因,也可以说是其基本国策之一。再说,萨喇尔对准噶尔状况比清朝官员熟悉得多,派他过去处理这问题比派达清阿还要顺利,而且以此可互相消耗。对乾隆帝的策略舒赫德坚决不执行,故意拖延,企图造成既成事实。

---

① 《军机大臣舒赫德等复奏已派萨喇勒达清阿等两路进兵乌梁海厄鲁特情形折(附随征人员名单1件)》,乾隆十九年正月二十七日,《军机处满文录副奏折》,档案号:1320-002,缩微号:032-0793。

以乾隆帝的习惯,事无巨细均以过问,但深居宫廷的乾隆帝,不能及时得到相关情报,而且对战况的了解,不如前线将领熟悉,使其始终处于被动状态。前线将领以多变和复杂的战况,在细节上做手脚,以至于改变整个战略路线。至此,乾隆帝不得不做出妥协与让步。舒赫德等人为何敢于违抗皇帝的命令?他们认为,其实皇帝要的不是过程而是结果,只要能够实现最终的目的,任何方略、任何手段都是合理的,正所谓"将在外君命有所不受"。当年在金川战役中,傅恒不听乾隆帝劝阻,执意进军,大破金川,封一等忠勇公。①

但是此次,舒赫德并不幸运,他虽然也出色地完成了抓捕工作,但乾隆帝却不太高兴。抓获玛木特和乌梁海后,只赏赐了萨喇尔等蒙古将领,舒赫德、达清阿、努三等人也虽立下了功劳,非但没赏赐,反而被指责一顿。在以后征讨乌梁海人问题上,乾隆帝对舒赫德总是"鸡蛋里挑骨头",吹毛求疵,进行无端指责,最后将其撤回。

官修史书省略了这次君臣分歧,如果没有看过以上档案记载,对乾隆皇帝这些反常行为难以理解。读完这些档案后我们才明白,这些军营大臣们手握兵权却不听命于皇帝,触动了乾隆帝最敏感部位的神经,这是绝对不能容忍的。这些就是前线满洲将领们不听指令的必然结果。乾隆十九年七月,策楞在处理阿睦尔撒纳问题上与乾隆帝有分歧,遭乾隆帝严厉处罚。并且把之前犯有相同"罪行"的舒赫德也扯了进来,一起处理。两人被同时革职,家产籍没,子女遭流放,"以为大员负恩者戒"。舒赫德罪行在于并不奏闻请旨,擅自行事;策楞罪行在于每事附和舒赫德。② 此事刚一结束,乾隆帝紧接着连发数旨,提高萨喇尔等大员在军中的权利,③并下旨道:"此时惟遵朕屡次所降谕旨,饬谕萨喇尔悉心妥办,舒赫德再行从中阻挠,绝不宽恕其罪。"④二月癸卯(十九日),乾隆帝下旨批评将军大臣们使

---

① 来保:《平定金川方略》卷二二,乾隆十四年正月丁卯,《清代方略全书》,北京图书馆出版社,2006年,第13册,第203页。
② 《平定准噶尔方略》正编卷三,乾隆十九年七月,第21—31页。
③ 如丁酉(十五日),命军营大员有事自行封进,毋庸详报将军转奏。见《平定准噶尔方略》正编卷一,第43页。
④ 《平定准噶尔方略》正编卷一,乾隆十八年十二月壬辰,第43页。

第四章 准噶尔内乱与乾隆帝对乌梁海部的经营

萨喇尔办事掣肘,并增强了其兵力,鼓励他按自己的想法来行事,"不必照将军大臣等所饬,固执而行"。① 乾隆帝此时最害怕军营将军和大臣联合抗旨,不得不严厉处罚,以为训诫。再派一名听话的将军以及与将军关系微妙的大臣和副将来辅佐,以达到制衡。这一重大人事安排和决策恰恰关系到此次乾隆十九年正月君臣争论。

清朝官修史书恰恰省略了这么一次重要的历史事件。值得庆幸的是,我们在军机处满文录副奏折中找到了这一事件的原委。这一历史细节为我们了解乾隆皇帝西征决策和用人策略有了更深一步的认识。官方对这一细节的缺载同样出于隐晦和回避某些问题的需要。官方隐瞒了舒赫德等人获罪的最根本原因,使读者误以为舒赫德获罪所有原因都在于处理具体问题不力,使人想象不到存在君臣矛盾和乾隆帝对其有猜忌心理。这也不能不说是官修史书为我们设下的又一个思维陷阱。

乾隆皇帝被逼无奈,不得不向舒赫德等人妥协,放弃自己计划,批准了舒赫德等人的方案。舒赫德等人满怀信心开始了其抓捕计划。

舒赫德派人探查入卡乌梁海两德木其瑚图克、扎木参等人。据侦察报告,瑚图克、扎木参等人驻牧地位于哈木尔沙济盖与布延图卡伦之外。从哈勒巴乌兰(halbaulan)山到布延图(buyantu)河源一带游牧。② 一月二十三日,萨喇尔与努三带兵日夜兼程,快速行动,二十四日到哈勒巴乌兰山。二十五日萨喇尔包围乌梁海德木齐扎木参、收楞额③伯克(beke)、博罗特(bolot)等人营地,活捉之。努三亦于二十五日夜也包围乌梁海德木齐瑚图克等人营地,亦擒之。④

---

① 《平定准噶尔方略》正编卷一,乾隆十八年十二月癸卯,第43—44页。
② 据两德木齐口供,扎木参居科布多河乌兰哈勒巴,瑚图克居布延图河查干博图呼(《理藩院侍郎玉保奏报审问扎木禅呼都克等情形并请将其解往军营候旨折》,乾隆十九年二月十一日,《军机处满文录副奏折》,档案号:1357-004,缩微号:033-1878)。
③ 准噶尔汗国基层管制,以辅佐德木齐。
④ 据两德木齐口供,努三率兵一百二十人捉瑚图克;萨喇尔率二百八十人捉扎木参。深夜,一半人马去驱赶其牲畜,一半人进屋抓人。扎木参、瑚图克无丝毫反抗(《理藩院侍郎玉保奏报审问扎木禅呼都克等情形并请将其解往军营候旨折》,乾隆十九年二月十一日,《军机处满文录副奏折》,(转下页)

此外,萨喇尔与努三额外抓获 9 名非乌梁海人。经查知,这些都是和托辉特部人,因赴乌梁海经商而触犯法律,不敢回来,长期居准噶尔。①

抓捕两德木齐工作,貌似是在惩治侵犯边境之人,以此来挽回大清国脸面,宣扬其威信,震慑准噶尔。但更重要的是迈出了清朝收服科布多乌梁海的第一步。通过这次抓捕工作,清军似乎打开了一扇通往科布多乌梁海之门。玛木特和乌梁海事件本属边境纠纷,完全可以通过双方交涉来政治解决,无须非要动武军事解决。可知,清方目的不完全是要解决这次纠纷,而更重要的是要试探一下准噶尔方面的反应,测探一下对方实力,还要震慑一下新归附的杜尔伯特人,并要进一步以"查拿珊图克等之便招谕准噶尔乌梁海"。

玛木特被捕后不久即被放回,但两德木齐一直被关押,其余几个乌梁海收楞额也被放了回去。闰四月二十三日,关押于塔米尔军营的乌梁海德木齐胡图克出痘而死。②

作为同样入边两股人,在被俘后,玛木特被放了回去,而两德木齐却一直被关押着。刚开始,将军大臣们建议将两德木齐也以玛木特例放之回去,但乾隆帝不同意,理由是玛木特属被诈捕,两德木齐

(接上页)档案号:1357－004,缩微号:033－1878)。满文档案中附有一份抓捕行动后大臣所报战功表,为我们透露了更为细致的经过:"四个台吉率众包围扎木参所住蒙古包。有十七人冲入包内,萨喇尔属下准噶尔人,额鲁特披甲满出(mancu)最先动手去抓捕。此外,给喀尔喀公敦顿(donden)以二十二人的兵力去抓捕躲藏在营地里的乌梁海收楞额博罗特。喀尔喀披甲桑噶最先动手抓捕博罗特。乌梁海收楞额伯克逃跑,萨喇尔令喀尔喀公车登桑普拉(cedengsangpul)去追捕。"(《军机大臣舒赫德等遵旨查奏随达清阿等往擒玛木特等效力人员折(附名单 1 件)》,乾隆十九年四月一日,《军机处满文录副奏折》,档案号:1358－034,缩微号:032－2227)

① 《军机大臣舒赫德奏报拿获札木禅及呼都克等人经过并请解京正法折》,乾隆十九年正月二十九日,《军机处满文录副奏折》,档案号:1357－002,缩微号:033－1857。
② 《×××奏报监禁于塔米尔之乌梁海呼都克出痘病故日期片》,乾隆十九年闰四月二十六日后(日期不详),《军机处满文录副奏折》,档案号:1357－011,缩微号:033－1949。

第四章 准噶尔内乱与乾隆帝对乌梁海部的经营

属力捕,绝不能放回去,一直关押于军营。① 而且乾隆皇帝谴责抓捕玛木特之达清阿道:"若如达清阿诱擒玛木特,则甚亏大国体统矣。"②乾隆帝的理由不能成为区别对待的真正原因。之前乾隆帝曾下旨说:"达清阿等既曾领兵防范,即着迅速前往。或以计取,或以力攻。若不能擒获玛木特,伊尚何颜复返。"③这明确指示说可以计取,说明达清阿并未抗旨。乾隆帝所言何以前后矛盾? 显然,玛木特被计捕不能成为将其放回之理由,而其真正原因是清军攻取玛木特之时机尚不成熟。玛木特为准噶尔扎哈沁大宰桑,曾统领数鄂托克数千人马驰援达瓦齐。把这么重要的人物给抓起来,会极大地震动和刺激准噶尔。此时喀尔喀边界兵力不足,万一准噶尔突然前来讨伐,一时不好对付。更为要命的是,新投附的三车凌都有可能保不住。在这种情况下,除了放走玛木特外,别无他法。清朝皇帝为了给自己这矛盾行为一个说法,只能去怪罪大臣,把责任推到大臣身上。如此一来,乾隆帝为自己挽回了面子,并渲染自己的宽宏大量,让大臣成为替罪羊。两德木齐等人可以说是个小人物,准噶尔方面不会为这么个小人物而大动干戈和强行索要。所以这几个小人物可以作为罪犯被关起来,以此说明"天朝"有罪必罚,不可冒犯,也给新投三车凌展现其权威,有一定的震慑作用。事后不久,准噶尔方面扎努噶尔布④致文对清朝进行了谴责,果然没有提到乌梁海,而是谴责清军捉拿玛木特。⑤

清方不肯放两德木齐回去还有一个原因是以此为诱饵,引诱更

---

① 《军机大臣舒赫德等奏准玉保所请将呼都克等解往乌里推苏台军营折》,乾隆十九年二月二十四日,《军机处满文录副奏折》,档案号:1357-005,缩微号:033-1882;《平定准噶尔方略》正编卷一,乾隆十九年二月庚寅,第36页。
② 《平定准噶尔方略》正编卷一,乾隆十九年二月庚寅,第37页。
③ 《平定准噶尔方略》正编卷一,乾隆十八年十二月壬辰,第22页。
④ 即扎纳噶尔布,为准噶尔大贵族,准噶尔二十一昂吉之一噶勒藏多尔济之侄。噶勒藏多尔济驻牧地位于乌鲁木齐一带。档案记载,扎纳噶尔布驻牧地位于离乌梁海最近的科布多查干托海等处。由此观之,扎纳噶尔布可能分管该昂吉西北部。
⑤ 《清高宗实录》卷四五六,乾隆十九年二月己丑,中华书局,1985年,第14册,第938页。

多的乌梁海人上钩,从而拓宽获取信息之渠道,扩大对准噶尔和乌梁海的影响和渗透。这一策略得到了一定的效果。

例如被放回去的收楞额朔岱向宰桑雅尔都、德木齐阿茂海进行了劝降。乌梁海五宰桑派人表示愿意归降,但恳求在自乌兰古木至克木克木齐克地方居住。但清方认为这不是真正意义上的归附,并没答应其要求。①

二月三日,萨喇尔报,德木齐瑚图克之兄额勒木西(erimsi)、其弟阿达萨哈(adasaha)等人来探取消息时被清军俘获。清军通过他们进一步了解乌梁海人情况,对其进行拉拢,赏赐放回。二月五日,萨喇尔文称:初一日,前被放回之人收楞额硕岱等人带着胡图克之兄弟来汇报了其在乌梁海的劝降活动。②

三月十五日,德木齐扎木参之弟克木贝尔(kember)来卡伦打探其兄消息时也被清军俘获。经审问,交代了乌梁海内部情况。清朝官员还对他进行了收买工作,宣扬"圣上隆恩",并要求他回去转告乌梁海诸宰桑来投奔,赏赐后将之放回。克木贝尔满口答应其要求,并保证在二十天后给予答复。③

四月五日,扎木参弟克木格尔被放回去整整过了二十天,他带着一小牧童再次进入卡伦进行汇报。据其交代,他派弟弟额布根(ebugen)去劝说宰桑雅尔图,但由于马力不支而返回。自己亲自去劝说图布慎,图布慎言:"若放回二德木齐,又送还其被掠马匹,我愿回原游牧地,与众人商议。但如今,吾二德木齐在俘,马匹被掠,众乌梁海避而远之,吾个人岂能决定众人之事。"克木格尔又探访到图布慎之属收楞额陶东(toodong)有来投之意,而收楞额扎马(jama)

---

① 《军机大臣舒赫德等奏闻招抚乌梁海情形及阿睦尔撒纳归附信息折》,乾隆十九年二月七日,《军机处满文录副奏折》,档案号:1325-009,缩微号:032-1748;《平定准噶尔方略》正编卷一,乾隆十九年二月丁酉,第38—39页。
② 《军机大臣舒赫德等奏闻招抚乌梁海情形及阿睦尔撒纳归附信息折》,乾隆十九年二月七日,《军机处满文录副奏折》,档案号:1325-009,缩微号:032-1748。
③ 《军机大臣舒赫德等奏报审讯札木禅之弟乌梁海厄鲁特蒙古各情形并将其放回折》,乾隆十九年三月十八日,《军机处满文录副奏折》,档案号:1357-009,缩微号:033-1936。

第四章 准噶尔内乱与乾隆帝对乌梁海部的经营

不愿意来投。故宰桑图布慎一直犹豫不决。除此,又透露了一些准噶尔内部情形,并答应到夏天带领二十余户来投。①

可见,清军抓捕的这两条小鱼也发挥了其一定的作用。二德木齐成为清军得以了解乌梁海和准噶尔内部动态的情报窗口;同时又成为招降乌梁海人的阵地。清军以此对乌梁海人进行渗透,不断招降、威逼、利诱。

与此同时,清廷利用二德木齐进行着另一项工作,那就是要驱逐乌梁海人。乾隆皇帝下令:"将军大臣等于萨喇尔等查拿瑚图克等之便招谕准噶尔乌梁海,如未投顺即行驱逐于阿尔台以外。"舒赫德等人多次派人过前去"晓谕"乌梁海人,若不"归顺",立即驱逐于阿尔泰山外。② 乾隆皇帝为何在招抚不成的情况下不去派兵征讨,而一味地要把乌梁海人驱逐到阿尔泰山? 是想开疆拓土或廓清地方,只要土地不要居民? 其实乾隆皇帝最想要的就是居民。占有居民可拥有人力资源和物资资源;一味抢占清准长期作为斡脱之地的卡伦外荒地没有多少战略意义。实际上乾隆帝强调驱逐乌梁海人乃是一种计谋,以此来逼降乌梁海人。达瓦齐先后与讷默库济尔噶尔和阿睦尔撒纳征战不休,阿尔泰山南麓硝烟弥漫,战火越烧越烈,乌梁海人为躲避战乱纷纷逃到卡伦附近居住。清廷提出将乌梁海人驱逐到阿尔泰山外,等于是说要把乌梁海人推入战争的火海。清廷认为,乌梁海人一定也会像杜尔伯特人和达什达瓦部一样,脱离酣战不休的主人,投归清廷,求得天朝一隅栖身之地以自保。这样,清廷将不费一兵一卒之力便可收服乌梁海,借以瓦解和摘除准噶尔汗国北部之屏障。

但事情并非像乾隆帝想象得那么简单,达瓦齐很快稳住了局势,舒赫德言:"乌梁海等闻达瓦齐复作台吉,未肯投顺,又因惧我兵威,纷纷避匿,一时难以收服。"③这一意外,让乾隆帝非常生气,遂迁

---

① 《定边左副将军策楞等奏札木禅之弟回报乌梁海部众情形并将其留于军营折》,乾隆十九年四月十二日,《军机处满文录副奏折》,档案号:1357 - 010,缩微号:033 - 1947。
② 《平定准噶尔方略》正编卷一,乾隆十九年二月丁酉,第37页。
③ 《平定准噶尔方略》正编卷一,乾隆十九年二月丁酉,第40页。

怒于舒赫德,说:"朕不解舒赫德何以至此,……达瓦齐复作台吉之处,何必齿及,此尤朕所不解也。"①清朝诱降或逼降乌梁海人的计划到此基本破产。据尚书舒赫德报告说:"准噶尔乌梁海宰桑图布慎之鄂拓克闻已擒瑚图克之信,惧我兵威,越过阿尔台海喇图岭,迁往额尔齐斯地方。雅尔都、车根、赤伦、察达克四鄂拓克人等越过索郭克、察罕乌苏,前往汗哈屯地方,于吹、阿尔呼特、阿宝哈卜齐海等处游牧。宰桑玛济岱越过阿尔台、唐努山间雅木图岭而去。"②乌梁海人非但没有来降,反而纷纷远遁。

据扎木参之弟供:宰桑查达克、赤伦避居阿尔胡特(arhūt);车根避于阿宝雅(aboya)谷。图布慎(tubusin)、雅尔都(yardu)因海尔图(hairtu)梁雪大无法进入,居塔尔混(tarhūn)、扎克赛(jaksai)之源的艰险之处,二人越阿尔泰山合于一处游牧。③

清军派人探查后进一步得知,乌梁海人纷纷远徙至科布多外纳仁郭勒(naringol)艰险之地以自保。扎木参、胡图克之妻也离开原驻牧地,迁至布延图河以东,择艰险之地居之。④

面对这一情况,清军又进一步进行了一系列招降工作,但收效甚微。在这期间,乌梁海有一叫库本的人来降。对库本降清事件,《清实录》《平定准噶尔方略》甚至《清史稿》⑤都有记载,但都没交代其身份。因如此多的史书都记载了此事,使我们很自然想象到其重要性,甚至以为他是个重要首领。但笔者在满文档案当中查找到了其身份:

我(库本),是年二十五岁,为乌梁海莽噶拉格(manggalak)之属,我游牧地在努克穆伦(nukemuren),正月二十三日,从努克穆伦

---

① 《平定准噶尔方略》正编卷一,乾隆十九年二月丁酉,第40—42页。
② 《平定准噶尔方略》正编卷二,乾隆十九年三月丙子,第13—14页。
③ 《军机大臣舒赫德奏报审讯札木禅之弟乌梁海厄鲁特蒙古各情形并将其放回折》,乾隆十九年三月十八日,《军机处满文录副奏折》,档案号:1357-009,缩微号:033-1936。
④ 《军机大臣舒赫德奏闻乌梁海暂难招抚并已饬萨喇勒不可冒进等情折》,乾隆十九年二月十三日,《军机处满文录副奏折》,档案号:1321-002,缩微号:032-0894。
⑤ 《清史稿》谓"库木",明显为"库本"之误。

逃出,据闻,于上年,我叔父胡尔顿哈拉(hūrdun hara)被和托辉特部贝勒掠去,现于公青滚杂卜乌梁海处。我于营地时,父母俱病亡,亦无兄弟亲戚,闻大国恩泽厚重,特为永沐恩光而来归。①

可见库本没有任何身份,是个贫困潦倒的孤儿。恐怕是由于生计所迫而进入喀尔喀谋生。清朝官书为什么对这么一个微不足道的人物的投降有所记载。笔者认为,这一时期来投降的人确实不多,库本投降也成为值得记录的事件。

二月十三日,萨喇尔派人去探查扎木参等人游牧地。乌梁海人均随布延图河而上。俱言:"吾众归,吾亦归。吾众不归,吾亦莫敢归。"

该档案记载,清方又派亲丁巴雅尔、额勒登额(eldengge)于初八日去探查,所得结果如下:

乌梁海人个个惊慌失措,俱逾科布多河赴纳仁郭勒艰险之处以自保。宰桑图布慎及扎木参等人之家属亦迁往布延图河左艰险之地自保。虽有来投之信,逾十余日未有来投之人。且其马匹惊而入边,亦无人来取。乌梁海人虽口头答应来投,但一直不见其行动。以武力攻取,也有困难。乌梁海有兵两千余人,附近又有扎纳噶尔布驻布尔干之查干托海(cagantohoi)。

舒赫德认为,乌梁海兵力比清驻防军还要强,清军马匹又瘦弱,阿尔泰雪又大,无法前往驱逐,要求驻扎卓克索,等待时机。据他估计,乌梁海人无法久居艰险之地,草场必定会退化,为寻找新的草场必会迁回原牧地。卓克索离卡伦近,又易于隐蔽,不易为对方发现。以此来麻痹对方,诱使对方出山,趁其不备,突然出击。为此他要求萨喇尔不要轻举妄动,做好防备工作。②

乾隆皇帝看了舒赫德以上报告,非常生气,严厉批评舒赫德说道:"舒赫德等前后所奏情形,竟未喻办理此事之旨。朕不解舒赫德何以

---

① 《军机大臣舒赫德奏闻乌梁海库本来归并查办安置情形折》,乾隆十九年二月十五日,《军机处满文录副奏折》,档案号:1326-010,缩微号:032-1771。
② 《军机大臣舒赫德奏闻乌梁海暂难招抚并已饬萨喇勒不可冒进等情折》,乾隆十九年二月十三日,《军机处满文录副奏折》,档案号:1321-002,缩微号:032-0894。

至此。"①乾隆帝索性把收服乌梁海任务交给了萨喇尔,且不允许舒赫德阻挠。

舒赫德从乌尔登等人处加派给萨喇尔一千人的兵力,以贝子车睦楚克扎布(cemcukjabu)统领。②

二月二十三日(公历 3 月 16 日),乾隆帝命拣选察哈尔兵及新降额鲁特兵等发往军营拨给萨喇尔用。本来萨喇尔请求从额鲁特调兵五百或一千名,但乾隆帝不甚放心,只从三车凌"属下最可信之塞卜腾等台吉宰桑酌派数员领兵一二百名,再令御前侍卫永柱,会同总管阿敏道,拣派察哈尔八旗兵五百名带领交与萨喇尔为招谕驱逐乌梁海之用"。③

萨喇尔拥有了足够的兵力,开始致力于对乌梁海人的招抚与驱逐,工作的第一步就要摸清现在对方形势。满文档案详细记载了清军侦查过程。

舒赫德令萨喇尔派人侦查卡伦外乌梁海人情况如下:

> 十九日,章京哈尔占(haljan)等返回报称,我等至纳林郭勒,过索浑淖尔(sohonnoor)到花硕日图(huwa šorotu)之源绰霍尔淖尔(cohornoor)处全无人踪,吾于往返途中亦未见一人影。……现有阿尤西(ayusi)来文报称:花硕日图之源绰霍尔淖尔等处无乌梁海人。据此观之,其确已逃往图勒巴(tulba)等处。……我等派出以蓝领侍卫张武(janggu)、膳事员付新(fusin)、额鲁特蓝领前锋协理台吉多尔济扎布(dorjijab)率领军队和向导等三十人,每人配两匹马,以新额鲁特沙毕根敦(šabi gendun)和喀尔喀侍卫阿南达(ananda)为向导,出孙都勒库克(sundul kukui)卡伦至扎克赛(河)之源的图勒巴淖尔、查干乌苏等地方哨望准噶尔乌梁海已迁往何处,令查明其踪迹,查明是否已迁徙至阿尔泰山彼处,令其速迁至彼处,告其若有迟

---

① 《清高宗实录》卷四五七,乾隆十九年二月丁酉,第 14 册,第 944 页。
② 《军机大臣舒赫德奏乌梁海难以招抚请率兵赴卓克苏会同萨喇勒驱逐折》,乾隆十九年二月二十日,《军机处满文录副奏折》,档案号:1320 - 004,缩微号:32 - 0810。
③ 《平定准噶尔方略》正编卷二,乾隆十九年二月癸卯,第 43—44 页。

第四章 准噶尔内乱与乾隆帝对乌梁海部的经营

缓,我军即至将彼等驱之。将之详训于张武等。令其携八日粮于二十一日出发,至即上呈,臣即得此报矣。二十四日,萨喇尔等又报文称,二月二十一日,托尔胡乌兰(torhoulan)卡伦侍卫莫罗木宝(molomboo)等报称,莫罗木宝我分与卡伦侍卫尹札布(injab)兵三名,于二月十五日派出,二十九日尹札布等来报称:我等至红格尔乌隆(hongoroulung)源头,遇乌梁海宰桑图布慎属下巴木巴尔、乌素图、额勒素图、雅布辛等四人,问巴木巴尔:"汝等之游牧地已迁往何处?"巴木巴尔等言:"我等原居于花硕日图……今我游牧地均在查干硕日图。又有塔布喀伊布拉克卡伦三等侍卫德格占扎布(degijanjab)等来报称,直至花硕日图之源全无乌梁海人众。臣窃思……花硕日图与查干硕日图地方实于一处,相离甚近……乌梁海人此等之言不可信。因乌梁海人今未及归附,将其驱之于阿尔泰山外为宜。"①

之后,萨喇尔再一次派出张武为首的侦察队,张武派人于二十八日到卡伦做了简单汇报说,阿日浑位于唐努山,海日图位于阿尔泰山脊。居于科布多河以东的乌梁海人已迁往唐努山;居科布多河以西的乌梁海人越海日图岭迁往阿日胡德。当日,杜塔齐又报,乌梁海人均越唐努山而去。

张武本人于二月二十九日返回卡伦对调查过程和结果做了详细汇报:

> 吾等二十一日启程,二十二日从孙都勒卡伦出发。二十三日到科布多河匿于林中,夜晚到乌兰乌西和(ulanusihi),二十四日清晨登乌兰乌西和山望索霍淖尔全无人踪迹。当日巡查自库日图库库(kūrtukūkū)岭北乌占(ujan)至花硕日图东红格尔乌隆等地全无人烟。以其遗物分析其去向,似去往花硕日图东及科布多河东哈透乌里雅苏台。二十五日至哈透乌里雅苏台亦无人烟。再次分析去向,似去往西北之托日浑扎克赛,循踪迹至,仍无踪迹。至图勒巴淖尔

---

① 《军机大臣舒赫德奏闻乌梁海等移去及派人侦查其踪迹情形折》,乾隆十九年二月二十四日,《军机处满文录副奏折》,档案号:1321-006,缩微号:032-0926。

发现几头牛。我等马匹疲惫,派八骑夜临塔日浑扎克赛和图尔嘎扎克赛两山及海日图(hairitu)梁探查,仍无人烟。下山分析,得知有分两批迁移迹象。一半似迁往科布多河东阿日胡德(arhud);一半越阿尔泰海日图梁而去。发现有二十匹马的踪迹,还圈过牛羊,粪便已干。吾等退回穆鲁(mulu)窝卓嶱(iojoro)观之,扎克赛河、查干乌苏、喀喇乌苏汇入科布多河。在孙都勒山发现乌梁海人遗弃的蒙古包,沿路有人停留痕迹,又立有敖包。①

此时,附属喀尔喀之乌梁海宰桑都塔齐前往招谕准噶尔乌梁海。据其透露,乌梁海听到两德木齐之事,俱已逾阿尔泰、唐努山避之。又有阿睦尔撒纳来投降的消息,但一方面由于阿尔泰山雪大,另一方面由于乌梁海人的阻挠,无处容身。②

至此,清廷基本摸清了乌梁海人俱已纷纷越唐努山而去。又据清方判断,乌梁海人一直不来归降是畏于清军,不敢前来。清军的打草惊蛇使其处于两难地步,既没办法驱逐又没办法招降。

清廷也已注意到,乌梁海人迟迟不来归降的另一原因是怕令其迁移。为此乾隆帝转变了将令其迁入卡伦内的策略,允许其于原地游牧,不必迁徙,而且每年进贡减半。③ 三月十四日,舒赫德派人携乾隆帝谕旨蒙古文译件赴杜塔齐处,令其前往乌梁海宣扬、招抚。该谕旨除进贡减半,允许其在原游牧地居住,不必迁移等内容外,还提出可以宽免扎木参、胡图克之罪,交还被掠马匹等,并且要求乌梁海人不用等到五宰桑一起行动,可以私自来降。④ 但乾隆帝新招抚策略没有起到什么作用。

---

① 《军机大臣舒赫德奏闻乌梁海等移往唐努等处及准噶尔内乱情形折》,乾隆十九年三月初二日,《军机处满文录副奏折》,档案号:1321-010,缩微号:032-0959。
② 《军机大臣舒赫德奏闻乌梁海等移往唐努等处及准噶尔内乱情形折》,乾隆十九年三月初二日,《军机处满文录副奏折》,档案号:1321-010,缩微号:032-0959。
③ 《平定准噶尔方略》正编卷二,乾隆十九年三月壬子,第1页。
④ 《军机大臣奏闻派人晓谕乌梁海等归服及可否捎信给阿睦尔撒纳另行定办折》,乾隆十九年三月十五日,《军机处满文录副奏折》,档案号:1321-009.1,缩微号:032-0943。

第四章　准噶尔内乱与乾隆帝对乌梁海部的经营

三月十八日,乾隆皇帝令清军营自塔米尔移乌里雅苏台。① 也就是把军事重心从喀尔喀腹地转移到了边界,并且加强了准噶尔和喀尔喀边界驻军力量。鄂尔坤军营本有常驻兵三千名,乾隆帝又调来察哈尔兵五百名。舒赫德从中选出两千名,每人给马三匹,由萨喇尔、努三、青滚杂卜②等人率领由控圭一路缓行至卓索克,按命令如遇乌梁海立即招抚或驱逐。③ 同日,乾隆帝做出了新的人事安排,命公策楞赴军营办事,侍郎兆惠协理;舒赫德和成衮扎布、萨喇尔来京面领谕旨。喀尔喀亲王额林沁多尔济管理喀尔喀兵丁事务。贝子车木楚克扎布、公齐旺随同策楞等办事。④

三月十九日,舒赫德所派出的丹木仁等人与杜塔齐相会,向杜塔齐转达了将军、大臣的意思。三月二十七日丹木仁返回军营做了汇报,称他以将军、大臣之名至乌梁海所居吹、阿勒和硕(al hošo)等地,又以宰桑马济岱亲戚自称,赴马济岱家,马济岱不在家。派人去召唤,马济岱言:不敢独自归附清朝。

杜塔齐又赴其他各宰桑处宣言:"汝若降,仍居故地,不予迁徙。且减贡半。"又言:"汝等原为准噶尔台吉噶尔丹策凌之属。现准噶尔内乱,噶尔丹策凌子女被杀绝,已无嗣后矣。达瓦齐篡杀喇嘛达尔济,非汝切主也。为汝仇敌,汝不报复,反投靠之,岂有此理。"

诸宰桑言:"投靠天朝,进贡减半,有益于吾。达瓦齐尽杀台吉后为实。吾等乌梁海如同禽兽,靠阿尔泰山生,若离阿尔泰,无法生存。待归附后,仍居阿尔泰。但达瓦齐因之构兵于我,故不能归汝而去。"

马济岱言:"吾投天朝,即叛于达瓦齐。达瓦齐会派兵追击、抢掠吾众,亦未可定。扎木参、胡图克和吾被掠牲畜交还与否?"

---

① 《平定准噶尔方略》正编卷二,乾隆十九年三月戊辰,第5—6页。
② 青滚杂卜,喀尔喀和托辉特部首领,晋封至郡王品级,后因发动"撤驿之变"被处死。《清实录》《平定准噶尔方略》谓之为"青滚杂卜",《蒙古王公表传》谓之为"青衮咱卜"。满文档案音写为 cenggunjab,与同一时期的赛音诺颜部亲王成衮扎布实为同名。但同时期汉文档案译作"青滚杂卜"。本文为名从主人,译作青滚杂卜,与赛音诺颜部亲王成衮扎布相区分。
③ 《平定准噶尔方略》正编卷二,乾隆十九年三月甲戌,第9页。
④ 《平定准噶尔方略》正编卷二,乾隆十九年三月丙辰,第5页。

杜塔齐道："若吾归,扎木参等人立即放回。若不降,不可。"

马济岱又言："此二人,触犯天朝,致吾等受苦,吾等痛恶之,请一戮了之。"①

从乌梁海诸宰桑的答复中可见其困境。清军在卓索克从二月中旬一直待到了三月末,乌梁海人始终不出山,清军没有得到进攻机会,也很少有人来归降。舒赫德等认为:"乌梁海等业已纷纷远遁,时方春,今我军马力疲乏,难以远行。且大兵若驻卓克索地方,乌梁海闻知,必坚守自固。臣等公同酌议,奏请暂行撤兵,至夏季乌梁海等贪恋故土必仍回游牧,彼时整兵速出,易于收服。"②萨喇尔也上报说,乌梁海"虽有投顺之心,实惧兵威,迟疑不进"。③ 舒赫德等认为撤兵可以缓解边境紧张状态,有利于招抚。乾隆帝似乎并不同意。

二十八日,乾隆帝下令在阿尔泰附近展设卡伦。他认为既然卡伦外乌梁海人已逾唐努山而去,阿尔泰山内已成空地,在此设卡伦,等乌梁海人贪恋故土迁回时易于招抚,招抚不成再驱逐出去。他令兆惠赴卓索克军营协办拓展卡伦事宜。下令若兵力足,可以进兵。若不足,俟察哈尔兵至,再出兵。④ 乾隆帝这次展设卡伦,同样并非是要开疆拓土,其实是其招抚工作的继续,想以近距离地去招降乌梁海人。清廷做出了如此大的努力来进行招降工作,但没有丝毫成果,乾隆帝的这次招降乌梁海人计划到此彻底破产。

我们知道,准噶尔汗国首领噶尔丹策零死后,国内大乱。达什达瓦部争权斗争失利,率千户投清,之后杜尔伯特部三车凌为躲避战乱率三千余户投清,清朝违反双方约定,借机招降纳叛。准噶尔人成批投附清朝,清廷认为出兵准噶尔时机逐渐成熟。但同时接纳逃人又给清廷造成了巨大的压力,清廷害怕准噶尔出大兵追讨归降

---

① 《军机大臣舒赫德奏闻达玛林等所报乌梁海情况并拟于五月内相机进兵等情折》,乾隆十九年四月初四日,《军机处满文录副奏折》,档案号:1321-012,缩微号:032-0974。
② 《平定准噶尔方略》正编卷二,乾隆十九年三月丙子,第13—14页。
③ 《平定准噶尔方略》正编卷一,乾隆十九年二月丁酉,第40页。
④ 《平定准噶尔方略》正编卷二,乾隆十九年三月戊寅,第14—15页。

第四章 准噶尔内乱与乾隆帝对乌梁海部的经营

者,为此不得不时刻处于高度紧张状态。这种情况下,清廷迫切需要了解准噶尔内部虚实,需要了解准噶尔对这些事件的态度。正在此时,抓捕了乌梁海两德木齐,在对乌梁海进行渗透、拉拢、诱降和逼降等一系列活动中,清廷派人深入乌梁海之境侦查,熟悉了去往准噶尔的道路,又扫清了进军准噶尔的障碍,震慑了新附人员,拓展了西北领土。按理来说,乌梁海问题到此应告一段落。但清廷正在积极策划着对乌梁海另一场大规模的军事行动。

第五章　清廷对科布多乌梁海部的招抚活动

第一节　清廷出兵乌梁海部之理由

赶走乌梁海人,清廷达到了战略目的。但清廷认为,乌梁海问题并未完全解决。清廷最终的目的是收服,驱逐只是手段而已,是以驱逐为名去征讨和招抚,以驱逐来进行恫吓逼迫其归降,从而补充出征准噶尔的兵力和畜力。

乾隆帝在招抚和逼降乌梁海人失败的情况下,准备采取武力解决乌梁海问题,为此开始制造出兵乌梁海的各种理由。

乾隆帝出兵乌梁海的第一个理由是乌梁海人将来可能会串通达瓦齐以及沿路骚扰清军以成为出兵准噶尔的障碍。

乾隆十九年(1754)夏六月庚申(十二日),乾隆帝谕军机大臣:"今年春,萨喇尔等带兵驱逐准噶尔之乌梁海等,俱已远避前去。今我兵既撤,正青草发生之时,乌梁海等或仍在远处逃避,或即潜回旧游牧居住,未经查办。若仍回原处,明年大兵进剿时,伊等或暗行送信与准夷,或在大兵之后乘间偷窃,俱大有关系,应即遣兵先为办理。着传谕策楞等,先遣卡伦人等查验确实,俟萨喇尔、塞卜腾等到军营时,公同商酌。应如何办理之处,详悉具奏。"① 很明显,这只是个莫须有的罪名。

时任将军、大臣也觉得没必要在乎乌梁海人。策楞认为乌梁海人不成问题,一旦降服准噶尔,乌梁海人便会自然归附,用不着专门出兵攻取。他认为现在距明年出征尚有一年时间,如果立刻出兵乌

---

① 《平定准噶尔方略》正编卷三,乾隆十九年夏六月庚申,第4页;《定边左副将军策楞奏闻乌梁海事宜如何处置俟色布腾等抵军营后定议另奏情形折》,乾隆十九年六月二十五日,《军机处满文录副奏折》,档案号:1330-001,缩微号:032-2295。

梁海,达瓦齐得到消息会有预先准备,反而对出征准噶尔无裨益。现今对乌梁海人可置之不理,俟出征准噶尔之时,其只不过图保性命,各自逃遁,根本不可能有帮助达瓦齐为其送信之举。① 接到策楞的报告,乾隆帝愤怒道:"伊二人(策楞与舒和德)自到军营,畏葸猜疑,毫无筹画。凡所部署,事事不合机宜。"②乾隆帝数列其二人之罪。如未经奏请,贸然移文达瓦齐;办理阿睦尔撒纳之事不合理等。但乾隆帝生气的主要原因毫无疑问是二人没有领会乾隆帝的意思,二人天真地认为,乾隆帝出兵乌梁海的原因就是怕他们将来成为进军准噶尔的障碍。

笔者认为,这个出征理由仅仅是个借口而已。乌梁海是个小部落,游离于各大强大势力之间,随波逐流。这一点,清廷并非不清楚。雍正帝说:"乌梁海人世居树内,以打牲为生,遇力强者即为纳赋,由来久矣。"③早在康熙帝时期,曾谕振武将军公傅尔丹:"乌梁海与禽兽等耳,有无总无关系。现今扫灭策妄阿喇布坦之事,乃属紧要,若大处不理,止将乌梁海收取迁移,以为紧要,一经举动之日,向何地驱逐耶。策妄阿喇布坦若一摇动,乌梁海自俱为我有,凡谋大事者,应将小处暂置。"④

康熙、雍正时期出征准噶尔,乌梁海人并未给清军带来太大的麻烦。经验在先,尤其是祖训在先,对乌梁海可以完全置之不理。但乾隆帝始终惦记着乌梁海人,坚持用兵。他认为,乌梁海是出征准噶尔的一大障碍,首先要清除这一障碍。

乾隆帝出兵乌梁海的另一个理由是阿睦尔撒纳问题。阿睦尔撒纳是准噶尔辉特部首领,也是准噶尔汗国二十一昂吉⑤之一。他实力雄厚,曾拥立达瓦齐当汗有功,后与达瓦齐争权失利,欲投附清

---

① 《平定准噶尔方略》正编卷三,乾隆十九年夏七月辛丑,第25页。
② 《平定准噶尔方略》正编卷三,乾隆十九年夏七月,第28页。
③ 《平定准噶尔方略》前编卷十六,雍正四年三月辛丑,第22页。
④ 《平定准噶尔方略》前编卷四,康熙五十六年夏五月癸酉,第10页。
⑤ 昂吉为准噶尔汗国地方行政建制,为强有力贵族之封地。据《钦定皇舆西域图志》记载,准噶尔汗国共有二十一个昂吉,各昂吉驻地在汗国边境地区,呈环形分布。

朝。阿睦尔撒纳的降清,对清朝来说是极其重要的大事,是清廷能消灭准噶尔汗国的关键。

乾隆十九年七月戊戌(二十一日),谕军机大臣等:"阿睦尔撒纳从前两次遣来之人,俱被准噶尔乌梁海阻回,甚属可恶,或今年即发兵剿灭,或俟明年进兵时攻掳、以充口粮。"①

乾隆帝以乌梁海人阻碍阿睦尔撒纳来降作为最为充分的理由,坚持认为必须扫除乌梁海人。然而,恰在此时,阿睦尔撒纳来降使乾隆帝攻剿乌梁海人的谕令似乎失去了理由。

秋七月初八日,准噶尔辉特台吉阿睦尔撒纳率两万多人进入清朝卡伦。② 阿睦尔撒纳降清,骤然改变了清准双方局势,准噶尔的灭亡只是成了时间问题。之前,乌梁海人一直成为阿睦尔撒纳投清之障碍,妨碍着清朝征伐准噶尔之步伐。此时,阿睦尔撒纳的成功降清解除了清朝这一顾虑。然而,清朝要去讨伐乌梁海的步伐并未因此而放慢。到此,我们进一步明白了争取阿睦尔撒纳不是清朝出征乌梁海的主要动机,而逐渐暴露了其另一重要目的,即"以战养战",也就是通过攻取乌梁海来补充人力、物力,为下一步攻取准噶尔打下基础。上引乾隆帝谕旨中"或俟明年进兵时攻掳、以充口粮"之语值得寻味,这才是乾隆帝执意进军乌梁海的真正目的。具体来说,那就是掠夺乌梁海牲畜,以充军用。清军通过对两德木齐的抓捕活动,感受到了乌梁海人的富庶。此时,清军急缺作为战备物资的畜力,尤其是战马。"军机大臣奏言:查西北两路派兵之处,臣等公同商议,北路派兵三万,西路派兵二万……共派兵五万……计每兵需马三匹,共马十五万,除现在北路军营所有马六千余匹,及交额林沁多尔济采买马一万,莫尔浑解送马二万外,再令额林沁多尔济动军营饷银于喀尔喀四部落买马三万……尚不敷马一万四千……"③清廷两路大军都缺马驼,喀尔喀亲王额琳沁多尔济四处采买马匹,但始终无法补足这一巨大的缺口。

---

① 《清高宗实录》卷四六九,乾隆十九年七月戊戌,第 14 册,第 1069 页。
② 《平定准噶尔方略》正编卷三,乾隆十九年夏七月庚子,第 20 页。
③ 《平定准噶尔方略》正编卷三,乾隆十九年五月己亥,第 31—32 页。

第五章 清廷对科布多乌梁海部的招抚活动

阿睦尔撒纳的降清反而促进了清朝征讨乌梁海的步伐。清廷一直在策划征讨乌梁海,但又一直苦于人力、财力不足。阿睦尔撒纳的投清,带来了大量人力和物力,大大增强了清军事力量,为征讨乌梁海提供了保障,清廷征伐乌梁海条件已成熟。机不可失,即马上出兵。

策楞在乾隆帝的严旨催促下,迅速制定出了一套出兵乌梁海的方案。即先出兵四千人,再增派额鲁特兵一千五百,调察哈尔兵一千,和托辉特兵五百。不用调动驻防伊克斯淖尔(ikesnoor)、哈拉阿济尔根(hara ajirgan)之一千兵和照看阿睦尔撒纳之五百兵。而调喀尔喀赛因诺颜和扎萨克图汗部兵一千七百人驻卓克索,又派出五百人与原看护仓库之五百人共同护仓。剩余二百人派往卡伦报信。各方军队于九月二十日齐集军营。察哈尔、喀尔喀每兵备马三匹,阿睦尔撒纳、讷木克、车凌自游牧地至军营备十二天粮羊九百只,备两个月的粮饷。官员以内地官吏为例授予饷银,军队以察哈尔兵为例给每人马三匹,每三人配驼一只。和托辉特兵五百、赛因诺颜、扎萨克图汗二部兵一千七百人,以喀尔喀兵例支给钱粮。给察哈尔兵马三千匹,驼一千只。军营现有的马六千匹,驼三千只,羊十万只,尚不敷用。从赏阿睦尔撒纳的三千匹母马与两万只羊中调取支给,仍不敷用者,催促速以采买。再令额琳沁多尔济等人自四部落才买母马一千匹,羊两万只以食用。额鲁特兵亦与喀尔喀、察哈尔兵同给火箭子弹百颗。① 十月内到科布多探取讯息,办理乌梁海事务。若遇阿睦尔撒纳之兄及伊属人等,即迎接前来;若乌梁海远遁,在哈道里、海喇图等处等候,相机办理。

接到此奏,乾隆帝又大为愤怒,申斥:"策楞等,前后所奏总不相符。前称七月内发兵办理乌梁海,回时恐为雪所阻,推诿误事。今又奏称于九月二十日齐集前往,何以与前互相矛盾?且办理乌梁海是何大事,何必用兵至七千名之多?种种错误,殊堪发指。此时若

---

① 《定边左副将军策楞奏调遣官兵得给驼马弹药口粮以资招抚乌梁海折》,乾隆十九年八月初十日,《军机处满文录副奏折》,档案号:1337-011.1,缩微号:032-0542。

已迟误,不如俟至明年大兵进剿时办理。"①这一次策楞与舒赫德又同样犯了之前抓捕两德木齐时所犯下的"错误",即无心调用准噶尔宰桑萨喇尔、杜尔伯特台吉和阿睦尔撒纳等人,而重用喀尔喀兵。对阿睦尔撒纳等新降之人防范甚严,未能调动其积极性,固执己见,我行我素,而且调兵甚多,有拥兵自重之嫌。乾隆帝的指责重点在于两点:其一,指责动作怠慢;其二,指责用兵太多。其结果,乾隆帝一气之下撤换了此二人。七月癸卯(二十六日日),策楞、舒赫德被革职,改命班第为定边左副将军。② 丁巳,令两江总督鄂容安赴军营办事。③

第二节　清廷对乌梁海部的征讨与招抚

班第到军营,吸取之前将军大臣失宠的教训,不敢怠慢。于八月二十一日,派萨喇尔、努三、额鲁特台吉班珠尔和喀尔喀贝勒青衮杂卜等人共率三千人分路出发征伐乌梁海。④ 而且不等车凌、讷木克兵到,于八月二十四日,派出新降额鲁特兵、察哈尔兵和喀尔喀兵五千人,亦于次日亲自赴卓克索军营指挥。⑤

班弟用兵之策略在于就地取材,重用新降准噶尔人。所调之兵虽多于策楞的方案,但分批分散调用,非常符合乾隆帝的心思。满文档案详细叙述了这次战争的整个过程。

八月二十六日,班第派人去侦查乌梁海踪迹,夜晚偷逾雅马图山(yamatu)至吹(cui)等地,发现有马群,进入马群附近树林看到有光。第二天清晨,见有不少蒙古包。班弟得到这个消息,立即向乾

---

① 《平定准噶尔方略》正编卷四,乾隆十九年夏九月辛巳,第1页。
② 《平定准噶尔方略》正编卷三,乾隆十九年夏七月癸卯,第26页。
③ 《平定准噶尔方略》正编卷三,乾隆十年夏七月丁巳,第34页。
④ 《署定边左副将军班第奏闻萨喇勒努三统率官兵往招乌梁海及多尔济车登署理喀尔喀副将军印折》,乾隆十九年八月二十一日,《军机处满文录副奏折》,档案号:1320-008,缩微号:032-0841。
⑤ 《署定边左副将军班第奏闻已派阿睦尔撒纳班珠尔之兵前往招抚乌梁海等折》,乾隆十九年八月二十四日,《军机处满文录副奏折》,档案号:1320-009,缩微号:032-0845。

第五章 清廷对科布多乌梁海部的招抚活动

隆帝上奏提出方略,要么令萨喇尔先去攻掠吹,再去征巴斯库斯;要么兵分两路分别同时征讨。①

到九月初二日,有准噶尔乌梁海赤伦属下乌拉克榜(ulakbang)、博罗索克(borsok)、孔鄂(konggo)、洪胡(hongho)四人到卡伦告诉清军,台吉达瓦齐令宰桑察达克(cadak)、车根(cegen)、图布慎(tubsin)、雅尔都(yardu)四人带领一千余户在索郭克(sogok)、察罕乌苏(caganusu)、索郭图(sogotu)、博罗布尔噶苏(boroburgasu)等处居住。宰桑赤伦(cilun)率二百余户居吹河(cui)源头,阿勒和硕(alhošo)之东的索果图(sogogtu)、博日布尔嘎斯(boroburgasu)等地。

班第根据这个消息做出了战略部署。从军营三千人当中抽取二百人留守卡伦,剩余两千八百人由萨喇尔等人率领。过博托和尼沟(botohon u hoolai)地方再分兵两路,萨喇尔同贝子车木楚克扎布(cemcugjab)、公策布登扎布(cebdenjab)、额鲁特台吉扎木参(jamcan)、齐木库尔(cimkur)、德济特(dejid)等,率一千八百人进攻居科布多河源头查干乌苏(caganusu)地方的四宰桑驻牧地。努三(nusan)同贝勒青滚杂卜(cenggunjab)、台吉班珠尔(banjur)、普尔普(purbu)等率兵一千,进攻居吹河(cui)一带阿勒和硕(alhošo)等地方的宰桑赤伦游牧地。参赞大臣乌尔登(ulden)率兵五百,和托辉特公额琳沁(erincin)率兵三百以策应。②

清军开始按原计划行动。据萨喇尔报告,其率兵于九月八日扎营乌鲁盖(ūlugei)地方,九月九日伏兵于腾格尔温都尔(tenggerundur),拟十日攻取。当九日自乌鲁盖往腾格尔行军时遇乌梁海二人,擒其一,另一因马善遁去。遂分兵两路,以公车布敦扎布等领察哈尔、喀尔喀兵七百攻取查干乌苏、哈尔噶图(hargatu)等地。萨喇尔亲自率贝子车木楚克扎布等领察哈尔、喀尔喀、额鲁特兵一千一百攻取索

---

① 《署定边左副将军班第奏闻密咨萨喇勒等相机招抚吹巴斯库斯等处乌梁海情形折》,乾隆十九年八月二十六日,《军机处满文录副奏折》,档案号:1330-007,缩微号:032-2342。
② 《署定边左副将军班第奏报询问乌梁海人该部情形并令萨喇勒与努三两路相机进兵折》,乾隆十九年九月初七日,《军机处满文录副奏折》,档案号:1359-005,缩微号:032-2326。

果克、哈拉乌苏(karausu)、博日布尔噶苏等地。同时,令参赞大臣乌尔登亦兵分两路,以公贡格敦丹(gungedundan)率兵二百在查干乌苏(caganusu)等地策应,令乌尔登亲自率兵三百五十策应萨喇尔。然后,以喀尔喀兵为一翼,额鲁特兵为一翼,以察哈尔兵为中军,自腾格尔温都尔山阴发起进攻,乌梁海人顿时溃败。居索果克、哈拉乌苏、博日布尔噶苏等处乌梁海人悉被擒。公车布敦扎布等拿获查干乌苏处乌梁海,并请求派兵往阿尔胡特(arhūt),萨喇尔派贝子车木楚克扎布、总管阿敏道(amindao)等率察哈尔、喀尔喀兵四百人堵截阿尔胡特口。贝子车木楚克扎布,总管阿敏道等自查干乌苏之源而下,至特门库珠(temen kuju)等地而合,擒二户,男女共六人,收四项牲畜一千七百余。公车布敦扎布等人尽获居查干乌苏、哈尔噶图等处乌梁海人。协理台吉达玛仁等在攻取博日布尔噶苏处乌梁海人时,有一些人趁夜逃跑,其因兵力匮乏,马匹疲惫,未能追及,请求援助。萨喇尔当即派出一百人的兵力追捕,十一日追回逃人,共获十七户,七十余口,四百余匹马,二十余头牛。车布敦扎布遣人来报,据被获乌梁海人说,在霍通胡尔噶淖尔有二十余乌梁海人。萨喇尔遂与其合兵率三百人攻取。十六日,车木楚克扎布回营报告说,乌梁海人闻讯溃散,清军破雅玛图岭之雪而逾,直抵喀喇额尔齐斯(kara ercis)河之源。

萨喇尔等在索果克、查干乌苏等地所获乌梁海人共二百二十四户,八百四十九口。其中,宰桑二人,德木齐二人,阿睦尔撒纳之属四十五口,四项牲畜二万一千五十三头。

与此同时,据努三报告称,其率班珠尔、青滚杂卜等人领察哈尔、喀尔喀、和托辉特、乌梁海兵一千,并额琳沁等人之三百人。于七日自希伯尔沙济盖卡伦分道而出,至阿拉克淖尔(alaknoor)伏兵,天黑开始行军到天亮时到喀喇莽鼐(karamangnai)地方。以贝勒青衮杂卜等人为右翼,领兵三百,以额鲁特台吉普日普为左翼,领兵一百二十人,又有额鲁特兵一百八十人,共有六百人兵力。挨家挨户抓男子,收牲畜。剩余三百人与额琳沁所领三百人共六百人于日西斜时分至喀喇莽鼐,前锋部队在初九日于吹地方捉一乌梁海人来问。知道乌梁海宰桑赤伦率其属居吹河、阿勒和硕、博郭苏克(bogosuk)等地,并

第五章 清廷对科布多乌梁海部的招抚活动

于纳林郭罗(naringool)一带亦有数户居住。派二十人以攻取纳林郭罗乌梁海,然后,亲率班珠尔、青滚杂卜等人突袭乌梁海人,大肆抓捕乌梁海人,数人登山避之,亦被捕。派往吹河之军,通过夜袭,获乌梁海四十五口。于吹、阿勒和硕、博古索科、纳仁郭罗等处所获乌梁海人共二百四十八户,九百六十六口。其中,宰桑一人,德木齐四人,阿睦尔撒纳之属五十五口,四项牲畜两万五千五百六十。

如此一来,两路军共获四百七十二户,一千八百一十五口。四项牲畜四万六千六百一十三头。①

所获乌梁海人于十一月初一,被送到特斯鄂衣浑等地时,据接管官班扎拉克察呈,共收到四百四十五户,一千六百七十八口。其中,男子四百二十七口;妇女和小孩一千二百五十一口。②

此次清军行动目标为捉居阿尔泰山阴之五宰桑,当地乌梁海人或被抓或逃走一片惊恐。

九月十九日,慑于清军压境,乌梁海在逃宰桑察达克等人派人到卡伦,表示愿率其所领十八人来投。萨喇尔闻讯立即派四人接应,未时被带到军营。这样,出逃两宰桑察达克和赤伦走投无路来投附清军。另一宰桑玛济岱避于巴斯库斯(basikus),尚未归附。宰桑雅尔都出逃为阿睦尔撒纳所杀。③ 阿睦尔撒纳为何杀死乌梁海宰桑雅尔都?据其供称:吾至塔尔巴哈杜库图勒(tarbahadu kutul)之地,遇诺日布(norbu)、玛木特、雅尔都等众来纵掠吾众,吾军与讷木克互放鸟枪、弓箭,雅尔都死,但不知是中枪还是中箭。④

---

① 《参赞大臣萨喇勒奏闻掠得乌梁海人畜数目折》,乾隆十九年九月二十六日,《军机处满文录副奏折》,档案号:1320-010,缩微号:032-0843。
② 《定边左副将军班第奏将新附乌梁海人等移至沃依浑等地并将户口册报理藩院折》,乾隆十九年十一月二十七日,《军机处满文录副奏折》,档案号:1322-031,缩微号:032-1198。
③ 《定边左副将军班第奏闻乌梁海宰桑察达克赤伦等来归等情折》,乾隆十九年十月二十二日,《军机处满文录副奏折》,档案号:1330-012,缩微号:032-2372。
④ 《理藩院侍郎玉保复奏乌梁海宰桑雅尔图死因并转奏阿睦尔撒纳请赏藏经等物折》,乾隆十九年十月七日,《军机处满文录副奏折》,档案号:1378-003,缩微号:034-1156。

对此次抓捕活动,《平定准噶尔方略》是这么记载的:

> 九月初九日,参赞公策布登扎布等,自科布多河见有乌梁海踪迹。即分兵前进,擒宰桑车根等属人三十余口,即率兵追捕,获宰桑车根及其二子。厄鲁特台吉齐木库尔、德济特、宰桑乌勒木济、伯勒克、和特等,又擒获二十余人。参赞大臣乌尔登,亦于九月初九日带兵于索郭克地方接应参赞大臣萨喇尔,萨喇尔先已得胜,计擒男妇老少四五十人,获马匹牛羊甚多。又据参赞大臣努三、青滚杂卜、班珠尔、普尔普等带兵于初八日至喀喇莽鼐地方,分兵前进。于初九日至赤伦所居吹地方,奋力往捕,宰桑赤伦及其所属四得木齐家口,俱行擒获,又将雅尔都所属一得秦家口……现今所得乌梁海户口约计一千数百口,四项牲畜共有数万。臣等伏思,此次官兵直抵乌梁海巢穴,将贼人头目户口牲畜擒获无算,仰赖天威,奏功迅速。臣等即行文萨喇尔、努三等,令将科布多河源巴斯库斯等处居住之乌梁海乘胜剿捕。①

内容与档案基本一致,但对所获人畜数所载不详。也就是没有准确的数目,只是报有概数。按档案记载,此时被捕乌梁海人畜具体数目已经很清楚了,但观官书,似乎连乾隆皇帝都不知道所获乌梁海人畜确切数目。乾隆帝于癸酉日,封赏班第等人谕旨中言:"收户口千余。"②在惩治策楞、舒赫德谕旨中言:"收获乌梁海两千余户。③"在甲戌日讨伐准噶尔的檄文中称:"收获乌梁海数千户口。"④一直到十一月份,乌梁海人被迁到特斯鄂衣浑等地方时官书才公布具体统计数目。

如班第等奏言:"臣等派扎萨克一等台吉三都卜多尔济等照看新收乌梁海迁移居住。共计新收乌梁海四百四十五户一千六百七十八口。据三都卜多尔济文称于十一月初一日,行至特斯鄂衣浑等处游牧,交于和托辉特贝勒青滚杂卜旗内照看居住之台吉班扎喇克

---

① 《平定准噶尔方略》正编卷四,乾隆十九年冬十月丙午朔,第6—7页。
② 《平定准噶尔方略》正编卷四,乾隆十九年十月庚酉,第12页。
③ 《平定准噶尔方略》正编卷四,乾隆十九年十月庚酉,第12页。
④ 《平定准噶尔方略》正编卷四,乾隆十九年十月甲戌,第12页。

第五章 清廷对科布多乌梁海部的招抚活动

察等用心照看,令住于特斯鄂衣浑等处……"①虽然内容与档案记载无异。但官书有个问题值得琢磨,为什么官书在攻取乌梁海人营地后没有立即透漏所获具体人数,而一直只提个概数,迟迟过了一个月才公布。是之前没能查清楚吗?笔者认为并非如此,因为之前的档案记有详细的数目。官书这么处理仅仅是为了行文简练吗?笔者认为,不全是。乾隆帝多次仅仅提出一个概数,其用意很明显是在无形中夸大所获人数。乾隆帝对这次战斗总是津津乐道,有必要大加渲染,夸大战果。战争战果之大小往往以所杀死或俘获人数作为重要标志。乾隆帝在此夸大所获人数,也就可以说是在夸大战果。需要夸大数据,但作为皇帝,又不能伪造数据,这种情况下,以"千余""数千"等模糊数目来代之,或偷换概念,将人口数报成户数来夸大数目,给人造成错觉。而此时,大臣若公布具体数目,皇帝的造假行为马上就被被揭穿,这是作为官员最为忌讳的。而过一个多月才给出一统计数目,大家会错误地以为,之前还没统计清楚被俘乌梁海人具体数字,而过了一个多月才统计出来。皇帝的自尊使官员们不得不隐瞒了这一统计结果,一直延迟一个多月。这一事被载入史册,误导了之后的读者,也就行成了一个巧妙的思维陷阱。如此一来,史官们在字里行间篡改了历史,隐瞒了历史真相。

清方此次进行的统计数目比刚抓捕过来时公布的数目少了二十七户、一百三十七口。萨喇尔等人当初是数错了吗?我想不是的。因为这些被俘人群中还有非乌梁海人,如阿睦尔撒纳的部众曾遭乌梁海劫掠,根据上引档案可知,新获乌梁海人中发现的阿睦尔撒纳之属有整整一百人。又如,额鲁特台吉齐木库尔发现,被俘人众中有自己属民一户三口。类似的例子可能还有。除此,有一部分乌梁海人当作奖品赏给了有功官员。因此,一下子少了一百多人不足为奇。

对此次抓捕乌梁海活动中所获牲畜数量,官书一直不明,仅言

---

① 《平定准噶尔方略》正编卷四,乾隆十九年十二月癸丑,第26页;《参赞大臣萨喇勒奏闻掠得乌梁海人畜数目折》,乾隆十九年九月二十六日,《军机处满文录副奏折》,档案号:1320-010,缩微号:032-0843。

"数万"耳。但通过一些满文档案记载,稍加分析可以基本摸清所获牲畜情况。

九月二十七日,萨喇尔、努三、乌尔登等呈。……(自乌梁海)获驼两千三百八十二头;牛八千四百三十一;羊二万五千四百三十五只。其中抽一部分驼马作军备外,剩余的大牲畜两万,羊两万五千四百余。赏阿睦尔撒纳等大牲畜一万,羊一万两千。讷木克虽未参战,亦赏大牲畜三千,羊五千。再将剩余的大小牲畜一万四千余头赏给乌梁海人。① 另一份档案记载,赏给阿睦尔撒纳母马三千匹。② 赐乌梁海人大牲畜五千余,羊七千余。③ 由于骟马和骆驼是战略要物,在所有赏赐中没有此二物。④

据此,我们已知道所获驼、牛、羊数量。但马的数量,始终是个未知数。所剩大牲畜数为两万头,驼、牛数加起来共一万八百一十三头,可知剩余马匹数量为九千一百八十七匹。但我们不能至此就说清军自乌梁海所获马匹数有九千一百八十七匹,因为萨喇尔为乾隆帝挑选一百匹马来上贡。⑤ 还有一部分驼、马被征去充军用,这些被征马有多少?还有,准噶尔和喀尔喀官兵隐瞒了一部分人畜。⑥ 这些牲畜

---

① 《署定边左副将军班第奏报进兵乌梁海所获人畜数目并请分赏阿睦尔撒纳折》,乾隆十九年九月二十七日,《军机处满文录副奏折》,档案号:1375-003.1,缩微号:034-0979。
② 《定边左副将军策楞奏阿睦尔撒纳等派出从征乌梁海之兵请赏给整装银两片》,乾隆十八年八月初十日,《军机处满文录副奏折》,档案号:1337-011.2,缩微号:032-0542。
③ 《署定边左副将军班第奏将俘获之乌梁海人安置于沃依浑等处及派兵牧放应赏阿睦尔撒纳之牲畜折》,乾隆十九年十月初四日,《军机处满文录副奏折》,档案号:1322-009.1,缩微:032-1050。
④ 《定边左副将军班第奏遵旨办理招抚乌梁海部善后事宜折》,乾隆十九年十月初九日,《军机处满文录副奏折》,档案号:1324-004.1,缩微号:032-2384。
⑤ 《署定边左副将军班第奏报已将所获乌梁海牲畜分给阿睦尔撒纳等人以备军需折》,乾隆十九年十月初四日,《军机处满文录副奏折》,档案号:1375-004.1,缩微号:034-0987。
⑥ 《署定边左副将军班第奏晓谕班珠尔部众呈报此次所获乌梁海人畜等物数目并伊等欢忭情形折》,乾隆十九年九月十八日,《军机处满文录副奏折》,档案号:1375-002,缩微号:034-0971。

又有多少？十月四日的一份档案揭开了这些谜。

前报：共获四项牲畜四万六千六百余。进卡时，马牛三百头一群；羊五百只一群。共有四万两千余头进卡。除此，官兵骑用驼、马一万余头；沿路疲惫倒毙或被食者有千余。查出骆驼三百五十六只；骟马四百五十三匹；骡马、儿马、马驹等共一万二千一百余；牛八千五百余；羊二万三千九百余。取肥壮之马一千匹补于官兵。①

可知，清军在乌梁海所获牲畜多于五万五千七百零九头。② 经计算，骟马的数量也至少有八千四百二十七匹。所有马数量在二万一千匹以上。③

至于官书，自始至终没有报出所获乌梁海牲畜具体数目，以"四项牲畜数万"含糊其词。为什么要隐瞒所获牲畜数目呢？牲畜数目在一定程度上也能反映战果，本应加以渲染。但作为战利品的牲畜，能直接反映战争的残酷性和掠夺性。因此，清官方就自然隐瞒了所掠牲畜数量，而宣扬大清皇帝的宽宏大量，表现其天下共主的英姿。这些缴获牲畜大部分用来赏赐官兵和当作国家财产，只剩下大牲畜五千多头和羊七千多只赐给乌梁海人。这对乌梁海人来说，不能不说是一次空前灾难和浩劫。清廷将乌梁海人剥夺得一无所有，使之沦为战争难民，不得不靠清朝皇帝赈济和恩赐来维持生计。这又一次说明，清军这次抓捕活动的主要动机在于剥夺乌梁海人丰富的牲畜，以此来补充战备物资。

清廷将所获乌梁海人强行迁往特斯河一带，交给扎萨克三都多

---

① 《奏报已将所获乌梁海牲畜分给阿睦尔撒纳等人以备军需折》，乾隆十九年十月初四日，《军机处满文录副奏折》，档案号：1375-004.1，缩微号：34-0971。
② 将所有牲畜数量加起来共55 709头。但也有些牲畜被官兵所隐，尚未完全查出。
③ 骆驼数总共为2 382只，剩下356只，说明被骑用2 026只。被骑用驼马数共10 000头，减去被骑骆驼数2 026，剩余被骑用马7 974匹。再加上未被骑用的骟马453匹，骟马共8 427匹。可知，所有马匹共20 527匹。除此，死于路途的驼马1 000多头。其死亡率以平均算之，共获马匹至少有21 000多匹。

尔济和青滚杂卜之子。但和托辉特兵五百人中有四百五十人去追捕马木特,剩余五十人不敷用,自喀尔喀调兵六百。而且三都多尔济于吉尔吉斯淖尔设防,防止乌梁海人逃走。①

乾隆二十年二月甲寅,定北将军班第等疏奏新编乌梁海人等旗分佐领事宜。班第等奏言:

> 据青滚杂卜等文称,新收乌梁海人等,应编旗分佐领。随查各总管属下户口多寡不齐,若匀配分旗,势不免于离析。是以将察达克属下四十六户编为一佐领,作镶黄旗。其在都塔齐处之恩克锡克等十八户,俟移来时,即附入此佐领下。赤伦属下二百五户编为三佐领,作正黄旗。车根属下六十七户编为一佐领,作正白旗。原系宰桑雅尔都属下之一百三十五户编为两佐领,即附入镶黄旗。从前散失人等,如有陆续投来者,各入本佐领下,令其家室完聚。嗣后如有带领大众来降之乌梁海宰桑,各以次添设旗分,编定佐领。此次所编七佐领下,应补放佐领各一员,德木齐各一员,收楞额各一名,俱着各该总管保送。臣等验看补放随剀切晓。谕尔等荷蒙圣主洪恩,赏赐官爵,轻减差徭,务各节俭谋生,谨慎奉法,毋得稍有怠玩,奏入,报闻。②

这就是后来阿尔泰乌梁海七旗的雏形。饶有兴味的是虽然清朝对阿尔泰乌梁海设旗编佐,与内属蒙古同,但始终保留着其基层社会组织德木齐、收楞额等。近年来,学术界对扎萨克旗性质开始有了新的认识。如日本学者冈洋树先生认为,蒙古扎萨克旗并不是满洲八旗制度在蒙古的翻版,而是保留了蒙古传统的社会组织。③阿尔泰乌梁海七旗虽为内属旗,但也保留着基层社会组织,这对进一步了解清代蒙古社会制度有一定的参考价值。

安置完乌梁海人后,乾隆帝以减税来笼络人心。清政府将乌梁

---

① 《署定边左副将军班第奏将俘获之乌梁海人安置于沃依浑等处及派兵牧放应赏阿睦尔撒纳之牲畜折》,乾隆十九年十月初四日,《军机处满文录副奏折》,档案号:1322-009.1,缩微号:032-1050。
② 《平定准噶尔方略》正编卷六,乾隆二十年二月甲寅,第32页。
③ (日)冈洋树:《清代蒙古盟旗制度研究》(日文),东方书店,2006年。

海人所贡貂皮减半,并免除了头一年的貂皮贡物。① 还放回了春季闯入卡伦之乌梁海德木齐扎木参,使之与妻儿团聚。②

清军抓捕卡伦外乌梁海人行动顺利完成扫清了通往准噶尔的道路,解除了后顾之忧,补充了战马和食用牲畜,对清廷而言达到了一箭三雕。但这给乌梁海人带来空前浩劫,清军将乌梁海人洗劫一空,又被集体迁移到"看守区",以重兵看守。在此情景下,乌梁海人背井离乡,沦为战争难民,不得不依靠清朝的"恩赐"和"赈济"来维持生计。他们背井离乡,沦为战争难民。

---

① 《定边左副将军班第奏请定所收乌梁海人贡貂之额并自后年起征折》,乾隆十九年十月二十六日,《军机处满文录副奏折》,档案号:1322-015,缩微号:032-1098。
② 当时闯入清朝边境的有扎木参、胡图克两个德木齐。但胡图克之前在清军营得天花而死。《奏议将释囚乌梁海得木齐札木赞与其妻子一同安置事片》,乾隆十九年十月二十六日,《军机处满文录副奏折》,档案号:1322-016,缩微号:032-1098。

第六章　清廷收服罕哈屯乌梁海部的活动

第一节　清廷对罕哈屯乌梁海部的劝降

上章已述,清朝在出兵准噶尔之前,做了一项重要的准备工作,于乾隆十九年(1754)九月,首先秘密派出三千余喀尔喀、额鲁特兵,以迅雷不及掩耳之势包围居科布多和阿尔泰山的乌梁海四鄂托克,抓捕宰桑,掠夺人畜。十月十二日,清军抓获准噶尔扎哈沁鄂托克首领两玛木特及部众。①

紧接着,清廷开始把矛头指向了准噶尔汗国另一重要外围部众罕哈屯乌梁海人。②清军刚抓捕完科布多一带乌梁海人后不久,于乾隆十九年(1754)十月派遣讷库勒③、达拉塔等五人前往罕哈屯乌梁海人处进行劝降活动。乾隆二十年(1755)正月初,达拉塔等人回营说,乌梁海人不相信使者所言,要求清方从乌梁海被俘三宰桑④中派去一人说明宰桑是否被杀,部众是否被掳。听到这个消息,乌梁海总管赤伦⑤主动要求亲自前往罕哈屯一带进行劝降活动,得到了批准。⑥赤伦于二月

---

① 《平定准噶尔方略》正编卷四,乾隆十九年十月癸酉,第9页。
② 罕哈屯,又作汗哈屯、汉哈屯。
③ 为乌梁海宰桑雅儿图之属(《驻乌里雅苏台办事都统莫尔浑奏闻赤伦谢赏副都统衔并准其随青滚杂卜在科布多办事折》,乾隆二十年五月十日,《军机处满文录副奏折》,档案号:1406-011,缩微号:035-1555)。
④ 科布多一带乌梁海四鄂托克五宰桑当中,有两名逃跑,其中一位在逃跑路途中被杀死,另一位逃到了罕哈屯乌梁海地方,三个被俘。
⑤ 赤伦为被俘乌梁海三宰桑之一,被捕后封为总管。
⑥ 《定边左副将军阿睦尔撒纳奏照乌梁海总管赤伦所请派人赴汗哈屯招抚宰桑布珠库等人折》,乾隆二十年正月五日,《军机处满文录副奏折》,档案号:1406-001,缩微号:035-1496;《定北将军班第奏报询问随同赤伦招抚乌梁海之跟役博尔贝到乌梁海后情形折》,乾隆二十年二月十四日,档案号:1408-006,缩微号:035-1642。

第六章 清廷收服罕哈屯乌梁海部的活动

初五日带领五名随从①出哈米尔沙吉盖卡伦前往罕哈屯乌梁海人处开始劝降活动。② 四月初五总管赤伦与其弟察罕一同回军营汇报：

> 我等于二月十五日出卡伦至罕哈屯乌梁海处言："我等被俘之时，我马畜虽受微扰，然圣佛(乾隆皇帝)降恩，令我居特斯地。今将军大臣遣我来告汝等：准噶尔内乱，达瓦齐弑你台吉，百姓甚苦。汝应争作先导，率己余部而来投，安居乐业于阿尔泰山。我等今暂迁居于特斯等地，待事成后，复归故地而居。圣主为如佛陀之人，以安居百姓为重。汝等岂不思受圣上隆恩安居乐业乎？"伊众宰桑聚而问曰："汝等被掳，汝之属人被掠而分与各处为实。汝何以谎言蒙我。吾若投，与汝等同。"我对曰："我等身受荣至极，吾众今暂居特斯等处为实。将军大臣遣我至此，欲使汝等亦受圣上仁恩矣。大国宽宏至极，竟容我如蚁虫之人居其邻，若大国发数千兵而来伐，汝等可阻乎？"伊等言："前有察罕、巴图蒙克等人来言，吾全然未信，今有汝亲自前来，吾深信不疑。然我乌梁海俱依山林而生，若出阿尔泰山，如离水之鱼。汝赴将军大臣处告，吾等归附后，容吾于阿尔泰山游牧，再定我贡物。"③

由以上对话可以看出，乌梁海人对赤伦一行所言半信半疑；对之前的劝降者讷库勒等人的话则完全不相信；即使是对赤伦的同行者，赤伦之弟察罕的话也是不相信。赤伦在做劝降活动的同时想搜集并带走自己的残部而来，但到边境被宰桑布珠库等人所阻。赤伦将其中29人的亲属交给其弟察罕提前离开，还剩120余人留在乌梁

---

① 命大臣留格、员外郎那苏图、和托辉特台吉班吉拉格齐等立即选出五名有子女、可靠之人交与赤伦用(《定边左副将军阿睦尔撒纳奏照乌梁海总管赤伦所请派人赴汗哈屯招抚宰桑布珠库等人折》，乾隆二十年正月五日，《军机处满文录副奏折》，档案：1406-001，缩微号：035-01496)。

② 《定北将军班第奏报乌梁海总管赤伦已率跟役前往招服汗哈屯乌梁海预计二十天即可抵达折》，乾隆二十年二月十七日，《军机处满文录副奏折》，档案号：1406-006，缩微号：035-1526。

③ 《驻乌里雅苏台办事都统莫尔浑奏报总管赤伦回报其前往汗哈屯招抚乌梁海人情形折》，乾隆二十年四月初七日，《军机处满文录副奏折》，档案号：1406-008，缩微号：035-1536。

海地方没能带回。① 赤伦此行,基本上以失败而告终,于三月二十九日,仍然带着其5个随从回到卡伦,而赤伦弟察罕带领26名男子、2名女子和1个小孩,还有130匹马、6头骆驼和一些鸟枪等物来归。因其马匹疲乏,仅将赤伦、察罕及一仆人,自卡伦送至乌里雅苏台军营,其余32人连同130匹马、6头骆驼、鸟枪、撒袋,从卡伦派出章京、士兵俱送至特斯鄂衣浑游牧。② 对赤伦此次回卡所做的报告,笔者抄得三份相关档案,内容不尽相同。但《方略》只收录了最后一份档案。

通过档案可以看出,清军对科布多一带乌梁海四鄂托克人畜的扫荡和掠夺给罕哈屯乌梁海人留下了恶劣影响,成为赤伦一行劝降失败的主要原因之一。乾隆十九年九月,清军秘密抓捕乌梁海四鄂托克宰桑后,其牲畜被掠夺一空,部众集体被押送到战俘营,成为战争难民,靠清朝施舍和赈济来过活。赤伦在乌梁海人面前也承认其马畜遭侵扰。可见乌梁海人受害程度不浅,而且也成为内外乌梁海人③当中公开的事实。乌梁海人虽然口头上似乎感恩戴德,但实际上对其目前状况很不满意。物质上被洗劫一空,生活很艰难;天天被军队看守着过囚徒式的日子,使其在精神上所受打击也很大。不满于现状的乌梁海人开始纷纷逃跑,逃人问题成为这一时期核心问题。

乾隆二十年三月十三日,发生了恩克西等十八户逃跑事件。清廷对此非常震惊,将直接责任人唐努乌梁海宰桑杜塔齐处死,其他相关人员都受到了处罚。④ 四月十日,乌梁海托逊等三人逃

---

① 《驻乌里雅苏台办事都统莫尔浑奏报总管赤伦回报其前往汗哈屯招抚乌梁海人情形折》,乾隆二十年四月初七日,《军机处满文录副奏折》,档案号:1406-008,缩微号:035-1536。
② 《定北将军班第奏报总管赤伦等带来二十九名乌梁海人抵达纳米尔沙济海卡伦片》,乾隆二十年四月十四日,《军机处满文录副奏折》,档案号:1406-010.1,缩微号:035-1549。
③ 当时清朝方面的叫法,已投附清朝的乌梁海叫内乌梁海,尚未投附的叫外乌梁海。
④ 《定北将军班第奏报派人缉拿唆使乌梁海人逃跑之杜塔齐一俟拿获即行正法折》,乾隆二十年三月十四日,《军机处满文录副奏折》,档案号:1411-001,缩微号:035-2291;《定北将军班第奏报已将带领乌梁海人逃跑之宰桑杜塔齐拿获正法并请安置归附之人折》,乾隆二十年三月二十二日,档案号:1411-003,缩微号:035-2303。

第六章 清廷收服罕哈屯乌梁海部的活动

跑。① 四月末,逃人被追回。但相关人员还是受到了处罚,逃人被处死,责任人喀尔喀章京乌巴西被免官并受罚,看守兵六人被治罪,责任人之上司宰桑巴哈苏亦遭处罚。② 五月初九日,乌梁海布杜克沙勒带子女逃跑被追回,布杜克沙勒被处死,子女赏给乌梁海官员为奴,责任人三等侍卫博伊杜尔交部议处,看守兵四人遭重罚。③ 类似的逃人可能还很多,被隐瞒得更多。

清廷为何对逃人如此敏感、如此严酷? 首先,作为叛逆者,当然可恶,理当重罚。但另一方面,也是最重要原因是,这些逃人给外乌梁海人通风报信,将乌梁海人在清朝的状况报告给外乌梁海宰桑,增加了外乌梁海人对清朝方面的恐惧感。尚未归附的乌梁海人担心归附后财产和部众被掠夺。内乌梁海被收服后,的确有不少乌梁海百姓被掠,分赏喀尔喀或额鲁特。前引恩克西等十八户,准备要被赏军,在押送途中逃跑。在游牧社会,主要财产是牲畜和人,为了犒劳军队,难免有赏人赏畜现象,而这人畜只能从战俘中索取。再者,逃跑者最为担心的是他们所投靠的新的主人即尚未归附的乌梁海首领对清朝有所好感,更怕其投靠清朝,难保自身生命安全。故此,逃跑者往往故意夸大新降乌梁海人的处境和清朝方面的劣迹。这样一来,极大地刺激了乌梁海人尤其是乌梁海首领。后来,青滚杂卜率兵去征讨罕哈屯乌梁海,时时遇见有一些乌梁海说客过去阻挠乌梁海宰桑归降。到处散布乌梁海宰桑被杀、百姓被掠为奴的消息。如布珠库宰桑,因听信乌梁海说客而拒绝投降。④ 其中有一叫哈人嘎希(hargasi)的说客为赤伦属下。这些来自降清乌梁海的逃人最清楚已降乌梁海人的状况,最具有说服力和感召力。

---

① 《驻乌里雅苏台办事都统莫尔浑奏报扎萨克旺沁扎布渎职致使乌梁海人托孙脱逃请交部议处折》,乾隆二十年四月十三日,《军机处满文录副奏折》,档案号:1389-005,缩微:034-2632。
② 《驻乌里雅苏台办事都统莫尔浑奏报再次拿获乌梁海逃犯托逊等仍请拟处旺沁扎布等人折》,乾隆二十年四月三十日,《军机处满文录副奏折》,档案号:1389-006,缩微:034-2647。
③ 《奏报拿获逃亡乌梁海人布都克善等并审讯等情折》,乾隆二十年六月三日,《军机处满文录副奏折》,档案号:1411-005,缩微:035-2313。
④ 《奏请安置青滚杂卜收抚之汗卡屯处乌梁海各台吉折》,乾隆二十年八月十八日,《军机处满文录副奏折》,档案号:1408-059,缩微:035-2013。

第二节　清廷武力收服罕哈屯乌梁海部

清朝方面劝降失败后开始策划武力征讨乌梁海人：

乾隆二十年五月寄班弟文称：赤伦报："乌梁海宰桑郭勒卓霍伊（goljohoi）愿归，但宰桑布珠库拒归。"上谕称：待伊犁平定后，善后事宜俱交班弟与阿睦尔萨纳，青滚杂布于伊犁无大事，且谙乌梁海情形，令其率和托辉特兵及酌情择后继到来之索伦兵。率乌梁海察达克、赤伦前往收抚罕哈屯乌梁海。晓谕乌梁海宰桑博勒卓霍伊："圣主有言：汝若来降，与前降乌梁海人同，于原地居住安居乐业，不令迁徙。若不来降，以兵力取之。"其等必来降。若不来降，以兵力取之。但有布珠库扣我使者，阻挠博勒卓霍伊等人来投，实属可恶。若实有来投，亦不以投诚者视之，仍需将其拘捕。若有反抗，以兵力捉拿，将其属人分赏查达克、赤伦等。将之明谕查达克等人知之。……前察达克请减免乌梁海贡物。此次乌梁海人属以兵力攻取之人，不可减免贡赋。班弟遵旨赏赤伦梅林章京职，赏银50两。青滚杂布在抓捕达瓦齐的前锋部队中，待其事毕，遵照指示派出征服乌梁海。①

六月一日，乌梁海参领赤伦、总管赤根率其佐领六名、骁骑校六名余，官兵九十八名到达乌里雅苏台。分给赤伦、赤根等所领官兵以两个月的粮食、牲畜，补充武器等。应赤伦之请受其弟察罕和察达克之弟车登以骁骑校职。令于科布多太舒尔湖（taišur noor）一带听候青滚杂卜调遣。② 5月19日，定北将军班第上奏请旨可否将大臣努三与乌尔登派往军营与青滚杂卜一道前往乌梁海。但6月8日

---

① 《定北将军班第奏饬令青滚杂卜俘获达瓦齐后即进兵乌梁海折》，乾隆二十年五月初八日，《军机处满文录副奏折》，档案号：1392 - 012，缩微号：035 -0050。
② 《驻乌里雅苏台办事都统莫尔浑奏请补授车登等骁骑校衔随同赤伦前往科布多听候郡王青滚杂卜调遣折》，乾隆二十年六月三日，《军机处满文录副奏折》，档案号：1406 - 012，缩微号：035 - 1561。

第六章 清廷收服罕哈屯乌梁海部的活动

收到乾隆帝指示,二人另有调配,不必派出。① 到了这一步,乾隆帝还是不愿意放弃招抚战术,六月十五日,军机处传来紧急命令,拨给赤伦一百两银子,令他率领手下人马立即赶往乌梁海招抚布珠库等人。但赤伦觉得招抚布珠库没希望,不敢前往,希望与青滚杂卜一起行事。② 青滚杂卜于六月初率兵去征抚罕哈屯等处乌梁海。③ 对此过程,八月十八日,驻乌里雅苏台都统漠尔浑等疏奏郡王青滚杂卜收服罕哈屯等处乌梁海部众:

> 据参赞大臣喀尔喀副将军郡王青滚杂卜咨称:为收服罕哈屯、巴斯库斯、舒勒斯巴等处乌梁海事请旨。窃查……青滚杂卜我奉旨率和托辉特和索伦官兵七百,前往汗地方收服乌梁海等。遵于六月初四日起程,七月初五日至萨噶勒巴什岭(sagalbasi),先遣我旗副都统敦多卜(dondob)、贝子策布登旗参领领旗章京齐巴格(cibak)、和托辉特佐领乌巴西(ubasi)、索伦骁骑校斋桑布(jaisangbu)、乌梁海达布胡尔(dabhur)为使。继而遣喀尔喀贝子策布登(cebden)、御前侍卫图伦楚(turuncu)、参领察达克,率兵三百前往汗等地。因哈屯河上游阿宝(aboo)哈布齐海(habcihai)、巴斯库斯、舒勒斯巴、阿勒坦淖尔(alatanoor)等地窄陡,林木极密,山高且险,故我率兵四百名前往收服乌梁海至包若勒(boorol)地方,前锋乌梁海总管图布新、和托辉特旗佐领阿友西等捉一乌梁海人回。此人供:"吾为赤根宰桑之属德木齐哈尔玛什(harmasi)之人,吾于狩猎之时被捕,吾游牧地在阿尔胡特。"青滚杂卜我即率兵,日夜兼程,急速前往初九日至哈尔玛什游牧地传示圣主仁慈,许其投诚,又言:我大军已平定准噶

---

① 《定北将军班第奏请派努三及乌勒登随青滚杂卜收复乌梁海部折》,乾隆二十年五月十九日,《军机处满文录副奏折》,档案号:1392-013,缩微号:035-0056。
② 《驻乌里雅苏台办事都统莫尔浑奏请派赤伦随同青滚杂卜前往汗哈屯处征服乌梁海人折》,乾隆二十年六月二十二日,《军机处满文录副奏折》,档案号:1406-013,缩微号:035-1567。
③ 《驻乌里雅苏台办事都统莫尔浑奏请安置青滚杂卜收抚之汗卡屯处乌梁海各台吉折》,乾隆二十年八月十八日,《军机处满文录副奏折》,档案号:1408-059,缩微号:035-2013。

尔。汝等来降,不令尔迁移,许原地居住。哈尔玛什等率众恳降,哈尔玛什率众跪言:"愿从圣主皇仁以归降。"并随军前行,吾问随行德木齐哈尔玛什:"巴斯库斯地方有尔宰桑几人?"答曰:"闻我宰桑玛济岱居于巴斯库斯地方。不知其余宰桑居于何处。又闻我宰桑所属德木齐那尔图(nartu)率众居于尼出滚(nicugun)地方。另有一额鲁特明噶特台吉莽纳什(mangnasi)领部众居哈克扎剌(hakjala)地方。"吾闻讯即遣一等台吉班扎喇克察(banjarakca)、蓝领护军阿友西传示德木齐那尔图。四等台吉丹珠尔等,传示台吉莽纳什。青滚杂卜我即领兵越过扎赍嘎希岭(jalaig'asi)至察罕乌苏地方捉拿前逃人恩克西。三等侍卫六格、梅勒章京赤伦、乌梁海总管车根等来会,全军快速前往。途中前锋班扎喇克察、阿尤西等来报:"吾等至尼出滚地方,见那尔图等已迁走。吾等循其踪至察汗布尔噶苏之源追及,宣谕圣仁。那尔图跪曰:吾愿从圣仁而归。遂领其众而随。"随后,台吉丹珠儿(danjur)亦来报:"吾等至沙克扎兰(šakjalan)地方宣谕圣仁。莽纳什等人跪曰:吾等愿从圣仁归降。便率二十五户而随。"其后,见扎萨克齐巴克扎卜、根敦等,领兵二百名搜缉擅杀卡伦侍卫贝多尔(boidur)之贼犯等,遂与其会兵前往。我率军于十四日至阿宝、哈布齐海等地。前锋和托辉特旗管旗章京塔苏荣(tasurung)等获一乌梁海人。其供曰:"吾为宰桑玛济岱属下。为寻找吾所丢失马群至此被捕。吾居住地于巴斯库斯地方。"青滚杂卜我即领兵以被捕乌梁海人为向导,十五日至巴斯库斯地方向宰桑玛济岱宣谕圣仁。宰桑玛济岱等曰:"愿受圣仁归降。"并率众而随。问归降宰桑玛济岱:"汝其余宰桑居于何处?"答曰:"宰桑那木扎尔(namjal)驻于鄂衣孟(oimung),保古勒(boogul)驻于萨穆勒都(samuldu),莽噶拉克驻于萨勒扎(salja)河,布珠库、和齐赖(hocilai)驻于哈屯(katun)河各地方。"随派我旗署参领阿必达(abida)往那木扎尔处,侍卫多尔济(dorji)往保古勒处,索诺苏噶特(sonogat)往忙噶拉克处,固穆扎卜(gumujab)往布珠克处,分路传示。于七月二十五、二十七等日,多尔济、阿必达等相继来言,宰桑那木扎尔、保古勒愿从圣仁来降。二十九日,侍卫索诺苏噶特言:"吾至宰桑莽噶拉克处晓以圣仁。"莽噶拉克等跪曰:"愿从圣仁归降。"适有一乌梁海人

第六章　清廷收服罕哈屯乌梁海部的活动

告莽噶拉克曰:"准噶尔被平定,达瓦齐被抓之事俱无。大军至,尽杀男子,掳掠妻女。汝万万不可进降。汝若降,亦将汝杀之,掠汝妻女与部众。"莽噶拉克对哈希古尔(hasigor,劝阻者)曰:"我不可听从你所言,而倾心归降。"随侍卫索诺素噶特而来。此游说之乌梁海逃人为赤伦所获,为于纳仁喀喇(narinkara)卡伦处抢掠之人,名哈希古尔。八月初二,侍卫固穆扎卜来报:"吾等至布珠克处晓以圣仁。"布珠克、呼齐来等跪曰:"吾等愿受圣仁归降。"固穆扎卜我携宰桑布珠克等人而归时,路边有一乌梁海人将布珠克等人唤去,交谈许久后,便欲随该乌梁海人而返回。对吾言之:"汝所言,准噶尔悉为平定,达瓦齐被抓之语而欺吾。大军即至,将尽杀我乌梁海男子,掳掠妻女。"又言:"大军亦将杀我,掠我妻女部众畀与察达克、赤伦、车根等人。"此游说之乌梁海逃人名为哈尔盖,赤伦属下,随大军而至之人。布珠克言:"'吾不可即出降,而需负山险而自保。'言毕即去。固穆扎卜我欲即将之捉拿来归,然布珠克随从有十数人,我仅有三人,无法捉拿。布珠克遂归去。我为传此信,急速而至。"青滚杂卜我闻讯即领兵速往布珠克居地至斋鲁古斯(jailugus)地方,前锋乌梁海总管图不慎、我旗管旗章京塔苏荣、署参领衮楚克达什(guncukdasi)等来报:"吾等至哈屯河上游一甚高而险峻之山观之,又循其踪近其隐身之处唤宰桑呼齐来而出,晓以圣仁。呼齐来遂唤出数人。问曰:'汝等何人?'答曰:'吾为宰桑莽噶拉克属下德木齐,吾名阿克别力格(akbelek)。吾等为乌梁海逃人所蒙,惧而登山隐之。方才王唤我呼齐来晓以圣仁,方知实情,我等愿降。'言毕即随。问呼齐来:'布珠克与你一同逃走隐之,现居于何处?'答曰:'布珠克逃往河下游。'问布珠克侄子诺诺霍(nonoho)其叔去向。诺诺霍、土末达克(tumadak)等俱言,布珠克当于附近山林隐身,可寻得其藏身之所。吾即派布珠克侄诺诺霍与其属下土末达克,严饬其务必寻得布珠克隐身之所。又率兵以熟识布珠克之乌梁海人为向导,处处搜缉。参领赤伦属下佐领章京哈斯(has)来报:'吾跟随亲属而行,路途遇布珠克等五人,对其曰:汝跟随吾等而投见王何如?布珠克言:吾因惧怕而盲行之。吾将随特楞古特宰桑一同投见。'"今至特楞古特宰桑那穆克(namuk)来见时,仍未同至。青滚杂卜我现在严饬特楞古特宰桑那穆克等,令其必需带领布珠库前来。那穆克言:"布珠克因惧怕而避之,未能远遁,顷刻即可获。"……续据喀尔喀贝子策卜登、骁骑校图闰出,参领察达克等呈称:"七月初五日,自萨噶勒巴什岭带兵前往,至汉河附近,宰桑郭勒卓辉来迎降。"据其告知副都统敦多卜业经传示,情愿归降。又据敦多卜传示,汗地方乌梁海宰桑鄂木布(ombu)、布鲁特(burut),宰桑根都什(gendusi)、特楞古特宰桑瓜齐楞(guwacireng),布鲁特、和托克(hotuk)、布克图什(buktusi)、那穆克等七宰桑俱率众降附。查取其各宰桑户口牲只数目,及应办事宜。俟贝勒策布登扎布到时,公同商酌办理。臣等伏查,汗哈屯、巴斯库斯等处乌梁海俱被收服。惟布珠库一人未获,现在各处搜缉,不日即可弋获。俟青滚杂卜撤兵时,将一应办理事宜,会同酌议具奏。请旨。奏入报闻。①

到九月九日,乌梁海拒降宰桑布珠库被青滚杂卜部下捉拿。满文档案收录郡王青滚杂卜报告如下:

> 谨遵乾隆二十年四月十六日谕:"布珠库前扣我使者,阻止(乌梁海宰桑)郭勒卓海归降,甚属可恶。布珠库此次若来降,不以投诚者视之,仍将其逮捕。若有反抗,以兵力取之。其属众分与察达克、赤伦、赤根等,告赤伦等人知之。"又有忠勇公傅恒所寄乾隆二十年七月十八日谕:"罕哈屯乌梁海宰桑前扣我使者,收郭勒卓海请降书。今大军已至,既不来降,又派人来我卡伦捉活口,甚属可恶。令青滚杂卜务必尽快捉拿,严加审讯,当众正法。其宰桑之位,自察达克、赤伦之子弟当中选一胜任者充当。"……于九月初九日,我旗参领班珠尔、新降乌梁海宰桑呼图克图之弟马木特等来报:"吾闻布珠库及其家属于临俄罗斯之查拉斯(caras)河居住。吾等急行军于查拉斯河地抓获布珠库及其妻与一小童。"青滚杂卜我当以加审,布珠库言:"赤伦属下逃人哈尔盖(hargai)来告,准噶尔被平定,达瓦齐被捉之事纯属谣言。大军一来,男子将均被屠杀,妻儿将被掳。我也

---

① 《驻乌里雅苏台办事都统漠尔浑等奏请安置青衮杂布收抚之罕哈屯处乌梁海各台吉折》,乾隆二十年八月十八日,《军机处满文录副奏折》,档案号:1408-059,缩微号:035-2013。

第六章 清廷收服罕哈屯乌梁海部的活动

将被杀,妻儿与属众将分赏于察达克、赤伦、赤根等人。吾惧尔避匿之。至于布达尔岱(budaldai)等人如何商议去掠夺卡伦,杀死侍卫之事,我全然不知。大国如此快速捉拿达瓦齐,平定准噶尔,实出我愚钝之念之外。我撕毁郭勒卓海之请降书,扣留使者察罕等事属实。"再次逼讯其遣人掠夺卡伦之事,仍坚供不移。布珠库即便未派人掠夺卡伦,然劫毁郭勒卓海请降书,扣留勒掯留难我使者察罕。前我军既至,乌梁海宰桑俱来降,唯独布珠库到处逃匿,只身避走,方今抓获,甚属可恶。今日将其遵旨交与护军图伦处正法,以为众戒。布珠库之恶行,宣告于乌梁海之众。将布珠库妻儿交与舒楞额博尔朵辉(bordohvi)照看。此外,新收宰桑莽噶拉克言:"于吾幼小之时,家父早逝,噶尔丹策凌处派来收贡之宰桑,视我弱小无能管理。将我属下二德木齐之众分于布珠库。待我成年能行事后,亦未归还于我,汗哈屯等处乌梁海诸宰桑俱知此事。"青滚杂卜我当即询问参领察达克、总管图布新等莽噶拉克之事。其言到:"莽噶拉克极小之时,其父当逝。适值噶尔丹策凌之时,其所派收贡之人会诸宰桑议,莽噶拉克年尚幼,不能领众,抽其部众之二德木齐暂交布珠库代管。待莽噶拉克能领众之时,复尔归还之。此暂交布珠库代管之事确有之。若今归还之,莽噶拉克必定感激圣恩,愈加奋勉。"现已遵旨将布珠库正法。将布珠库属众或分赏察达克、赤伦、赤根,布珠库宰桑之位,于察达克、赤伦等人子弟内选一胜任者统领之,或将布珠库之众给还莽噶拉克等由请旨定夺。①

《平定准噶尔方略》于九月二十九日乾隆帝指示:

> 上谕军机大臣曰哈达哈等奏:郡王青滚杂卜报称:汗哈屯乌梁海宰桑布珠库业已擒获正法,所有属人或赏给察达克、赤伦或给回莽噶拉克之处,请旨定夺等语。青滚杂卜此次办理乌梁海,奋勉可嘉。近降旨令其带兵同哈达哈前往哨探,擒剿阿穆尔撒纳,通信伊犁,若能效力,必格外加以恩赏。至莽噶拉克告称,从前伊父身故,噶尔丹

---

① 《驻乌里雅苏台办事工部尚书哈达哈奏将派人抢掠卡伦之乌梁海宰桑布珠库正法其缺由察达克子弟中拣选折》,乾隆二十年九月十八日,《军机处满文录副奏折》,档案号:1437-013,缩微号:036-2578。

策凌将伊属下二得木齐撤出,给与布珠库管理。令布珠库所属,若止莽噶拉克之众,即可给还。若此外尚有属人,自应遵旨赏给察达克、赤伦管理。可传谕哈达哈等,询问青滚杂卜,令其分晰声明具奏。①

清军通过抓捕乌梁海德木齐、宰桑,在此基础上收服了罕哈屯乌梁海。至此,清朝基本上收服了从杭爱山以西一直到阿勒坦淖尔为止的乌梁海人。这些人成为后来阿尔泰乌梁海人的主要成分。清军以此为起点,陆续收服了阿勒坦淖尔等乌梁海人,完成了对乌梁海部的完全控制。

清军以军事威胁成功改变这部分乌梁海人政治认同;以区域封锁来断绝与准噶尔汗国之间的联系;以经济上的控制来增强对清廷的依附。清廷以特殊的方式最终控制了乌梁海人。不过随着准噶尔战争的持续和青滚杂卜撤驿之变,乌梁海人也随之发动了一系列"叛乱"和"附带叛乱",失败的乌梁海人为此付出了沉重的代价,清廷也以此为契机完全断绝了乌梁海人与所属族群之间的从属关系,从地方自治直接过渡到了直属中央统治。在蒙古喀尔喀部西部和西南部出现了清廷直接统治下的区域,切断了喀尔喀与中亚的联系。巩固了清朝在北部和西北部的统治。

---

① 《平定准噶尔方略》正编卷一九,乾隆二十年九月庚子,第7页。

第七章　准噶尔人的反清活动与乌梁海人的命运

第一节　阿睦尔撒纳叛清与乌梁海人之向背

清军在拿下准噶尔政治中心伊犁后,派喀尔喀郡王青滚杂卜收服了罕哈屯乌梁海,使后来乌梁海三部为清廷所控制。但当时准噶尔内部情况非常复杂。准噶尔高层内部意见不一,各怀鬼胎,形势复杂莫测,各种活动暗流涌动。加上清军在不足百日之内即灭亡强大的准噶尔汗国,未及消化,未能很好地控制住局面,再加上在准噶尔横征暴敛,致使民不聊生,准噶尔民众生计无望,清将军、大臣侮辱喇嘛,带来了宗教阶层的不满。这些使准噶尔成为火药桶和火山口,激愤者和野心家们一拍即合,在阿睦尔撒纳号召下展开了连绵不绝的反清斗争。

乾隆二十年(1755)八月十九日,阿睦尔撒纳在前往朝觐路上寻隙逃跑。与此同时,额林哈毕尔噶等处宰桑哈丹、阿巴噶斯等抢掠西路站台,准噶尔人反清叛乱遂开始。此时,乌梁海人因其特殊地理位置引起了清朝方面注意。

> 今询问噶尔藏多尔济,据称:自汗哈屯等处取道至哈萨克甚近,彼处现有伊所属之乌梁海等。因遣伊宰桑固穆扎卜交侍卫德善带往哈达哈等。……再乌梁海赤伦如情愿同往,亦令其随往。……将汗哈屯乌梁海及收获各游牧马匹查明应用。[①]

这时,乌梁海人的向背对能否顺利追捕阿睦尔撒纳有着重要作用。从而也成为准噶尔与清朝争夺的重要对象。在清朝方面努力

[①]《平定准噶尔方略》正编卷一八,乾隆二十年秋九月壬午,第1—2页。

争取的同时,阿睦尔撒纳也开始在乌梁海活动了。

> 哈达哈等奏,据脱出之巴拜等供称:阿睦尔撒纳遣尼玛前往乌梁海宰桑郭勒卓辉处通信会合等语。

对此,乾隆帝的认识是:

> 汗哈屯乌梁海等,系兵力收服,非察达克、车根、赤伦等与贼有仇,久经归顺者可比。我兵既进,伊等或袭其后,甚有关系。达尔党阿、哈达哈等宜加意防范。

可见乾隆帝对新降服的乌梁海人不是太放心,最后采取了安抚策略:

> 再察达克等去岁投诚,俱加恩授职,此次收服宰桑郭勒卓辉、玛济岱等,着加恩授为三品总管,赏给翎顶。其余宰桑,有应酌量授为三四品总管者,未经查奏。着达尔党阿等查明酌量授职,一面奏闻,一面办理。再伊等马匹牲只,若以银两、缎疋与之交易,既可分伊等之力,亦借以助给军需。

而对旧降乌梁海人策略:

> 即传谕察达克等,若能勉力承办,必加恩赏。哈达哈等带兵进发后,或令察达克、赤伦等带伊旧乌梁海兵数百名赴其地巡查堵截,或于索伦兵内分数百人前往亦可,伊等愿往,所派兵丁,俱照军营一体赏赉。①

不久,喀尔喀郡王青滚杂卜通过乌梁海与阿睦尔撒纳窜通,使乌梁海局势更加复杂化。伊犁方面,五集赛游牧宰桑和六千喇嘛也群起相应,抗击清军。清朝方面为稳住青滚杂卜,赦免其罪,并表示器重。对新降乌梁海人采取了高度防备措施,青滚杂卜也提醒将军要防备新降乌梁海人,尤其是博博等人。② 清朝方面以采买乌梁海马匹来加强联系。在旧降乌梁海人游牧地吹地方与新降乌梁海地方进行贸易,以茶叶、缎匹等物换取马匹,拟换取一千多匹马,每匹

---

① 《平定准噶尔方略》正编卷一九,乾隆二十年十月丙辰,第32—34页。
② 《平定准噶尔方略》正编卷一九,乾隆二十年十二月戊申,第19—20页。

第七章　准噶尔人的反清活动与乌梁海人的命运

马定价七两五钱,并取消禁令,允许贸易。① 乌梁海尚属平稳,尚未被卷入战乱。

阿睦尔撒纳从乾隆二十年八月份逃亡到第二年春天为止,一直在准噶尔活动,并自封为台吉,准噶尔众首领被胁从。

为防止阿睦尔撒纳逃窜哈萨克,乾隆帝派侍卫德善前往哈萨克。但德善在罕哈屯一带被乌梁海人所阻而还。② 乾隆帝要求彻查此事,哈达哈便找来随行人员讯问,对德善受阻之事进行调查,其供曰:

> 我等于一月六日抵达罕哈屯乌梁海地,见宰桑霍齐赉(hocilai)。霍齐赉说:"方才有圣主使者来我处。适值降大雪,牲只甚瘦,急需赈助,送与牛一头,未受。"即赴噶勒藏多尔所属乌梁海宰桑呼图克处,与吾同往之额鲁特宰桑棍布扎布对呼图克言:"噶勒藏多尔专派我等来伴行,令将他应收一个月的贡赋折算成马畜尽力给与使者,以资赈助。"呼图克推脱道:"我牲只甚瘦弱。"并对棍布扎布动手,仅与骟马十四、羊四只、母马一匹、牛犊一头。棍布扎布觉得此不足资,以不悦之神视之,赠与者亦不甚情愿。十五日,临近郭勒卓辉住处,伊见圣主使者至,戴官帽,将吾于自远处迎领至其营,请吾入其包问曰:"哈萨克现与阿睦尔撒纳或已合兵。此处降有大雪,汝等马畜疲弱,如何前行?"我答曰:"圣主皇帝派我为使,我需速至哈萨克阿布赉处将皇帝敕令交送之。"当日,吾等于鄂木布游牧地附近扎营。时,鄂木布、那木吉拉、德木齐根都西、萨木儿、吉布尔、穆什等至我处问:"汝等因何事赴哈萨克?请告知于我,将汝等手中书信览之于我。"吾答曰:"阿布赉于去年派使者至伊犁,向圣主请和献礼。我等现欲前往为阿布赉赏恩。汝等欲阅圣主旨令之意甚不合理。汝等即妄言。"鄂木布等又言:"前方都汝格海给纳库(duruge haiginakū)

---

① 《平定准噶尔方略》正编卷二三,乾隆二十年十二月辛亥,第23—24页。
② 《定边左副将军哈达哈奏报出使哈萨克之侍卫德善等中途被乌梁海所阻返回军营并询问缘由情形折》,乾隆二十一年二月二十九日,《军机处满文录副奏折》,档案号:03-0176-1579-027。(以下档案均在电脑上阅读,而未查阅缩微胶卷,故只标注档案号,不标注缩微号。)

山岭雪厚十五拃,至五月亦不化,根本无法前行。若下查尔斯(caras)河去,俄罗斯将不肯放汝等通过。"我等欲顺博日努如贵之路而去,令其派识路之德木齐萨穆尔同往。鄂木布等诸宰桑俱言道:"吾不派与汝识路之人,亦不令汝等前行,不派与汝等向导。"吾言道:"汝等不可延误圣主所派使者,我等必由博日努如贵之路前往哈萨克,汝当将我等从此处前往之事遣人呈报将军大臣。"适时,宰桑鄂木布之子博罗特(bolot)言:"我等不可让汝前行,亦不许汝于吾游牧地停留。汝等欲如何前行?冒自前往必死于途。"①

乾隆帝听了非常震怒:"此皆乌梁海等捏饰谣言,摇惑众心,情罪可恶。伊等畏威内附,全不可信。"并怀疑乌梁海人因受到阿睦尔撒纳指使编出此谣言。说:"其背叛情形已露,若不严加惩创,不足以警戒。"密令青滚杂卜等"密查为首倡恶之人,即行正法"。图布慎、莽噶拉克因买马事宜中出力,可以原谅。对郭勒卓辉,认为其乃首鼠两端之人,需进一步观察。至于鄂木布、博博,则断不可恕,并将其属人一并擒获,赏给军前效力者;马匹牲畜,尽行收取,以资兵力。② 乾隆帝的此报告,对哈萨克联合阿睦尔撒纳之说非常敏感,这也是乾隆帝最怕的事。

但此说未必是乌梁海人造的谣。其实,阿睦尔撒纳与哈萨克连兵并非子虚乌有。阿睦尔撒纳叛逃后一直窜通哈萨克,甚至投靠哈萨克,与哈萨克部首领称兄道弟,关系密切。阿睦尔撒纳同时又是哈萨克中玉兹首领阿布赉汗的女婿,与其"生死相盟,同甘共苦"。与哈萨克另一首领多罗特巴图鲁还"顶佛而誓,衔枪设盟"。③ 阿睦尔撒纳与哈萨克关系如此密切,必受哈萨克支持和同情,与哈萨克连兵是很自然的事,绝非乌梁海人造谣。仅此一言即严惩乌梁海,可见乾隆帝对新降乌梁海人过于敏感。而乌梁海人对清使者傲慢

---

① 《定边左副将军哈达哈奏报出使哈萨克之侍卫德善等中途被乌梁海所阻返回军营并询问缘由情形折》,乾隆二十一年二月二十九日,《军机处满文录副奏折》,档案号:1579-027。
② 《平定准噶尔方略》正编卷二五,乾隆二十一年三月己巳,第28—29页。
③ 吴阿木古冷:《1755—1758年间阿睦尔撒纳与哈萨克阿布赉汗关系考》,《西部蒙古论坛》2014年第4期。

第七章　准噶尔人的反清活动与乌梁海人的命运

无礼,可能受到阿睦尔撒纳煽动而有恃无恐,但其并非已经完全倒向阿睦尔撒纳。

乾隆帝对乌梁海人阻挠德善赴哈萨克之事亦怒道:"将起意阻止德善之人,查明从重治罪。"①之后,乌梁海总管图不慎因办理乌梁海马匹事宜出力,被封为散秩大臣,令哈达哈处理乌梁海事宜时将他一同携往。②

清军入伊犁追讨阿睦尔撒纳,阿睦尔撒纳不敌,逃入哈萨克。乾隆帝下旨:

此时,阿逆若逃入哈萨克,中途或抢掠新收之乌梁海等,或煽诱鄂木布等,将察达克等游牧骚扰,均未可定。哈达哈务于逆贼未到之先,即将乌梁海鄂木布等悉行擒治,以杜后患。③

因策楞未能捉拿阿睦尔撒纳,致使其逃入哈萨克。乾隆帝下令捉拿策楞问罪,同时批评他办乌梁海事宜不力,对乌梁海人表现出了进一步的不信任:

乌梁海等,反复无常,全不可信。现在有逃窜情形,明系豫闻风声,欲随阿逆遁去。必须速行剿灭。哈达哈勿少迟疑,即行办理,收其牲只以益兵力,方足以示惩儆。倘阿逆煽同哈萨克威胁乌梁海等,潜为构衅,因而抢掠察达克等游牧,则并旧日收服之乌梁海皆为摇动,不若早为殄灭。④

同时,又有情报称:

阿睦尔撒纳于正月内遣人令伊等前来抢掠乌梁海等游牧。⑤

乌梁海既成为清与阿睦尔撒纳两方面争取对象,又成了阿睦尔撒纳掳掠目标和清军剿灭目标。乾隆帝频频强调"办理乌梁海之后,取其牲只、马匹以增兵力",又要求将军大臣从乌梁海进军哈萨

---

① 《平定准噶尔方略》正编卷二六,乾隆二十一年三月壬午,第4页。
② 《平定准噶尔方略》正编卷二六,乾隆二十一年三月辛卯,第19页。
③ 《平定准噶尔方略》正编卷二六,乾隆二十一年三月壬辰,第23页。
④ 《平定准噶尔方略》正编卷二七,乾隆二十一年四月甲寅,第9—10页。
⑤ 《平定准噶尔方略》正编卷二七,乾隆二十一年四月丁巳,第12页。

克索取阿睦尔撒纳。① 意味着要强征乌梁海牲畜,当然会激起乌梁海人的不满和离心倾向,促使其进一步倒向阿睦尔撒纳。大军后来确实由乌梁海渡哈屯河进入哈萨克。

第二节 清廷用兵乌梁海

由于乾隆帝的无端怀疑和清军的横征暴敛,再加上阿睦尔撒纳和哈萨克的煽动,一部分乌梁海人产生了厌清情绪和投赴阿睦尔撒纳的倾向。乾隆帝甚怒,令和托辉特郡王青滚杂卜前往捉拿。得知清军前来,乌梁海几位涉事首领便逃之夭夭。

哈达哈派兵首先发起攻击。他派兵到哈屯河,河水很深又很险,河底有大石头,根本无法过河。于是从索伦兵中选出一些会制造船只者,催促造船,陆续让大兵渡过哈屯河,扫荡乌梁海鄂木布游牧地。遵旨将乌梁海人悉数掳杀,收取牲只。将军驻于河岸,让索伦兵等人继续日夜不停地造船,制造了三十余艘船只。其过河方式是将三只船捆绑在一起,令四位水手划船,送四位士兵携武器渡河。以如此方式将两千名士兵中的一千七百余人渡河。在渡河过程中,因水流冲击而损坏船只二十余艘,索伦、喀尔喀兵牵着驮马过河,二十余人遇难,牲畜也损失甚多。于是,清军又日夜赶造船只,继续送大军过河。为追剿乌梁海人,青滚杂卜率已过河的六七百人,扔掉行装先行,剩下一千多人交车布敦扎布继后。②

青滚杂卜探得,乌梁海宰桑呼图克率众溯查拉斯河而上于霍尔果地方居住;宰桑鄂木布等率众于海僧塔格一带居住。青滚杂卜率军越海僧岭追剿鄂木布;车卜敦扎布率军沿查拉斯河去追剿呼图克等。青滚杂卜到青地方遇一群迁徙中的人众,获男女七人,马七百余匹,羊两千只。据俘虏供,系宰桑呼图克之兄阿达撒哈之属,呼图克之兄阿达撒哈率部众三十余户越青岭往阔库哈达欲与宰桑郭勒

---

① 《平定准噶尔方略》正编卷二八,乾隆二十一年五月庚辰,第14页。
② 《定边左副将军哈达哈奏率兵收复乌梁海鄂木布等游牧折》,乾隆二十一年五月二十日,《军机处满文录副奏折》,档案号:1593-014.1。

第七章　准噶尔人的反清活动与乌梁海人的命运

卓辉、鄂木布和德木齐萨穆尔会合而去。青滚杂卜闻讯立即赶往。

此时,车布敦扎布率索伦、喀尔喀兵六百人前往,探得呼图克留一半牲畜于河岸,而自己到河对岸哈勒哈图岭山口驻营。车布敦扎布率军到河边,但河流湍急浪大,在寻找渡口之际,见呼图克率众到河边迎战车布敦扎布,呼图克败退,清军追杀五十余里越过哈勒哈图岭,因山大而险峻,士兵疲倦无法作战而回。呼图克率百余人逃走。战斗中打死乌梁海人一百五十余人,擒获呼图克之弟忽岱及其妻子儿女等二百余人;缴获马匹一千余匹、牛四百头、羊四百只。战斗中清军被捕者一人、负伤者七人、溺水而亡者三人。

青滚杂卜率军追剿郭勒卓辉,到一个叫萨拉的地方与之战斗两次,大败郭勒卓辉,杀死数人。清军方面二人受伤,一人因伤势恶化而亡。郭勒卓辉丢弃牲畜仅带着驮马和妻儿而逃。青滚杂卜率军追击至齐齐可图伯乐奇儿一带阿噶那图山梁,因马匹均疲惫,拟选兵前往。乾隆帝览奏后将舒和德也连同排到前线一同效力。① 并下令"投赴阿逆之乌梁海等。即行剿灭,并将为首之人,拿解来京治罪"。② 乾隆帝又有指示要求对郭勒卓辉等人不必深究,令哈达哈等人赶紧进入哈萨克以抓捕阿睦尔撒纳。③ 乾隆帝紧接着又下旨:

第恐伊等接奉此旨,遂将乌梁海事竟置不办,亦未可定。着传谕哈达哈等,俟擒获阿逆后,仍将隐匿及逃亡之乌梁海等尽行查办,其余应行安抚及每岁作何输纳贡赋事宜,并着妥协办理。④

阿睦尔撒纳党羽达瓦藏布潜入乌梁海与博博等人密谋投阿睦尔撒纳,被清军捉拿,随行数百户被杀。⑤

追剿乌梁海宰桑郭勒卓辉的和托辉特郡王青滚杂卜一直没消息,于是,定边左副将军哈达哈派贝勒那木吉拉策零等人率军五百

---

① 《定边左副将军哈达哈奏报青滚杂卜等与乌梁海交战情形及赴哈萨克擒拿阿逆折》,乾隆二十一年五月二十二日,《军机处满文录副奏折》,档案号:1594-022。
② 《平定准噶尔方略》正编卷二八,乾隆二十一年六月辛丑,第34—35页。
③ 《平定准噶尔方略》正编卷二八,乾隆二十一年六月癸卯,第35—36页。
④ 《平定准噶尔方略》正编卷二九,乾隆二十一年六月戊申,第4页。
⑤ 《平定准噶尔方略》正编卷二九,乾隆二十一年六月丙子,第27—28页。

前往追剿郭勒卓辉。他率军到郭勒卓辉所居住的察汗齐肯地方，发现乌梁海人迁往库羽格山。清军分兵两路，一路到山口架起大炮；一路从山侧面徒步而上展开战斗，乌梁海人败退。此次战斗，杀死乌梁海人四十二人，俘获二十一人、马牛三百、羊只一千一百。负伤侍卫一人，士兵八人，被掠去马匹两匹。①

有特楞古特鄂托克宰桑古尔班和卓由阿尔泰山潜入乌梁海，欲与阿睦尔撒纳合。哈达哈在旧降乌梁海引导下进入罕哈屯乌梁海将特楞古特一千余户全部剿杀。②古尔班和卓之子连同鄂木布等乌梁海一部分叛清头领逃跑。

舒赫德作为参赞大臣被派到前线后收到军机处发来寄信旨，说逃亡乌梁海人郭勒卓辉等人掠夺驿站，要求舒赫德从杜尔伯特部调兵捉拿。军机大臣便给杜尔伯特三车凌传文要求他从其游牧地二扎克西进剿郭勒卓辉。③从郭勒卓辉处逃出之人得到谍报，乌梁海头号反清势力郭勒卓辉连同鄂木布、博博及特楞古特部反清头目古尔班霍卓之子等人于俄罗斯边境铿格尔草原一带活动。从舒赫德所在纳林卡伦到铿格尔草原需七八天时间，若遭遇大雪，需更长时间。④

乾隆帝给北路派来一千人的后继部队以靖地方。哈达哈从中选出两百人以看守卡伦，剩余八百人交与贝勒车布敦、侍卫桑都比以追剿匿于深山老林中的乌梁海人。侍卫桑都比率军收服了布固仁一带的乌梁海德木齐芒吉岱等三德钦人众；又收服了居于各处的察达克人户；还收服了准噶尔明阿特部德木齐芒图所领两德钦人众。达木林率军遇郭勒卓辉散众，屠杀四十余口男子，又收服了准噶尔特楞古特等部一百余人，还收服了达瓦齐部众七户。齐布格扎布在萨马拉塔格遇乌梁海德木齐马伊勒图荣部众，屠杀人众，掠夺

---

① 《定边左副将军哈达哈奏派官兵收复乌梁海人等折》，乾隆二十一年七月初二日，《军机处满文录副奏折》，档案号：1603-015。
② 《平定准噶尔方略》正编卷二九，乾隆二十一年六月壬申，第23—24页。
③ 《定边左副将军成衮扎布奏派杜尔伯特三车凌等收复汗卡吞之乌梁海折》，乾隆二十一年九月二十八日，《军机处满文录副奏折》，档案号：1614-034。
④ 《副都统衔舒赫德奏报擒拿乌梁海郭勒霍依等及接续驿站折》，乾隆二十一年闰九月初二日，《军机处满文录副奏折》，档案号：1617-014。

第七章 准噶尔人的反清活动与乌梁海人的命运

牲畜。郭勒卓辉、鄂木布逃入俄罗斯境内,为不破坏两国关系而未能继续追剿。① 从乌梁海处脱出的一喀尔喀和准噶尔达瓦齐属下来报,我们被裹挟来到博格多鲁玛卡伦时,驻守该卡伦的额鲁特人对郭勒卓辉说:大军在古尔班查尔地方,人数少,牲畜和物资极多,而且你的女儿也在那儿。乌梁海人带着被裹胁的俘虏快速行走四天四夜来到位于俄罗斯边境的乌梁海人驻地查干斡勒毕。发现乌梁海人与俄罗斯人一直在进行贸易。五六天之后,乌梁海人召集大军于八月出发准备去抢掠清军辎重。八月,乌梁海宰桑郭勒卓辉在查干斡勒毕地方之时,乌梁海宰桑沃木布等人来会合,博博也前来寻找郭勒卓辉。他们共同商议去掠夺额尔齐斯河对岸古尔班查尔地方的清军辎重。②

舒赫德等人通过一番策划前往铿格尔追剿乌梁海叛逃者,他快速进军,于闰九月十一日抓获在铿格尔(kengger)处抢掠乌梁海马匹的特楞古特(telenggut)之额鲁特霍希哈尔(hosihar)。据他供:

> 郭勒卓辉(goljohoi)同族乌梁海宰桑那木吉拉(namjal)及其弟杨希(yangsi)在铿格尔草原临近俄罗斯地方居住。据闻他欲渡额尔齐斯河而游牧,尚不知是否已渡河。特楞古特宰桑亦随郭勒卓辉而居,郭勒卓辉所属德木齐杜荣(durung)等在铿格尔上游居住,沿行军路线在前方二三里处也有乌梁海人居住。郭勒卓辉在铿格尔之外两天日程处的查干奥勒毕(cagan olbi)地方居住。

舒赫德得讯后连夜快速行动,十二日夜晚将居住在行军路线上乌梁海人中捉来四户讯问,所供与霍希忽尔供词相同。于是派笔帖式满泰等人率兵八十人屠杀该处乌梁海人。派三等侍卫德升格等人率兵一百五十人荡平居于铿格尔上游的德木齐杜荣等。舒赫德亲率健锐营、察哈尔营等一百八十人前往攻取居于铿格尔一带乌梁

---

① 《领侍卫内大臣哈达哈奏报官兵进剿乌梁海情形折》,乾隆二十一年闰九月初二日,《军机处满文录副奏折》,档案号:1622-011。
② 《副都统衔舒赫德奏报被乌梁海郭勒卓辉依抓获之喀尔喀哈勒塔尔脱回并审明情形折》,乾隆二十一年闰九月二十日,《军机处满文录副奏折》,档案号:1617-007。

海那木吉拉、杨希和特楞古特、额鲁特人。安排就绪,他即率军深夜速行越过高耸而险峻的山梁,踏着冰雪行驶百余里,除因马匹疲弱而掉队外,十三日早餐时尚有百余人到达铿格尔地方去捉拿郭勒卓辉所遗留的乌梁海人。被俘乌梁海人根敦供:

> 郭勒卓辉、特楞古特、乌尔干(urgan)等之众已进入俄罗斯境内。俄罗斯人于九月二十九日向其察汗汗(沙皇)上奏收留他们,同时将郭勒卓辉属下三百五十户查收,又收留那木吉拉、杨希等人一德钦人众,俄方送来船只引他们渡河而去,将郭勒卓辉安置在了俄罗斯境内叫沙日哈日盖(šarahargai)的地方;将特楞古特、乌尔干、吉善[朗](jišan)的部众也被安置在俄罗斯卡伦内。

这时,舒赫德所率军队距俄罗斯城堡仅有十里。清军趁俄罗斯人还没察觉之际,不断立标记,收回在外所放牲畜,以益军资。舒赫德派巴尔虎副都统秃鲁布尔为使前往俄罗斯城堡问:"我逃人郭勒卓辉、特楞古特等是否已入你边境?若真的已进入你边境,请将他立即捉拿归还,而且请派一人到我军这边商办。"俄罗斯回答:"他们确实已经进入我边境。乌梁海、特楞古特原本隶属于我,后来被噶尔丹策凌所蒙骗和收留。现今他们已归附于故主,我不能归还给你们,更没必要派人跟你们商量。"舒赫德派遣秃鲁布尔再到俄罗斯地方说:"我大臣现在已经到你们附近,请让你们头领出来会面。我们大臣马上就会到来,请立即让你们头领出来到路上会面。"俄罗斯方面回答:"等你们大臣到我城堡边,我们才去迎接。"舒赫德率十余人靠近俄罗斯城堡,有五十多俄罗斯人出城迎接,他们跟随俄罗斯人过河,到城边,俄罗斯头领率一百多人前簇后拥前来迎接。舒赫德与他们握手问好,便说:"我与俄罗斯和谈以来,一直遵守合约,从未有过毁约,至今相安无事。但你们收留我逃跑乌梁海人,如今又收留郭勒卓辉、特楞古特等。我们曾所所立下不可收留对方逃人的约定,你们是不是已经忘记了?"俄罗斯人回答道:"我们根本没有忘记该约定,但条约并没规定乌梁海人到底归属哪方。"俄罗斯方面强词夺理,舒赫德等人觉得跟俄罗斯人根本无法继续谈判下去,便一边等俄方消息,一面继续探寻逃亡乌梁海人踪迹进行打击。从被俘乌梁海人口中得知,古尔班霍卓(gūrbanhojo)之子于几天前到临近俄罗斯叫哈润贵的地方居住。舒赫德选兵七十,交与十夫长阿库木不(akvmbu)、察哈尔营长齐布勒(cibal)前往追剿古尔班霍卓之子。到离俄罗斯卡伦十里之处观察,发现那儿没有帐幕,唯有一批人在铿格尔河对岸正三三两两的迁徙,清军出兵三十余人过河将之戮尽,掠来骟马、骒马、马驹二十余匹,骆驼六头,牛二十余头。据俘虏供,古尔班霍卓之子于十四日率三十余户已逃入俄罗斯境内。这批人刚得到俄罗斯人许可正迁往彼处时遇到清军。古尔班霍卓之子病重,不能骑马行走,于是大家将他放在马上,搂抱着前行而去。十四、十五日,笔帖式满泰等拿获乌梁海十二户,杀死十余人,剩余十余名男子于两天前逃入俄罗斯境内求食还没回来,均属郭勒卓辉所遗留乌梁海,又获马匹十余匹,牛四头。侍卫德升格等越过险峰,行军一百五十余里将居于铿格尔河源头的郭勒卓辉属下德木齐杜荣、芒来、党忽勒等捉拿之。荡平了居于附近的五十余户乌梁海人,合男女幼五十余人被杀,获马匹一百二十余,牛四十余头。被拿获之德木齐杜荣、芒来半路逃走。舒赫德办理完逃亡乌梁海人事宜后返回纳林卡伦。①

舒赫德此次战斗被俘乌梁海人根敦进一步供出了郭勒卓辉抢掠清军驿站和逃亡俄罗斯的情形。乌梁海宰桑鄂木布等于六月逃入俄罗斯,俄罗斯方面以铁钱、驮马、粮草接济。俄罗斯方面还要求将来降乌梁海人迁到土尔扈特,但乌梁海人都只愿意留在俄罗斯,而不愿迁往土尔扈特。郭勒卓辉即带领三百五十户属众投靠俄罗斯。叛逃之额鲁特、特楞古特,包括古尔班和卓等人均在俄罗斯境内。郭勒卓辉发现在古尔班查尔一带有清军,便率三百人前往掠夺,还沿路掠夺清军三个驿站,杀死八人,获马匹三百。② 此次叛逃事件中,郭勒卓辉、鄂木布、呼图克、根德西等人已逃入俄罗斯境内。布图克西、布日德、衮车林、那穆克、呼吉来、那木吉拉等人也逃往俄

---

① 《副都统衔舒赫德奏报派兵追剿乌梁海人等折》,乾隆二十一年闰九月二十日,《军机处满文录副奏折》,档案号:1621-003.1。
② 《礼部侍郎舒明奏亲率兵丁前往迎接给养并送往哈达哈处折》,乾隆二十一年闰九月二十日,《军机处满文录副奏折》,档案号:1621-023。

罗斯查纳嘎斯城。郭勒卓辉属下卓尔霍恩等人率六十一户,三百一十口来降,交与察达克管辖。①

阿睦尔撒纳经常出入乌梁海,要么强行抓壮丁,要么强征牲畜、口粮,乌梁海人无法抵抗,往往只能顺从,从而成为清军的敌人。清军在追剿阿睦尔撒纳路途中到处屠杀曾跟随阿睦尔撒纳的乌梁海人,但并不是将所有与阿睦尔撒纳有瓜葛之人均被杀死,而是保全一部分人的性命以为捉拿阿睦尔撒纳用。②

逃亡俄罗斯的鄂木布属众最终没能逃过清军魔爪,到第二年,莫尼扎布等追剿乌梁海鄂木布属人一百余户,只有五户逃入俄罗斯边界,其余全被擒剿,将妇女分赏乌梁海兵丁。③

据逃归之乌梁海人口供,逃入俄罗斯之鄂木布及果勒卓辉、博博等父子及鄂木布连同二子在乾隆二十二年秋,均得天花而死。俄罗斯来信说,奈曼噶杂克等人投入内地,亦无闻见。④

乌梁海伴随阿睦尔撒纳叛逃的事件至此算基本得到了平息。

第三节　大国之争中的乌梁海人命运

乌梁海部所居地成为外逃或投靠阿睦尔撒纳最便捷通道。这一特殊地理环境加上清军的横征暴敛,促使乌梁海人倒向阿睦尔撒纳,也成为乌梁海人一大悲剧。清军将"作乱"者随同属部尽行剿杀,并对一些可疑部众也进行屠杀,这对乌梁海人造成了很大的灾

---

① 《定边左副将军成衮扎布查奏乌梁海原有宰桑及招抚剿灭窜往俄罗斯之宰桑数目折》,乾隆二十二年正月十九日,《军机处满文录副奏折》,档案号:1629-026。
② 《参赞大臣唐喀禄奏保剿办阿睦尔撒纳效力之侍卫穆伦保等官兵片》,乾隆二十二年七月六日,《军机处满文录副奏折》,档案号:1647-22。
③ 《参赞大臣阿桂奏报追获逃往俄国之乌梁海鄂木布人等并查询阿睦尔撒纳消息折》,乾隆二十三年正月初七日,《军机处满文录副奏折》,档案号:03-0177-1676-014。
④ 《参赞大臣阿桂奏报追获逃往俄国之乌梁海鄂木布人等并查询阿睦尔撒纳消息折》,乾隆二十三年正月初七日,《军机处满文录副奏折》,档案号:1676-014;《清高宗实录》卷五五六,乾隆二十三年二月庚午,第22页,第16册,第45页。

第七章 准噶尔人的反清活动与乌梁海人的命运

难。但清军对乌梁海人不像准噶尔人悉以屠杀,以绝后患。乌梁海人作为准噶尔叛乱的从犯,清廷对其要犯进行了选择性地屠杀,但此过程中被冤杀者也不在少数。

清朝在此次剿灭乌梁海人的行动中,定边左副将军所用兵一千六百多人。① 青滚杂卜等人所用兵两千人。② 除此之外,协助作战防守各处的力量和后备军力量也很强。如,扎萨克罗布桑乌巴什等所率六百兵防守查干扎勒图图;喀尔喀亲王桑寨多尔吉率兵五百防守布延图。③ 参赞大臣梅勒章京桑达克多尔吉等率兵四百。④ 梅勒章京贝克率察哈尔兵五百防守巴彦珠日克、齐齐格淖尔一带。于乌里雅苏台看守钱粮之梅勒章京普经率满洲兵四百余人、察哈尔兵四百余人、绿旗兵二百。头等侍卫桑都布、贝勒色布登率兵一千。⑤ 驿站备用兵七百五十人。⑥ 参赞大臣所率驻驿站后备军中索伦兵五十、喀尔喀兵五十人。防守驿站之喀尔喀兵一百人。驻纳米尔沙札盖满洲兵四十七人、携炮绿旗兵五十、察哈尔兵五百、索伦兵三百五十三、喀尔喀兵一百八十五人。⑦

在此过程中,乾隆二十二年,为方便追剿郭勒卓辉,乾隆帝批准乌梁海人返回原游牧地,同时防范辉特人众。⑧ 后来察达克等奉乾隆帝秘旨清剿了在乌兰固木及周边、二扎克西等乌梁海牧地境内和附近的辉特人众。男子遭屠杀,妇女和孩童被赏军。⑨ 在乌梁海游牧地境内昆都冷地方有辉特三个台吉人众,均被屠杀。附近萨克里

---

① 索伦兵一千六百三十三;携炮绿营兵四十;喀尔喀兵六百,看守物资军队一百名。
② 率索伦兵三百,喀尔喀、和托辉特兵一千七百人。
③ 其中,索伦兵二百五十人,喀尔喀兵二百五十人。
④ 其中,索伦兵二百,喀尔喀兵二百。
⑤ 其中,察哈尔兵五百,喀尔喀兵五百。
⑥ 其中,察哈尔兵四百人八十一人,喀尔喀兵二百六十九人。
⑦ 《××进攻乌梁海兵数单》,乾隆二十二年八月初十日,《军机处满文录副奏折》,档案号:03-0176-1651-031。
⑧ 《定边左副将军成衮扎布奏将乌梁海等遣回其游牧暗中防范辉特等事宜遵旨知照车布登扎布折》,乾隆二十二年二月二十日,《军机处满文录副奏折》,档案号:1631-034.1。
⑨ 《科布多参赞大臣哈达奏报进剿辉特未能俘获普尔普等人折》,乾隆二十二年三月十六日,《军机处满文录副奏折》,档案号:1633-030。

地方十余户也被杀。总管车根游牧地的辉特台吉也被清剿。① 因清剿辉特部有功,乾隆帝给察达克赏银一百两。②

二十二年八月份,乾隆帝晓谕回迁乌梁海相机招抚沃木布等逃亡乌梁海人众。令将其头人押送至京师,属众安置在乌梁海游牧地。③ 于是察达克等给沃木布属下德木齐们派去使者进行招抚,沃木布有三个得沁人愿意归附。察达克派十余人将他们从哈屯河一带向内迁移,到一个叫亨格的地方,有一百一十户人逃跑,只有三十户才迁进来。④ 二十三年一月份,招降乌梁海博和勒、那木吉拉等人众。赏赐立功之乌梁海各总管察达克、赤伦、图布慎缎五匹。⑤ 乾隆帝令来降者中能种田者在乌兰固木耕种,剩下的放牧者在乌梁海七旗人众游牧地游牧。⑥

此后,乌梁海人又出现了新一轮逃亡事件。

乾隆二十三年七月初二日,乌梁海原任总管博和勒之子恩克率所属七十余户⑦逃走。⑧ 阿喇善于初六日同所领一百一十户人口,

---

① 《科布多参赞大臣哈达哈奏拿获普尔普父子并同车布登多尔济解京折》,乾隆二十二年三月二十三日,《军机处满文录副奏折》,档案号:1634-013。
② 《科布多参赞大臣哈达哈奏乌梁海宰桑察达克叩谢赏银之恩片》,乾隆二十二年五月初一日,《军机处满文录副奏折》,档案号:1637-018.2。
③ 《署定边左副将军车布登扎布奏派员晓谕察达克招抚乌梁海沃木布等人折》,乾隆二十二年八月六日,《军机处满文录副奏折》,档案号:1669-014.1。
④ 《科布多参赞大臣阿桂奏追捕叛逃之三德沁乌梁海并详审伊等是否知晓阿睦尔撒纳情形折》,乾隆二十二年十二月十七日,《军机处满文录副奏折》,档案号:1673-008;《署定边左副将军印务参赞大臣纳木扎勒奏报新归附之三德沁乌梁海复叛逃已派莫尼扎布追剿折》,乾隆二十二年十二月二十一日,《军机处满文录副奏折》,档案号:03-0177-1673-007。
⑤ 《署定边左副将军印务参赞大臣纳木扎勒奏赏赐招降乌梁海宰桑博霍尔等有功官员折》,乾隆二十三年一月七日,《军机处满文录副奏折》,档案号:1675-012。
⑥ 《奏将降而复叛之厄鲁特人等拿获正法并饬令新归附之乌梁海博和勒等定点放牧折》,乾隆二十三年二月四日,《军机处满文录副奏折》,档案号:1681-024。
⑦ 有些档案和《方略》等官书言,随恩克逃跑者有七千余户,系七十户之误。
⑧ 《参赞大臣扎隆阿奏报总管博和勒之子翰克率部逃亡德木齐明阿特已率兵追赶折》,乾隆二十三年七月十八日,《军机处满文录副奏折》,档案号:1703-011;《平定准噶尔方略》正编卷五八,乾隆二十三年七月壬寅,第27页。

第七章 准噶尔人的反清活动与乌梁海人的命运

夤夜逃走。图布慎等于次日追到扎杂达尔,阿喇善将其缚绑,行走五天释放。面对两人的叛逃,喀尔喀亲王车木楚克扎布等领兵一百名前往追捕。①

阿喇善是宰桑那木吉拉之子,那木吉拉与博和勒一起归附清朝,走到哈屯河一带便得天花而死。乾隆二十三年阿喇善奏报其父得天花而死,乾隆帝不相信,要求将军大臣进行调查确认。② 军机大臣前往罕哈屯调查,确认那木吉拉于前一年冬天十二月份确实得天花而身亡。便奏请授阿喇善三等总管职。时年阿喇善年方二十岁。③ 恩克为博和勒之子。④ 博和勒、那木吉拉两人与阿勒坦淖尔乌梁海同时投清,但两人后来都相继叛逃,部众离散,其所领鄂托克未能保留和设旗,该部也未出现总管。

面对此番新一轮叛逃事件,成衮扎布奏言:

归附之乌梁海等,每自言如山兽河鱼,任意行走,难以严加管束。大凡有命者,无不贪生,若顺其性,则不劳防范,且省备兵筹饷之费。

对此乾隆帝下谕旨说:

乌梁海恩克、阿喇善等脱逃,本非大事,成衮扎布如此陈奏,未免过虑。从前扎隆阿等奏到时,朕于行在询问总管图布慎。据奏,二人不过生计稍窘,欲归旧游牧,因谕图布慎尔如欲归游牧,亦听其便。而伊恩陈不愿,看来并非饰词。况察达克一闻恩克等脱逃,即行追缉,是旧乌梁海等,久循法令,本无可疑,其妄动者,不过一二新降之人。若因此,并谓旧人俱不可信,岂情理耶。总之驾驭此等,原不必过于防范,伊等安静谋生,则抚慰之,若叛逃滋事,则擒剿之而已。⑤

---

① 《平定准噶尔方略》正编卷五九,乾隆二十三年八月甲寅,第27页。
② 《署定边左副将军印务参赞大臣纳木扎勒奏报鄂木布死于俄罗斯折》,乾隆二十三年正月十二日,《军机处满文录副奏折》,档案号:1676-019.2。
③ 《参赞大臣纳木扎勒奏请将乌梁海宰桑那木扎尔之子阿拉善放为三等总管折》,乾隆二十三年二月五日,《军机处满文录副奏折》,档案号:1681-014。
④ 《参赞大臣扎隆阿奏报总管博和勒之子翰克率部逃亡德木齐明阿特已率兵追赶折》,乾隆二十三年七月十八日,《军机处满文录副奏折》,档案号:1703-011。
⑤ 《平定准噶尔方略》正编卷六〇,乾隆二十三年八月戊寅,第29页。

很明显,乾隆帝对乌梁海人和准噶尔人态度完全不同。

乌梁海阿喇善、恩克等人叛逃后,将阿喇善所属图不慎佐领等三十二户划归散秩大臣图布慎;将恩克所属明噶特佐领等三十七户划归察达克管辖。① 乾隆帝令将所追捕到的叛逃者凡十六岁以下男子押送至京师,女子赏给效力军队。②

扎隆阿等奏称:乌梁海内大臣察达克,所领兵五十名,非初次出兵可比,应不准支给。乾隆帝下旨:察达克等,内附未久,于恩克逃走时,即领兵往追,擒获阿喇善及恩克属人等。今又领兵追捕恩克,颇为效力。及停其支领口粮,殊属拘泥,着仍照上年之例,一体赏给。③ 到十二月份,恩克被追拿。④ 此时,阿睦尔撒纳已死,准噶尔人大规模反抗清朝的行动已结束,乌梁海两总管的这次叛逃事件跟准噶尔动态毫无关系,甚至跟俄罗斯或已逃亡俄罗斯境的乌梁海人也没关系。他俩叛逃可能只是想返回自己旧游牧地生活罢了。所以乾隆帝对这事件一点都不敏感,不当回事。

至乾隆二十五年二月,清朝边官在哈萨克附近的纳林布鲁勒等处,收得乌梁海原任总管阿喇善逃散之属人苏克色格什等,宰桑郭勒卓辉逃散之属人楚鲁木等,又玛哈沁都楞乌拉岱托卜启等,俱情愿归附。奏请将楚鲁木都楞等二十一户令内大臣察达克兼管,乌拉岱托卜启等二十二户苏克色格什等四户令散秩大臣图布慎兼管,得到乾隆帝批准。⑤

到乾隆二十八年,还有一些零星的逃跑和反清行为继续出现,

---

① 《定边左副将军衮扎布奏将乌梁海总管阿拉善翰克所属人口划归佐领图必新衮折》,乾隆二十四年三月七日,《军机处满文录副奏折》,档案号:1748-033。
② 《参赞大臣扎隆阿奏遵旨将拿获之逃人阿拉善及属下或送京城或分赏察达克等折》,乾隆二十三年十月初四日,《军机处满文录副奏折》,档案号:1721-014。
③ 《平定准噶尔方略》正编卷六二,乾隆二十三年十月壬戌,第32—33页。
④ 《参赞大臣扎隆阿奏报奖赏抓获乌梁海部逃犯翰克效力官兵折》,乾隆二十四年正月九日,《军机处满文录副奏折》,档案号:1738-021。
⑤ 《平定准噶尔方略》续编卷二,乾隆二十五年四月癸未,第4页。

第七章　准噶尔人的反清活动与乌梁海人的命运

如和托辉特所属乌梁海抢夺阿噶尔等卡马驼,①莽古斯、马木特等人逃跑事件。② 但这些规模都很小,没有组织,未受人鼓动,都是自发的。这些事件没有政治目的,只是迫于生计而为之。其实,乾隆二十三年恩克和阿喇善两宰桑逃跑也一样出于生计,察达克在奏折中提到,甚至乾隆帝也承认这一点。

---

① 《平定准噶尔方略》正编卷六二,乾隆二十三年十月己未,第27—28页。
② 《奏命察达克与玛木特商定招抚阿尔泰淖尔乌梁海事宜折》,乾隆二十九年正月初四日,《军机处满文录副奏折》,档案号：03-0181-2066-018。

第八章　清朝对乌梁海的管理

我们知道,乌梁海人原役属于蒙古喀尔喀部和准噶尔汗国。但是到清乾隆朝,乌梁海人被分为唐努乌梁海、阿尔泰乌梁海和阿勒坦淖尔乌梁海三部分,归清朝管辖。清朝对乌梁海三部编旗分佐领、划分牧地和规定贡赋,进行具体管理。

樊明方先生从编旗设官、征收贡赋、司法管辖、内务民政管理、边界保卫五个方面论证了清朝对唐努乌梁海拥有主权。[①] 但樊明方先生的研究集中在唐努乌梁海,本章在樊先生研究基础上利用满蒙文档就乌梁海三部编佐设旗、规定贡赋和乌梁海三部格局形成等方面进行介绍和研究。

第一节　编　佐　设　旗

清朝对蒙古最重要和最基本的管理方式是编佐设旗,这一制度被统称为盟旗制度。清朝在漠南蒙古设了6个盟49个旗,在漠北设4个盟86个旗,在青海设两个盟29个旗,每旗任命扎萨克一人进行管理。扎萨克对旗内有较大的自治权,与朝廷任命的流官有很大的不同。扎萨克旗对朝廷不纳贡赋,但旗民对扎萨克和其他王公贵族承担一定的义务。扎萨克旗只对朝廷承担兵役和驿役。清朝在乌梁海三部也设旗编佐,但与外藩蒙古管理方式有所不同。清朝在乌梁海不设盟,每旗由总管管辖,不任命扎萨克,属总管旗性质。旗民向朝廷缴纳一定的贡赋,旗总管受大臣或将军管辖。《大清会典》记载,唐努乌梁海直接由乌里雅苏台将军管辖,共设五个旗,每旗总管一人,由定边左副将军选拟,奏补佐领、骁骑校等。阿尔泰乌梁海设七个旗,由副都统管辖,设分理左右翼散秩大臣两人,副都统和散秩

[①] 樊明方:《唐努乌梁海历史研究》,中国社会科学出版社,2004年,第61页。

第八章 清朝对乌梁海的管理

大臣仍各兼任一旗总管事务。阿勒坦淖尔乌梁海共两个旗,每旗两个佐领。阿尔泰乌梁海和阿勒坦淖尔乌梁海均由科布多参赞大臣管辖。①

清朝早在准噶尔汗国灭亡之前,即乾隆二十年(1755)正月就对乌梁海人管理模式做过规划,主要是针对阿尔泰乌梁海,因为当时唐努乌梁海隶属于喀尔喀和托辉特部,而对阿勒坦淖尔乌梁海缺乏了解。

军机大臣议奏平定准噶尔善后事宜。一、现收之乌梁海,既编列旗分佐领,有续收者应照办,同移置各原地方。其管辖人,令班第等选奏。……准夷既平,喀尔喀游牧应加恩展宽。喀尔喀、厄鲁特游牧,即以阿尔台山梁为界,其间乌梁海所居游牧不动外,所有阴坡,令喀尔喀游牧居住;阳坡,令厄鲁特游牧居住。②

两个月后,将军大臣对新降阿尔泰乌梁海人进行调查,上报了其编旗方案:

请将察达克属下四十六户,编一佐领,作镶黄旗。在都塔齐之恩克锡克等十八户,移来时附入赤伦属二百五户,编三佐领,作正黄旗。车根属六十七户,编一佐领,作正白旗。雅尔都属百三十五户,编两佐领,附镶黄旗。③

六月份,乾隆帝谕军机大臣:"新降乌梁海等,现已编次旗分佐领,补放总管翼领等员,足资管辖。"④说明在乾隆二十年六月之前,受招抚的乌梁海人已被编旗。阿尔泰乌梁海七旗当中的三旗此时已见端倪。

同年九月,乾隆帝派和托辉特郡王青滚杂卜收服了罕哈屯乌梁海。为阿尔泰乌梁海七个旗的形成奠定了基础。但不久阿睦尔撒纳发动反清叛乱,乌梁海人也被卷入其中,经过两年的风风雨雨,清朝平息了这场动荡。局势稳定后,清朝方面对乌梁海旗佐再度做整

---

① 《嘉庆重修一统志·乌里雅苏台统部》,《四部丛刊续编》本,第30册,第3页。
② 《清高宗实录》卷四八〇,乾隆二十年春正月辛巳,第15册,第3—4页。
③ 《清高宗实录》卷四八二,乾隆二十年二月,第15册,第39页。
④ 《清高宗实录》卷四九〇,乾隆二十年六月乙卯,第15册,第166页。

顿,重建制度。

乾隆二十二年二月,授雅儿都之弟洪和三等总管职,令其管辖其兄雅儿都所留一百余户部众。雅儿都原为乌梁海宰桑,在清朝进攻罕哈屯地方乌梁海时为清军所射杀,其弟洪和与莽噶拉克一起投归清朝。①

一年后,署定边左副将军纳木扎勒等奏:"乌梁海户口,各得沁有十余户、二十余户不等,请将户少者归并,约四十余户,编为一得沁。"②说明在准噶尔战争中乌梁海部众损失惨重。新降乌梁海宰桑莽噶拉克曾申诉,准噶尔统治者趁他年幼,曾将所属九得沁分三部分,分与布珠库、辉齐赉等管理。乾隆帝鉴于现今布珠库已死,辉齐赉年老,九得沁户口也只剩五个得沁,命全归莽噶拉克管辖。至于新降的鄂木布、特楞古特所属三得沁,并归察达克、图布慎等管辖。③

纳木扎勒接着又奏:"乌梁海旧归顺之察达克、图布慎、车根、赤伦、哈克图、莽噶拉克、洪和,并新归顺之博和勒、那木扎勒、特勒伯克、扎尔纳克等,俱先后赏授官职有差,但领俸例应赴京。"但因乌梁海游牧地太远,路途遥远,让车木楚克扎布赴京代领乌梁海各官员薪水,然后到乌里雅苏台分发。④说明在二十三年二月份完成了对阿尔泰乌梁海和阿勒坦淖尔乌梁海的重新改编。

以上名单中,于乾隆十九年归附的有内大臣察达克、梅勒章京赤伦、总管车根;二十年归附的有散秩大臣图布慎、总管莽噶拉克、哈克图、雅儿都之弟洪和;二十一年归附的有总管博和勒;二十二年归附的有特勒伯克、扎尔纳克。前七位成为后来的阿尔泰乌梁海七旗总管;后两位成为阿勒坦淖尔乌梁海二旗总管。

乾隆二十四年又招抚了鄂尔楚克部乌梁海。副都统莫尼扎布等招降察罕喀巴等处之卓特巴、博硕昆等五十七户,均属鄂尔楚克部落,

---

① 《署定边左副将军车布登扎布奏请将乌梁海宰桑洪和授为总管并赏给顶翎折》,乾隆二十二年二月七日,《军机处满文录副奏折》,档案号:03-0176-1630-041。
② 《清高宗实录》卷五五六,乾隆二十三年二月庚申,第15册,第37页。
③ 《清高宗实录》卷五五六,乾隆二十三年二月庚申,第15册,第37页。
④ 《清高宗实录》卷五五七,乾隆二十三年二月乙亥,第15册,第50页。

原在阿尔台游牧,以皮为赋。将之招降后,卓特巴授为章京、巴彦授为骁骑校,所属二十九户归内大臣察达克管辖。另外,博硕昆授为章京、雅尔里克授为骁骑校,所属二十八户归散秩大臣图布慎管辖。①

至于阿尔泰乌梁海七旗具体情况,在成衮扎布于乾隆二十七年的一份奏折中有所透漏:阿尔泰乌梁海共有四千四百余口,编为二十五个佐领,七个旗。铸给内大臣察达克印章一枚。② 阿尔泰乌梁海七旗总管死后,职位均传给了其后人。如乾隆二十四年,总管莽噶拉克病故,经乌梁海各总管协商,奏请其长子扎巴罕袭职。得到乾隆帝批准。③ 乾隆三十三年正月八日,梅勒章京赤伦病故,其缺由其长子蒙肯袭职。④ 上谕军机大臣曰:"赤伦患病逝世,朕心深为轸恻,其副管旗章京着加恩准伊长子蒙肯承袭,仍戴奖赏孔雀翎。"⑤三十三年十一月,散秩大臣图布慎病故,他有几个儿子但都不中用,最后还是令其长子伊苏特承袭。图布慎身前掌有阿尔泰乌梁海管理右翼印章,将其交与了右翼其他总管。⑥《科布多政务总册》记载:阿尔泰乌梁海左翼四个旗,散秩大臣一员、参领一员(嘉庆六年奏请添设)、副都统一员、总管二员。左翼四旗共有佐领十五名、兵一千一百八十三名,内进贡兵三百九十一户,闲丁四百七十九名。阿尔泰乌梁海右翼三个旗,散秩大臣一员、参领一员(嘉庆六年奏请添设)、总管两名。三旗共有佐领十二名、兵九百二十五名,内进贡兵二百八十五户、喇嘛六十二名、闲丁三百五十九名。⑦ 据此可推算

---

① 《清高宗实录》卷五九四,乾隆二十四年八月甲申,第16册,第616页。
② 《定边副将军成衮扎布奏请暂免发给阿尔泰淖尔乌梁海札尔纳克总管印信折》,乾隆二十七年闰五月初三日,《军机处满文录副奏折》,档案号:03-0179-1944-014。
③ 《奏请已故乌梁海总管莽噶拉克之缺由其长子札巴罕承袭折》,乾隆二十四年闰六月十二日,《军机处满文录副奏折》,档案号:03-0178-1771-015。
④ 《定边左副将军成衮扎布奏乌梁海副都统赤伦病故由其侄袭职折》,乾隆三十三年正月十日,《军机处满文录副奏折》,档案号:1806-019。
⑤ 《平定准噶尔方略》正编卷八四,第23页。
⑥ 《定边左副将军成衮扎布奏报阿勒坦乌梁海散秩大臣图布新病故折》,乾隆三十三年十二月二日,《军机处满文录副奏折》,档案号:03-0183-2291-041。
⑦ 富俊:《科布多政务总册》,禹贡学会传抄本,《近代中国史料丛刊》第86辑,文海出版社,1989年,第16—18页。

出,阿尔泰乌梁海七旗共有佐领27个、兵丁2 108名、闲丁838名、喇嘛62人。所有男丁加上喇嘛共有3 008人。这个数字再加上妇女、儿童、老年人和其他不入丁者,嘉庆初年阿尔泰乌梁海人口最低也在六千以上。所谓进贡兵,主要承担经济义务,即向朝廷缴纳貂皮,共有676户,每户缴纳貂皮两张。

《清会典》是清代中央和地方各部门职能介绍、规章制度和法令汇编。清代乌梁海三部归理藩院管,《清会典》设有专门的理藩院板块,其中对乌梁海三部有不少描述。关于阿尔泰乌梁海的官制,《大清会典》有具体介绍:阿尔泰乌梁海总理七旗副都统一人,分理左右两翼散秩大臣二人,副都统、散秩大臣仍各兼一旗总管事务。余四旗设总管四人。每旗佐领、骁骑校各一人。皆由科布多参赞大臣选拟奏补。阿尔泰乌梁海人丁编为七旗,附隶科布多大臣管辖。二十七年奏准,阿尔泰乌梁海七旗,各设总管一员。二十八年奏准,阿尔泰乌梁海分为两翼,设总管二员。三十六年奏准,阿尔泰乌梁海归顺已久,毋庸专人经理,嗣后交科布多大臣管理,仍归乌里雅苏台将军统辖。①

关于乌梁海总管薪水,《清会典》载,每员支全俸银六十五两,就近由科布多库放给。②《科布多事宜》载:"一查科布多所属乌梁海散秩大臣副都统及总管所关俸禄银由京关领。嘉庆二年参赞大臣富×奏明由京领取道路遥远,嗣后此项俸银在本处库贮内关领以示体恤。"③据光绪三十三年《乌梁海副都统散秩大臣总管等支过俸银数目清册》:阿尔泰乌梁海副都统察罕伯勒克一个人一年的俸禄为七十七两五钱;散秩大臣一年薪水为六十五两;总管年俸银六十五两。④

阿尔泰乌梁海七旗游牧范围:东至都鲁诺尔,与乌里雅苏台暨明阿特额鲁特旗接界;南至巴噶诺尔,与乌隆古土尔扈特旗接界;西至巴尔哈斯诺尔,与卡伦接界;北逾卡伦,接哈萨克界。⑤

---

① 《钦定大清会典事例》卷九七七《理藩院·设官·科布多所属各部落官制》。
② 《钦定大清会典事例》卷二五二《户部·俸饷文武外官俸银》。
③ 富俊:《科布多事宜》,《中国方志丛书》塞北地方第42号,成文出版社,1970年,第63页。
④ 富俊:《科布多事宜》,第211页。
⑤ 《钦定大清会典事例》卷九六六《理藩院·科布多所属各部落》。

第八章 清朝对乌梁海的管理

清朝为加强对蒙古各部的感情联络,建立了年班制度。蒙古各部王公每年分批来北京觐见清朝皇帝。但进京觐见对蒙古王公来说存在巨大的风险,即容易患上天花等传染病。故清康熙帝在二十年(1681),以喀喇沁、敖汉、翁牛特等蒙古王公敬献牧场的名义,设置了周一千三百余里的木兰围场。于是蒙古王公便以陪同清朝皇帝围猎为名在安全的避暑山庄觐见皇帝。《清会典》规定,没有出过痘的藩部科布多所属之阿尔泰乌梁海,乌里雅苏台所属之唐努乌梁海,亦分为四班。乌梁海等处围班人员,由该将军大臣咨报,与内扎萨克官员一体当差。①

唐努乌梁海

唐努乌梁海早在喀尔喀蒙古投降清朝时作为喀尔喀和托辉特部附属连同归清,但长期以来隶属于和托辉特部,从未与清朝发生直接关系。清朝方面未对其内部体制进行整改,一直保持着其部落和鄂托克制度。

康熙四十一年(1702),噶尔丹侄子丹津阿拉布坦降清,被封为多罗郡王,令与洪郭尔阿济尔罕地方游牧。② 丹津阿拉布坦后来征服了克穆奇克河一带的萨尔达木乌梁海人,朝廷令其管辖该乌梁海。③ 丹津阿拉布坦死后,由其子策零旺布袭职。④ 策零旺布率领其乌梁海部众在唐努乌梁海一带居住。乾隆年间,其职由丹拜袭。后丹拜因故被革职,其属下乌梁海直归乌里雅苏台将军大臣管辖。

满文档案记载,和托辉特部和额鲁特降清贵族丹津后人每年派人前往所属乌梁海收取贡赋和赏赐乌梁海人。而其货物,收取贡赋人员、驮马、骆驼数量由朝廷规定,并发给收税人员执照。收税人员出发时,两部官员将人数、马匹、骆驼和赏给乌梁海的货物都要上报乌里雅苏台大臣备案。当收税人员出卡伦时,卡伦官员对以上各项

---

① 《钦定大清会典事例》卷九八五《理藩院·朝觐·各部落围班》。
② 《清圣祖实录》,卷二一〇,康熙四十一年十一月辛丑,第15页。
③ 《收乌里雅苏台佐理员[恩华]函》(民国七年五月一日),《中俄关系史料——外蒙古》(民国六年至七年),第201页。
④ 《清圣祖实录》卷二一三,康熙四十二年十月壬午,第6册,第166页。

也要做登记上报乌里雅苏台。蒙古派驻乌梁海监管官员人数也由朝廷规定。从乌梁海收取的贡赋数量由两部官员上报乌里雅苏台大臣备案;同时由卡伦官员对出卡时货物做登记上报乌里雅苏台,以防私自买卖货物。在乌梁海发生的诉讼案件,由两部官员相机办理,并上报乌里雅苏台备案。清朝对其内部一些事物也有一定的干预全。如,乾隆十六年禁止将蒙古人赐给乌梁海人放牧。① 可见,刚开始由喀尔喀和额鲁特人自行管理唐努乌梁海,对唐努乌梁海有收税权、司法权和官员任命权。但这一切都在清朝方面监督下进行。

乾隆二十一年,和托辉特郡王青滚杂卜在追剿阿睦尔撒纳途中发动撤驿之变,对清军追剿阿睦尔撒纳造成了很大的障碍。乾隆帝甚怒,将之视作叛变行为,予以严酷处理,青滚杂卜被处死,随从人员遭屠杀。将原隶属于青滚杂卜的乌梁海人交给未参加叛乱,尤其是镇压青滚杂卜有功之和托辉特部贵族管辖。但后来清朝制造各种理由废除和托辉特部贵族管辖权,将之改为直属理藩院和朝廷派出将军大臣管辖。这一变革发生在什么时候,樊明方先生说没见到相关文献记载,据他猜测可能在 1757 年至 1758 年间。② 乾隆二十三年(1758),清朝方面调查唐努乌梁海户口,为编旗做准备。据调查,唐努乌梁海有特斯、奇木、托济、锡尔克腾四部,共十六鄂托克,一千一百余户。③ 据满文档案记载,乾隆二十七年(1762),其四个旗已完成编旗,共四千八百余口,编为十六个佐领,四个旗。定边左副将军成衮扎布认为,唐努乌梁海人好生乱,还没有可以委以重任者,暂时将印章交给办理乌梁海事务梅勒章京莫尼扎布,等选出可用之人后再移交。④《图瓦历史档案汇编》记载,克穆奇克旗归总管管辖是在乾隆二十九年,即 1764 年。⑤ 满文档案也反映,管理克穆奇克

---

① 《军机大臣傅恒议奏成衮札布等请定乌梁海蒙古等出入卡伦之例事折》,乾隆十六年七月十七日,《军机处满文录副奏折》,档案号: 03 - 0174 - 1294 - 004。
② 樊明方:《唐努乌梁海历史研究》,第 64 页。
③ 《清高宗实录》卷五七七,乾隆二十三年十二月乙亥,第 16 册,第 360 页。
④ 《定边左副将军成衮扎布等奏请暂免发给阿尔泰诺尔乌梁海扎尔纳克印信折》,乾隆二十七年闰五月初三日,《军机处满文录副奏折》,档案号: 03 - 0179 - 1944 - 014。
⑤ 《图瓦历史档案汇编》(第一辑),第 316 页。

第八章　清朝对乌梁海的管理

旗的额鲁特公丹拜部于乾隆二十九年发生变故,令于宰桑中选出一两个总管,又选出章京、领催、骁骑校等员交莫尼扎布管理。① 由此观之,唐努乌梁海五旗被改编为总管旗可能不是同步实现的,至少从乾隆二十三年一直持续到了二十九年。

唐努乌梁海人众,除五旗外,还有赛音诺颜部十几个佐领,错居克穆奇克旗。扎萨克图汗部五佐领居唐努乌梁海各处。还有库伦大喇嘛哲布尊丹巴沙毕纳儿三佐领居库苏古尔湖一带。

清朝刚开始只给唐努旗赐予印章,而且将印章交与喀尔喀办理乌梁海事务梅勒章京莫尼扎布掌管,其他四旗则无印章。莫尼扎布后仍由喀尔喀人衮布扎布、达楞达什等人掌印。到乾隆四十九年,唐努旗总管梅勒章京达什和其他四旗旗二十六苏木官员致信乌里雅苏台将军,请求将印章由喀尔喀官员处交还乌梁海五总管之一,但被驳回。② 待乌梁海人再次要求掌印时,将军处警告说:唐努乌梁海今尚无可掌印者,待出现明白事理之人,将军会自动将印章交与乌梁海人。若再有人要求掌印,将予治罪。③ 早在乾隆二十九年(1764),乌梁海因有派遣军队事项,无旗帜可用,奏请副都统衔达什准用旗帜。三十年,以总管达什有功,赏给副都统实缺。到乾隆五十一年(1786),由将军于唐努乌梁海各总管内,特保副都统达什,奏请将乌梁海印赏给达什掌管。④ 唐努乌梁海五旗总管印不再由朝廷派来喀尔喀官员掌管。咸丰五年(1855),定边左副将军奕兴奏:唐努乌梁海五旗原有东西之分,唐努等四旗为西乌梁海,西乌梁海设有副都统衔一员,颁有总管四旗印信,四旗悉归约束。库苏古尔旗为东乌梁海,虽有总管而无印信,遇有应向定边左副将军和朝廷呈报之事,向系由管辖西乌梁海的副都统转报。由于库苏古尔旗与唐努乌梁海相距甚远,每每因转报贻误公事;该旗又毗连俄境,抚绥弹

---

① 《定边左副将军呈文》,乾隆二十九年三月十五日,《清代军机处满文档簿》,档案号:03-0181-2078-1158。
② 《图瓦历史档案汇编》(第一辑),第2—6页。
③ 《图瓦历史档案汇编》(第一辑),第7—11页。
④ 《收乌里雅苏台佐理员[恩华]函》(民国七年五月一日),《中俄关系史料——外蒙古》(民国六年至七年),202页。

压在在均关紧要,请颁给印章一颗。① 咸丰七年,乌里雅苏台将军奉命调查东乌梁海总管所报情况是否属实。经调查发现,东乌梁海并非撤出公丹毕所属,而一直隶属于唐努乌梁海副都统。自乌里雅苏台至东乌梁海总管办事处止,二十四台站,约计一千八百余里。自东乌梁海至西乌梁海副都统办事处止二十台站,约计一千九百余里。自副都统办事处至乌里雅苏台止,十三台站,约计八百余里。② 光绪二十六年,克穆奇克旗总管海都布上呈,本旗人口已剧增至一千零十三户,俄国人增加到了一万人,请求赐印章以加强管理,得到批准。但时年兵事频发,未能铸造银印,而暂时赐镶银木质关防,待兵乱平息后再赐正式的印章。③ 清朝颁给克穆奇克等旗印章后又产生了新的问题:原先唐努乌梁海五旗共用一个印章时,五旗境内资源属公共资源,大家随意共享。但赐印后,错居克穆奇克旗境内的赛音诺颜部贝子旗17苏木与克穆奇克旗人为争夺资源而发生了纠纷。④

1911年,外蒙古独立后,发给乌梁海五旗印章。1914年,俄国占领唐努乌梁海,收回所有印章,后来又发给由俄国铸造的印章。

《大清一统志》记载,唐努乌梁海共有佐领二十五个;阿尔泰乌梁海每旗一个佐领。⑤

但上文已述,乾隆二十七年,唐努乌梁海共有四个旗,十六个佐领,而非二十五个佐领。阿尔泰乌梁海并非《一统志》所言每旗一个佐领,七旗共七个佐领,而有二十五个佐领。在此,笔者更加相信档案记载。档案内容是大臣编完旗后做的报告,反映的是乾隆二十七年的状况。而《一统志》修于嘉庆年间,追述乾隆年间的状况。从乾隆二十七年到嘉庆年间乌梁海没发生大的事件,其编制也不应有如

---

① 《唐努乌梁海历史研究》,第69页。
② 《奏为遵旨派员查明唐努乌梁海相隔里数请敕部核复事》,中国第一历史档案馆藏《咸丰朝朱批奏折》。
③ 《图瓦历史档案汇编》(第一辑),第316页。
④ 《图瓦历史档案汇编》(第一辑),第438页。
⑤ 《嘉庆重修一统志·乌里雅苏台统部》,《四部丛刊续编》本,第30册,第3页。

此大的变动。两种资料记载不一致,最大的可能性是《一统志》记载有误。档案中也有许多佐证能证明《一统志》之误。如,乾隆二十四年,乌梁海总管莽噶拉克死,命其子扎巴罕管辖其五个佐领部众。①乾隆二十三年一份理藩院题本中说察达克旗有五个佐领,赤伦旗有四个佐领等。② 说明阿尔泰乌梁海七旗中,三个旗佐领加起来就有十四个。档案中多处记载都证明,阿尔泰乌梁海并非只有七个佐领。显然,《一统志》将阿尔泰乌梁海二十五个佐领安在了唐努乌梁海,是明显的张冠李戴。后世史家在研究乌梁海历史时,不加质疑地引用《一统志》。这一现象也提醒我们,官书不可尽信,即便是权威性很高的官修志书。

阿勒坦淖尔乌梁海

阿勒坦淖尔乌梁海于乾隆二十二年降清。阿尔泰乌梁海总管哈克图招降阿勒坦诺尔四得沁之乌梁海。乾隆帝令车布敦扎布查明四得沁头目,如果都是德木齐,授为佐领。哈克图加恩赏给孔雀翎,并酌量赏给缎疋。③

纳木扎勒奏称:"阿勒坦诺尔之乌梁海宰桑特勒伯克、扎尔纳克等,新经归附,请照察达克等之例,于来年入贡。"乾隆帝谕军机大臣:"乌梁海等,输诚入贡,甚属可嘉。宰桑特勒伯克、扎尔纳克授为三品总管,赏戴孔雀翎。德木齐奇尔吉斯、敦多克、车楞、巴哈雅克,俱授为佐领,赏戴蓝翎。"④

清朝方面经调查得出,阿勒坦淖尔乌梁海共七百余口,将之编为四佐领,两个旗。成衮扎布等人上奏说:由于阿勒坦淖尔乌梁海

---

① 《定边左副将军成衮扎布奏请已故乌梁海总管莽噶拉克之缺由其长子札巴罕承袭折》,乾隆二十四年闰六月十二日,《军机处满文录副奏折》,档案号:03-0178-1771-015。
② 《参赞大臣纳木扎勒奏请将察达克属下德木齐等补放佐领骁骑校折》,乾隆二十三年二月九日,《军机处满文录副奏折》,档案号:03-0177-1682-015。
③ 《清高宗实录》卷五四八,乾隆二十二年冬十月丙寅,第15册,第982页。
④ 《定边左副将军成衮扎布奏阿勒坦淖尔乌梁海部进贡貂皮折》,乾隆二十四年三月七日,《军机处满文录副奏折》,档案号:1748-041。

人中通晓蒙古语的人很少,而根本没有人通蒙古文字,若授给印章,恐怕不能使用,还是不授给印章为宜。①

叛逃俄罗斯的乌梁海宰桑郭勒卓辉之孙衮楚克扎布跟随土尔扈特人东归而来。福德奏请将旧附果勒卓辉之乌梁海等挈出,作为一旗,令衮楚克扎布管理。随从而来的呼哩木为瓜车凌之子,从前并无附驻属人,请赏给呼哩木佐领虚衔,管束带来人户。乾隆帝却不同意这一安排:

> 果勒卓辉、瓜车凌,从前归附,朕曾授为总管。伊等并不感恩,寻又逃入俄罗斯。今其子孙复来,朕不治罪,仍令同乌梁海居住,即属格外施恩。岂有将旧居此处之人,挈出给伊之理。着传谕福德,赏给衮楚克扎布、呼哩木骁骑校虚衔,仍附乌尔图纳逊、伊苏特等旗分。②

清军在阿尔泰山的扫荡,迫使阿尔泰山一带乌梁海人涌入罕哈屯一带避难。第二年,清军进入罕哈屯剿抚,乌梁海人大部分归降,唯有少数几个头目逃亡俄罗斯。清廷将罕哈屯一带乌梁海人悉数迁到了科布多地方,使得罕哈屯成为无人区。乾隆五十五年(1790),二百余户俄属乌梁海人乘虚而入。清朝方面刚开始计划将入境俄属乌梁海人驱逐出境,后来放弃驱逐之方案,将罕哈屯地区赐予乌梁海人,并收取贡赋。③

清朝对乌梁海三部的统治至此完全确立。乌梁海三部管理体制与内外扎萨克蒙古盟旗制度有所不同。乌梁海不设盟,也不设扎萨克,每旗任命总管管辖。总管人选由乌里雅苏台将军提名,朝廷任命。总管原则上不能像扎萨克可世袭罔替,但实际上,在没有意外情况下,基本上由上任总管子弟来继任。每旗下设佐领若干,佐领人选由总管提名,乌里雅苏台将军任命。每个佐领公务所需马两

---

① 《定边左副将军成衮扎布奏请暂免发给阿尔泰淖尔乌梁海札尔纳克总管印信折》,乾隆二十七年闰五月初三日,《军机处满文录副奏折》,档案号:03-0179-1944-014。
② 《清高宗实录》卷九一二,乾隆三十七年七月甲辰,第20册,第221页。
③ 《定边左副将军恒瑞奏明年出青详察俄罗斯乌梁海驻牧之汗山等处绘图呈览折》,乾隆五十五年十月二十六日,《军机处满文录副奏折》,档案号:03-0193-3302-030。

四、羊十只、茶一包。笔帖式薪水银三两,家务人员薪水二两。① 《图瓦历史档案汇编》所收几份蒙古文档案反映。光绪年间开始,大臣勒索总管,总管勒索佐领,索要办公费用,搅得整个唐努乌梁海鸡犬不宁。如,管理乌梁海大臣派使者到总管处直接掠夺牲畜、貂皮和玉柄烟袋锅充大臣处笔纸费。总管派佐领前往民间收取笔纸费,但每每遭强烈抵制,很难收取。甚至佐领所派征银使者也屡屡拒绝执行。② 克穆奇克旗一佐领派三人过去征收货物,一百多名乌梁海人群起反抗,将三人打成重伤。③ 由此观之,乌梁海大臣、总管薪水和办公费用刚开始可能由朝廷拨发,后来由于清王朝不断赔款和庞大的军费开支使朝廷财政非常困难,以致无法拨款。乌梁海官员办公费用只能从属民中征收,引起上下一片不满。这一状况也在一定程度上减弱了清王朝在乌梁海的影响力,降低了其威信,削弱了其对乌梁海的控制力。这为沙俄入侵乌梁海提供了可乘之机。

第二节　纳贡义务的确立

乌梁海部作为内属总管旗,对清朝皇帝承担贡赋义务,其上供物品主要是貂皮。

唐努乌梁海在撤驿之变之前,向喀尔喀和托辉特部和降清的额鲁特贵族纳贡,再由二部首领上交朝廷。雍正四年(1726),皇帝下令将唐努乌梁海纳贡份额由每户五张貂皮减免为三张。乾隆七年(1742)发现,和托辉特部首领青滚杂卜和额鲁特王违反朝廷规定,仍然向乌梁海人收取五份贡额,二人因此受到一定处分。④ 说明当时朝廷对乌梁海人纳贡事宜虽有一定干预,但收取贡赋权力完全掌握在蒙古贵族手里。青滚杂卜虽违反规定多收贡赋,但处罚并不严

---

① 《图瓦历史档案汇编》(第一辑),第 249 页。
② 《图瓦历史档案汇编》(第一辑),第 219、249 页。
③ 《图瓦历史档案汇编》(第一辑),第 274 页。
④ 《军机大臣鄂尔泰奏厄鲁特王色卜腾旺布等向乌梁海多征貂皮请交部察议折》,乾隆七年十二月十九日,《军机处满文录副奏折》,档案号:03-0173-1059-005。

重,显然不属于重大过失,说明收取贡赋仍属于蒙古社会内部的事。乾隆二十一年(1756),和托辉特部青滚杂卜发动撤驿之变,唐努乌梁海改归朝廷直辖。经改编后的唐努乌梁海开始向朝廷纳贡。唐努乌梁海生活在唐努山阳,授予克木、特斯、托吉、库苏古尔淖尔这四个地方的乌梁海旧宰桑达什、伊特格勒、仁沁、巴图总管职。其他宰桑授予佐领、骁骑校等职。① 当年,唐努乌梁海一千一百余户里只有五百余户能交纳贡赋。当时朝廷从乌梁海收取貂鼠、猞猁狲、狼、狐等皮张,及雕翎、麝香等物。除麝香不准充贡外,其他物品量其所值,按每户三张貂皮计算,仅得一百七十一户的纳贡量。乾隆帝下旨:"此等乌梁海,受青滚杂卜扰害,生计俱属艰难。着传谕成衮扎布将伊等未完贡赋,加恩豁免。仍令莫尼扎布晓示伊等从前何等苦累。今为大皇帝臣仆,除正供外,并无额外需索。现在未交皮张,又行宽免,嗣后尔等应纳贡赋,务如数交收,不可有意希恩,仍致缺少。莫尼扎布办理乌梁海事务,颇属效力,着加恩赏给缎疋。"②乾隆二十九年(1764),调查管辖克穆奇克旗额鲁特公丹拜所属乌梁海,查得该部分属十一个宰桑,共三百八十八户,一千八百五十三口。其中有能力纳贡者一百余户,无力纳贡者二百二十一户。③ 唐努乌梁海五旗贡赋开始确立。乾隆四十七年(1782),唐努乌梁海六百七十六户,每户应交纳三张貂皮,共交纳貂皮一千一百二十一张、猞猁皮五十三、水獭皮一张、豹皮一张、狐狸皮六百四十八张、青鼬皮十四张、狼皮二十三张、沙狐皮二十五张、灰鼠皮一张。猞猁、水獭、豹子皮,一张可折算三张貂皮;狐狸、青鼬、狼皮,每两张按一张貂皮折算;每四十张灰鼠皮折算成一张貂皮。清朝方面循例每十张貂皮赏赐绸缎一匹,二十张灰鼠皮赏赐布一匹。④ 到嘉庆元年,应纳贡者共七百

---

① 《成衮扎布为报乌梁海部进贡户数并将貂皮等物送京事呈文》,乾隆二十五年六月十六日,《军机处满文档簿》,档案号:03-0178-1829-009。
② 《清高宗实录》卷五七七,乾隆二十三年十二月乙亥,第 16 册,第 360 页。
③ 《定边左副将军成衮扎布为报达木拜乌梁海纳贡人口情况事呈文》,乾隆二十九年三月十五日,《军机处满文档簿》,档案号:03-0181-2078-037。
④ 《定边左副将军奎林奏呈送乌梁海人所进貂皮等物折》,乾隆四十七年五月二十八日,《军机处满文录副奏折》,档案号:03-0189-2927-031。

四十六户,循例每户交纳三张貂皮。①

阿尔泰乌梁海在降清的头两年没有纳贡。后来从乾隆二十三年开始乾隆帝要求其纳贡:

> 至察达克属下乌梁海,原未纳赋,与新降之人,似属不均。从前伊等每户原纳准噶尔貂皮六,后经减二交四,今着加恩止纳二貂,俱交与莫尼扎布传谕。并计其户口若干,应纳貂皮若干,呈报具奏。其察达克属下,既俱纳赋,则伊等亦应给俸,亦交莫尼扎布查办。按其品级,照内地官员,减半支给。②

清朝官方调查发现,察达克、图布慎、车根、赤伦、哈克图、莽噶拉克、洪和等七位总管管辖人口内,除无牲只和老幼废疾户口,堪纳贡者,共有七百一十九户,乾隆帝令每户纳貂皮二张。博和勒、那木扎勒、特楞古特、鄂木布等九得沁内,堪纳贡者一百九十二户。③

乾隆四十七年(1782),阿尔泰乌梁海七旗共五百八十九户,每户应交纳貂皮两张。两张狐狸皮可折算成一张貂皮。共交纳了貂皮六百零四张、狐狸皮一千一百四十八张。④

阿勒坦淖尔乌梁海在准噶尔旧例,每户纳貂皮一张。⑤

清朝统治该地区后规定:

> 准于来年入贡,至伊等贡物数目,已较旧时裁减,仍加以赏赐。嗣后每贡貂鼠十个,赏缎一端;灰鼠二十个,赏布一疋。察达克入贡,亦照此例。纳木扎勒即传谕车木楚克扎布等,明白宣示,俾边隅臣仆,咸知德意。⑥

---

① 《定边左副将军图桑阿奏闻唐努乌梁海等部所贡物品及户籍数目折》,嘉庆元年六月四日,《军机处满文录副奏折》,档案号:03-0196-3544-028。
② 《清高宗实录》卷五四八,乾隆二十二年冬十月丙寅,第15册,第983页。
③ 《清高宗实录》卷五五七,乾隆二十三年二月乙亥,第16册,第50页。
④ 《奎林奏呈送乌梁海人所进貂皮等物折》,乾隆四十七年五月二十八日,《军机处满文录副奏折》,档案号:03-0189-2927-031。
⑤ 《清高宗实录》卷五四八,乾隆二十二年冬十月丙寅,第15册,第982页。
⑥ 《清高宗实录》卷五五二,乾隆二十二年十二月癸酉,第15册,第1061页。

对阿勒坦诺尔乌梁海的贡赋义务,清朝官方于乾隆二十三年最后定下标准为:特勒伯克、扎尔纳克等,共四得沁,堪纳贡者一百二十二户,俱照察达克等完纳。至乌梁海事务,副都统莫尼扎布熟悉情形,请令其协同车木楚克扎布办理。① 乾隆四十七年纳贡情况是,一百六十七户,每户两张,共交纳了貂皮二百二十张,灰鼠皮四千五百六十张。②

乌梁海三部对清朝有着严密的纳贡义务,按户数缴纳。户数增加了,相应的义务也会增加。具体来说,唐努乌梁海每户缴纳貂皮三张,阿尔泰乌梁海和阿勒坦淖尔乌梁海每户两张。乌里雅苏台大臣将乌梁海三部前一年户数、新增户数及所交纳贡赋种类和数量,还有所应得赏赐物品数量和种类上报朝廷,并派员将之通过驿站送达京城。朝廷将之移交内务府,内务府核查登记。《科布多政务总册》记载,每年正月和五月分别有阿勒坦诺尔乌梁海和阿尔泰乌梁海来科布多城进贡。科布多派人送到乌里雅苏台,再由乌里雅苏台派人送到京师。③ 就乌梁海三部每年纳贡情况都有非常完整的档案记录。大部分为满文,清后期开始出现汉文或满汉合璧的;越往后,汉文的越来越多。

乌梁海人除纳贡义务外还有巡查卡伦的义务。清朝每年添派乌梁海散秩大臣一员自游牧内搜查至玛尼图噶图勒干卡伦。④ 清朝在乌梁海设立卡伦数十座,其中较有名的有霍尼迈拉扈、库兰阿吉尔格、那林等。霍尼迈拉扈卡伦有侍卫一人、兵五十名。该卡伦位于额尔齐斯河右岸的那玛岭(今苏联纳雷姆山),与塔尔巴哈台设置在河西的辉迈拉扈卡伦隔河相望。库兰阿吉尔格卡伦和那林卡伦各设兵四十名,受霍尼迈拉扈侍卫管辖。⑤

---

① 《清高宗实录》卷五五七,乾隆二十三年二月乙亥,第 16 册,第 50 页。
② 《定边左副将军奎林奏呈送乌梁海人所进貂皮等物折》,乾隆四十七年五月二十八日,《军机处满文录副奏折》,档案号:03-0189-2927-031。
③ 《科布多政务总册》,第 16 页。
④ 《科布多政务总册》,第 83 页。
⑤ 《沙俄侵华史》第三卷,人民出版社,1976 年,第 74—75 页。

第三节　乌梁海人的迁移和阿尔泰乌梁海的形成

清朝在乾隆二十年到二十一年的经略,降服了居于科布多、阿尔泰山、罕哈屯、巴尔库斯河、阿尔胡特河一带的准噶尔所属乌梁海人。前后有七个宰桑投降清朝,清朝在此基础上设立了乌梁海七旗。

在清代,阿尔泰乌梁海人并不是一开始就生活在阿尔泰山南北,而是经清廷不断迁徙最后被安置于此,才形成了后来的阿尔泰乌梁海七旗。《清实录》记载了乌梁海人迁徙阿尔泰山的缘由,定边左副将军成衮扎布等奏:

> 据乌梁海内大臣察达克等:"因现在游牧之科布多等处,不产貂鼠,请将伊等游牧展至阿尔台、额尔齐斯等处。"经军机大臣议覆:"以额尔齐斯等处,若系杜尔伯特游牧,应请旨传谕索诺木衮布、车凌乌巴什,如伊等情愿前往,即可迁移,将现驻之乌兰固木,即赏给察达克等,或不愿再迁,则额尔齐斯等处,与其闲旷,何如给与乌梁海等居住。"臣等遵即遣官前往。据亲王车凌乌巴什等告称:"察达克所请游牧,系乌梁海旧地,与我等游牧隔远。今乌兰固木,地亩甚肥,羊只孳生亦盛,久住可以饶足,情愿仍前居住,不行迁移"等语。查杜尔伯特部落,既不愿迁移,请照察达克等所指,自博尔济奇兰一带,展至阿尔台山阳,令其约束所部游牧。从之。①

以上记载表明,到乾隆二十四年为止,乌梁海人仍生活在科布多,后经请求才迁到了阿尔泰山及其南麓的额尔齐斯河流域。该奏报又透露到,在早期,阿尔泰山和额尔齐斯河系杜尔伯特人领地,但杜尔伯特人又予以否认,说"察达克所请游牧,系乌梁海旧地,与我等游牧隔远"之语。《平定准噶尔方略》说杜尔伯特部三车凌投附清

---

① 《高宗实录》卷五九八,乾隆二十四年冬十月乙酉,第16册,第682页。

朝时由额尔齐斯河起程。① 但是满文档案说三车凌从伊犁河出发。② 说明杜尔伯特人从不同地方出发前来投清。杜尔伯特人在投清前到底是否是阿尔泰山居民？

清代官修史书多次提到阿尔泰山原为杜尔伯特人领地，但阿尔泰山从何时开始成为杜尔伯特人居住地的，并未提及。那顺达来据《俄蒙关系历史档案文献集》《咱雅班第达传》《内陆亚洲厄鲁特历史资料》等重要史料认为："可以肯定，杜尔伯特部早在1607年就沿着额尔齐斯河到咸水湖（亚梅什湖）一带游牧。""达赖太师③时期，杜尔伯特的游牧地就在额尔齐斯河一带，大部分时间就在这里游牧。"④

《内陆亚洲厄鲁特历史资料》记载说：

> 岱青的弟兄以及子嗣先后一个一个地被准噶尔统治者征服、奴役。岱青的侄子齐什奇布（Eschkep）在1643年时就独立生活在额尔齐斯河沿岸……齐什奇布的儿子扎勒（Dshal）在额尔齐斯河左岸的波德斯布斯克诺伊·斯坦尼茨地区建造了一座称之为卡勒巴松·瓦什那的石砌的庙宇。⑤

岱青系杜尔伯特部首领达赖太师之子。说明杜尔伯特人在达赖太师死后虽被准噶尔部吞并，但其子孙仍旧生活在额尔齐斯河流域。那顺达来也因此得出结论说："从17世纪中叶到18世纪20年代的大约半个多世纪的时间里，鄂木布岱青和硕齐的弟兄以及子嗣先后被准噶尔统治者征服，但他们的牧地没有多大变化，一直到归

---

① 《平定准噶尔方略》正编卷一，乾隆十八年十二月丁亥条，第14页。
② 《定边左副将军成衮扎布奏闻准噶尔杜尔伯特台吉车凌等情愿率属来归等情形》，乾隆十八年十一月十五日，《清代新疆满文档案汇编》（第八册），第292页。
③ 达赖太师系杜尔伯特著名首领，生年不详，死于1637年。在他带领下，杜尔伯特部迅速壮大，参与四卫拉特部重大决策，对卫拉特部发展产生了重大影响。因其驻牧地位于北边，再加上其地位很高，影响很大，致使俄国人误以为达赖汗就是四卫拉特总首领。
④ 那顺达来：《卫拉特杜尔伯特部研究》，内蒙古大学硕士学位论文，2004年，第18页。
⑤ （德）P.S.帕拉斯著，邵建东、刘迎胜译：《内陆亚洲厄鲁特历史资料》，云南人民出版社，2002年，第50页。

附清朝,始终游牧于鄂尔齐斯河流域及其附近地区。"①满、汉、蒙、俄、德等多语种文献都提到杜尔伯特人在额尔齐斯河一带活动,故杜尔伯特部游牧地在额尔齐斯河流域无疑。

额尔齐斯河发源于阿尔泰山南麓,汇集喀拉额尔齐斯河、克兰河、布尔津河、哈巴河、别列则克河等现今阿尔泰地区大部分河流,向西流入哈萨克斯坦斋桑泊。我们已经知道,杜尔伯特部游牧地沿着额尔齐斯河一直到斋桑泊北部的亚梅什湖,而且很可能从额尔齐斯河上游到下游为止都是杜尔伯特部游牧地。也就是说,阿尔泰山南麓地区主要居民为杜尔伯特人。但此结论不排除阿尔泰山地区还生活着其他部落的人,也不排除在阿尔泰山额尔齐斯河流域外的其他地方也有杜尔伯特人的游牧地。

我们已知道,18世纪前半期,阿尔泰山主要居民是杜尔伯特人,那同一时期后来被称为阿尔泰乌梁海的部众居住地究竟在何处?有人认为,当时乌梁海人也在阿尔泰山狩猎,并隶属于杜尔伯特部。② 也有学者认为,阿尔泰乌梁海人生活在科布多,并隶属于扎哈沁部。③ 清代地理志著作无益于解决这一问题,清官书对阿尔泰乌梁海的介绍从乾隆朝统一西域后才开始。描述清朝统一西域历程的一些官修史书,如《平定准噶尔方略》等对此语焉不详,无法给我们提供一清晰的线索。乾隆十九年,于平准战争前夕,清军首先对科布多地区的乌梁海人进行了一系列军事行动,围绕这一系列军事行动形成了大量满文档案,这些档案为我们透露了一些关于科布多乌梁海人游猎地的信息。

清朝收服喀尔喀后,在喀尔喀与准噶尔部间设立了众多的卡伦。这些卡伦在防止准噶尔部骚扰的同时还成为情报搜集站。清军在对科布多地区进行军事活动之前,多次派出侦察队深入乌梁海境内进行了非常细致的调查,其调查报告详细反映了乌梁海游人牧

---

① 那顺达来:《卫拉特杜尔伯特部研究》,第23页。
② 地方学者多持此说,对学界有一定影响。
③ 如, Ц.Гантулга. *Алтайн Урианхайчууд*, Улаанбаатар хот, 2000он. 相信此说者多受《清实录》《平准方略》等错误引导而致。然细读档案,发现事实并非如此。

地分布状况。负责去招抚乌梁海人的军机大臣舒赫德上报调查结果说:

> 于科布多(河)东北处居住之准噶尔乌梁海因唐努山无(大)雪(阻隔),俱已越(唐努山向西)而去。居于科布多河西岸之准噶尔乌梁海,因阿尔泰山海喇图岭雪大,现于科布多河之源二扎克赛河源头艰险之地。①

当清军大兵压境时,乌梁海人分两路逃亡,原因是乌梁海五宰桑分别居住在科布多河两岸。科布多河是蒙古国科布多地区最大的河流,科布多河及其支流流域几乎囊括清代整个科布多以及杜尔伯特十一旗大部分地区。② 可知,乌梁海人在入清前散居在阿尔泰山岭北坡到唐努山之间的广阔地带。

清朝官员通过进一步地调查研究,更加明确了乌梁海人分布情况:

> 准噶尔乌梁海人驻牧于自哈玛尔沙扎海卡伦至那米儿沙吉盖卡伦等七卡伦之外。侍卫太保言:准噶尔乌梁海人于哈玛尔沙扎海卡伦、布彦图卡伦之外,自哈勒巴乌兰外直至布彦图河源相连而居。③

那米儿沙吉盖,据《雍正十排图》,位于科布多河北,于搜吉、锡

---

① 《军机大臣舒赫德等奏乌梁海等均已隐匿俟查明后相机办理折》,乾隆十九年二月二十一日,《军机处满文录副奏折》,档案号:03-0174-1321-004。
② 《嘉庆会典图说·科布多图说》对科布多河两岸各个支流进行了详细介绍:科布多河上源曰索郭克河,出杜尔伯特右翼西北境,合数水东南流;和通泊(和托昂泊)、辉汉泊诸水合而东北流,复合哈拉泊水和图河东流注之;又屈曲西南,托尔博泊、塔尔巴泊二水合北流注之,是为科布多河。折东右纳一水,又东经旗南,洪尔鄂隆嘉们北,二水合北流注之。又东经库灵图山北,齐克尔台和出旗东北合根德克图泊水乌里雅苏图河、戴舒尔泊水汇为沙ип海泊,复南出注之。折东南锡博尔沙扎海河合一水西南注之,又东南经科布多城东北一水,出黄觉舒鲁嘉们西,一水出沙拉布拉克嘉们西,并东南流注之,又东南经城东北,布彦图河出阿尔泰乌梁海旗东境,合锡克尔什台河德伦特河东流经城北又东北注之,又东南注伊克阿拉尔泊东南二水,其东为哈拉泊,又南为都尔根泊。见刘启端《大清会典图》卷二六九《舆地一百三十一》,清光绪石印本。
③ 《为奏闻努三萨拉尔拿获胡图克扎木参的经过及其口供》,乾隆十九年正月二十九日,《军机处满文录副奏折》,档案号:1357-002,缩微号:033-1837。

第八章　清朝对乌梁海的管理

博图与托里布拉克卡伦间。① 那米儿(namir),系河名,在清杜尔伯特游牧地西南端,由西向东流入杜尔伯特右翼旗境内的哈日淖尔泊;沙扎海(šajigai)系湖名,在那米儿河西。② 故该卡伦巡行路段可能是从沙扎盖泊到那米儿河所流入的哈日淖尔湖为止。

哈玛尔沙扎海卡伦在《雍正十排图》中画在了乌音齐河东,清代扎哈沁旗境内。③ 根据德国所藏蒙古游牧图,清代扎哈沁旗境内乌杨齐(乌音齐)河上游山脚下有一台站名为沙扎盖台。清朝统一准噶尔后,将喀尔喀与准噶尔间的很多卡伦改成了台站,如其附近的锡博尔沙扎海卡伦在《乾隆十三排图》中被称作锡博尔沙扎海嘉扣。④ 嘉扣系满语,为台站之意。查阅现代地图,沿乌音齐河,在乌音齐镇北约十几公里处有个地名叫卡伦敖包。清代将两卡伦间会哨之所称作卡伦鄂博(敖包)。⑤ 说明清代这儿有卡伦鄂博,是两个卡伦的巡幸线边界。清代的沙扎盖台在卡伦敖包北几十公里处,所以卡伦敖包很可能是哈玛尔沙扎海卡伦巡幸线之南限。

乌兰哈勒巴,古今所有地图均无法找到叫乌兰哈勒巴(ulan halba)的地名。但满文档案频频出现一叫哈勒巴乌兰(halba ulan)的地方。如,雍正年间,清准两军在哈勒巴乌兰、纳勤和硕、乌孙锥勒、克尔斯齐老一带交战。⑥ 乾隆十九年,参赞大臣萨喇勒抓捕乌梁海二德木齐时,"渡过科布多河,到哈勒巴乌兰山,分兵两路行进"。⑦ 可

---

① 《雍正十排图》,四排西三,汪前进等编《清廷三大实测全图集》,外文出版社,2007年。(以下所引《雍正十排图》均出自《清廷三大实测全图集》)
② 《雍正十排图》,四排西三。
③ 《雍正十排图》,五排西四。
④ 《乾隆十三排图》,七排西三,汪前进等编《清廷三大实测全图集》,外文出版社,2007年。(以下所引《乾隆十三排图》均出自《清廷三大实测全图集》)
⑤ 宝音朝克图:《清代北部边疆卡伦研究》,中国人民大学出版社,2005年,239—240页。
⑥ 《定边将军庆复奏报巡查鄂尔昆等地卡伦不必派参赞大臣请派侍卫台吉各二员稽查》,乾隆元年五月二十六日,《军机处满文录副奏折》,档案号:03-0173-1191-016,缩微号:028-1699。
⑦ 《参赞大臣萨喇勒等议奏招抚乌梁海事宜折》,乾隆十九年三月初二日,《军机处满文录副奏折》,档案号:03-0175-1750-016,缩微号:040-2446。

知,哈勒巴乌兰系山名,在卡伦外,并在科布多河西南。乾隆十九年,"科卜多所有旧城基址,既称地形卑湿。着传谕扎拉丰阿,伊现在安营于科卜多之南哈勒巴山,即于该处择高燥之地,计可容兵民若干,不必过为宽大,派屯田绿旗兵从容兴筑"。① 以此来看,乌兰哈勒巴很可能就是哈勒巴乌兰。乾隆三十三年,科布多参赞大臣集福奏报,在纳勤和硕地方开垦,将营地迁移到哈勒巴乌兰山南麓。② 若二者确为同一地名,那乌兰哈勒巴地点就非常清楚了,就在科布多参赞大臣驻地,也就是在现今蒙古国科布多省科布多市区偏东北处。

很显然,以上这些都是清朝完全站在自己地理方位观察的结果。总之,清朝方面得出的结论是,从后来的杜尔伯特人游牧地南部开始,一直到扎哈沁部,再到阿尔泰山麓,都是卡伦外乌梁海游牧地。但我们不能满足于如此笼统的描述,需要详细追踪乌梁海每一位首领活动领域,对此,投诚人口供为我们提供了更多细节。

准噶尔汗国时期,一些不满准噶尔统治的卫拉特人和被掳的其他族群的人逃脱准噶尔纷纷来投清朝,长年不息。这些人被称为投诚人。卡伦官兵会将所获投诚人送到军营进行盘问,其留下的口供为我们了解当时准噶尔各游牧部落状况提供了可靠的信息。

哲林淖尔(jerin noor)卡伦蓝领(侍卫)拉利等呈报:

> 由准噶尔来降乌梁海厄尔克色勒等三口……乾隆十九年三月初二呈文供:吾是年四十四岁……为乌梁海宰桑雅儿都鄂托克之人,吾于儿时自布鲁特掳来…吾游牧地于科布多塔儿浑扎克赛(tarhūnjaksai)之处……吾自塔儿浑扎克赛之查干乌苏处来投…吾诸宰桑因畏战而分二路逃亡之,(一路)逾唐努山走阿尔胡特(arhūd)、吹(cui)、阿宝(aboo)等处……是年二月,台吉达瓦齐处派宰桑布苏呼手持五道印有红章之敕书而来,令科布多处宰桑图布

---

① 《平定准噶尔方略》续编卷一九,乾隆二十七年十月乙巳(十六日)条,第2页。
② 《科布多参赞大臣集福奏请于科布多军屯附近营造新城缘由折》,乾隆三十三年十一月初八日,《军机处满文录副奏折》,档案号:03-0183-2289-005,缩微号:083-3562。

第八章 清朝对乌梁海的管理

慎,布噶喇尔处宰桑赤伦,扎克赛处宰桑雅儿都、车根,锡博尔(sibr)口处宰桑察达克等五宰桑出兵赴哈套里口以抓捕阿睦尔撒纳。①

这份口供说明当时在这一地区游牧的乌梁海宰桑有五人。清朝方面将清卡伦边外科布多地区乌梁海人统称为乌梁海五宰桑属部,有别于其他乌梁海部,口供提供了所有科布多地区乌梁海首领的名字、居住地。

口供提到图布慎宰桑的驻牧地在科布多,显然指的是科布多河,科布多河有一条支流也叫科布多河。笔者认为,此处所指的应该是其支流,因为在科布多河干流两岸分布着清朝许多卡伦,不会允许乌梁海人在卡伦地带活动。

口供说赤伦宰桑驻牧地在布噶喇尔(bugaral),古今地图未见此地名,而另一则口供为我们确定布噶喇尔的位置提供了线索。乾隆十九年,清军在卡伦边外捉拿了擅自闯入卡伦的乌梁海德木齐呼都克,并对此人进行讯问,其供曰:"吾呼都克,是年四十岁,吾游牧地于布彦图河下游bodogo处。"②经清卡伦官兵进一步调查发现,呼都克驻牧地在布彦图河查干博脱郭地方,而且此人隶属于乌梁海宰桑赤伦。③ 说明宰桑赤伦游猎地包括布延图河bodogo地方。

布彦图河发源于阿尔泰山,曲折流向东北,汇入科布多河,清代科布多城就建在布彦图河岸。查阅古今地图,在布彦图河沿岸未找到呼都克所言bodogo地方,但《乾隆十三排图》在齐齐克淖尔以北,扎哈沁旗北部标有博多浑昂阿和博多浑达巴汉两地名,④昂阿系满语,有山口之意,达巴汉系满语和蒙古语,指可跨越的山岭。洪钧《中俄交界

---

① 舒赫德奏,乾隆十九年三月初十日,《军机处满文朱批奏折》,档案号:04-02-002-000372-0034。
② 《军机大臣舒赫德等奏报札木禅及呼都克等人口供及解京启程日期折》,乾隆十九年二月一日,《军机处满文录副奏折》,档案号:03-0174-1357-003,缩微号:033-1866。
③ 《理藩院侍郎玉保奏报审问札木禅呼都克等情形并请将其解往军营候旨折》,乾隆十九年二月十一日,《军机处满文录副奏折》,档案号:1357-004,缩微号:033-1878。
④ 《乾隆十三排图》,七排西三。

全图》将从阿拉克泊南段流出的伊格尔河支流称作博特汗河。① 据德藏蒙古游牧图,在扎哈沁旗西北,僧古尔河东,有一叫博多滚的台站。据现代地图,在科布多城南五十多公里处有一地方叫 botgon,与《十三排图》博多浑位置吻合。但该地点并不在科布多河下游,而是在其南部。由此来看档案中的 wasihūn 可以理解成是南部,而不是下游,呼都克游牧地很可能在布彦图河南部的 botgon 地方。

据现代地图,在 botogon 西南不足 40 公里处,有一叫布噶图(bugad)的山,具体位于现今蒙古国巴彦乌列盖省最东南端与科布多省交界处。笔者认为,此布噶图山很可能就是布噶喇尔地方。布噶图(bugad)是 bugutu 的口语形式,意为有鹿的。bugaral 一词可分解成 bug-aral,bug 即鹿山的简称,aral 指的是三角地带。以此言之,宰桑赤伦驻牧地在布噶图山麓。据此可推知,宰桑赤伦驻牧地范围在布彦图河南部,向南直到扎哈沁部边境为止,向西到蒙赫海尔汗,背靠阿尔泰山而居。

口供说察达克牧地在锡博尔口,当为现今的锡博尔河。锡博尔河发源于今蒙古国乌布苏省西南喀喇奇拉山和图尔滚山,由北向南流入科布多河,其全境处于清代杜尔伯特右翼境内。

口供说乌梁海宰桑雅儿都和车根游牧地都在扎克赛,而且两宰桑因惧清军而赴科布多河上游二扎克赛处避难。二扎克赛在满文档案中分别称作塔尔浑扎克赛(tarhūn jaksai)和图尔哈扎克赛(turgajaksai)②,说明扎克赛河分为塔尔浑和图尔哈两段,在科布多河上游,成为其一源头。清代地图未见扎克赛之名,而在同一地点有一名为萨克赛的河,与索果克河汇合形成科布多河。③《乾隆十三

---

① 洪钧《中俄交界全图》,清光绪十六年(1890)制,美国国会图书馆藏, http://lccn.loc.gov/gm71005082。
② 夜晚顺着塔儿浑扎克赛、图尔嘎扎克赛间山脊而上,待天明后,顺塔儿浑扎克赛、图尔嘎扎克赛与海喇图达巴汉山口而上,观之,全无踪影……二扎克赛河、查干乌苏、喀喇乌苏等河俱于库库勒口地方汇入科布多河。《军机大臣舒赫德奏闻乌梁海等迁往唐努等处及准噶尔内乱情形折》,乾隆十九年三月初二日,《军机处满文录副奏折》,档案号:1321-010,缩微号:032-0959。
③ 洪钧:《中俄交界全图》。

第八章 清朝对乌梁海的管理

排图》正好标有图尔哈萨克赛与塔尔浑萨克赛两河名,其上游支流称作图尔哈萨克赛,干流称作塔尔浑萨克赛。① 口供中的二扎克赛为萨克赛河无异。现今,当地人仍将萨克赛河上游称作图尔哈萨克赛,下游称作塔尔浑萨克赛。据当地人说,萨克斯(saksai)是一种植物,在赛克斯河上游,该植物长得稀少而又细小,故将该段河流称作图尔哈(瘦小之意)萨克赛;在赛克斯河下游地区该植物长得茂盛且粗大,故将该段河流称作塔儿浑(肥大之意)萨克赛。该河发源地是座被称作查干乌拉(白山)的雪山,海拔3500米以上,山麓为茂密的森林,山口为陡峭山崖,是个躲避战乱的好去处。当地人对该河流有 ŝahsai、čahsai 等多种叫法,jaksai 很有可能是当时当地人对该河流的另一种叫法。厄尔克色勒口供说宰桑雅儿都驻牧地在扎克赛河,本人自塔儿浑扎克赛一带逃出。说明雅儿都游猎地在扎克赛河流域。

被清军抓捕的乌梁海德木齐札木禅说:"吾札木禅,是年四十三岁,吾游牧地于布彦图河处。"②札木禅在另一处口供中透露自己属乌梁海宰桑车根,是在其宰桑车根的指使下进入清卡伦的。③ 充分说明,车根游猎地包括布彦图河。清卡伦官兵经调查指出,乌梁海德木齐札木禅驻牧地在科布多河乌兰哈勒巴地方。④ 上文已证,乌兰哈勒巴在科布多参赞大臣衙门营地,在布彦图河中下游南岸,距科布多河30多公里。但口供里又说宰桑车根也在扎克赛河。布彦图河在萨克赛河东南,二河俱流入科布多河。二河上游离得很近,有些支流发源于同一座山,有时很难分清到底是萨克赛河系还是布

---

① 《乾隆十三排图》,七排西三。
② 《军机大臣舒赫德等奏报札木禅及呼都克等人口供及解京启程日期折》,乾隆十九年二月一日,《军机处满文录副奏折》,档案号:1357-003,缩微号:033-1866。
③ 《理藩院侍郎玉保奏报审问札木禅呼都克等情形并请将其解往军营候旨折》,乾隆十九年二月十一日,《军机处满文录副奏折》,档案号:1357-004,缩微号:033-1878。
④ 《理藩院侍郎玉保奏报审问札木禅呼都克等情形并请将其解往军营候旨折》,乾隆十九年二月十一日,《军机处满文录副奏折》,档案号:1357-004,缩微号:033-1878。

彦图河系。据此可以推知,车根驻牧地可能顺布彦图河从其上游直到下游为止。这样,雅儿都和车根二宰桑牧地相连而居,但无法说在同一处,二者后来的逃亡路线的不一致也说明了这一点。德木齐札木禅之弟供:

> 吾是年十九岁,宰桑车根属下德木齐札木禅系吾胞兄。察达克、赤伦寻阿尔胡特而去;车根避走阿宝口;图布慎、雅儿都视海喇图雪大无法逾越,现居于塔儿浑扎克赛之源。①

清军抓捕阑入清朝卡伦之二德木齐后,乌梁海五宰桑分路朝两个方向逃往三个地方。察达克、赤伦去了阿尔胡特;车根去了阿宝;图布慎、雅儿都去了扎克赛河源头。

阿尔胡特系哈屯河支流,上游直抵噶鲁图淖尔,为汉哈屯乌梁海与科布多乌梁海交界处。阿宝山口处于阿尔胡特河东北,在哈屯河与吹河之间。② 海喇图为科布多通往阿尔泰山南麓之通道,在布彦图河源头附近。③

至此,准噶尔乌梁海五宰桑游猎地已梳理清楚。图布慎在科布多河东北支流小科布多河;雅儿都在萨克赛河游猎;车根游猎地在布彦图河;赤伦游猎地在最西南端,南接扎哈沁部,西靠阿尔泰山;察达克驻牧地在锡博尔河口,其他宰桑游猎地均在科布多河西部支流,仅有察达克在科布多东北支流游猎。

乾隆十九年二月,卡伦官兵送来一投诚人,其供曰:"吾等为准噶尔宰桑莽噶拉克所属乌梁海,吾等游牧地于努克穆伦处。"④莽噶拉克虽成了后来阿尔泰乌梁海七旗首任总管之一,但他不在科布多乌梁海五宰桑之列。努克穆伦,据谭其骧《中国历史地图集》,为当今的布赫木伦河。布赫木伦河发源于今俄罗斯联邦图瓦共和国西

---

① 《军机大臣舒赫德等奏报审讯札木禅之弟乌梁海厄鲁特蒙古情形并将其放回折》,乾隆十九年三月十八日,《军机处满文录副奏折》,档案号:1357-009,缩微号:033-1936。
② 《雍正十排图》,四排西四。
③ 《乾隆十三排图》,七排西三。
④ 《军机大臣舒赫德等奏闻乌梁海库本来归并查办安置情形折》,乾隆十九年二月十五日,《军机处满文录副奏折》,档案号:1326-010。

南端,向东南流入蒙古国科布多境内的阿奇特湖,再从阿奇特湖东南端流出形成了科布多河。可见,努克穆伦为科布多河支流和源头,系该水系重要组成部分。乌梁海宰桑莽噶拉克游牧地位于科布多地区努克穆伦河流域,从而证明乌梁海五宰桑游牧地不包括努克穆伦。这样,我们清楚了乌梁海五宰桑游牧地北限到努克穆伦(布赫木伦),那米儿沙扎盖卡伦巡幸路段北限也可能到此为止。

至此,科布多乌梁海人活动范围变得更加清晰了,在清朝卡伦外,沿着科布多河众多支流游牧,但不包括努克穆仁(布赫木伦)。东抵清哈玛尔沙扎盖至那米儿沙扎盖的七个卡伦,东北深入到乌兰固木,南接扎哈沁部,西靠阿尔泰山岭。

第九章　乌梁海人与哈萨克部的边境纠纷

第一节　哈萨克部掳掠乌梁海与清廷应对措施

乌梁海人受清朝控制后,设旗编佐,制定贡赋,乌梁海社会稳定发展。但因乌梁海人居于边境地带,再加上地广人稀,地形复杂,成为邻国觊觎和争夺的对象,从而造成了无休止的纠纷,给乌梁海部甚至清朝和邻国之间关系造成了困扰。

乾隆二十四年(1759),哈萨克部掳掠乌梁海,引发了一场大的纠纷,清哈之间进行了长久而艰难的交涉。

事件的起因是这样的:阿尔泰乌梁海扎卜堪、哈克图两旗五佐领人在珠特和硕、布固乌苏等地方过冬。十一月十二日有两百多名哈萨克人前来抢掠,章京默勒特勒克、骁骑校图玛达克等十人被害。① 对此,乌梁海总管内大臣察达克未能率军捉拿抢掠者。据察达克报:"哈萨克抢掠之时,因分散游牧,一时难聚,是以追袭稍迟,且未奉谕旨,不敢遽进。"②

但乾隆帝对此比较冷静,而且不相信当事者是阿布赉属下。一个月后,乾隆帝下旨说:

> 哈萨克性同禽兽,伺间抢掠,亦事之所有,察达克若能追剿固善。但此等哈萨克不知系何部落,若阿布赉所属,似不应有此,或系俄罗斯乌梁海之间所居哈萨克,被俄罗斯煽诱亦未可知。

让察达克加意探听防范,堵截擒剿。又因莫尼扎卜熟悉乌梁海

---

① 《平定准噶尔方略》正编卷八三,乾隆二十四年十二月己卯,第2—3页。
② 《平定准噶尔方略》正编卷八三,乾隆二十四年十二月壬辰,第16—17页。

第九章　乌梁海人与哈萨克部的边境纠纷

情况,也被派往查勘。要求一得确信,作速具奏。①

于是,成衮扎布派杜尔伯特策凌乌巴什领兵三百五十名追袭抢掠乌梁海贼人。又传知额尔克沙喇等整兵暂驻,俟虚衔蓝翎塞音台吉都噶尔等探得确信,即行进剿。②

内大臣察达克俘获一带伤的哈萨克人询问,得知抢掠乌梁海的哈萨克人系阿布赉宰桑噶里卜,率众五百人,由吹、阿贝喀卜齐勒路前来,仍于来路转回。

成衮扎布奏请仍照前奏领喀尔喀兵一千,合都尔伯特、乌梁海之众前往勘明,就近追剿。

乾隆帝说:

> 阿布赉系久经归附之人,岂敢妄动。但伊不能约束所部以致乘间抢掠,亦未可定,自当痛加惩创。此时亦不必遽往,且俟察达克、策楞乌巴什、莫尼扎卜等查奏,于来年办理,所有粮饷马匹则须密为豫备。成衮扎布仍驻扎军营,令策布登扎布来京筵宴。毕即,同富德等领索伦兵五百名,派扎哈沁、都尔伯特等千余名余于喀尔喀拣选约兵二千,俟草青时乘哈萨克不备,相机进剿。一切密查妥办,即察达克等亦不必先使与闻,惟期一举蒇事,以饬边防而昭国法,俱着谕知之。③ 十五日下旨说:成衮扎布等奏,哈萨喀抢掠乌梁海系阿布赉属人。看来必非阿布赉本意,乃所属托名滋事。④

看来乾隆帝不相信此事与阿布赉有直接关系。

两天后,乾隆帝又说:

> 乌梁海被掠一事,可疑处颇多,必须查询明白,方得办理之法。朕意或俄罗斯等欲阻阿布赉之内附托名抢掠,或哈萨克以从前曾附俄罗斯被其诘责,故以抢掠示信,或阿布赉不能约束所部致其妄动,或哈萨克锡喇尚存煽诱生事。大概不出此四端。着谕成衮扎布即

---

① 《平定准噶尔方略》正编卷八三,乾隆二十四年十二月己卯,第2—3页。
② 《平定准噶尔方略》正编卷八三,乾隆二十四年十二月丙戌,第11—12页。
③ 《平定准噶尔方略》正编卷八三,乾隆二十四年十二月庚寅,第14—15页。
④ 《平定准噶尔方略》正编卷八三,乾隆二十四年十二月辛卯,第15—16页。

交额尔克沙喇等详悉访问,作速奏闻。仍与察达克等密商办理。①

几天后,哈萨克阿布赉属人到乌鲁木齐贸易。乾隆帝认为:

> 阅其情词,颇为恭顺,看来抢掠乌梁海者非阿布赉属人。朕昨以可疑之四端指示若有一于此,则冒昧进兵,反堕其术中,故必询问明白,非谓大功告成,遂可苟且姑息也。额尔克沙喇等可告知察达克,此时且不必直入哈萨克界,俟促生询问,得实具奏,朕再酌量办理。②

到乾隆二十五年一月四日,策布登扎布、富德领兵二千办理乌梁海被掠事宜,携马五千余匹、驼九百余峰、牛羊二万余。而且杜尔伯特、乌梁海等都各有乘骑。③

一月二十一日,派熟悉哈萨克情形的纳旺前往宣谕阿布赉云:

> 我驻扎乌里雅苏台将军等,据报有统众抢掠乌梁海者自称哈萨克部落,或称系阿布赉亲身统领。将军等奏请兴师问罪。奉大皇帝谕旨,阿布赉受朕深恩,焉敢妄为,其中恐有别情,应行查询明确。……但哈萨克游牧,从来散处,或彼此妄行抢掠,不令阿布赉知悉,亦未可定。阿布赉惟应据实陈奏,自当斟酌办理。此旨即着纳旺详悉传谕。仍赐阿布赉缎四端。④

二十九日,申谕纳旺曰:

> 哈萨克于去冬今春,往来不绝,其情词益为恭顺,则抢掠乌梁海一事,断非出自阿布赉可知。着传谕纳旺,即与同行厄鲁特侍卫等速赴乌鲁木齐,酌派兵丁数名前往。哈萨克与阿布赉相见时不得致令惊疑,可备述前后情节,俾伊得据实查明委系何处人等抢掠。一得确信,速行奏闻。⑤

奉命去调查乌梁海被掠事件的额尔克沙喇、莫尼扎布等询问被掠脱出之乌梁海得知,抢掠乌梁海者系哈萨克巴鲁克巴图鲁。二十

---

① 《平定准噶尔方略》正编卷八三,乾隆二十四年十二月癸巳,第17—18页。
② 《平定准噶尔方略》正编卷八三,乾隆二十四年十二月乙未,第19—20页。
③ 《平定准噶尔方略》正编卷八四,乾隆二十五年正月辛亥,第5页。
④ 《平定准噶尔方略》正编卷八四,乾隆二十五年正月戊辰,第27页。
⑤ 《平定准噶尔方略》正编卷八四,乾隆二十五年正月乙亥,第31页。

第九章　乌梁海人与哈萨克部的边境纠纷

五年二月,内大臣察达克率军三百来哈萨克边境捉生询问。① 后来乾清门侍卫纳旺亲自前往哈萨克调查,发现涉及抢掠乌梁海之哈萨克有十一个,其中包括阿布赉属部。②

二月十六日,乾隆帝说:

> 抢掠乌梁海一事,须查询确实,不可轻举妄动。即如俄罗斯讹传哈萨克统众三万前来,至今毫无影响,固情节可疑。而乌梁海等又称:系巴鲁克巴图鲁则又是哈萨克而非俄罗斯矣。朕前谕谓或系俄罗斯,或系哈萨克不出所指四端,要于务得实信。今览额尔克沙喇等报文内称,与朕所指俄罗斯情节相近等语。若稍有附会或拘泥办理必至歧误,着传谕额尔克沙喇等知之。③

十九日报,探信侍卫阿扎喇让札木禅、多岳特询问贸易人等知,哈萨克巴鲁克巴图鲁抢掠乌梁海。又有哈巴木拜属人亦称巴鲁克巴图鲁,遇逃走之乌梁海等,掠其马匹牲只。抢掠乌梁海者为哈萨克人无疑。

乾隆帝传谕纳旺令其见阿布赉时责令拿送巴鲁克巴图鲁。若阿布赉不能擒获,即在哈萨克确访其游牧处所,作速奏闻。同时又传谕成衮扎布,若带领新派之索伦兵一千名直入擒拿自可弋获,候旨遵行。④

二十日,额尔克沙喇、莫尼扎卜议于额尔齐斯解冻之前速往哈萨克边界捉生询问。又据贸易人告称,抢掠乌梁海系巴鲁克巴图鲁。

鉴于此,乾隆帝谕令成衮扎布撤回军队,停止捉拿抢掠乌梁海哈萨克人。

> 但巴鲁克巴图鲁不过小丑妄行蠢动,所调官兵不必急行,富德

---

① 《二等侍卫纳旺奏遵旨出使哈萨克与阿布赉等交涉乌梁海被掠等事宜折》,乾隆二十五年六月五日,《军机处满文录副奏折》,档案号:03-0178-1835-029。
② 《参领那旺奏报哈萨克抢掠乌梁海情形折》,乾隆二十五年十月十三日,《军机处满文录副奏折》,档案号:1848-030。
③ 《平定准噶尔方略》正编卷八五,乾隆二十五年二月辛卯,第15—16页。
④ 《平定准噶尔方略》正编卷八五,乾隆二十五年二月甲午,第19页。

亦无庸同往。着策布登扎布于七月初旬以副将军统兵,玛瑺、车木楚克扎布为参赞大臣相机擒剿。此时仍俟额尔克沙喇等侦探确实,不可拘泥办理。①

三月,哈萨克阿布勒玛木比特、阿布赍等,遣胡图拜、阿塔赍等求入觐。乾隆帝派侍卫萨穆坦,护送来京。要求沿途行走,亦不必过急,一日约万里以外。并传谕黑龙江将军绰尔多,前所派索伦兵一千,若尚未派出,即行停止,或业已整装,亦令其在该处候旨。并传谕成衮扎布等知之。②

乾隆帝又敕谕哈萨克阿布勒玛木比特、阿布赍、阿布勒比斯、哈巴木拜等:

> 去岁尔等哈萨克之人,抢掠乌梁海,我将军大臣等即欲兴师问罪。朕因尔阿布赍等归诚已久,须询问确实。续因尔等贸易之人告称,抢掠乌梁海系尔处之巴鲁克巴图鲁,则与尔等无涉。但尔等受朕深恩,若力能擒献巴鲁克巴图鲁,更见悃诚,特遣侍卫纳旺传谕,尚在中途。尔等已遣使贡马,并求入觐,或尔等知乌梁海被掠之事,悚惧祈请,以昭恭顺,朕益鉴尔等诚意。尔等但遵旨将抢掠乌梁海等所获察出送还,即巴鲁克巴图鲁亦尚可加恩曲宥。嗣后惟约束所部,以安生业。……尔等来使,已命侍卫等护送来京,至日自加恩赏。今以降敕,赐缎各四端,尔等其祗受敬悉,特谕,赐御前头等侍卫,敦察拜哈巴图鲁号,赏银一百两。③

二十五日,乾隆帝下旨说:

> 阿布赍等恭顺有加,已将所调索伦兵一千名停止。近日脱出之额鲁特等,又有哈萨克人等,欲擒献巴鲁克巴图鲁之语。则喀尔喀、扎哈沁之兵,俱可不用,策布登扎布前往布延图之处,亦可一并停止。朕于军行进止,惟相度机宜,必不肯徒劳师旅。倘哈萨克将来竟不擒献巴鲁克巴图鲁,其势必用兵,俟临时再降谕旨。④

---

① 《平定准噶尔方略》正编卷八五,乾隆二十五年二月丙申,第22页。
② 《平定准噶尔方略》续编卷一,乾隆二十五年三月庚戌,第2—3页。
③ 《平定准噶尔方略》续编卷一,乾隆二十五年三月庚戌,第3—4页。
④ 《平定准噶尔方略》续编卷一,乾隆二十五年三月庚午,第21页。

第九章　乌梁海人与哈萨克部的边境纠纷

乾隆帝宁愿相信道听途说之语,也不愿意进兵哈萨克捉拿肇事者。过几天又下谕旨说:

> 谓阿布赉业已遣使入贡,抢掠乌梁海一事,系巴鲁克巴图鲁所为,与伊等无涉,不必进兵,或但遣人前往询问,亦即宣旨撤兵。俱着传谕成衮扎布,酌量办理。①

此时,一位从乌梁海逃回之哈萨克人和俄罗斯人传言清军要兴师问罪,使得边境上的哈萨克人逃之夭夭,巴鲁克巴图鲁也随之迁往远处。②

到乾隆二十五年夏四月六日,清朝让哈萨克人捉拿巴鲁克巴图鲁的希望落空后,惩罚不了对方,只能来惩罚自己人,把哈萨克抢掠之事责任推到了被掠乌梁海总管身上,责备总管扎巴罕未能防范。传谕成衮扎布等:"若扎巴罕不过疏忽并无他故且尚能管辖所属,即加以戒饬,仍令安居。若情有可疑,即将扎巴罕解京,其总管之缺另行选补,仍与察达克、图布慎等商酌办理。"③

成衮扎布经调查反映,乌梁海总管扎巴罕等,传令使其迁移游牧,但仍然留恋旧牧,而被哈萨克抢掠;又不能约束属人,使鄂勒锥图逃走。官兵将拿获之哈萨克布什伯克等,交给章京布特勒图看守,但因睡岗导致脱逃。成衮扎布建议将布特勒图应即行正法,看守兵丁硕达等应鞭一百,穿箭游营。扎巴罕按理也应正法,但年方十七,属人貌玩成习,情有可原,应请革去总管,另行拣选承袭。

乾隆帝接到奏折后说:

> 布特勒图等,疏脱贼犯,自应从重治罪,但伊等俱系愚蠢之乌梁海。布特勒图着从宽免其正法,兵丁等亦仅予斥革示惩,免其鞭责穿箭。扎巴罕不能管辖属人,疏脱贼犯自应斥革,姑念年幼无知,从宽免其革职,仍令办理总管事务。察达克、图布慎等有与伊游牧相近者,着

---

① 《平定准噶尔方略》续编卷一,乾隆二十五年三月戊寅,第31页。
② 《二等侍卫纳旺奏遵旨出使哈萨克与阿布赉等交涉乌梁海被掠等事宜折》,乾隆二十五年六月五日,《军机处满文录副奏折》,档案号:1835-029。
③ 《平定准噶尔方略》续编卷二,乾隆二十五年四月庚辰,第1页。

派员协同办事,仍以朕悯念,伊等施恩曲宥之处,晓示知之。①

乾隆帝撤回武力解决问题方案,主张让哈萨克人自己擒献涉事者的方案也破产。但发生如此大的事一定要解决,迫不得已之际,只能拿自己人开刀,把责任完全推到乌梁海人身上,乌梁海首领险些因这事被砍头。乌梁海人既被人抢掠,又受到处罚,两头受气,处境很尴尬。

庚午,乾隆帝晓谕哈萨克巴鲁克巴图鲁:

> 罪应致讨,北路将军大臣即欲发兵。朕以尔等恭顺有年,不欲以一人而惊扰全部,因遣侍卫纳旺赍敕往谕。尔等应使巴鲁克巴图鲁服罪,将从前掠获,逐一查还,尚可曲为矜宥。此时自必遵旨办理,俾纳旺复命矣。尔等果能怀仁向化,惟约束所部,各守疆域,以安生理,庶可仰承朕恩,常享无穷之福。②

看样子,乾隆帝已放弃捉拿抢掠乌梁海之哈萨克人的决定,只要求归还所掠人畜。面对这个要求,哈萨克阿布赉汗说:

> 我等诚心归附,岂敢纠众抢掠乌梁海?实系巴鲁克巴图鲁所为。今蒙大皇帝明鉴,即传集众议,将所掠乌梁海等送还游牧,但恐数有缺少。

鉴于此,乾隆帝传谕阿布赉说:

> 尔等若不隐匿何至缺少,即牲只不无费去,亦应令抢掠之人赔补。

阿布赉表示,到巴鲁克巴图鲁游牧,一起商量再解决,巴鲁克巴图该怎么处置。乾隆帝要求先查出乌梁海人口牲只酌量交还,再行具奏。③

十月十日,乾隆帝赐哈萨克阿布赉敕书:

> 去年尔部落巴鲁克巴图鲁抢掠乌梁海。据乌里雅苏台将军大臣奏请发兵,朕未允行,惟令察核所掠之人口、什物。命侍卫纳旺赍

---

① 《平定准噶尔方略》续编卷二,乾隆二十五年四月癸巳,第12页。
② 《平定准噶尔方略》续编卷三,乾隆二十五年五月庚午,第11页。
③ 《平定准噶尔方略》续编卷五,乾隆二十五年七月乙未,第24页。

第九章 乌梁海人与哈萨克部的边境纠纷

敕谕尔。今据奏称,尔感戴朕恩与伊前往抢掠乌梁海之哈萨克等游牧察核送还,又专使入觐,诚恫可嘉。前事系巴鲁克巴图鲁所为,与尔不相干涉。朕久已洞鉴,此时应已察出送还乌梁海游牧矣。①

纳旺于三月二十五日从乌鲁木齐出发出使哈萨克,五月二十七日到达阿布赉驻地哈勒查克图传奏和赏赐,向阿布赉索要乌梁海被掠人畜。阿布赉觉得哈萨克人居住分散,难以聚集,掠来其人畜有缺失,难以悉数还清。纳旺责备阿布赉道:"若不是你故意隐瞒,怎么会缺失呢?"要求阿布赉必须悉数给还。② 纳旺于六月十二日同哈萨克阿布赉前往巴鲁克游牧处所。沿途遇被掠之乌梁海男女等全被俱查出付还,但没交明牲畜和物资。据乌梁海人所报数目向阿布赉索取,阿布赉愿竭力查给。阿布赉恳求待查出后,再送过去。③

纳旺通过暗访得知,巴鲁克巴图鲁部众已迁走,其呼克扎尔拉、萨尔珠玛特二鄂托克,都是巴鲁克姻戚,已迁到一处居住,巴鲁克巴图鲁也与其相合。共有八九百户,能出兵一千余人。巴鲁克巴图鲁非常惊恐,迁到一个叫阿克阔勒的地方居住,在巴彦乌拉北部。哈萨克人认为,清军一定会前来报复,而且会穷追不舍,直至将哈萨克人全屠杀殆尽。为此哈萨克人惊慌失措,到处逃散。④ 纳旺前往哈萨克各个鄂托克调查被掠乌梁海人众时,哈萨克人将乌梁海人隐藏起来,或转移到别处,或者谎称是俄罗斯和准噶尔乌梁海。阿布赉也以各种借口推脱,使得调查工作不够顺利。纳旺认为,若捉拿巴鲁克,虽然能够在哈萨克人当中树立威信,但这样会得罪呼克扎尔拉、萨尔珠两鄂托克人众。阿布赉也怕因此激起民愤,表示不敢也无能为力捉拿巴鲁克巴图鲁。⑤ 因此阿布赉请求宽恕巴鲁克,并愿

---

① 《平定准噶尔方略》续编卷六,乾隆二十五年十月辛巳,第27—28页。
② 《二等侍卫纳旺奏钦差出使哈萨克颁赏物品并交涉乌梁海被掠中俄关系等事宜折》,乾隆二十五年六月五日,《军机处满文录副奏折》,档案号:1835-030。
③ 《平定准噶尔方略》续编卷七,乾隆二十五年十一月癸卯,第10—12页。
④ 《二等侍卫纳旺奏遵旨出使哈萨克与阿布赉等交涉乌梁海被掠等事宜》,乾隆二十五年六月五日,《军机处满文录副奏折》,档案号:1835-029。
⑤ 《参领那旺奏报哈萨克抢掠乌梁海情形折》,乾隆二十五年十月十三日,《军机处满文录副奏折》,档案号:1848-030。

派遣自己弟弟卓勒巴喇斯进表,请求将剩下的乌梁海被掠之人于来年全部送还。纳旺此行,查出乌梁海一百四十八口,马五十六匹,及牛驼、军装等物。卓勒巴喇斯苏等二十四名跟役五人于八月十九日自通鲁克起程,十月十二日到察罕郭勒,从阿尔台索勒毕岭过乌梁海游牧,会同内大臣察达克交收人口、牲只、什物。①

乾隆二十六年正月十六日,乾隆帝谕哈萨克阿布赉:

> 从前巴鲁克巴图尔抢掠乌梁海等,驻扎乌里雅苏台将军欲发兵问罪。朕念尔等素称恭顺,不允所请,特命侍卫纳旺前往,谕令拿送罪人,查还所掠。尔阿布赉即同纳旺亲行查办,送还乌梁海人口、牲只、什物,又遣使入觐代巴鲁克巴图尔请宽。朕为天下共主,凡外藩归附人等果能自知其罪,改过迁善,亦姑予矜全,惟怙终不悛始加征讨。今巴鲁克巴图尔既惶惧祈求,而尔等又专使奏恳朕恩,尚属恭顺,巴鲁克巴图尔着免其拿送治罪。嗣后尔等惟加意约束所部,各守封疆,善图生计。勿谓此次有请即允,遂妄图侥幸越境盗窃。

乾隆帝决定正式放弃捉拿巴鲁克巴图尔,并要回了大部分被掠人畜,使该事件初步得到了解决,但拒绝归还被乌梁海所掳哈萨克人:

> 又尔阿布赉使人奏云,尔所属有三人为乌梁海所获,乞查出发回。所奏未为合理,即如巴鲁克巴图尔系获罪之人,理应拿送尚加恩宽免。此三人既为乌梁海所豢养,何必校计?如必欲查还,可将巴鲁克巴图尔拿送前来,朕再降谕旨。适已命尔使,谕因附及之。尔等其各宜领悉。特谕。②

乾隆二十八年(1763)三月十四日,成衮扎布等奏,派公多尔济车登等,到乌登郭勒传唤哈萨克巴尔鲁克巴图鲁,查询戕掠乌梁海一事。查出杀害乌梁海人、偷窃牲畜者,系巴尔鲁巴图属下章台里克跟役。章台里克恳言,其生死全听主恩。巴尔鲁克巴图鲁也为他请命,并遣其子巴德、章台里克之弟拜玛尔咱,与章台里克一同来进马匹。

---

① 《平定准噶尔方略》续编卷七,乾隆二十五年十一月癸卯,第10—12页。
② 《平定准噶尔方略》续编卷九,乾隆二十六年正月丙辰,第10—13页。

第九章 乌梁海人与哈萨克部的边境纠纷

乾隆帝说：

戕害乌梁海人等及偷窃牲畜之事，既系章台里克属下所为，理应将章台里克治罪。但巴尔鲁克巴图鲁接到多尔济车登传唤之令，即刻前来，并将章台里克交出，又遣人与章台里克同来进献马匹，为之乞命，甚属恭顺。即便将章台里克等解送京城，亦必念及伊等恭顺，宜宽宥其罪。且伊等俱未出痘，现当盛暑，长途来京，恐生疾病。

传令不必将章台里克解送京城；对行凶杀人的章台里克跟役，认为若不示惩，将会不知畏惧。于是照蒙古之例，令章台里克按杀一人罚马五匹计算，共罚马十五匹，给被害三人家属。①

至此，哈萨克掳掠乌梁海之事历经三四年才得到解决。乌梁海被杀十人，众多牲畜被掠。对此，乾隆帝刚开始不相信为哈萨克所为；得到确认后，不相信为阿布赉部下所为。最后进一步确认事件与阿布赉亲属巴鲁克巴图鲁有关，但乾隆帝坚信此事非出自阿布赉本意，发生这种事，要么阿布赉没能约束住自己的部下，要么在俄罗斯人压力下不得已而为之。在此事件中，乾隆帝不停地袒护阿布赉，从内心不相信此事出自阿布赉本意。

第二节 西北边陲长期纷争

在哈萨克部掳掠乌梁海问题的处理方式上，乾隆帝不愿动用武力，一直努力和平解决。通过几年努力，等捉到凶手后，又免罪释放，象征性地收取一些牲畜，以经济处罚代之。在此博弈中，乾隆帝只博得了面子上的胜利，而哈萨克则摸清了清朝在乌梁海边境地区的底线。这开启了清哈双方无休止的边境纠纷，也在一定程度上为沙俄蚕食乌梁海边境埋下了祸根。

清方这一处理方式未能从根本上杜绝此类事件再发生。如，处理完巴鲁克巴图鲁事件的第二年，又发生了哈萨克抢掠乌梁海事件。

---

① 《军机处寄信档》，乾隆二十八年三月十五日，档案号：03-130-1-035。

乾隆二十八年二月,据乌梁海告称,有哈萨克九人前来,杀害乌梁海三人,掠去羊马什物。成衮扎布欲前往追捕,但因恐多尔济策登等兵力不足而止。

乾隆帝下旨:

哈萨克边境人等,乘间抢掠乌梁海,情节可恶,自应擒治,以示惩创。且已知贼匪名目,何难办理?乃成衮扎布虑兵力不足,遣人往阻。伊身为将军,派员巡查边境,宜饬令擒拿贼匪。而传于具报之事,戒其勿行,似此意存怯懦,甚属错谬。①

哈萨克掳掠乌梁海纠纷刚一介绍,接着发生了乌梁海掳掠哈萨克事件。乾隆二十七年十月报,哈萨克遭乌梁海人掳掠。清方派侍卫明成同乌梁海内大臣察达克到阿勒坦淖尔总管扎喇那克处详悉访察,得知哈萨克之前抢掠乌梁海牲只什物,后经交涉,得以索还;但其所掠俄罗斯乌梁海宰桑库克新等之物,并没给还。库克新等前来报复,因此抢哈萨克牧群两次。乾隆帝令明瑞等人,遇哈萨克人即将所访缘由明白晓示,并要求哈萨克应当向俄罗斯索取被掠牧群,与内附之乌梁海等无涉。②

据乌梁海人证实,抢掠哈萨克马匹的乌梁海库克新为平定准噶尔后逃入俄罗斯者。内大臣察达克表示,办理该问题非常容易,但害怕因此与俄罗斯启衅,未敢擅自处理。乾隆帝说:"库克新等假我乌梁海之名抢掠哈萨克马匹,情甚可恶,且伊等前曾归附,后又随郭勒卓辉等逃入俄罗斯,理应问罪。今察达克等既愿办理,甚属妥协,何必复生疑虑着。"③

这期间,哈萨克蠢蠢欲动,欲伺机报复乌梁海。二十七年十一月,乌梁海散秩大臣图布慎之子伊苏特在额尔齐斯河渡口见有兵马旗纛踪迹。此处是同往哈萨克之要道。④

二十七年十一月,乌梁海内大臣察达克率军五十去追剿抢掠哈

---

① 《平定准噶尔方略》续编卷二〇,乾隆二十八年二月辛卯,第17—18页。
② 《平定准噶尔方略》续编卷一九,乾隆二十七年十月乙巳,第2页。
③ 《平定准噶尔方略》续编卷一九,乾隆二十七年十月己酉,第3页。
④ 《平定准噶尔方略》续编卷一九,乾隆二十七年十一月丁亥,第18—19页。

第九章 乌梁海人与哈萨克部的边境纠纷

萨克之乌梁海。①

二十八年正月癸未,成衮扎布奏报已捉拿抢掠哈萨克之乌梁海人。杜尔伯特亲王策零乌巴什、内大臣察达克、副管旗章京莫尼扎布等,领兵前往,捉生询问,得知库克新在和罗图游牧。于是遂昼伏夜行,前往掩袭,库克新等惊溃,逃窜山僻。策零乌巴什等人又深入攻击,将库克新及其弟等,并行所属五十八人,俱行屠杀,收其妻子给赏兵丁,收取余众。又得知,从前叛逃宰桑呼图克纳木奇之弟玛木特等游牧,在俄罗斯图啦居住,但雪大不能前往。所获人数内有纳木奇、玛木特之子,询据供称,因鄂木布、郭勒卓辉之乱,不得已投入俄罗斯,时常惊恐,情愿投回。察达克等人派人去招抚,令其在雪融化后前来。酌量将招抚人户分给察达克等管辖。又讯出带头抢掠哈萨克牧群之索隆鄂、乌努雅克等,由驿站解送以备查询。其库克新首级,在路口枭示,使众人共知警惕。②

乾隆二十四年冬,哈萨克同时抢掠清属乌梁海和俄属乌梁海。在哈萨克人眼里两乌梁海是没有界限的,将之作为一整体采取了行动。通过清朝方面强力交涉,清属乌梁海被掠人畜得以赔偿和给还,但俄罗斯方面可能没采取行动,故俄属乌梁海被掠问题未能得到解决。故此,俄属乌梁海对哈萨克心怀不满,伺机报复,掠夺哈萨克两次。哈萨克人以为,前来掠夺自己的是清属乌梁海,故向清方提出。清方经调查,发现掠夺哈萨克的是俄属乌梁海,并且予以捉拿惩治。事与清属乌梁海无涉,清方完全可以置之不理,但始终将凶手捉拿归案。

经过这一系列事件后,哈萨克已经知道乌梁海背后有强大的清朝,无法与之为敌。于是,哈萨克巴勒图比尔等人与乌梁海人讲和,以求开展马市,但被察达克之子乌尔图纳逊盘诘逐回。

二十八年十二月癸巳,乾隆帝下旨:

> 哈萨克人贪鄙性成,其属下人众听其往来,难免盗窃争斗之事。成衮扎布等嗣行驱逐,办理甚妥。着传谕成衮扎布等,嗣后再有贸

---

① 《平定准噶尔方略》续编卷一九,乾隆二十七年十一月甲申,第16—17页。
② 《平定准噶尔方略》续编卷二〇,乾隆二十八年二月癸未,第13—14页。

易人来,应交察达克、图布慎谕以内地商人俱在伊犁、乌鲁木齐尔等。若欲贸易,自可前往。且此间并无管理贸易之员。万一滋生事端,亦于尔等无益,是以将军等禁止贸易。①

阿尔泰乌梁海人由于受哈萨克掳掠,二年以来,未能将所定贡赋全行交纳。乾隆帝说:"伊等归服以来,颇知实心效力,朕宽其贡赋,加以赏赉,始稍有起色。而去年复遭哈萨克抢掠,着仍赏给缎布。此次出自特恩,后不为例。"②

在此期间,还发生过特楞古特人等抢掠乌梁海事件。乾隆帝说:

哈萨克、特楞古特、乌梁海等,互相盗窃,事所时有。未必有大队前来,若果有之,亦非察达克等所能御。③

又据阿勒坦诺尔总管扎喇纳克等禀称,俄罗斯博勒和纳克、舍楞、布图扬带兵抢掠乌梁海等交界。④

乾隆二十七年,乌梁海萨玛喇特等在额尔齐斯地方打围遇有哈萨克十数人,肆行抢掠。乾隆帝对此却不以为然:

额尔齐斯等处为乌梁海、哈萨克二处适中之区,彼处小人图利窃掠,亦属常事。成衮扎布等,若派人巡哨,遇应行擒捕者擒捕,应行禁止者禁止,即可了事。又何必将军大臣等带兵剿办?⑤

哈萨克与乌梁海之间这种相互侵扰,有清一代没有停止过。若哈萨克侵犯乌梁海,清廷仅仅给予口头警告而已,有时甚至会置之不理;一旦乌梁海人掳掠哈萨克,则不论轻重,一律处死。如乾隆四十年,乌梁海等偷盗哈萨克马匹,多敏等人奏请将为首之塔奔,即行正法;其随从者阿木尔、巴图尔、贝克等,发往烟瘴地方。乾隆帝要求不分首从,将所有人处死,并让哈萨克人观看。⑥

---

① 《平定准噶尔方略》续编卷二三,乾隆二十八年十二月癸巳,第24页。
② 《平定准噶尔方略》续编卷四,乾隆二十五年七月己酉,第15页。
③ 《平定准噶尔方略》续编卷四,乾隆二十五年七月辛酉,第30页。
④ 《清高宗实录》卷六一七,乾隆二十五年七月壬戌,第16册,第943页。
⑤ 《清高宗实录》卷六七六,乾隆二十七年十二月辛丑,第17册,第565—566页。
⑥ 《清高宗实录》卷九九五,乾隆四十年乙未闰十月癸酉,第21册,第306页。

第九章　乌梁海人与哈萨克部的边境纠纷

乌梁海人地处清朝西北边陲,地广人稀,清朝经常鞭长莫及,成为哈萨克等邻部骚扰的对象。为此,哈萨克、俄属乌梁海、清乌梁海、特楞古特等部长期互相侵扰、互相争夺,成为长期困扰清边境之隐患。

第十章　沙俄入侵与乌梁海部的归属问题

乌梁海三部中的唐努乌梁海和阿勒坦淖尔乌梁海现今都已不在中国领土之内。唐努乌梁海大部分成为当今俄罗斯联邦图瓦共和国,其东部达尔扈特旗归入了蒙古国;阿勒坦淖尔乌梁海成为当今俄联邦阿尔泰共和国。阿尔泰乌梁海七旗领地,一部分位于现今新疆阿勒泰地区,一部分则位于现今蒙古国西南部一带。

乌梁海人作为当地土著,经济形式以狩猎为主,具有单一性;其所处自然环境以深山老林为主,决定了其居住的分散性。他们长期以来未能形成政治中心和统一的政权。面对一次次帝国扩张,只能不断地改头换面,以求适应和生存。都波等土著人进入突厥汗国版图,经受数百年突厥化历程,拥有了鲜明突厥文化特征。接踵而至的是蒙古帝国扩张,同样经历了数百年蒙古化历程,并被冠以"乌梁海"这古老的蒙古部落名称而进入了清人视野。

清朝摧毁蒙古漠南、漠北两大政治中心,以全体蒙古共主自居。但漠西蒙古政权的存在挑战着大清皇帝的尊严,同时也威胁着其西部边境的安全。康熙、雍正二帝在与准噶尔政权斗争中,对乌梁海人一直忽略不计,故对乌梁海部未采取专项行动。他们深知其摇摆性,认为只要拿下准噶尔,乌梁海人便会自动归附。但乾隆帝与其先辈们不同,他对乌梁海人极其重视,从其继位伊始便开始了对乌梁海人的经营,经常从乌梁海人处获取关于准噶尔的情报;在出兵准噶尔汗国之前,先招抚了其外围乌梁海人;在喀尔喀出现动乱时,将喀尔喀所属乌梁海人也改为直属清朝中央。乾隆帝为何对乌梁海人如此情有独钟?其实乾隆帝这一做法反映了其隔离策略,将清朝军事力量直接嵌入乌梁海地区。首先将喀尔喀与准噶尔隔离开来,防止其连成一片;再者,将准噶尔与俄罗斯隔离,防止其联俄反清。

第十章 沙俄入侵与乌梁海部的归属问题

清朝虽然直接控制着乌梁海,但一百多年后,随着清王朝内忧外患的加剧和俄罗斯帝国扩张势头的加剧,清朝已经很难控制乌梁海等西部边陲。

沙俄对乌梁海地区的经营从17世纪初即已开始,但蒙古喀尔喀部和准噶尔部的强硬态度阻止了俄罗斯在乌梁海的扩张步伐。清朝在征讨乌梁海人的战争中,俄罗斯不断收留乌梁海叛逃者,继续努力在乌梁海扩大影响力。

在清乾隆帝彻底收服乌梁海三部后,俄国也没放弃对乌梁海的侵扰。乾隆二十八年,俄罗斯在毕斯河和哈屯河之间,卫满河源,布克图尔玛、库克乌苏地方造屋树栅。布克图尔玛、库克乌苏,系果勒卓辉旧游牧;毕斯系呼图克旧游牧。也就是说俄罗斯建造房屋、树立栅栏的这些地区原属于准噶尔领土。俄罗斯虽然已造屋立栅栏,但没有人居住。乾隆帝传谕成衮扎布:车凌乌巴什派厄鲁特兵一百名,察达克等派乌梁海兵一百名,令副都统扎拉丰阿带领莫尼扎布、察达克二人,前往库克乌苏、毕斯等地方,将俄罗斯木栅屋宇尽行拆毁;又招降了在附近居住的俄属乌梁海人玛木特。①

卫满河、布克图尔玛、库克乌苏都在哈屯河上游。阿勒坦河与哈屯河汇合成鄂毕河,阿勒坦河从阿勒坦淖尔湖流出。阿勒坦淖尔是个南北走向的长条形湖,像条Y形树枝,粗干朝南,叉枝朝北,西分叉稍长,流出阿勒坦河,也就是毕亚河。该湖四周都是山林,众多溪流和泉水汇入而形成。在湖周围狩猎为生的乌梁海人被称为阿勒坦淖尔乌梁海。在阿勒坦河与哈屯河汇合处,俄国建了比斯堡,作为向阿勒坦淖尔乌梁海扩张的基地。

清王朝在大一统旗帜下进行的扩张战争,到18世纪中叶已达极限,同时也在西伯利亚南端挡住了沙俄帝国的殖民扩张。过了一百多年,沙俄帝国的扩张惯性还在持续,而清王朝的内忧外患削弱了清朝对边陲地带的控制力,同时增加了沙俄对此地区的渗透力。

---

① 《署定边左副将军印务参赞大臣扎拉丰阿奏派员往伊犁解送牛只及将由哈萨克逃出之厄鲁特沙耐等送往伊犁折》,乾隆二十九年正月十八日,《军机处满文录副奏折》,档案号:03-0181-2067-035。《清实录》,乾隆二十八年八月乙酉,第17册,第755页。

第一节 《布连斯奇界约》与唐努乌梁海的领土划分

乌梁海三部中,唐努乌梁海和阿勒坦淖尔乌梁海两部被沙俄所并,现成为俄罗斯联邦两个加盟共和国。沙俄吞并乌梁海主要方式是通过条约割取和军事占领。如沙俄通过《北京条约》《中俄勘分西北界约记》等一系列条约割取了阿勒坦淖尔乌梁海全境和唐努乌梁海部分地区。其实,中俄划分乌梁海的条约并不都发生在清末。早在雍正年间,清俄两国已就乌梁海领土划分签订过条约。下文首先讨论中俄在雍正年间签订的《布连斯奇界约》对乌梁海领土的影响,进而叙述俄国不断逐步吞并乌梁海领土的过程。

1727年清俄签订《布连斯奇界约》,该条约是在清俄双方平等条件下签订的,双方不存在强制和恐吓。因此大家认为,通过该条约,清朝获得了唐努乌梁海全境,在乌梁海领土上没吃亏。但事实并非如此,唐努乌梁海北部一些地区被划归俄国。樊明方先生敏锐地发现了这一问题,做了详细的考证。法国人加恩写的《彼得大帝时代俄中关系史》①一书对《布连斯奇界约》签订过程和其前后俄中交往进行了详尽介绍,并就两国关系做了大量分析。该书还附有作者所征引的主要资料。

本节在充分吸收樊明方等人成果基础上参考《清代中俄关系档案史料选编》(第一编下)、《俄中两国外交文献汇编(1619—1792)》等资料对俄国根据《布连斯齐界约》割取唐努乌梁海北部疆域过程加以介绍。

俄国扩张势力早在17世纪便已抵达太平洋沿岸,进而南下在黑龙江流域与清朝驻军发生冲突。经过一系列斗争,最后经雅克萨之战,清军挡住了俄军的进一步南下。在此基础上,双方于1689年9月签订《尼布楚条约》,划定了清俄在黑龙江一带的边界。但该条约于喀尔喀蒙古和乌梁海无涉,因为当时喀尔喀蒙古和唐努乌梁海还

---

① 中译本名《早期中俄关系史》,江载华译,商务印书馆,1961年。

第十章　沙俄入侵与乌梁海部的归属问题

没归附清朝。1697年清军肃清了在喀尔喀的噶尔丹势力,喀尔喀蒙古归附清朝。早在喀尔喀各部表示归降清朝的第二年(1692),康熙帝欲尽早将所得喀尔喀领土合法化,开始与俄罗斯提及划界问题,但俄罗斯方面十多年没回复。康熙帝怒道:"因定议喀尔喀事,曾行文于察汗汗,今十余年,未尝回文。"①

康熙与噶尔丹的继任者策妄阿喇布坦进行了长期斗争,至死未能解决准噶尔隐患。1722年康熙去世,其继任者雍正也想一举消灭准噶尔,于是在外交上采取了孤立准噶尔的策略。为防止准噶尔倚仗俄罗斯,以妨碍清朝荡平准噶尔的宏伟计划,清廷积极联络俄罗斯进行边界谈判,以条约形式约束俄罗斯,以防其支持准噶尔。但俄罗斯方面与清朝签约动力不足,此时俄罗斯最关心的是商贸问题。在没有出现新的商业利益情况下,难以促使俄罗斯前往谈判,俄罗斯对清朝皇帝提出的划界要求置之不理。清朝针锋相对,开始限制俄罗斯商业活动,将俄罗斯在北京的商务代表驱逐出境,禁止俄罗斯商队入境,并且将东正教大主教也逐出国境。并且有一批蒙古人在俄蒙边境树立标记,袭击俄罗斯商人等。俄罗斯不仅商业利益面临巨大损失,并且感到受了巨大羞辱。② 再拖下去,对俄罗斯边境也不利。在此情境下,俄罗斯当局才开始考虑清俄划界问题。俄罗斯方面迟迟不行动的另一重要原因是对中俄边界地带认识比较模糊,需要时间进行精确测量。而且,俄罗斯正抓紧时间在中俄边界到处建立城堡和军事据点,以便通过签约将之合法化。正在此时,俄罗斯国内发生了一件大事,彼得一世去世,叶卡捷琳娜一世继位。这一变故在一定程度上促进了俄国使者的出使。俄国使者借此机会向清朝皇帝报告新沙皇的继位,同时祝贺雍正皇帝的登基。彼得一世去世当年的1725年,以萨瓦为首的俄罗斯使者做好充分准备,带着俄外交委员会和商务委员会详细训令,带领相关专业人士前往北京。俄国使者在北京进行了长达六个月的谈判,通过贿赂清

---

① 《清圣祖实录》卷二七三,康熙五十六年壬申,第6册,第677页。
② (俄)尼古拉·班蒂什-卡缅斯基编著,中国人民大学俄语教研室译:《俄中两国外交文献汇编(1619—1792)》,商务印书馆,1982年,第127—128页。

朝官员和秘访耶稣会士,掌握了清朝在谈判中的底牌,又通过离间等手段促使清朝接受其谈判要求。雍正帝也希望尽快实现谈判和签约,经过双方妥协(清朝方面做出的让步更多一些),最后决定签订边界条约。但为了不激怒蒙古王公,条约不打算在北京签,而是派三名大臣前往边境再决定。①

雍正五年七月十五日(1727年9月1日),中俄两国官员在波尔河边互换《布连斯奇界约》。但该条约只规定了划界的原则和方法,并没具体画出详细边界。后来,1727年11月8日,在此基础上签订了《色楞额界约》,约定在两国边境立24个鄂博,作为边界。在此过程中,中俄两国官员都对边界做了一定了解。俄国方面,首先令西伯利亚总督派人勘察,但俄使萨瓦对此很不满意,亲自带领专业人员进行勘察,完成了三册调查报告。而清朝方面,找当地老人了解情况,完全根据老人的经验来规划边界。

俄国人在勘察边境时考虑的是有无金矿和军事意义,而清朝官员考虑狩猎和收税的方便。在谈判博弈中,清朝方面做出一定的让步才使条约成功签成。清朝在让步过程中将乌梁海北部一部分地区让给了俄国。

当时,清朝官员国舅隆科多亲自前往乌梁海地区了解情况,贝勒博贝邀集扎萨克台吉根敦、格木比尔等人属下年迈和谙知地形、地貌之人,详细询问。老人们说:

> 与俄罗斯勘定边界时,由肯木肯木齐克之博木教拉乌那库,往西至沙必乃达巴汉之大梁,往东至肯哲玛达·额尔吉克塔尔噶克台干之和尼因达巴汉、托罗斯达巴汉、古尔必达巴汉,以此大梁为界。应将此大梁之阴面为俄罗斯所属,其阳面为我属地。由此往东,若沿此梁议之,则楚库柏兴等地皆归我所属,如此恐不可行。故以流出此梁之哲得河为界,其此岸为我属,彼岸为俄罗斯所属,方为合理。惟于哲得河此岸,今有俄罗斯布拉特部之人游牧;而今将议定为界之古尔必达巴汉之外侧,阿凯河源及青吉尔、西伯、额尔沟河源,则有我贝勒博贝所属乌梁海人游牧。故此,应将我属乌梁海等

---

① 《俄中两国外交文献汇编(1619—1792)》,第160页。

第十章 沙俄入侵与乌梁海部的归属问题

迁回我界内,将俄罗斯所属布拉特等由俄罗斯迁回哲得河那边。由哲得河与色楞格河汇合处至我布拉柯兰卡伦为我界。①

国舅隆科多准备前往该地方视察,但策零、博贝等人劝阻,因为唐努山卡伦以西为准噶尔之地,不安全。而且此时正值乌梁海等部打牲旺季,若绕行过去,恐怕到年前都回不来。隆科多便放弃前往肯木肯木齐克等地,而改往察古尔必岭、哲得河等处察看。②

以上材料中,老人们提到的额尔吉克塔尔噶克台干,指的是额尔吉克和塔尔噶克两座由西往东的山。"台干"即图瓦语中的 taiga,专指较高且顶端有冰雪的山林,俄语和蒙语中也常借用该词。当地人虽然习惯将两座山合称,但两者不属于同一山系。额尔吉克山属西萨彦岭,塔尔噶克山属于东萨彦岭。肯哲玛达在额尔吉克山西。该名不知是什么语,笔者猜测,"肯哲"可能是突厥语中的 kenj,即幼小;"玛达"可能是突厥语中的母野驴。

很明显,这条方案是以萨彦岭为天然界线,但萨彦岭山梁并非是整齐的一条线,有其一定的复杂性。乌梁海人狩猎、游牧范围也不尽在山阳。由于噶尔丹的侵扰,喀尔喀王公南逃,俄罗斯所属布里亚特、哈里亚特乘乱迁入萨彦岭,俄国对有些乌梁海地方完成了事实上的占领。鉴于此,清方代表要求将越萨彦岭而牧的乌梁海人和俄属民各自撤到萨彦岭南北居住。但与此同时,清方考虑到俄国城堡楚库伯兴也在山南,从而采取折中方案,以该城南部的哲得河为界。哲得河为当今俄罗斯吉达河,系色楞格河支流,发源于萨彦岭,流经地基本上都在俄罗斯联邦布里亚特共和国境内,自西向东流入色楞格河。尼因达巴汉、托罗斯达巴汉、古尔必达巴汉、沙必乃达巴汉均为山岭渡口名。"达巴汉"为蒙古语中的"daban",专指山顶渡口,不包括峡谷等低矮渡口。阿凯河、青吉尔即阿巴坎河、汉腾格尔河,额尔沟河为安加拉河支流,为现今俄罗斯的基托伊河,这些地区不在同一个地方,几乎囊括了唐努乌梁海从西到东所有与俄罗斯交界处。

---

① 中国第一历史档案馆编:《清代中俄关系档案史料选编》第 1 编,中华书局,1981 年,下册,第 478—479 页。樊明方:《唐努乌梁海研究》,第 49—50 页。
② 《清代中俄关系档案史料选编》第 1 编,下册,第 479 页。

隆科多带着此方案去见俄国使者。由于隆科多态度强硬,俄国使者觉得隆科多是谈判一大障碍,于是采用各种手段欲将隆科多调离谈判现场。正在此时,隆科多突然被召回北京,并被囚禁。隆科多走后,图理琛询问策零新的谈判策略,策零说:

今观所设包衣卡伦内侧,我右翼喀尔喀牧场,并不狭窄,各自生活优裕。卡伦外侧,由车零旺布、博贝所属乌梁海人居住。该车零旺布所属乌梁海之地,与俄罗斯划界无关。再,居住于山区之博贝所属乌梁海人牧场,其俄罗斯所属哈里雅特、布里雅特人亦不去,可仍按本爵原奏划界。至哲得河,原虽属喀尔喀地方,然经噶尔丹之乱,我方人等再来居住,而由俄罗斯所属哈里雅特、布里雅特人居住多年,亦属事实。故可将哲得河划入俄罗斯,沿南梁为界。凡有越岭前来之俄罗斯人,议后当着其迁回。

图理琛说:

额驸所言甚合本使臣之意。候我等与使臣萨瓦会议之时,可照此议结。

于是策零与俄罗斯使臣萨瓦等会议两次。于七月十五日,策零等人与俄使者共同议结边界事务。

雍正帝朱批:

知道了。此事,尔等任重,事关万年之是与非。朕信用尔等,或是或非,在于尔等,日后盖有评论。朕今不甚详知尔等是否按地形办理,故其可否之处,毋庸降旨。图理琛性情急燥,凡事尔应多加留心,不可随声附和。①

隆科多离开后,图理琛和策零商议,对俄罗斯做出了进一步的让步,将阿巴坎河直到额尔沟河为止的边外之地全让给了俄罗斯,同时还打算把哲得河也让给俄罗斯。也就是把俄罗斯实际占有的萨彦岭南麓和所有萨彦岭阴面乌梁海实际活动区域一律让与俄罗斯。这么做的原因是雍正帝迫切需要结束谈判,以稳住俄罗斯来对

---

① 《清代中俄关系档案史料选编》第1编,下册,第515—516页。

第十章 沙俄入侵与乌梁海部的归属问题

抗准噶尔。当年清朝与俄罗斯签订《尼布楚条约》，也做出了一定让步，是为了对抗噶尔丹；而《布连斯奇界约》中的让步仍然是为了对抗准噶尔。清朝虽然在两次条约中吃了一定的亏，但基本上保住了黑龙江和唐努乌梁海主要领土。但值得注意的是，这次条约并未能保住博贝等人所属乌梁海所有游牧地。具体来说，第一，未能要回由俄罗斯所强占原属于乌梁海的游牧地；第二，将在萨彦岭外侧的乌梁海人悉数迁回，其游牧地让与俄罗斯。

第二节 中俄勘分西北界与乌梁海领土问题

《布连斯奇界约》签订一百多年后，中英两国爆发鸦片战争，随后签订了中英《南京条约》。清王朝势力和威信开始急转直下，在西方列强面前变得被动挨打。十几年后，第二次鸦片战争爆发，八国联军进军北京，1860年英、法、俄等国逼迫清政府签订了《北京条约》。1864年签订中俄《勘分西北界约记》，1869年签订《科布多界约》和《乌里雅苏台界约》。沙俄通过一系列条约割去阿勒坦淖尔乌梁海全境和唐努乌梁海西北部阿穆哈河十佐领地。对此，樊明方先生进行了详细考证。以下参考樊先生著作并根据王铁崖编《中外旧约章汇编》、《中俄边界条约集》（俄文汉译本）文本，以及参照一些古今地图，对此进行简单介绍。

1860年签订的《北京条约》没有详细划分乌梁海边界，只是规定了划界方式和大致方位，具体界限等中俄两国代表将来在塔城会晤商定。其划界方法，中俄两种文本有所不同：

汉文本：西疆尚在未定之交界，此后应顺山岭、大河之流，及现在中国常驻卡伦等处，及一千七百二十八年，即雍正六年，所立沙宾达巴哈之界牌末处起，往西直至斋桑淖尔湖，自此往西南，顺天山之特穆尔图淖尔，南至浩罕边界为界。①

---

① 王铁崖编：《中外旧约章汇编》，生活·读书·新知三联书店，1957年，第1册，第150页。

俄文本：迄今未经划定的西部边界，今后应顺山的走向、大河的流向及中国现有卡伦路线而行，即从根据恰克图条约于一七二八年（雍正六年）所立最末一个名为沙宾达巴哈的界标起，向西南到斋桑湖，再由此到伊塞克库里湖以南的山，即腾格里山，或吉尔吉斯阿拉套，亦称天山南路（天山南脉），又顺此山到浩罕领地。[1]

两者差别很大，一个是直线，一个是斜线。这一斜线划法，能割去乌梁海众多领土。而且这条约非常粗糙，互相矛盾和极其混乱，不符合作为一正式条约的条件。因其模糊和混乱有利于俄国强占更多乌梁海领土。

1862年，清朝代表和俄国代表在塔城谈判，讨论《北京条约》关于中俄西北边界划分问题。俄方代表提出常驻卡伦线概念，并画出红色边界线。但条约俄文版根本没有所谓的"常驻卡伦"概念，只有"现有卡伦线"概念。俄方代表将"现有卡伦线"改成了"常驻卡伦线"。汉文版没有"线"字，因为顺着"常驻卡伦"画不出线来，更无法作为边界线使用。总之，俄国是从俄汉两种文本中抽出最有利于俄方的条款组合在一起。针对俄国方案，清朝代表拿出黄色边界线进行磋商。但俄国代表拒绝了清朝黄色边界线方案，坚持自己红色边界线。双方互不相让，致使谈判失败。其实，清代没有以常驻卡伦为界的习惯，而是以边界鄂博为界。有些唐努乌梁海和阿勒坦淖尔乌梁海游牧地就在常驻卡伦之外，俄国推出的常驻卡伦线进一步压缩了清朝在乌梁海的领土。

塔城谈判失败后，清总理衙门与俄驻京大使进行了数十次交涉，最终无果。后来爆发陕甘回民暴动，俄国也乘机入侵塔城、伊犁和科布多地区，不断深入。不久，新疆回部暴动，整个南北疆被卷入，一片混乱。迫于压力，清政府再次提出与俄谈判。通过三年的努力，终于在1864年10月7日在塔城签约，清朝方面表示完全接受俄国提出的所有方案，这就是中俄《勘分西北界约记》。该条约第一条规定：

自沙宾达巴哈界牌起，先往西，后往南，顺萨彦山岭，至唐努鄂

---

[1] 《中俄边界条约集》（俄文汉译本），商务印书馆，1973年，第33页。

拉达巴哈西边末处,转往西南,顺赛留格木山岭,至奎屯鄂拉,即往西行,顺大阿勒台山岭;至斋桑淖尔北面之海留图两河中间之山,转往西南,顺此山直至斋桑淖尔北境之察奇勒莫斯鄂拉;即转往东南,沿淖尔,顺喀拉额尔齐斯河岸,至玛呢图噶图勒干卡伦为界。此间分别两国交界,即以水流为凭:向东、向南水流之处,为中国地;向西、向北水流之处,为俄国地。①

该界约既没遵循《北京条约》汉文版直线划界方案,也没遵循俄文版向西南划界之方案。而是一会儿向西,一会儿向南,甚至又突然向东。条约还规定,过240天后,两国派代表正式划界。但由于南北疆动荡不已,迟至1869年,中俄两国官员才依据《勘分西北界约记》在边界线立界碑鄂博。但俄国官员不停地耍赖,未能严格遵循条约,而是在立鄂博过程中不断做手脚,使之更有利于俄国。最后,于1869年8月签订《科布多界约》,详细列出了科布多与俄国之间所立20个鄂博,阿勒坦淖尔乌梁海全境归俄国。9月4日,签订《乌里雅苏台界约》,划定了唐努乌梁海与俄国边界,西北部的阿穆哈河一带划入俄国,该地区位于唐努乌梁海西北部,为唐努乌梁海十佐领游牧地。该条约使俄国官员通过违背《勘分西北界约记》将所强占领土得到了合法化。

通过这一系列条约,俄国将阿勒坦淖尔乌梁海全境和唐努乌梁海北部的阿穆哈河十佐领地割让给了俄国。鉴于此,或有人想当然地认为,当地居民也理所当然的连同归俄。但事实并非如此,清朝当时要求,愿意归附的乌梁海人可内迁。阿勒坦淖尔乌梁海人由此一度全迁入卡伦内,后因游牧地紧张而复迁出。种种迹象表明,唐努乌梁海十佐领也并未归俄,而是内迁到了图瓦盆地。李毓澍先生最先敏锐地发现了这一问题。他认为,唐努乌梁海十佐领在签订中俄《勘定西北界约记》后内迁,并提出了两点理由和五个旁证。② 樊明方先生对此逐一进行评判,进一步论证了乌梁海十佐领内迁说,

---

① 王铁崖编:《中外旧约章汇编》,第1册,第215页。
② 李毓澍:《外蒙政教制度考》,"中研院"近代史研究所,1962年,第232—236页。

并且对其存在的一些问题进行了补正。樊明方在认同李毓澍观点的基础上做了进一步论证,认为乌梁海十佐领并非是在签约后内迁,而是早在划界之前就已经内迁了。①

所以,俄国通过《北京条约》《勘分西北界约记》等一系列条约,阿勒坦淖尔乌梁海完全归俄,唐努乌梁海西北阿穆哈河一带十佐领地也归俄。当俄国割去阿穆哈河时,乌梁海十佐领人众已经内迁,不在当地,使其成为无人区。这一点也成为沙俄能够割取阿穆哈河地区重要原因。虽然唐努乌梁海西北部分地区被俄割去,但萨彦山以南、唐努山以北的其主体部分还在清朝控制之下。

第三节 沙俄对唐努乌梁海的商业渗透

俄国未能通过条约将萨彦岭以南、唐努山以北乌梁海人全部领土纳入其版图。但18世纪60年代签订的这一系列条约,尤其是《陆路通商章程》和《改订陆路通商章程》的签订对沙俄占领乌梁海创造了有利条件。通过该条约,俄国取得了在乌梁海等地区凭执照自由贸易和百里内免税特权。这非常有利于俄国在乌梁海的商业渗透,俄国在商业掩护下进行殖民活动,进行着掠夺性贸易。

对俄国商人剥夺乌梁海民众之情,苏联学者卡鲍在其《图瓦历史与经济概述》一书中进行了详尽描述,并对这种掠夺式贸易进行了严肃批评。樊明方先生在此基础上结合多方文献,在《唐努乌梁海历史研究》第五章中对俄国商人掠夺性、残酷性和侵略性进行了进一步揭露。对俄国在乌梁海的掠夺性贸易,俄国土地规划与农耕总局特派员明茨洛夫在《秘而不宣的使命:乌梁海纪行》一书也做了很多记录。

商业渗透是俄国侵占唐努乌梁海第一步,也是最重要的一步棋。通过商品贸易拉近俄国与乌梁海人关系;通过资本掠夺乌梁海人土地、产品甚至政治权利。俄商对乌梁海的掠夺贸易,可举几个例子加以介绍。如,商人萨菲亚诺夫说,在唐努乌梁海,牵来一头牛,商人只

---

① 樊明方:《唐努乌梁海历史研究》,第141—144页。

要从牛角到牛尾这么长的一块呢子或者丝绸就可以把它换来。① 一小盒火柴换一只羊,一包十盒的火柴能换到一头一岁的小牛犊。② 俄国在唐努乌梁海的贸易总利润的一般利润率是300%~400%。③ 俄国商人还采取赊销策略来掠夺乌梁海人,而赊销商品价格远远高出市场价格。比如,茶砖原本值五张灰鼠皮,但赊销情况下就值十张灰鼠皮。④ 明茨洛夫说,俄国商人先生们使用的花招足够写几本大书了。⑤ 据俄国农学家图尔恰诺夫报道,图瓦人欠俄国商人五百万张灰鼠皮或一百万卢布。他又进一步说:"值这么多钱的商品甚至在二十年中间能否运到图瓦也是值得怀疑的。因为这就等于每年输入五万卢布,在托锦的俄国商人中没有这样的资本家。根据他们的资料,每年输入量不超过二万卢布。"⑥ 一份蒙古文档案记载,克穆奇克旗给俄国乌斯商人共赔偿两万一千三百四十三只羊,皮张一百七十五张。⑦ 与赊销贸易同时到来的是高利贷,在俄国商人变本加厉的盘剥下,乌梁海民众普遍陷入贫困,甚至富户们都纷纷破产。乌梁海经济到了崩溃的边缘。由此造成的乌梁海人与俄国商人间的矛盾一直在升级。光绪二十九年,乌梁海有两个苏木处理的与俄纠纷事件都有二十多起。⑧ 饶有兴味的是,我们还找到了来自乌梁海内部关于俄商的报道。《图瓦历史档案汇编》记载,同治十一年三、四月,唐努乌梁海某旗共到来四伙六个队的商人。该档案详细记载了商人的名字、驮马数量和货包数等。⑨

这些不是简单和纯粹的商业现象,而是带着很强的殖民性。俄

---

① (苏)P.卡鲍著,辽宁大学外语系译:《图瓦历史与经济概述》,商务印书馆,1976年,第120页。
② (俄)明茨洛夫著,马曼丽译:《秘而不宣的使命:乌梁海纪行》,商务印书馆,1982年,第200页。
③ (苏)P.卡鲍:《图瓦历史与经济概述》,第127页。
④ (苏)P.卡鲍:《图瓦历史与经济概述》,第134页。
⑤ (俄)明茨洛夫:《秘而不宣的使命:乌梁海纪行》,200页。
⑥ (俄)图尔恰尼诺夫:《关于1915年乌梁海边区的报告》,转引自(苏)P.卡鲍:《图瓦历史与经济概述》,第131页。
⑦ 《图瓦历史档案汇编》(第一辑),第366页。
⑧ 《图瓦历史档案汇编》(第一辑),第341、346页。
⑨ 《图瓦历史档案汇编》(第一辑),第199页。

国通过掠夺性贸易掌握了图瓦的经济命脉,将汉商完全挤出了图瓦盆地。俄国货物充斥整个图瓦地区,甚至中原地区的货物也要通过俄商而获取。乌梁海生产生活物资已严重依赖俄罗斯,乌梁海已被俄罗斯牢牢掌控着,俄罗斯势力已经深深渗透到乌梁海社会生活方方面面。随着商人进来的不只是商品物资,还有俄罗斯科考队、间谍、医生、传教士和军队也接踵而至。后来俄国取得了在乌梁海建房长期居住权,大量农民从米努辛斯克等地方涌入图瓦盆地,开垦土地,广占良田。清政府由于不敢得罪俄罗斯,对此睁一只眼闭一只眼,甚至还处处庇护俄国居民。俄国商人与乌梁海人发生武装冲突时,清政府甚至派兵血腥镇压乌梁海人。《图瓦历史档案汇编》反映,光绪四年发生了图瓦人不堪俄商债务引发的一些斗殴事件。[1] 这一切使俄国殖民活动有了保障,更加肆无忌惮地进行殖民侵略和渗透活动。索菲亚等巨商在图瓦占有一万俄亩土地。[2] 刚开始,俄国在图瓦只开商户,不建村舍。[3] 后来,俄国人村舍越来越多,到后期急速增加。到清朝灭亡时的1911年,俄国在图瓦的居民点有115个,其中有4个村子,11个镇,[4]金矿和企业80家,俄国移民5 000人,占总人口的10%。[5] 俄国通过商业活动,牢牢控制了乌梁海地区,从而开始为掌控其管理层和迫使乌梁海人投俄积极准备着。

总之,唐努乌梁海地区实际上已被俄罗斯所掌控,进一步占领该地区只是时间问题。

第四节　俄国占领唐努乌梁海

俄国学者卡鲍在《图瓦历史与经济概述》一书中将沙俄侵占唐努乌梁海过程总结为商业渗透、和平吞噬和武装占领三个阶段。该书征引文献近180种,其中许多都是珍贵的调查报告、旅行记和会议

---

[1] 《图瓦历史档案汇编》(第一辑),第226、231页。
[2] (苏) P.卡鲍:《图瓦历史与经济概述》,第61页。
[3] (苏) P.卡鲍:《图瓦历史与经济概述》,第167页。
[4] (苏) P.卡鲍:《图瓦历史与经济概述》,第182页。
[5] (苏) P.卡鲍:《图瓦历史与经济概述》,第198页。

第十章 沙俄入侵与乌梁海部的归属问题

记录等。而且,所引资料语种,除俄文外,还有英文、法文、德文和芬兰文等。樊明方先生也循此思路补充大量汉文史料,对沙俄侵略唐努乌梁海罪行进行了进一步揭露和声讨。

卡鲍只论述了沙俄侵占唐努乌梁海过程,而就苏联对乌梁海的侵占策略只字未提。樊明方先生利用台湾和大陆所藏档案、时人笔记、汉译俄文档案等,对俄国 1914 年强占唐努乌梁海的整个策略和经过,以及 1919 年民国政府收复唐努乌梁海和后来苏联兼并唐努乌梁海过程,进行了详细论述。本节除利用以上论著外,还利用蒙古和图瓦合作出版的《图瓦历史档案汇编》,对以往的研究进行了一些补充。以往都基于俄文或汉文材料进行研究,但《图瓦历史档案汇编》出版为我们通过唐努乌梁海人内部的声音去了解这段历史提供了可能。

19 世纪末,俄国在与土耳其的战争中失利,便将注意力转移到了远东地区。不久,爆发了中日甲午海战,中国战败,俄国以调停者姿态出现。1896 签订《中俄密约》和《中俄合办东省铁路公司合同章程》,顺利推进了俄国西伯利亚铁路的修筑。1900 年,爆发义和团运动,俄国借此给清政府施加压力。与此同时,伊尔库茨克军区司令部于 1895 年向俄参谋总部提议直接占领乌里雅苏台和科布多,当然唐努乌梁海也包括在内,并提出了两条进军路线。但后来因俄方政治形势变化等原因放弃了该计划。① 1904 年俄国又提出修筑通往图瓦的马车道,而且设置边务专员。② 1905 年,日俄战争中俄国战败,俄国国内又爆发革命,其处境变得异常艰难。清朝方面借此鼓动唐努乌梁海人进行排俄活动,这一举动刺激了俄国人,使之开始再次考虑占领唐努乌梁海。考察过上叶尼塞河的工程师罗杰维奇写道:

> 乌梁海确实是俄中边境上抵抗力量最小的一个点;但在这薄弱点的后面却是一个富饶的省份。……如果中国开始对我阿穆尔边区施加压力的话,那么乌梁海边区就是适于俄国进行反击的地区,在这里可以花费最小的力量取得最大的成功……因此,从米努辛斯克经由乌斯往乌梁海修一条设施完善的大道,同时在米努辛斯克再

---

① (苏)P.卡鲍:《图瓦历史与经济概述》,第 175 页。
② (苏)P.卡鲍:《图瓦历史与经济概述》,第 176 页。

集结一定的兵力,就足以调整俄中关系,而且必要时也可非常迅速占领乌梁海。①

在通往唐努乌梁海的地段修筑马路是为方便俄国军事占领和殖民活动。到1909年,俄国当局终于批准修建从米努辛斯克到乌斯的马路,并拨了款。俄国当局还改善了叶尼塞河河道。② 该马路是从俄国在西伯利亚的军事据点一直修到唐努乌梁海边境,以便把物资运输到边境备战。1909年6月,俄内阁专门开会讨论罗杰维奇的报告《关于支持乌梁海地区俄国移民的措施》;1910年,派出波波夫为首的考察团,以便"就地详细考察乌梁海问题"。1911年2月,伊尔库茨克总督召开会议,研究如何加强俄国在乌梁海边区的势力。卡鲍书中全文摘引了这次会议记录。会议研究认为,公开派兵占领会刺激中国政府,于是提出了逐步吞并策略。卡鲍也承认,其实会议所说的"逐步吞并"实际上是"公开占领"。并进一步指出:"俄国当局采取的一切行动方法,它的赤裸裸的侵略性就更加明显了。""伊尔库茨克会议所制定的占领乌梁海边区的计划是挑衅、欺骗和残暴镇压的大杂烩。"③接着,俄国开始制造舆论说"乌梁海一直是俄国领土,后来被中国强占"等;并且向中国宣称,乌梁海地区是有争议的地区,而且拒绝中国官员在图瓦进行边界检查工作。对俄国上述种种行为,中国政府一直采取"沉默和妥协的鸵鸟政策"。④ 中国政府沉默的同时,通过外蒙古不断给图瓦施加影响,以图挽回。但1911年末,中国发生辛亥革命,清朝被推翻。与此同时,库伦当局宣布外蒙古独立。俄国当局召开内阁会议讨论对策,认为暂且不能派兵占领乌梁海,担心这么做会引起其他列强的不满。他坚信革命后的中国会更加疲弱,在乌梁海问题上不会有大动作。认为乌梁海地区仍然是俄国发展殖民事业最合适的地方,在乌梁海地区继续加大移民力度,增设学校、医院和教堂等,在经济上和文化上完全控制

---

① (苏)P.卡鲍:《图瓦历史与经济概述》,第184页。
② (苏)P.卡鲍:《图瓦历史与经济概述》,第185页。
③ (苏)P.卡鲍:《图瓦历史与经济概述》,第185—193页。
④ (苏)P.卡鲍:《图瓦历史与经济概述》,第193页。

第十章　沙俄入侵与乌梁海部的归属问题

乌梁海人。对此沙皇尼古拉二世表示赞同。外交大臣萨佐诺夫上奏请求收回内阁会议提议,而立即派兵占领乌梁海,但被沙皇驳回。① 1912年,唐努乌梁海受外蒙影响,开始袭击汉商,捣毁汉商铺,抢掠货物,几乎将所有汉商都赶出了图瓦。乌梁海人这一举动给俄国人带来了机会,俄商竞争对手受到了严重打击,为俄国殖民进一步扫清了道路。②

外蒙古在唐努乌梁海的影响也越来越强。俄国内务部经研究,认为俄国加紧在图瓦移民,设立移民局,在周边地区大力宣传,鼓励移民。俄国1911年以后的移民数量超过了原有的人数。之前的移民获取土地需要跟乌梁海人商量,设立移民局后,可绕过乌梁海人直接向移民官索取。③ 这引发了新一轮掠夺乌梁海人土地的热潮。伊尔库茨克总督属下官员采列林被任命为边境专员,他积极拉拢乌梁海僧俗统治阶层。当时,唐努乌梁海副都统唐努旗总管贡布多尔济趁清朝灭亡、蒙古独立之机,想当唐努乌梁海大总管,积极寻求外界支持。但贡布多尔济以俄军作外援统领整个唐努乌梁海的密谋受到了其他总管们的抵制。海都布管辖下的克穆奇克两个旗早在1908年就与唐努旗已脱离关系,④此时根本不买他的账,但他还是管着唐努、萨拉吉克和托锦三个旗。在这种情况下,贡布多尔济更加需要俄国支持,以收回克穆奇克旗的管辖权。在沙俄官员不断策动下,1912年2月贡布多尔济称自己为乌梁海三旗首领,宣布在"大俄罗斯帝国的保护"下"独立"。通告呼吁请俄国军队立即占领乌梁海的居民点。⑤ 贡布多尔济这一行动是瞒着萨拉吉克和托锦二旗做的。之后的一年内,俄国当局不断收到来自图瓦地区的"请求书",请求俄国保护,如克穆奇克旗总管海都布同父异母兄弟达喇嘛、公诺颜巴达尔胡、贝子旗总管等。但这些乌梁海首领的请求是在俄国

---

① (苏)P.卡鲍:《图瓦历史与经济概述》,第199—200页。
② (苏)P.卡鲍:《图瓦历史与经济概述》,第204页。
③ (苏)P.卡鲍:《图瓦历史与经济概述》,第210—214页。
④ (苏)P.卡鲍:《图瓦历史与经济概述》,第207页。
⑤ (俄)列昂诺夫:《唐努图瓦》,莫斯科,1917年。转引自(苏)P.卡鲍:《图瓦历史与经济概述》,第209页。

的恐吓和威逼下不得已而为之,并非出于自愿。① 至此,沙皇认为占领唐努乌梁海的时机已成熟,便于1914年初批准了外交大臣萨佐诺夫的《关于俄国政府对乌梁海居民实行保护》的报告。6月,伊尔库茨克总督通知采列林,俄国已对乌梁海地区实行保护。宣布保护后,图瓦总管们必须承担下列义务:第一,不能擅自与外国(其中包括蒙古)有任何来往;第二,各旗之间的一切争执和误会都必须交由俄国驻乌梁海代表解决。② 在宣布对乌梁海实行保护的第二天,采列林就指令大总管"立即恢复"其对萨拉吉克和托锦旗的统治。若两旗总管不服从,可以撤掉换人。但二旗总管对此根本不服,继续积极投靠外蒙,甚至俄国在图瓦的代言人唐努旗总管贡布多尔济也开始动摇,不断联络外蒙当局。其实,贡布多尔济并非一向亲俄,早在库伦独立的第二年,"共戴"二年(1912)即向独立外蒙致书表示投靠,并请求将克穆奇克旗归其管辖。③ 贡布多尔济投俄后,外蒙博克多汗政府派调查员前往致信问责。贡布多尔济表示,其于"共戴"二年上书请求归附,但至今无音讯,最后迫不得已投靠了俄国。④ 之后,唐努旗索岳特苏木向外蒙博克多汗政府上书要求与贡布多尔济脱离关系。博克多汗政府批准其请求,并赐予印信和赏赐。⑤ 请求外蒙当局将来投之乌梁海人划归杜尔伯特部和扎萨克图汗部管理。其中克穆奇克旗依其请求,归扎萨克图汗札勒堪呼图克图管辖。⑥ 后来,克穆奇克、萨拉吉特、托吉三个苏木都归札勒堪呼图克图管辖。⑦ 此时克穆奇克旗人口已达两千余户,一万多口。⑧ 这一时期,博克多汗政府还向唐努乌梁海收取贡赋⑨和任命总管⑩。

---

① 《收乌里雅苏台佐理专员咨陈》(民国六年十月三日),引自《中俄关系史料——外蒙古》(民国六年至八年),第115页。
② (苏)P.卡鲍:《图瓦历史与经济概述》,第215—218页。
③ 《图瓦历史档案汇编》(第二辑),第10页。
④ 《图瓦历史档案汇编》(第二辑),第120页。
⑤ 《图瓦历史档案汇编》(第二辑),第126页。
⑥ 《图瓦历史档案汇编》(第二辑),第81页。
⑦ 《图瓦历史档案汇编》(第二辑),第207页。
⑧ 《图瓦历史档案汇编》(第二辑),第88页。
⑨ 《图瓦历史档案汇编》(第二辑),第138页。
⑩ 《图瓦历史档案汇编》(第二辑),第139页。

第十章 沙俄入侵与乌梁海部的归属问题

面对这一局势,俄国当局放弃说服和劝告等软措施,准备采取弹压使之屈服。于是俄方派来了新专员格里戈里耶夫来镇压不驯服的总管和官吏。卡鲍根据在乌梁海的富商索菲亚诺夫的记载,对格里戈里耶夫残酷镇压乌梁海人行径进行了描述。格里戈里耶夫到乌梁海,首先撤掉了最先投俄的唐努旗总管贡布多尔济职务,这么做的原因是他立场不坚定、摇摆。取而代之的是当地居民最痛恨的德木齐阿格旺喇嘛。阿格旺喇嘛按照其后台的指示,开始迫害反对者,大肆抓捕人员严刑拷打。镇压完唐努旗中心地区反对者后,前往之前脱离而去的两佐领,其中一佐领已逃亡蒙古,另一个吉尔吉斯佐领受到了残害,其佐领被解往乌辛斯科耶村。肃清了唐努旗人的反抗后,便开始讨伐萨拉吉克和托锦二旗。萨拉吉克旗总管被关了两个月,迫使他由亲蒙派变成亲俄派,请求加入俄国国籍。接着去托锦旗用暴力抓捕总管陶木特,另立新总管。俄国当局用暴力使唐努乌梁海所有官员屈服后,便废除了旧有司法制度。在乌梁海建立俄国审判机构和警察局,收回所有总管印。俄国的统治激起了乌梁海人的反抗,对此,俄当局派警察队伍镇压来维持秩序。在这过程中,俄国代言人唐努旗总管阿格旺喇嘛被愤怒的乌梁海人刺死。①《图瓦历史档案汇编》也记载,乌梁海官员上报博克多汗政府,反映俄国人随意殴打关押乌梁海官员之事。又记载,纳旺喇嘛联合俄兵在乌梁海强行收税,将拒绝缴纳者抓走,押送乌斯城关押起来;不许乌梁海人称哲布尊丹巴为汗,违者处死。②

中国政府一再退让、隐忍的态度促使俄国步步逼近,最终吞并了唐努乌梁海。唐努乌梁海被吞并后,中国政府表示强烈不满,也引起了外蒙古的抗议。北京政府和外蒙当局针锋相对,争先在唐努乌梁海设立专员。最后,北京政府和外蒙通力合作,建立联军,趁俄国内乱,一度攻下唐努乌梁海。但在俄国白军和苏联红军的接连反扑下,中国收复唐努乌梁海事业彻底破产。对以上事件详细过程,有别洛夫的《1915 年至 1919 年期间争夺乌梁海的斗争》,发表于俄

---

① (苏)P.卡鲍:《图瓦历史与经济概述》,第 220—228 页。
② 《图瓦历史档案汇编》(第二辑),第 149 页。

罗斯《祖国历史》杂志1998年第1期。中国社科院近代史所陈春华将其翻译发表在了《中国边疆史地研究》2000年第3期。樊明方先生利用台湾"中研院"近代史所编《中俄关系史料》系列资料和时人许多笔记,以及相关汉译俄文档案,也对这些过程进行了详尽论述。①

1913年11月,发表《中俄声明文件》,声明俄国承认中国在外蒙古宗主权,中国承认外蒙古自治权。在该文件另件里补充说,外蒙自治区域应以前清驻扎库伦办事大臣、乌里雅苏台将军及科布多参赞大臣所管辖之境为限。② 对此,中方认为,声明在唐努乌梁海依然有效,因为唐努乌梁海在清代受乌里雅苏台将军管辖;但俄方认为,该声明不涉及唐努乌梁海,并没表明唐努乌梁海属于中国。第二年,俄国即占领了唐努乌梁海。1915年在恰克图签订了《中俄蒙协约》,重申了中俄申明文件内容,在此基础上又进一步规定:中方可在乌里雅苏台、科布多等地区设立专员;如果外蒙自治官府同意,也可在外蒙其他地区设专员。③ 因中方认为条约在唐努乌梁海也有效,民国政府开始筹划在唐努乌梁海设专员。此时,唐努乌梁海克穆奇克旗总管、喇嘛和在乌梁海的许多汉商纷纷致书请求民国政府前来解救自己。④ 1916年11月,民国政府采纳陈箓的建议,任命陈毅兼任唐努乌梁海专员。但陈毅由于俄军尚在唐努乌梁海驻扎,不敢赴任。⑤ 外交部命驻俄公使刘镜人与俄方交涉,以设立唐努乌梁海专员。但俄方以唐努乌梁海属俄为借口,不允许设专员。刘镜等人要求俄国不要驱逐汉商,俄国对此予以否认。⑥ 民国政府对外蒙古恢复了主权,唐努乌梁海也理应包括在内。但俄国方面不承认民国对唐努乌梁海拥有宗主权,而且拒绝了外蒙古对唐努乌梁海的管

---

① 见《唐努乌梁海历史研究》,第七、第八章。
② 《中俄边界条约集》,第124—125页。
③ 《中俄边界条约集》,第127页。
④ 《收乌里雅苏台佐理专员咨呈》(民国六年十月三日,九月三日发),引自《中俄关系史料——外蒙古》(民国六年至八年),第102—114页。
⑤ 《发库大员[陈箓]函》(民国六年三月十七日),《中俄关系史料——外蒙古》(民国六年至八年),第19页。
⑥ 《收驻俄使馆函》(民国六年三月七日,二月十二日发),《中俄关系史料——外蒙古》(民国六年至八年),第11—12页。

第十章 沙俄入侵与乌梁海部的归属问题

辖权,认为唐努乌梁海属俄国领土。

与此同时,外蒙当局对俄国强占唐努乌梁海深表不满。要求俄国归还唐努乌梁海,惩办勾结俄国出卖唐努乌梁海的阿格旺喇嘛,但俄国态度很强硬。① 俄国又拒绝在恰克图会议中提及乌梁海。外蒙当局派人赴乌梁海鼓动,掀起了反俄运动。② 在此情境下,在乌梁海的俄国代言人贡布多尔济密谋投蒙。其行为被俄国当局所发现,撤除了其总管职务,改用极端亲俄官员阿格旺。贡布多尔济密谋夺权,败露后,逃亡外蒙古。③ 外蒙当局一再向俄罗斯交涉收回乌梁海,最终无果。④ 民国政府和外蒙当局为抵制咄咄逼人的俄国,走上了联合抗俄道路。库伦办事大员陈箓向外蒙当局提交设立乌梁海专员申请,得到批准。双方又交换秘密文件。⑤ 乌梁海达喇嘛达克丹、克穆奇克旗总管、萨拉吉克旗总管、托锦旗总管都表示脱离俄国与外蒙合并。⑥ 此时俄国一面应对帝国战争,一面应对革命冲击,对乌梁海的管控有了些松懈。1917年10月,俄国临时政府任命的乌梁海专员逃跑了,甚至哥萨克连也逃往蒙古,并在那儿逃散。⑦ 1918年,苏俄在唐努乌梁海建立了苏维埃政权,建立革命赤卫军。民国

---

① 《收库伦办事大臣[秘书长严式超代行]咨陈》(民国六年六月七日),引自《中俄关系史料——外蒙古》(民国六年至八年),第42页。
② 俄罗斯国家军事历史档案馆藏档案,转引自(俄)别洛夫著,陈春华译:《1915年至1919年期间争夺乌梁海的斗争》,《中国边疆史地研究》2000年第3期,第109页。
③ 俄罗斯联邦国家档案馆藏档案,转引自(俄)别洛夫著,陈春华译:《1915年至1919年期间争夺乌梁海的斗争》,《中国边疆史地研究》2000年第3期,第110页。
④ (俄)别洛夫著,陈春华译:《1915年至1919年期间争夺乌梁海的斗争》,《中国边疆史地研究》2000年第3期,第111页。
⑤ 俄罗斯对外政策档案馆藏档案,转引自(俄)别洛夫著,陈春华译:《1915年至1919年期间争夺乌梁海的斗争》,《中国边疆史地研究》2000年第3期,第110页。
⑥ 俄罗斯联邦国家档案馆藏"蒙古外务衙门致俄国驻蒙古总领事馆照会抄件",转引自(俄)别洛夫著,陈春华译:《1915年至1919年期间争夺乌梁海的斗争》,《中国边疆史地研究》2000年第3期,第111页。
⑦ 俄罗斯联邦国家档案馆藏"蒙古外务衙门致俄国驻蒙古总领事馆照会抄件",转引自(俄)别洛夫著,陈春华译:《1915年至1919年期间争夺乌梁海的斗争》,《中国边疆史地研究》2000年第3期,第112页。

政府趁此时机联合起来对抗俄国。俄国方面对此做出了警告,外蒙当局援引恰克图条约来解释其在乌梁海拥有主权合理性。① 苏维埃政府军到唐努乌梁海后,对乌梁海内部未进行太多的干涉,只是将当地俄国官员关押起来,归还被没收乌梁海总管印,并声称乌梁海与俄国无关。博克多汗政府也在此时将萨勒吉克旗亲俄总管伊德木苏荣撤职,改任其兄达喇嘛丹达为总管。但好景不长,白军反扑,抓捕苏维埃政府代表,没收官印,驱逐官员,恢复乌梁海亲俄分子伊德木苏荣总管职,②立刻恢复了对乌梁海的保护政策。唐努乌梁海上层纷纷向民国政府求救,并且报道说,俄国在唐努乌梁海军事力量非常薄弱,可以武力收复。③ 北京政府经研究,决定派驻库伦办事公署秘书长严式超,率办事员和一个连的兵力前往乌梁海。④ 外蒙当局于1918年9月派出土谢图汗部领军将军贝子索诺木多尔济为驻唐努乌梁海办事大臣,铸造大臣印信,选护卫军五十人为随从。外蒙当局告诫他在唐努乌梁海中心地段或合适地带建造衙门,火速赴乌兰固木与北京政府派来的佐理大员严式超会面,仔细探查俄军力量,相机行事。还指出,要处处小心谨慎,以三国条约为准,不得轻易冒犯俄国,以破坏两国关系。⑤ 但索诺木多尔济刚到任就给外蒙政府写信,以唐努地区自然环境恶劣、自己年迈体弱为由请求辞职。其请求遭外蒙当局否定和拒绝。⑥ 索诺木多尔济于十月初再次请求辞职,⑦可能得到了批准,因为十天以后办事大臣已换成了伊特克穆吉图贝子。10月15日,外蒙当局又派赛音诺

---

① 俄罗斯联邦国家档案馆档案,转引自(俄)别洛夫著,陈春华译:《1915年至1919年期间争夺乌梁海的斗争》,《中国边疆史地研究》2000年第3期,第112页。
② 《图瓦历史档案汇编》(第二辑),第199页。
③ 《收驻库伦办事大员[陈毅]电》(民国六年八月十一日),引自《中俄关系史料——外蒙古》(民国六年至八年),第92页。
④ 《收国务院函》(民国七年五月四日),引自《中俄关系史料——外蒙古》(民国六年至八年),第204页。
⑤ 《图瓦历史档案汇编》(第二辑),第172页。
⑥ 《图瓦历史档案汇编》(第二辑),第156、160页。
⑦ 《图瓦历史档案汇编》(第二辑),第188页。

第十章 沙俄入侵与乌梁海部的归属问题

颜部青素珠克图诺门罕活佛车敦巴勒珠儿前往乌梁海协助乌梁海办事大臣。① 规定,蒙古驻唐努乌梁海办事大臣所需军队和钱粮暂时由杜尔伯特部供给。② 北京政府派往乌梁海的严式超等人决定由乌兰固木进取克穆奇克旗加大,以此为突破口进占整个唐努乌梁海。发现驻乌梁海俄军力量还比较强,且占据险要,欲负隅顽抗。③ 9月,陈毅与外蒙当局商议,决定分两路进军:一路由严式超率领,从乌兰固木直取克旗,为西路军,加派一部分蒙古军随后;另一路由驻库伦大员秘书黄成垿率领,由乌里雅苏台向北直取唐努旗。④ 黄成垿率领的东路军顺利抵达唐努旗,受到当地首领支持;而西路军受阻,欲通过外交途径解决问题。黄成垿率领的东路军进入海境等候一个月没消息,便率一部分军队一路向西,与严式超相会,共商战事。此时传来俄军持枪威胁乌梁海总管之事,黄成垿掉头赶往克穆奇克旗,进展顺利。严式超获此消息大受鼓舞,也率兵赶往克穆奇克旗,两军会师,逼近加大。⑤ 北京政府遂正式任命严式超为驻唐努乌梁海佐理专员。⑥ 1919 年 2 月 28 日,黄成垿到达加大。⑦ 中俄两军在加大交火,中国军队因寡不敌众而撤军。⑧ 蒙古文档案说:当

---

① 《图瓦历史档案汇编》(第二辑),第192页。
② 《图瓦历史档案汇编》(第二辑),第252页。
③ 《收乌梁海调查员[严式超]乌里雅苏台来电》(民国七年九月二十五日),引自《中俄关系史料——外蒙古》(民国六年至八年),第272—273页。
④ 《收驻库大员[陈毅]电》(民国七年十一月八日),《中俄关系史料——外蒙古》(民国六年至八年),第286—287页。
⑤ 《收乌梁海调查员[严式超]电》(民国八年二月十一日)、《收乌里雅苏台佐理员[恩华]咨呈》(民国八年二月十四日,一月十六日发)、《收库伦大员[陈毅]电》(民国八年二月十八日),引自《中俄关系史料——外蒙古》(民国六年至八年),第319—320、321—322页。
⑥ 《发海参崴刘公使境人电》(民国八年二月十四日),引自《中俄关系史料——外蒙古》(民国六年至八年),320页。
⑦ 《收库伦大员[陈毅]电》(民国八年二月十八日)、《政务司说帖》(民国八年三月二十日),引自《中俄关系史料——外蒙古》(民国六年至八年),第321—322、350页。
⑧ 《收驻库伦大员[陈毅]电》(民国八年三月二十四日)、《收驻库大员[陈毅]电》(民国八年三月十二日)引自《中俄关系史料——外蒙古》(民国六年至八年),第351—352、340—341页。

夜,有俄军 500 人越唐努山而来,黄成垿所领蒙汉军队伤亡 9 人,大量枪炮和物资被掠。黄成垿逃跑,严式超撤至乌兰固木。① 在中央军进军乌梁海过程中,蒙古军指挥者伊贝子迟疑不前,导致中央政府军失利,外蒙当局撤销其驻乌梁海专员职务,由蒙古骁将马克苏尔扎布来代替。此时,乌梁海境内接连爆发反俄起义。严式超趁机率军 100 余人,在 300 余名乌梁海军的协助下于 6 月再度进军乌梁海。② 7 月 6 日,双方交火,俄国哥萨克连战败,移民自卫队投降。中央政府军和外蒙军协调作战,收复了唐努乌梁海。③ 但蒙古军和中央军貌合神离,行动不一致、不协调。《图瓦历史档案汇编》收录了严式超写给蒙古驻乌梁海办事大臣马克苏尔扎布的七封蒙古文的信。严式超致信马克苏尔扎布,请求火速派兵增援,但蒙方迟迟没有消息。④ 还发生了马克苏尔扎布派人闯入严式超军营抓人等事件。⑤ 中蒙联军进驻乌梁海后,额鲁特贝子下属十七苏木和札萨克图汗部所属乌梁海和其他七个苏木等纷纷来信表示归附。⑥ 马克苏尔扎布携带 36 支枪,150 发子弹来到乌梁海,在当地征招携武器军队 105 人以拒俄兵。⑦ 1919 年 5 月,蒙古派驻乌梁海协助办事大臣之赛音诺颜部青素珠克图诺门罕活佛车敦巴勒珠儿因病辞退。⑧ 七月份,博克多政府派迪勒瓦呼图克图赴乌梁海协助大臣和念经安民。⑨ 九月份,马克苏尔扎布因水土不服,旧病重发辞职,未获准。⑩ 但是到十一月份,他已经不在职位上了。中蒙联军收复乌梁海后,

---

① 《图瓦历史档案汇编》(第二辑),第 262 页。
② 《收驻库大员[陈毅]电》(民国八年七月九日),引自《中俄关系史料——外蒙古》(民国六年至八年),第 430 页。
③ 俄罗斯联邦国家档案馆藏《图尔恰尼诺夫致鄂木斯克外交部代理部长苏金密电》,转引自(俄)别洛夫著、陈春华译:《1915 年至 1919 年期间争夺乌梁海的斗争》,《中国边疆史地研究》,第 117 页。
④ 《图瓦历史档案汇编》(第二辑),第 222、224 页。
⑤ 《图瓦历史档案汇编》(第二辑),第 236 页。
⑥ 《图瓦历史档案汇编》(第二辑),第 304、306、308、316 页。
⑦ 《图瓦历史档案汇编》(第二辑),第 312 页。
⑧ 《图瓦历史档案汇编》(第二辑),第 280 页。
⑨ 《图瓦历史档案汇编》(第二辑),第 348 页。
⑩ 《图瓦历史档案汇编》(第二辑),第 246 页。

第十章 沙俄入侵与乌梁海部的归属问题

于 1920 年在唐努乌梁海设盟,任命盟长,两名办事大员减为一员,①聘郡王希儿宁达木为库乌唐镇抚公署顾问。② 此后,只保留中央派来乌梁海办事佐理,而撤销蒙古办事大臣。

俄白军与苏联红军在西伯利亚激烈战斗,红军越来越占上风,逼近乌梁海。1920 年 9 月开始,苏联方面开始筹划在乌梁海建立苏维埃政权。10 月,苏联红军与中国驻军发生武装冲突。③ 1921 年初,苏联红军奉命北调去对付白军,乌梁海境内又恢复了平静。④ 2 月份,俄国恩琴匪军攻陷库伦,进入唐努乌梁海境内。驻乌梁海中国官兵全部遇难。⑤ 乌梁海一时进入恩琴掌控之下。1921 年夏,苏联红军进入唐努乌梁海境内剿灭了恩琴军队。⑥ 之后的唐努乌梁海被苏联控制。8 月,在苏联的安排下,乌梁海克木必齐尔召开会议,成立自治政府,新成立的蒙古人民革命政府也派代表参加。唐努乌梁海遂在俄国保护下独立。12 月 12 日,同样在苏联的设计下召开了全国大呼拉尔(人民代表大会),定国名为"唐努图瓦共和国",颁布宪法。1926 年,部分贵族和喇嘛暴动,企图并入新成立的蒙古人民共和国。苏联立即进行镇压,并与蒙古当局谈判,承认唐努乌梁海东部库苏古尔湖达尔扈特旗归蒙古,除此之外的所有地区都归唐努图瓦。1944 年 8 月,唐努图瓦共和国请求加入苏联。10 月,苏联批准了这一请求,于是,唐努图瓦作为一自治省并入了苏联。苏联解体后,图瓦共和国由自治省升格为了共和国,故现今被称作俄罗斯联邦图瓦共和国。

在风雨飘摇的 20 世纪上半叶,唐努乌梁海经历了极其动荡的历程。20 世纪初,俄国在唐努乌梁海移民达一万多人。俄国势力已渗透进了唐努乌梁海社会各方面。相反,中国在当地的势力被挤了出

---

① 《图瓦历史档案汇编》(第二辑),第 394 页。
② 《图瓦历史档案汇编》(第二辑),第 398 页。
③ 樊明方:《唐努乌梁海史料汇编》,第 274 页。
④ 樊明方:《唐努乌梁海史料汇编》,第 275 页。
⑤ 《收新疆省长[杨增新]电》(民国十年六月二十三日),《中俄关系史料——东北边防、外蒙古》,第 103 页。
⑥ 《收新疆省长[杨增新]电》(民国十年九月十八日),《中俄关系史料——东北边防、外蒙古》,第 155 页。

去,影响越来越小。俄国在唐努乌梁海一手遮天,为所欲为,实际上已经控制和统治了当地。1914年,俄国趁第一次世界大战爆发,诸列强无暇关注之际,悄悄派兵直接占领了唐努乌梁海地区。中国方面对此进行外交交涉,但毫无结果。1919年,中国政府与外蒙当局趁俄国境内战乱之际,联军一度收回了唐努乌梁海。但后来待俄国国内局势稳定之后,再度占领当地,使之彻底脱离中国,转而附属于苏俄。

在此过程中,乌梁海人经历了沙俄、俄临时政府、苏维埃政权、高尔察克集团、外蒙古、北京政府、恩琴、苏联等众多势力的争夺。面对形形色色的势力,乌梁海人只能选择妥协,并采取了来者不拒的态度。乌梁海作为一弱小群体,在大国角逐面前无法左右自己命运,在风雨飘摇中只能随波逐流,其命运一直由大国安排着。

以上,笔者利用樊明方和别洛夫的研究成果,对复杂多变的唐努乌梁海命运进行了简单介绍。由于篇幅有限,无法对每个事件的脉络进行详细介绍和梳理。欲了解详情者,可参阅樊明方《唐努乌梁海并入苏联始末》(《中国边疆史地研究》1997年第2期)以及《唐努乌梁海历史研究》第七、八章;别洛夫著,陈春华译《1915年至1919年期间争夺乌梁海的斗争》载《中国边疆史地研究》2000年第3期。

第十一章　科塔借地与科阿分治

第一节　科塔借地问题

19世纪60年代开始，沙俄不断蚕食中国西北边界。通过《中俄北京条约》《中俄勘分西北界约记》，尤其是其子约《乌里雅苏台界约记》，占领了阿勒坦淖尔乌梁海全境，及唐努乌梁海和阿尔泰乌梁海部分地区。阿尔泰乌梁海所属乌克克、昌吉斯克、那林、霍尼迈拉扈、玛尼图噶图勒干等卡伦内外和科尔沁河、铿格尔图喇等地带均被沙俄掠去。阿尔泰乌梁海直接暴露于中俄边界，成为沙俄进一步侵略的前沿阵地。与此同时，内地太平天国起义耗尽了清朝国力，各列强争相敲诈清政府。随之又是陕甘回民暴动，紧接着新疆回部暴动，新疆局势一片混乱。

同治三年（1864）五月，库车回族和维吾尔族群众起义，顿时席卷整个南疆。一个月后，乌鲁木齐回众暴动，"库车、喀喇沙尔、吐鲁番以至乌鲁木齐、古城、奇台、木垒河一带，乱者四应，日益蔓延，几有不可收拾之势"。① 九月二十九日，库尔喀喇乌苏（乌苏）陷落。十一月（公历12月）伊犁回众暴动，惠远城、巴彦岱等据点相继陷落。同治四年（1865）正月初一，塔尔巴哈台回众暴动，其参赞大臣和领队大臣均战死。六月，塔城方面因"调集蒙古援兵，联络团众，奋力夹击，立解城围"。尤其是转世喇嘛棍噶扎勒参率兵援塔，为塔城解围起了很大作用。② "转世喇嘛带领马队，奋勇攻剿，均堪嘉尚。……哈萨克为回匪句结，屡次拥众内扰，亦经转世喇嘛带兵击散。"③棍噶扎勒参系藏语名字贡噶坚赞的蒙古语式音写，为当时在

---

① 《清穆宗实录》卷一一二，同治三年八月壬午，第47册，第487—488页。
② 《清穆宗实录》卷一四四，同治四年六月壬寅，第48册，第397页。
③ 《清穆宗实录》卷一四七，同治四年七月丁卯，第48册，第447—448页。

西部蒙古地区传法的藏传佛教格鲁派大活佛,新疆当地蒙古人称之为察罕格根,意为白活佛。棍噶扎勒参1835年出生于肃省洮州厅卓尼地方。对滚噶扎勒参的族属问题,学界一直争论不休,有人认为是藏族,也有人认为是蒙古族。他前后三次进入新疆蒙古地区传教,有很大的影响力和声誉。他在塔城建立了著名的金顶寺,继续弘法。

作为活佛的棍噶扎勒参为何要参战,满文录附奏折记载:

> 察哈尔、厄鲁特蒙古兵无奈之下,到喇嘛棍噶扎勒参寺庙里,屡次向棍噶扎勒参求助说:
>
> 内地所派清军尚未到来,塔尔巴哈台所属土尔扈特蒙古兵也未派兵救援,我们察哈尔、厄鲁特兵平时未进行军事训练,不知如何救援塔尔巴哈台和保卫自己的游牧地。再我们察哈尔、厄鲁特蒙古历来以游牧为生,之前尚未遇到过此类战事。棍噶扎勒参在他们屡次请求下,念朝廷大恩,如察哈尔、厄鲁特蒙古兵所言,内地援兵到来之前,为救援塔尔巴哈台和蒙古游牧地,于三月二十三日带领少数察哈尔、厄鲁特兵前往塔尔巴哈台救援。①

塔城十苏木厄鲁特、察哈尔官兵对平叛没信心,请求活佛出面,活佛依所请率众出击。说明活佛在当地蒙古人当中有着很高的声望,成为塔城地区蒙古人当中最具有号召力的人。

于是活佛于四月初八日(5月2日),召集喇嘛僧众及塔尔巴哈台十苏木蒙古兵共二千余人,②"整军兵械,号令谕其众,说我仗佛力誓歼凶,随我出队必听指挥,我念动经咒贼中刀炮不能伤汝违,令者斩,复传各头目面授方略。"③前往解围塔尔巴哈台。"塔城金顶寺

---

① 《清代新疆满文档案》卷二八〇,"同治五年六月十六日呼图克图喇嘛棍噶扎勒参奏闻塔尔巴哈台城失陷情形折",广西师范大学出版社,2012年,第2页。译文引自李满喜:《回民起事时期的塔尔巴哈台蒙古》,内蒙古大学博士学位论文,2017年,第36页。
② 魏光焘编:《勘定新疆记》卷一,文海出版社,第5页。李满喜:《回民起事时期的塔尔巴哈台蒙古》,内蒙古大学博士学位论文,2017年,第36页。
③ 《叶拆纪程》,第195页,载边丁编著:《中国边疆行纪调查记报告书等边务资料丛边》(初编)15,蝠池书院出版有限公司,2010年。李满喜:《回民起事时期的塔尔巴哈台蒙古》,内蒙古大学博士学位论文,2017年,第36页。

回匪,拒守甚固。经武隆额督兵攻击,叠次获胜。转世喇嘛棍噶扎勒参带领蒙兵,追剿哈萨克,进攻寺内匪众,并屡次击败哈萨克大股马贼,穷追出卡。俾回匪无从勾结,实属异常奋勇。其应如何给予优奖之处。"①"以塔尔巴哈台会剿回匪获胜,赏转世喇嘛棍噶扎勒参呼图克图名号。"②

塔尔巴哈台城内回民以清真寺为堡垒与哈萨克人里应外合,多次攻击塔城,但在塔城官兵和棍噶扎勒参活佛领导的蒙古兵联合防守下,均遭失败,塔城危机暂时得到了缓解。但后来随着冬季的到来,棍噶扎勒参领导下的厄鲁特、察哈尔官兵返回游牧地,前来支援塔城的土尔扈特兵擅自逃离战场。塔城守军发生瘟疫,土尔扈特兵拒绝救援,棍噶扎勒参兵也开始不断逃散。再加上蒙古军中也开始流行瘟疫。最后,棍噶扎勒参一路向东北方向溃退,最后到了科布多地区的布伦托海一带。塔城遂陷落。

塔城蒙古兵战败纷纷跟随棍噶扎勒参退到布伦托海以保存实力,土尔扈特王也前来投附。于是,清朝方面开始考虑在布伦托海设立办事大臣。

前据麟兴等奏:安置各旗游牧事宜,请简办事大臣,仍拟裁撤塔城官员,棍噶扎勒参拟赴乌城。……兹据悼亲王等奏称,该十苏木未经移完春口,已于九月闲西移,均陆续至噶扎勒巴什淖尔一带。土尔扈特汗布彦乌勒哲依图,亦于九月间抵该喇嘛行营,其旗下五十苏木余众,亦均随后移徙。办理已稍有就,但事关创始,该喇嘛一人,诚恐难期周到,该将军等请仍照前议,添设办事大臣。自因目前事机不容稍缓,请即照准等语。着即照该将军等所请,设立办事大臣,督率该喇嘛经理。即在布伦托海适中之地,建署治事,均着照麟兴等原折所筹,妥为安置。本日已明降谕旨命李云麟为该处办事大臣,兼理塔尔巴哈台事务,并调明瑶为帮办大臣矣。李云麟并加恩赏给副都统衔。该大臣受恩深重,务当力疾从公,督率棍噶扎勒参将所筹事宜,实心经理,以副委任。塔城旧有官员,即全行裁撤,以

---

① 《清穆宗实录》卷一五四,同治四年九月庚辰,第48册,第611页。
② 《清穆宗实录》卷一五六,同治四年十月癸巳,第48册,第640页。

免两歧。日后各旗游牧,应如何分定疆界,着李云麟酌度办理。新设之缺,即作为布伦托海办事大臣、帮办大臣,以专责成。所请铸给关防,一切经费,与未尽事宜,已令各该衙门妥筹办理。李云麟等任事后,所有应行筹办事件,并着随时具奏。李云麟所保松寿一员,现已因病出缺。着理藩院另行酌保通晓蒙古及唐古特、托忒语言文字司员,带领引见,候旨发往,作为办事司员,以资任使。将此谕知理藩院,并由六百里谕令麟兴、李云麟、明瑶知之。

新设布伦托海办事大臣、帮办大臣,各一缺。赏库尔喀喇乌苏领队大臣李云麟副都统衔,为布伦升海办事大臣,调科布多帮办大臣明瑶为布伦托海帮办大臣。①

清朝通过设立布伦托海办事大臣来安置棍噶扎勒参及其部众,同时安置了逃到塔城的伊犁索伦官兵以及塔城、古城等多地散勇。将新土尔扈特二旗与阿尔泰乌梁海也划归布伦托海办事大臣管辖,停止阿尔泰乌梁海纳贡貂皮,转而作台兵。②但因治理不善,同治七年,布伦托海发生了民变。官府和棍噶扎勒参通力合作,花了近一年时间,耗费了巨大的财力,才把起义镇压下去。后来清朝不得已撤销布伦托海办事大臣,恢复了塔尔巴哈台办事大臣设置。但清朝在当地已经安置了大量厄鲁特、察哈尔和哈萨克牧民游牧。棍噶扎勒参驻扎在当地,即在阿尔泰山脚下建承化寺作为据点,招徕民人耕种,以收其利,直接伤害了乌梁海人的利益。而且棍噶扎勒参在当地为非作歹,如其"在科布多属乌梁海达彦淖尔地方,称奉锡纶差遣,带领兵勇喇嘛多名,修盖营盘,收抚哈萨克。辄将头目柯柏史之子阿斯勒布克斩杀枭首,并向该头目勒要骟马五千匹,绵羊五万支,限期交齐",③得罪了哈萨克民众,冲突将一触即发。

科布多参赞大臣沙克都林扎布于光绪十二年、十三年接连上奏请求将迁走棍噶扎勒参徒众,归还借地。对此朝廷方面也表示支持,要求塔城和科布多商议好,择期归还借地。因借地问题,激化了

---

① 《清穆宗实录》卷二一六,同治六年十一月甲子,第49册,第830—831页。
② 《清穆宗实录》卷二三一,同治七年闰四月戊申,第50册,第177—178页。
③ 《清德宗实录》卷一三二,光绪七年七月壬午,第53册,第908页。

乌梁海人和哈萨克人跟棍噶扎勒参徒众间矛盾;同时也激化了乌梁海人与哈萨克人间的矛盾。期间还发生了乌梁海散秩大臣率官兵强撵承化寺僧众事件。棍噶扎勒参也希望被塔城方面招去安置。科布多方面要求棍噶扎勒参离开,但后者以塔城当局无批示为由拒绝离开。① 但新疆巡抚刘锦棠和署伊犁将军锡纶等人借故敷衍搪塞,使此事不了了之。

　　转移棍噶扎勒参之事为何如此困难,迟迟不能了结? 棍噶扎勒参驻扎在承化寺与塔城成掎角之势,震慑了当地不稳定分子,为维护地方安定起到了很大作用,而且还有效阻止了沙俄入侵势头。沙俄对阿尔泰山西部的哈巴河地区觊觎已久,多次骚扰该地方,但棍噶扎勒参毫不畏惧,强势抵制沙俄,使沙俄收敛不少。但棍噶扎勒参因过于强势得罪了俄国。他勒索欺压哈萨克民众,致使其逃离当地进入乌梁海人游牧地,抢占乌梁海人游牧地导致普遍不满。鉴于棍噶扎勒参以上情形,朝廷决定让他离开当地,以化解危机。同治三年(1864),中俄签订《勘分西北界约记》,将科布多、塔尔巴哈台等地方44万平方公里土地割给了俄国。生活在该地方的两万多哈萨克牧民不愿接受沙俄统治,大量潜入科布多和塔城,甚至流窜于整个北疆地区。新疆和塔城方面准备将这些到处流窜的哈萨克人安置于借地内,但哈萨克民众惧怕棍噶扎勒参,不愿居于借地内。出于以上考虑,新疆和塔城当局将不得不转移棍噶扎勒参以化解矛盾和危机。

第二节　科阿分治局面之形成

　　光绪十五年(1889)朝廷再次提出归还乌梁海借地问题,甘肃新疆巡抚刘锦棠等方回应:"拟令棍噶札拉参所领徒众移住库尔喀喇乌苏所属之八英沟,而让还科布多借地。其在承化寺就近所招之徒众,安土重迁,则听其留居该寺,仍择大喇嘛一人领之。以后该处若

---

① 《科布多参赞大臣沙克都林扎布为乌梁海游牧内蒙哈杂处请饬催塔尔巴哈台参赞大臣迅将原借乌梁海游牧交还事》,《军机处汉文朱批奏折》,光绪十三年闰四月二十七日,档案号:04-01-30-0232-009,缩微号:04-01-30-016-1484。

隶塔尔巴哈台,则所留徒众,亦归塔尔巴哈台参赞大臣管辖。至于哈巴河一带,塔尔巴哈台自借地以来,即已派兵驻守,尚称安静,未便委去,俾俄人得乘虚南下古城,应否改隶塔尔巴哈台管辖。请旨定夺。"①可见,虽然刘锦棠同意迁走棍噶扎勒参徒众,但坚持该地仍归塔尔巴哈台管辖,理由是防止俄国入侵。朝廷同意了这一请求。

但科布多参赞大臣沙克都林扎布力争收回借地,上奏:

> 奏为棍噶扎勒参借占乌梁海境内中央之地分隶塔尔巴哈台收管,民情不合,有碍边务要局,谨将各情缕晰陈明,请旨定夺,祗遵恭折仰祁圣鉴事。窃奴才等于上年十一月间据索果克卡伦侍卫官保等禀称:突有科布多所属哈目吉勒哈什旗下哈众十有余户,带领许多牲畜迁移卡内禁地居住。当询,据声言,只缘乌梁海牧地狭小无处放牧牲畜,以致迁移到卡。此项哈众素性强悍,逐之不肯听从,且原与俄不睦。卡伦与俄为邻,系属禁地,无伊居住之所,如任其肆行串走,将恐边患渐生,希祁查办。并据杜尔伯特左翼盟长察克都尔扎布呈报:哈众现又潜入卡内占据本属达赉罕游牧,大碍蒙古生计,恳请查办示覆各等情。奴才等正在饬查,间接准署塔尔巴哈台参赞大臣额尔庆额咨闻:光绪十六年七月二十七日具奏,明年雪消春暖,亲往阿勒台山分定界址,请旨于科布多大臣内饬派一员会同办理。奉硃批着派魁福届期前往会办。钦此。并抄录原奏片稿咨知,前来查原片内闻,拟于四月十五日会集承化寺妥为经理。奴才等当即檄行乌梁海两翼散秩大臣三保多尔济、三音毕里克,并哈目章嘎尔等遵照听候,届期办理。现据该散秩大臣等来城呈称,查得乌梁海自乾隆年间投诚以来,分居牧所,地阔人稠,百有余年,安居乐业,倚地谋生。迨至同治年间,始因西路新疆各处回逆四处扰害,窜入本境,抢掠牲畜、燃烧诸物殆尽,民遭涂炭,苦不堪言,加以十有数年,瘟疫流行,畜毙人亡,困顿已极。更兼同治八年、光绪九年,两次强被俄人又将本属游牧沃壤之区大半割去,令蒙古而东移,并前后收抚哈众数万之人,悉以杂居东边,此皆拥挤耗夺蒙众生计以致穷黎谋生无法,半多四处流亡,元气久不能复。况蒙哈杂处,衅端叠出,几至

---

① 《清德宗实录》卷二六七,光绪十五年二月癸卯。

第十一章 科塔借地与科阿分治

酿成巨患,历经呈报在案,无如棘手,久未定办,俾蒙古苦无所告,又不知此项哈众何时迁移安插,俾蒙哈各得其所。正在午夜,尤虑间接奉札开,所有棍噶扎拉参前经借占本属游牧,无故割归塔尔巴哈台。蒙民一闻,人心惶惶。卑等极力婉言抚导,乃蒙众情急难安,为此陈明,并绘画本属地图贴说。伏祈代为沥陈下情,仰恳圣主恩施伏念。乌梁海境内西迁牧地划归俄人,东边牧地蒙哈杂处,中间一段牧地若再捥归塔尔巴哈台,是蒙古终无谋生之地。惟愍怜蒙古仍留谋生之地,顶感皇仁有加靡已。并据哈目章嘎尔等呈称:哈众自光绪七年被棍噶扎拉参呼图克图带兵追赶,勒要牲畜,斩杀头目柯伯史之子,众皆警避逃至科布多,仰蒙抚慰,奏陈苦情,奉旨收抚弹压,数年以来,感恩不尽,至今虽在乌梁海境内不过权,且居住以待安插。乃乌梁海人众因系潜居,处处难容,哈众又多,久无指定着实,游牧亦不能编旗约束,层层牵制,如此日久,蒙哈愚顽,势必因地滋事,惟肯速议安插之地,俾免肆行奔走,互生事端各等情。奴才等查看,该蒙哈官长泣泪哀肯,而辞色急迫,皆怀不平之意。伏查此案,缘系棍噶扎拉参暂借乌梁海牧地,安插徒众,本与塔尔巴哈台无涉,刻兹蒙恩,业将棍噶扎拉参迁移新疆所属八英沟地方安置,其借地自应由乌梁海收回,今各将军大臣指称该处为要地,请归塔尔巴哈台管辖揆之。乌梁海蒙众恐难甘心弃地。检查光绪八年间奏案,乌梁海闻将哈巴河一带分给俄国,人情汹汹,大有济河焚舟之势,绝不肯将膏腴之地让与他国。彼时前大臣额尔庆额事处两难,以故奏奉特旨,着科布多收抚拨款赈恤,仰见圣主绥靖藩部,恩泽广被,恃此与俄力辩,俄视我民不肯相让,无奈亦随允从,姑得挽回牧地二百余里,众民获有耕田牧地,人心始定。查阅前各将军大臣等奏称,哈巴河一带为边防要地,既知要地哈巴河地西仍有乌梁海牧地二百余里方至,科布多所管之阿拉克伯克河卡伦边界与俄毗连,该处岂不较哈巴河尤为紧要?沿边地南蒙古等处,并新疆各城头头是道,何止一哈巴河乎!前出使大臣索厚业将此地划归俄国,彼时各大臣等身任边疆重寄,何独缄默不具一疏?迨经科布多催收借地,各存畛域之私,此地归科属塔莫非国家疆土,惟科布多前收数万哈众究当安于何处,竟然毫无筹议,仅指哈巴河为要地请归塔尔巴哈台收管,置科布多所收之哈萨克于漠外,以此筹议殊失安边之道。奴才等到任后曾与前任帮办大臣奴才额尔庆额晤谈一切公事时称,蒙哈杂处势难久安,该大臣只此经手之件未获藏事,旋即调任,今则竟将此地奏请割归塔尔巴哈台管辖。又称,科布多并无急待安插之蒙哈,何前后如斯之相悖也。奴才等反复推思,若依前议办理,则数万哈众绝无安插之处,况乌梁海又被割去大半游牧之地,如此蒙无隙地以安哈,哈终混串以扰蒙,则蒙哈两失所望,揆核其情,亦难保无激变之处。何况连俄疆,俄人狡诈百出,后患尤为可虑。从来安边以抚民为首先要务。今奴才魁福会办此事,自应遵旨前往,曷敢渎陈?无如科布多前收哈萨克仅倚此地安插,蒙古亦赖此地播种而食,蒙哈两项非承化寺、哈巴河一带游牧,终难办理,弃此别无隙地。且蒙古不肯相让,情辞急迫,势难勒令划归,若不据情陈明请旨定夺,遽然前往会办,临期激而生变,必误边务大局致负委任,是以未敢冒昧从事。奴才等思之再四,蒙哈均赖此地谋生百有余年矣,与俄为邻,相安已久,今若以该大臣奏称,请将乌梁海属之承化寺、哈巴河一带游牧割归塔尔巴哈台管辖,不惟哈众无地安插,而乌梁海蒙众亦不肯相让,终属不了之局,恐难相安固守。恭读光绪十五年九月十一日上谕,朝廷兼权熟计,借地自应给还,边防尤不可忽,应否将该处游牧地方仍归乌梁海,俾得安插蒙哈,一面由塔尔巴哈台旧派驻守,期于防务民情,两无妨碍等因。钦此。仰见圣主慎重边防,无微不至,跪读之下,钦佩靡已,查此案久无定议,屡烦宸厪。奴才等均应恪遵此次谕旨,将该处游牧地方仍归科布多所属之乌梁海,俾安蒙哈,即知照塔尔巴哈台,照旧派兵驻守如此,既服蒙众之心,哈众亦免滋蔓生事,而防边事宜亦属无碍,庶防务民情,两有裨益,以期仰副圣主慎重边务之至意。除抄录原折知照塔尔巴哈台署参赞大臣。奴才额尔庆额俟旨遵行外,是否有当,谨据情恭折,沥陈并将乌梁海散秩大臣绘送舆图译汉贴签恭呈御览伏祈,皇上圣鉴训示,遵行不胜悚惶,待命之至,谨奏请旨。另有旨。①

---

① 《奏为据情沥陈棍噶扎拉参赞借占乌梁海中央之地分隶塔尔巴哈台收管民情不合有碍边务事》,光绪十七年三月初二日,《军机处汉文朱批奏折》,档案号:04-01-01-0978-053。

第十一章 科塔借地与科阿分治

沙克都林扎布的长篇奏报对塔尔巴哈台借科布多地问题原委和双方争执过程以及朝廷态度进行了详细回顾。沙克都林扎布反映的问题很现实，完全从乌梁海人的生计出发。乌梁海人游牧地西部两百余里沃土被沙俄占去，境内的乌梁海人和哈萨克人东移，乌梁海人游牧地开始变得不够；此时又招抚哈萨克部众数万人，悉仰赖乌梁海牧地；清廷为安插棍噶扎勒参活佛徒众占据其中间之地。迫使乌梁海与哈萨克部众统统挤到东边狭窄地带，开始陷入贫困和混乱。朝廷虽然答应转移棍噶扎勒参部众，但该地方仍归属塔尔巴哈台。

新疆和科布多方面各执一词，朝廷对此无所适从，最后从领土安全角度出发，采取折中措施，暂时牺牲乌梁海人利益，宣布先维持原状：

> 据称塔城两次分界后，蒙哈不敷分住，请将哈巴河一带借地。自光绪十八年起，展缓三年，即行交割。惟乌梁海异常清苦，拟令塔城哈萨克每年酌给牲畜，稍为帮补，并筹安插逃户，派兵驻守等语。哈巴河借地，既据沙克都林扎布等详加履勘，一时暂难归还，所奏自系实在情形，着准其暂缓交割。仍着额尔庆额、魁福和衷商酌，妥筹经理，届期归还，不得因循延缓，一奏塞责。①

三年后的光绪二十一年，塔尔巴哈台方面没有提出还地问题。第二年，俄归还所借塔尔巴哈台巴尔鲁克地方，塔方还是只字不提还地。乌梁海人的生计在不断恶化。光绪二十八年（1902），瑞洵上奏请求归还借地，附乌梁海左右两翼散秩大臣蒙文呈文之翻译。乌梁海散秩大臣上呈哀诉道：

> 卑旗向来倚靠肥壮游牧、耕种、打牲安逸度命，充当差使。同治年间，将本游牧之膏腴，好地借给塔尔巴哈台，又屡次非给俄罗斯出貂地方，致各处哈萨克等阑入所有膏腴，擅自驻牧，乌梁海等众反致拥挤无处谋生，以致饥馑。无法欲以牧地得租，奈膏腴被塔尔巴哈台借去，其中间之地又经画界分与科属哈萨克，不但不给租税，还将

---

① 《清德宗实录》卷三一三，光绪十八年闰六月庚申，第56册，第64—65页。

我们乌梁海人等逐撑,似此苦累,我等何以聊生?……哈萨克等渐至,增添滋事,抢占草厂,虐害乌梁海,穷蒙无法栖止。乌梁海自己耕种、打牲养命膏腴之地,委失与人,忧愁不已。哈萨克人多,借势逞强。乌梁海因穷积愤往往舍命相争。近年加有俄人通商时滋嫌隙,尤多可虑。若生事端,卑散秩大臣副都总管亦时无法办理。似此无处居住愤怨之乌梁海蒙众,断难约束相安。①

再次反映"哈众渐至增添,以致我们乌梁海等众实极穷迫,度日维艰"。得到的回复是:"听候本大臣议定,再行指饬遵办。"②

光绪二十七年,科布多参赞大臣瑞洵奏索还乌梁海借地,安插蒙古、哈萨克。③ 光绪二十八年,瑞洵再次上奏索要借地。④ 塔城对乌梁海地方的长期占有,激起了乌梁海和哈萨克人民的强烈不满,导致怨声载道。二旗派往阿尔泰地区的塔城驻防委员治理无方,勒索压榨,广占乌梁海游牧。⑤ 朝廷批示说:"乌梁海七旗,意在收还借地,案悬日久,恐滋轇轕,不免言之激切,现在借地,业经奏准归还,自可相安无事。"⑥通过科布多参赞大臣和乌梁海人民的努力,收回借地已不成问题,但同时也开始考虑将哈萨克人众安置于此。谕曰:

瑞洵奏阿尔泰山哈巴河一带,本系科布多旧地,自借给塔城之后,该处北路,顿失藩篱,请饬妥为筹画等语。现在长庚遵旨前往阿尔泰山,着照该大臣所陈各节,认真查勘,通筹妥议,奏明请旨。另片奏,哈萨克性情习悍,宜择地妥为安插,如乌城借地,一时不便归还,其乌梁海七旗,亦应设法安顿各等语。⑦

---

① 《散木居奏稿》卷十一《雷池集》,页八,载《清代新疆稀见奏牍汇编·同治、光绪、宣统朝》(中),新疆人民出版社,1997年。
② 《散木居奏稿》卷十一《雷池集》,转引自张永江《清季科布多塔城地区借地问题》,《昭乌达蒙族师专学报(汉文哲学社会科学版)》1989年第3期,第22页。
③ 《清德宗实录》卷四九一,光绪二十七年十二月戊戌,第58册,第492页。
④ 《清德宗实录》卷四九八,光绪二十八年夏四月乙卯,第58册,第589页。
⑤ 《清德宗实录》卷五一〇,光绪二十八年十二月辛亥,第58册,第731页。
⑥ 《清德宗实录》卷五一〇,光绪二十八年十二月辛亥,第58册,第731页。
⑦ 《清德宗实录》卷五〇八,光绪二十八年十一月壬午,第58册,第709页。

第十一章 科塔借地与科阿分治

瑞洵不断上奏,请求归还借地,主要是迫于下面的压力。乌梁海七旗总管不停找瑞洵哀诉其惨状,哈萨克降众也要求安置,而且乌梁海和哈萨克的矛盾不断激化,生怕哪一天酿成巨患。看来瑞洵是一直坐在火山口,担心随时爆发,如履薄冰,每天神经绷得很紧,还要忍受下面人无休止的争吵。

二十九年,朝廷下谕旨说:"此案借地,辗转多年,若如所奏情形,自应查明还地。……不得以借地为已成之案,惮于更正,总以足安乌梁海人心,有裨大局,是为至要。"[1]"据称阿尔泰山地段,周围七百余里,从前借给塔城之案,辗转多年,现经该将军等秉公勘议,将原借地段,交还科布多参赞大臣管辖。其潜住之哈民,人随地归,住科布多境者,归科城管辖,住塔尔巴哈台境者,着塔城管辖等语,应如所请办理。……其潜入新疆南北等处之哈民……分别收回,各归各牧,以免纷扰。"[2]

此时还发生了一件事,科布多城一名叫溥涌的委员,因索诈科布多哈萨总管不遂,将该总管锁押卡伦侍卫处,旋被哈萨克抢去。此事导致彼此战斗,互相受伤。[3]

瑞洵在前往阿尔泰山办理接收事宜中途坠马负重伤而返回,遂派帮办大臣英秀前往办理。[4] 但大臣们汇聚到一起时已经是冬季,随地归附之哈萨克民众过冬地还没指定,无法过冬,故暂缓交割。[5] 此事被搁浅,只能等到第二年再议。第二年,即光绪三十年(1904)春,科布多收回借地,并招抚逃往各地的哈萨克人众进行安置。清廷对科布多参赞大臣制度进行改革,派出办事大臣,治所在阿尔泰山,故俗称阿尔泰办事大臣。

阿尔泰办事大臣的设立,标志着科阿分治的正式完成。布伦托海办事大臣的设立是科阿分治的开端,但由于大臣们的治理无方,一年多后即被撤销。随后转世活佛棍噶扎勒参转移到阿尔泰山脚

---

[1] 《清德宗实录》卷五一一,光绪二十九年正月己巳,第58册,第511页。
[2] 《清德宗实录》卷五一五,光绪二十九年五月戊午,第58册,第800页。
[3] 《清德宗实录》卷五一九,光绪二十九年七月戊申,第58册,第860页。
[4] 《清德宗实录》卷五二〇,光绪二十九年八月癸丑,第58册,第863页。
[5] 《清德宗实录》卷五二四,光绪二十九年十二月乙卯,第58册,第933页。

下的达莱塔拉建承化寺。在阿尔泰地区第一次设立专署,进行科阿分治尝试暂时受挫。但科阿分治政策势在必行,在阿尔泰地区设立专门管理机构意义重大。首先,阿尔泰地区为抗击沙俄入侵势力前沿阵地,保住阿尔泰,既能保住科布多,也能保住塔城。其次,从同治年间开始,因沙俄侵占,被侵占塔城和阿尔泰地区的哈萨克人不愿接受俄国统治,不断涌入科布多属阿尔泰地区,给塔城和科布多地区带来了很大的压力。

附录：本书所用重要
满文档案转写

《定边左副将军成衮扎布奏请是否捉拿追赶三车凌入卡伦之玛木特折》，乾隆十八年十二月二十五日，档案号：03－0174－1358－004，缩微号：033－1980

  wesimburengge jecen be toktobure hashū ergi aisilara jiyanggiyūn jasak i hošoi cin wang amban cenggunjab sei gingguleme wesimburengge hese be baire jalin coohai nashūn i baci jasiha abkai wehiyehe i juwan jakūci aniya jorgon biyai juwan nadan de hese wasimbuhangge naneme jiyanggiyūn cenggunjab sei baci jun gar i mamut be juwe tanggū niyalma gaifi cereng sebe fargame musei karun be dosika seme emu mudan wesimbuhe bihe sirame baitai ildun de udu mamut be juwan tofohon i samsifi karun be tucifi amasi genehe babe wesimbuhe gojime mamut se eici yargiyan i karun be tucifi jailame geneheo akūn ere baita be ceni baci adarame icihiyaha ere sidende arbun muru adarame babe umai wesimbuhekū ere jergi babe gemu hiyan i siranduhai wesimbuci acara baita bime umai wesimbuhekūngge aide tookabuha ni erebe cenggunjab sede jasifi fonji imbe ere jergi babe hūdun getukeleme baicafi uthai donjibume wesimbukini sehebe gingguleme dahafi erei jalin jasiha seme isinjihabi baicaci neneme amban meni baci coohai nashūn i ambasai baci jasiha jorgon biyai juwan juwe de wasimbuha hese be gingguleme dahame hebei amban dacingga sede cooha bufi mamut be jafame unggire jalin icihiyaha babe donjibume wesimbuhe bime onggolo dacingga i baci mamut sei mejige be fujurulame yargiyalara jalin gūsa be katalara janggin monijab be karun tule unggifi mejigešebure babe inu donjibume wesimbuhe bihe te monijab jorgon biyai orin duin de coohai kūwaran de isinjifi alaha bade monijab bi amban i afabuha be dahame seoji cagan burgasu karun i tule ilan sengkur dootu noor nogon noor delung ni jergi bade karame tuwaci umai baran songko akū tederi hamir šajigai karun de isinafi tabutu i tule jamtu karan sere alin de tafafi karame tuwaci emu feniyen i ulha monggo boo i jergi baran sabuha ede bi duin niyalma be gurgušere kanagan de fujurulaci acara hacin be yooni tacibufi eiten mejige be yargiyalabume unggihede amasi jifi alahangge be tubade isinafi tuwaci gemu jun gar i hehe juse bisire nukteme tehe uriyanghai urse be tesede mamut juwe tanggū cooha gaifi cereng sebe fargame jifi algimbuhangge amala g'aldan dorji amursana sa kemuni sunja minggan cooha gaifi fargame jimbi sehe babe fonjici uriyanghai i bek sei alarangge meni jaisang mamut be dawaci fidefi gamaha te ini nukte be cering sede tabcilabuha be donjifi meni uriyanghai sede meni taiji dawaci i gisun seme holtome algimbufi juwe tanggū cooha gaifi cering sebe fargame genehe g'aldan dorji amursana sa sunja minggan cooha gaifi jimbi sehengge cohome meni urse be isabure de ja seme balai algimburengge gemu oron akū baita sembi. geli suweni ere dendere ulha aibaci jihengge seme fonjici alarangge meni urse mamut i holo gisun de dosifi udu niyalma dahame fargame genefi babaci tunggiyeme gaiha cering sei jugūn i unduri waliyaha šadaha ulha sembi seme alambi ede onggolo mamut be acaha lamun funggala buyumbu de mamut i se arbun giru adarame seme fonjici alarangge ninju se hamika dere golmin sahaliyan cira sembi mamut be bi duleke aniya sabuha susai isire se fulahūn cira dere muheliyen bihe ere gisurerengge fuhali acanarakū geli monijab bi tederi uyunci bodoci i jergi bade akūmbume karame tuwaci umai encu baran songko akū nimanggi umesi amba ofi niyalma nukteme teci ojorakū seme alambi ineku inenggi asaha i amban ioi boo cering sei jaisang hotong bayan kesik hasiha batu sebe gaifi inu coohai kūwaran de isinjihabi amban be dasame jaisang hotong bayan kesik sede kimcime fonjici alarangge be ebsi jiderede jaisang mamut i nukte be tabcilame yabure fonde mamut i beye nukte de akū dawaci de aisilame

附录：本书所用重要满文档案转写

genefi tubade feyelembi sembihe meni tabcilafi funcehe nukte gemu habdak baitak i baru burulame dosika meni jidere onggolo meni taiji i harangga uriyanghai i bade hūdašame genehe urse meni amala amcame jifi alahangge uriyanghai i demci hūtuk se ceni uriyanghai ursebe teksileme taiji cereng sei uncehen be dahalame fargame jifi šadaha macuha ulha be tunggiyeme gaimbi seme alaha bihe meni gūnin de jaisang mamut uthai fargame jikini karun be tucime dosime yabure de urunakū turgun be alafi genembi ainahai yabure sembi ere gemu uriyanghai demci hūtuk i algimbuha gisun seme alambi genembi ainahai hūlhame yabure sembi ere gemu uriyanghai demci hūtuk i algimbuha gisun seme alambi amban be uhei acafi gisurehengge gūsa be kadalara janggin monijab amasi jifi alaha bade bi seoji cagan burgasu jergi karun i tule ilan sengkur dootu noor nogon noor delung ni jergi bade isintala karame tuwaha nukteme tehe uriyanghai ci tulgiyen umai encu baran songko akū jun gar i uriyanghai saci fujurulaci mamut ini nukte be cering sede tabcilabufi holtome algimbume jihengge secibe mamute i cira boco acanarakū bime totong sei gisun uriyanghai demci hūduk mamut i gebu be jorime cering sei waliyaha šadaha macuha ulha be tunggiyeme gaiki seme fargame jifi balai gisun algimbuhangge cering sei jaisang hotong se geli jaisang mamut be umai nukte de akū dawaci be dahalame genefi tubade feliyehebi meni taiji cereng sei harangga uriyanghai i bade hūdašame genefi amala amcame jihe ursei alaha bade inu uriyanghai demci hūduk ceni uriyanghai sebe teksilefi cering sei uncehe be dahalame jifi cereng sei waliyaha šadaha macuha ulha be tunggiyeme gaiki sehe gisun hono ishunde acanambi te ere babe getukeleme tucibuhe bime. wesimburakū kemuni dacingga sebe mamut be jafanabume unggici kemuni dacingga sebe mamut be jafanabume unggici mamut i beye nukte de bici uthai jafafi gajimbi aikabade mamut i beye umai fargame jihekū oci baita uthai talohūn ojoro be dahame amban be dacingga de bithe yabubufi cooha dosifi mamut be jafara be taka ilinjifi eici neneme uriyanghai demci hūtuk be jafame gajifi mamut

193

i beye fargame jihe jihekū babe getukelefi jai mamut be jafara babe dergici tacibume jorifi hese wasinjiha erinde amban be gingguleme dahame yabuki erei jalin gingguleme wesimbuhe hese be baimbi abkai wehiyehe i juwan uyunci aniya aniya biyai ice ilan de fulgiyan fi i pilehe hese aika suweni ere wesimbure be aliyaci eiten baita gemu tookabur de isinambi aifini hese wasimbuha saral dacingga sa beye nikenefi getukelekini sehe abkai wehiyehe i juwan jakūci aniya jorgon biyai orin sunja cenggunjab ioi boo nusan acungga erincindoriji. fulgiyan fi i pilehe hese aika suweni ere wesimbure be aliyaci eiten baita gemu tookabure de isinambi aifini hese wasimbuha saral dacingga sa beye nikenefi getukelekini sehe.

《军机大臣舒赫德等奏报审讯玛木特口供及解送至京起程日期折》，乾隆十九年一月十九日，《军机处满文录副奏折》，档案号：03-0174-1358-014，缩微号：033-206

wesimburengge amban šuhede cenggunjab gingguleme wesimburengge donjibume wesimbure jalin aniya biyai juwan uyun i meihe erinde karun i lamun funggala buyumbu aisilara taiji wangcuk dorji se jafaha mamut be benjime isinjihabi amban be mamut de sini nukte aibide tehebi se adarame si jun gar i udu boigon dalahabi seme fonjici jaburengge mini nukte bulgan i cagan tohoi sere bade tehebi nadanju ilan boigon i niyalma be dalahabi seme jabumbi geli mamut de si cereng cereng ubasi sebe fargame jidere de udu niyalma gaifi jihe cereng sebe fargara de meni karun de isinjifi meni karun i hiyasa simbe ilibure de si umai donjirakū gelhun akū etuhušeme karun be bireme dosikangge eici we simbe takūrahao eici sini gūnin cihai dain dekdeki seme dosinjihao seme fonjici jaburengge cereng se mini nukte be darime jidere de bi boode akū nemuku jirgal i baci marime jugun de yabuha bihe amala boode isinjifi tuwaci cering sei meni nukte be tabcilaha ulha be dalime gamaha teile akū mini hehe juse be gemu fulahūn i hokolime gaiha ede mamut bi horsofi boode emu inenggi idefi

附录：本书所用重要满文档案转写

meni nukte i ahūta deute emu tanggū dehi hamire niyalma i sasa amcame emute oci cering sei dahame jihe ursei dolo mini hojihon taiji dobcin sargan jui be amcame acaki jaide oci cembe amcafi ceni waliyaha cukuhe ulha be bahaki seme karun de isinafi emu tanggū dehi niyalmai dorgici orin niyalma be gaifi cering sebe amcame jihe gūwa urse be gemu cicik noor i jergi bade tutabufi mimbe aliyabuha bihe bi ebsi amcame juwe inenggi on yabufi cereng sei goro genehe amcame muterakū be safi dambagu emu uhun be mini sargan jui de belek obume emu takarakū kalkai monggo de bufi ulame jasikini seme afabufi bi uthai meni urse be gaifi da jihe jugūn deri amasi genehe umai dawaci meni jaisang sei gisun de fargame jihengge waka cering se mini nukte be jaci nišalame tabcilara jakade bi nerginde korsofi emu erinde hūlhidame gūnifi balai karun be dosime yabuhangge uthai mini weile minde ai jabure babi jakan karun i bade genehe ambasai baci niyalma takūrafi mimbe hūlanara de gūwa niyalma hono ume genere seme alibuha bihe mamut bi uthai amban i afabuha gisun i songkoi jifi acaha de mimbe jafafi ebsi benjihe bi umesi emu buya albatu ai gelhun akū dain dekdembini sembi. geli mamut de suweni sasa jihe demci ubsi c'ylun hasiha ne aibade bi seme fonjici jaburengge mini sasa jihe urse dorgi umai demci ubasi c'ylun hasiha sere niyalma akū ainci gemu meni niyalma karun dosire de holtome gisurehe gebu dere bi emgeri jafabuha aiseme gūwa niyalma jalinde dangnambi sembi geli mamut de uriyanghai sa simbe bithe yabubufi cembe selgiyefi ebsi cering cering ubasi be fargame jihe sembi ere yargiyan i sini baci selgiyehengge seme fonjici jaburengge uriyanghai sa cering sei waliha mancuke cukuhe ulha be tunggiyame jidere de balai holtome gisurehe dere meni baci umai cembe jidehe ba akū ceni urse inu minde kadalabuhakū aide mini gisun be donjimbini sembi geli mamut de be donjici si dade dawaci i jakade bihe dawaci gidabufi si geli nemeku jirgal de genehe cereng se sini nukte be tabcilaha be donjifi teni amcame jihe sembi yargiyūn seme fonjici jaburengge bi duleke aniya bolori dawaci i jakade genefi uyun

195

biyai juwan uyun de dawaci sei šufaha tumen isire coohai emgi cagan usu sere bade afara de dawaci gidabufi nemeku jirgal mimbe baire de bi donjifi juwe inenggi giyalafi mini deo be gaifi nemeku jirgal de genehe tubade emu biya tefi nemeku jirgal casi da nukte de mariha bi ebsi mini nukte de jihe cereng se meni nukte be tabcilara fonde bi aika boode bihe bici inu ja i cembe dulemburakū bihe aika uhei hebešere hacin bici be inu sasa dahame dosiki sere gūnin aifini bihe sembi geli geli mamut de si emgeri mende jafabuha be dahame yaya saha donjiha babe yargiyan be jafafi ala seme fonjici jaburengge neneme dawaci i jakade bisire emu lama jifi minde alahangge dawaci ili de taiji tehe sembi sirame aniya biyai icereme jaisang hasak šara i baci šeoling cono be takūrafi mamut mini beye jai meni emu jaisang nima de alahangge dawaci amursana i arga be baitalame nemeku jirgal be gidaha dawaci geli taiji tehe te jaisang tob jirgalang be tucibufi amba gurun de elcin obume aniya biyai icereme jurambi nemeku jirgal geli durbet i emu taiji šakdur manji bissihasi i emgi ishunde afandumbihe sirame g'aldan dorji cooha be gaifi šakdur manji sede aisilame nemeku jirgal be gidafi waha seme minde alahabi sembi geli mamut de ne dawaci amursana gemu aibide bi ceni juwe niyalma kemuni hūwaliyasun i banjimbio eici fucefi ehereheo seme fonjici jaburengge dawaci nemeku jirgal be gidafi ili i bade genehe seme donjiha neneme dawaci amursana se cooha gaifi nemeku jirgal i deo tegus hasiha be gidafi boro tala de isibume fargafi amursana be geli udu dalaha jaisang be gaifi amargi babe toso seme unggihede amursana ini cooha be gaifi hasak i emgi acafi dawaci i albatu dasicereng ni emu otok obit emu otok i niyalma be tabcilaha manggi okto kitat sere gebungge juwe niyalmai baci niyalma be takūrafi amursana i otok urse be tabcilaha babe dawaci de alanaha de dawaci mini otok be tabcilaha be tuwaci ainci ubašambi dere seme gisurembi amursana burul bade genere de dawaci i fe bisire juwe otok i niyalma be geli tabcilafi casi genehe seme donjiha sembi geli mamut de si te mende jafabufi gajiha sini gūnin de sini juse sargan jai sini kadalaha

附录：本书所用重要满文档案转写

urse te adarame simbe amcame jimbio akūn donjiha manggi gelembio gelerakū jai suweni taiji donjiha manggi simbe adarame gūnimbi adarame arbušambi seme fonjici jaburengge mamut bi ubai amban de jafabuha nerginde mini emu demci hūlgaici de si amasi mini juse sargan jai meni urse de jasi ume holdoro mini beye hūwanggiyarakū kemuni fe songkoi te ume gūwa bade gurire an i hūwaliyasun i banji mini yargiyan mejige be aliya seme tacibufi ebsi jihe jai mamut bi gūnici bi amba gurun i karun be dosika bicibe umai gelhun akū dain dekdehekū karun i hiya taiji sede heni ehe arhakū ubai amban hūlara de bi uthai jihe mimbe jafara de mini beye ergen be bi ginggun ūshūn i alibume jafabuha gelhun akū iselehekū ede meni taiji donjicibe ainci inu ehe gūnirakū dere seme gūnimbi sembi aide mini gisun be donjimbini sembi geli mamut de si te toktobuha kooli be efuleme meni karun be dosifi cereng sebe fargara de udu meni urse de iherehekū bicibe meni karun de dosikabi ede meni baci teni simbe jafafi gajiha sini gūnin de dahaki sembio amasi geneki sembio seme fonjici jaburengge mamut bi umesi emu dubei jergi buya albatu doro giyan be sarkū mini emu ujiha jui be baime mini hojihon sargan jui de acaki seme balai karun be dosikangge uthai mini bucere giyan mimbe warakū ergen bibuhe ere kesi de bi karulame muterakū mimbe hadarakū dahabuki seci bi cihanggai dahaki ere dahara de aika membe sindafi bi mini juse sargan ahūta deote be gaifi ebsi dahame jiki aika membe hatame gairakū mini ergen be sindafi an i da nukte de tebuci bi ere ujen kesi de karun i tule teme yaya saha donjiha babe mini beye udu mejige isibume muterakū bicibe mini juse omosi be takūrafi mejige isibuki meni tubade bisire sunja tanggū boigon i urse inu gemu babaci šufame jihe niyalma ceni cihangga ebsi jidere urse bisire akū be getuken i sarkū geli mamut de suweni tubade ne facuhūrahabi geli mende dahame dosiki sere niyalma facuhūn de akafi gemu dahame jiki sere gūnin bi damu ba goro ulhai hūsun juse ebsi jidere šolo baharakū dabala aika šolo bici gemu siran siran i dahame jimbi sembi uttu ofi amban meni baci mamut be da benjihe karun i lamun funggal buyumbu ere mudan i gajime jihe jai jergi hiya fudei de afabufi jugūn i unduri saikan tuwašatame tuwakiyame gemun hecen de benebu seme aniya biyai orin de cagan seol ci jurambuha erei jalin gingguleme donjibume wesimbuhe. abkai wehiyehe i juwan uyunci aniya aniya biyai orin uyun de fulgiyan fi i pilehe hese fonjihangge sain bicibe icihiyahangge tašarahabi hese wasimbuha sehe abkai wehiyehe i juwan uyuci aniya aniya biyai juwan uyun. fulgiyan fi i pilehe hese fonjihangge tašarahabi hese wasimbuha sehe.

《军机大臣兆惠奏遵旨往军营审讯札木禅及呼都克情形并仍带回监禁折》，乾隆十九年三月三日，《军机处满文录副奏折》，档案号：03－0174－1357－007，缩微号：033－1913

wesimburengge aha jao hūi gingguleme wesimburengge donjibume wesimbure jalin aha bi hese be dahame juwe biyai juwan emu de jurafi juwan nandan de juwanci giyamun ci juraka inenggi lamun funggala buyumbu be ucarafi uriyanghai jamts'an hūtuk be coohai kūwaran de amasi gamaha be safi hese be aliyame tehe juwan jakūn i dobori hese isinjifi aha be ine mene coohai kūwaran de isinafi jamts'an hūtuk de hese wasimbufi tubai arbun muru be kimcime tuwafi ejen i ne icihiyara muru eiten wasimbuha hese be šuhede sede akūmbume ulhibume alafi amasi jikini sehebe gingguleme dahafi aha bi dobori dulime jurafi ilan biyai ice juwe de uliyasutai coohai kūwaran de isinjiha jamts'an hūtuk be horiha baci tucibuifi jamts'an hūtuk de bi enduringge ejen i cohotoi takūraha amban suwende hese wasimbume jihebi suwe serengge meni karun i tulergi kobdo i jergi bade tehe niyalma suwe gelhun akū meni karun be dosikangge ai gūnin meni karun i urse suwembe ilibuha bime suwe gisun gairakū bireme dosikangge adarame ere turgunde ejen hese wasimbufi suwembe jafa sehe meni cooha be kadalara meiren i janggin dacingga ejen i afabuha be dahame yabume mutehekū mamut be holtome eitereme gajifi jafaha turgunde ejen kesi isibufi mamut be sindafi amasi unggihe suwembe oci meni dorgi amban saral se cooha

附录：本书所用重要满文档案转写

gamame genefi gidanafi jafahabi suwe mamut de duibuleci ojorakū
suwembe inu sindafi unggimbi seme ume gūnire ne uriyanghai sebe
dahabume niyalma unggihe ce aika dahaci suweni jabšan aika daharakū
oci suwe nukte de bahafi generakū sere anggala ergen bahambi seme
ume erere seme hese wasimbuha manggi jamts'an hūtuk umesi aššafi
hengkilefi jaburengge duleke aniya omšon biyade meni donjihangge
ilan cering ebsi jidere de meni jahacin i emu otok i urse be tabcilaha
mamut i niyalma be inu tabcilaha meni uriyanghai jakūn boigon i usin
tarire urse inu sering sei sasa jihe sere jakade meni jaisang tubsin i jergi
sunja niyalma sunja tanggū cooha šufafi meni nukte be seremšeme
sengkur bade tefi meni jergi duin demci be dehi cooha gaifi turšul
sindame cicik noor de isitala cering sei genehe ici be karame tuwafi jio
seme unggihe be gemu alin bujan de banjiha niyalma kooli be sarkū de
karun be dosika cicik noor de isinafi amasi marime genere de bayan
jurke botohoni holo i sidende mamut be ucarafi mamut geli membe
gaifi yabure de be arga akū dahame yabuha kebkerde isinjifi morin ulha
šadafi son son i amasi genehe be gemu gurgu adali hūlhi niyalma fafun
be sarkū meni dalaha niyalmai gisun be dahame kooli be jorceme karun
de dosikangge uthai meni bucere giyan meni beyese karun i tule juwan
aniya funceme tehe an i ucuri karun i ursei emgi gūlime takambi aika
emu niyalma takūrafi membe hūlanaha bici yendahūn be hūlaha gese be
uthai jimbikai te emgeri weile be necime yabuha be dahame wara
ujirengge enduringge ejen de bi fulu jabure gisun akū seme jabumbi geli
jamts'an hūtuk de suweni dawaci nemeku jirgal ishunde sujandufi afame
etere anabure be ilgabure unde bime geli ai necehen i sunja mingga
cooha unggifi solbi dabagan be dabame jimbini dawaci dasame taiji tehe
sere janu g'arbu cooha gaifi jihe sere gisun gemu suweni banjibuhangge
suwe uttu banjibume meni jiyanggiyūn ambasa be holtorongge ai gūnin
seme fonjici jaburengge dawaci taiji tehe janu g'arbu cooha gaifi jihe
sehe gisun mamut i baci temgetu gidaha bithe be meni sunja jaisang
meni geren niyalma de selgiyehengge cohome amursana be ebsi dahame

199

jidere be tosobume unggihengge meni urse be hono kataolan angga be tosome gene seme fidehe ere gemu yargiyan baita ofi jiyanggiyūn ambasa de alaha ai gelhun akū holtome alambi sembi geli jamts'an hūtuk de uriyanghai be dahabure babe cendeme fonjici jaburengge meni uriyanghai se gemu moo bujan i dolo banjiha gurgu adali niyalma son son i tehebi niyalma geren giyalabuhangge goro gūnici dahame dosiki sere niyalma bi ba na be naršame terengge inu bi ceni gūnin be adarame buhiyeme sambi tuttu bime meni beyese jafabufi meni hehe juse absi oho adarame yabure be hono sarkū bade geren niyalma i gūnin be seme muterakū aici dahara aici jailara be gemu boljoci ojorakū seme jabumbi esei arbun be tuwaci mamut be sindafi unggihe be safi eiten babe damu mamut jai ceni jaisang sede anatame umai ceni cihai yabuhangge waka seme jabšan baime jabumbi juwe niyalma umesi gelefi jamts'an songgome yasai muke tuhebumbi hūduk aššafi fekun waliyabumbi niyalma be tuwaci gemu juken jergi hoimali serebe gisun mudan kemuni getuken uttu ofi aha bi jamts'an hūtuk de hese wasimbufi an i horiha bade gamabufi akdulame tuwakiyakini seme afabuha ci tulgiyen aha bi uthai jurafi jokso coohai kūwaran de genefi šuhede cenggunjab de ejen i ne icihiyara muru eiten wasimbuha hese i fi hoošan de akūnahakū babe narhūšame akūmbume hafukiyame neileme ulhibume alafi udu inenggi tefi tubai arbun muru be kimcime tuwafi jai amasi genefi giyamun aname monggoso be getukeleme baicafi huwekiyebume šangnara babe gisurefi wesimbuki erei jalin gingguleme wesimbuhe abkai wehiyehe i juwan uyunci aniya ilan biyai juwan ilan de fulgiyan fi pilehe hese simbe ts'ereng ni emgi baita icihiyan seme hese wasimbuha šangnara baita be fafun i emgi icihiyan sehe juwan uyunci aniya ilan biyai ici ilan.

《理藩院侍郎玉保奏报审问札木禅呼都克等情形并请将其解往军营候旨折》，乾隆十九年二月十一日，《军机处满文录副奏折》，档案号：03－0174－1357－004，缩微号：033－1866

wesimburengge aha ioi boo i gingguleme wesimburengge hese be

附录：本书所用重要满文档案转写

baire jalin aha bi juwe biyai juwan de orici giyamun i tala dolon sere adai giyamun de isiname šuhede sei baci jai jergi hiya toholi inggeltu ilaci jergi hiya yangge koise be takūrafi uriyanghai demci jamcan hūtuk be gemun hecen de benjinjihebi uttu ofi aha bi jamcan de si wei harangga uriyanghai si adarame cooha gaifi meni karun de bireme dosika meni niyalma simbe hūlame gajihao eici jafabufi gajihao meni niyalma simbe jafara de eljeme jafara de eljeme iseleheo akūn seme fonjice jamcan i alarangge mini beye jun gar i uriyanghai i jaisang cegen i demci ere aniya aniya biyai orin sunja de ubai amban cooha be gaifi mini tehe baci mimbe jafafi huthuhei cooha kūwran de gajifi ebsi benjibuhe jafara de bi umai eljeme iselehe ba akū meni uriyanghai sebe kadalara cegen i jergi sunja jaisang sunja tanggū cooha be gaifi cereng sebe fargame seoji cagan burgasu sere bade isinjifi cegen i jergi sunja jaisang sa cereng sebe fargame amcarakū oho seme jamcan minde meni uriyanghai orin niyalma be gaibufi cereng sebe cicik noor de isibume fargame gene cereng se yargiyan i amba gurun i karun de dosika dosikakū songko be tuwafi jio seme afabure jakade jamcan bi meni jaisang cegen sei afabuha songkoi cicik noor de isibume fargame bodogoni karun de dosifi joriha bade isinafi amasi mariha jai inenggi meni jaisang mamut be ucarafi geli mimbe gaifi cering sebe fargame bayan jurke karun de dosifi amasi mariha bi umesi buyan niyalma beyebe salime muterakū gemu meni jaisang sei joriha be tuwame yabuhabi amba gurun i karun de bireme dosikangge yargiyan i mini weile minde ai jabure babi damu amaba han ejen genggiyen i bulekušefi gosire be baimbi seme hengšeme alambi hūtuk de si wei harangga uriyanghai si adarame cooha gaifi meni karun de bireme dosika meni niyalma simbe hūlame gajihoo eici jafabufi gajihoo meni niyalma simbe jafara de eljeme iseleheo akūn seme fonjici hūtuk i alarangge mini beye jun gar i uriyanghai i jaisang cilun i demci ere aniya aniya biyai orin sunja de ubai amban cooha be gaifi mini tehe baci mimbe jafafi huthuhei coohai kūwaran de gajifi ebsi benjibuhe

201

mimbe jafara de bi umai eljeme iselehe ba akū ginggun ijisahūn i huthubuhe meni uriyanghai sebe kadalara cilun i jergi sunja jaisang sunja tanggū cooha be gaifi cereng sebe fargame jifi cereng sebe fargame amcarakū oho seme meni cilun i jergi sunja jaisang hūtuk minde meni uriyanghai i orin niyalma be gaibufi jamcan i emgi cereng sebe cicik noor de isibume fargame bodogoni karun de dosifi joriha bade isinafi amasi mariha amba gurun i karun de bireme dosikangge yargiyan i mini weile minde ai jabure babi amba han ejen i genggiyen i bulekušefi gosire be baimbi seme hengkišeme gūwa babe jamcan i emu songkoi alambi aha bi uriyanghai i demci jamcan se adarame jafabuha babe saral nusan be dahame genehe jai jergi hiya inggeltu ilaci jergi hiya yangge de fonjici inggeltu yengge i alarangge be uriyanghai nuktei ujan de isinafi uriyanghai i demci jamcan hūduk ya bade tehe babe fujurulame fonjici jamcan kobdo birai ulan halba i bade tehebi hūduk buyantu birai cagan bodogo i bade tehebi uttu ofi nusan emu tanggū orin cooha be gaifi hūtuk be jafame saral juwe tanggū jakūnju cooha be gaifi jamcan be jafame genefi dobori dulime ceni tehe nukte de isinafi emu dulin i cooha ceni adun be dalifi gaime emu dulin i cooha ceni boode dosifi gidaname jafaha jamcan hūduk jafabure de umai eljeme iselehe ba akū ginggun ijisahūn i jafabuha sembi aha bi jamcan de simbe coohai kūwaran de gajiha manggi sinde adarame fonjiha si adarame jabuha seme fonjici jamcan i alarangge tubai ambasa si ai turgunde meni karun de bireme dosika si ai aika dahame jici suwembe altai ci ebsi guribume gajiki seme fonjiha de jamcan bi meni jaisang sei afabuha songkoi karun de bireme dosikangge yargiyan i mini weile aika dahara babe gisureci minde daci dahara gūnin bicibe damu meni tubai urse gemu ba baci šufame bufi kadalabuha urse gūwa niyalma dahara daharakū be adarame bahafi sambi jaide oci da tehe nukte ci gūwa bade gurifi terengge yargiyan i mangga baita membe jafafi gajiha amala meni nukte kemuni tubade tembiheo gelefi burgišame dosi gurihe biheo yargiyan i toktobure de mangga seme alaha bihe sembi hūtuk de fonjici

附录：本书所用重要满文档案转写

inu jamcan i emu songkoi alambi aha bi gingguleme gūnici jakan daqingga jun gar i jaisang mamut be hoššome gajiha baita de hese saral se uriyanghai be dahabure baita be icihiyame genehe aika geli ere durun i niyalma be hoššome eitereme gajifi jafara oci amba gurun i ajige aiman be tuwara doro de labdu holbobuhabi šuhede se hahilame saral de bithe unggifi ainaha seme uttu yabuci ojorakū babe tacibume ulhibukini sehebe gingguleme dahafi šuhede sede yabubuhabi te saral nusan uriyanghai demci jamcan hūtuk be gidaname jafara de umai eljeme iselehe hacin akū ginggun ijisahūn i jafabuhabi mamut cereng sebe fargame musei karun de dosika turgunde tacingga mamut be hoššome jafafi gajiha be enduringge ejen kesi isibume mamut be weile arara be oncodome guwebufi sindafi amasi unggimbi uriyanghai i demci jamcan hūtuk inu cereng sebe fargame musei karun de dosika turgunde saral nusan jamcan hūtuk be jafame gajifi gemun hecen de benjinjihebi jamcan hūtuk be kemuni gemun hecen de benebufi weile arabure oci enduringge ejen i da wasimbuha hese de acanarakū ombi uttu ofi aha bi jamcan hutuk de suweni jun gar i jaisang mamut inu cereng sebe fargambi seme meni karun de dosika turgunde dacingga cooha be gaifi mamut de turgun be fonjiname genehe bihe dacingga i baci emu niyalma be takūrafi mamut be hūlanaha de mamut uthai jihebe meni amba han ejen i hese be baime wesimbumbi sere jergi gisun ulhibume alafi aha bi jamcan hūtuk be huthuhe be sufi gemun hecen de benebure be alibufi amasi coohai kūwaran de gamahabi aha mini mentuhun gūnin de jamcan hūtuk be jafara de umai eljeme iselehe hacin akū be dahame jamcan hūtuk be gaifi coohai kūwaran de isinaha manggi aha bi šuhede sei emgi acafi inu mamut de wasimbuha hese ulhibume alaha gisun i songkoi ulhibume alafi sindafi amasi unggici acanara acanarakū babe enduringge ejen tacibume jorime hese wasinjiha manggi dahame yabuki sembi erei jalin gingguleme wesimbuhe hese be baimbi abkai wehiyehe juwan uyunci aniya juwe biyai juwan ningun de fulgiyan fi i pilehe hese ere juwe niyalma mamut de duibuleci ojorakū hese wasimbuha sehe abkai wehiyehe juwan uyunci aniya juwe biyai juwan emu.

《军机大臣舒赫德等复奏萨喇勒达清阿仍分两路进兵乌梁海折》,乾隆十九年正月二十一日,《军机处满文录副奏折》,档案号:03-0174-1320-003,缩微号:032-0805

wesimburengge dahūme wesimbure jalin amban be neneme ūled uriyanghai juwe jugūn i sasa dosika turgunde dacingga saral be juwe jugūn dendefi baicame jafabuha babe donjibume wesimbuhede aniya biyai orin emu i morin erinde isinjiha jasiha hese dorgide saral cooha dain de dulembuhe niyalma ūled uriyanghai sei banin be sambi imbe dalabufi nikebume afabufi unggici nashūn de acabume baita be mutebuci ombi dacingga be geli encu emu jugūn obufi unggihengge coohai hūsun dendebuhe bime dacingga geli dotori bodogon akū niyalma nashūn de acabume forgošome gamame muterakū be boljoci ojorakū suwe hahilame šuhede sede bithe unggifi ceni fideme unggihe cooha emgeri karun tucime jabdufi amacame halame jabdurakū oci uthai ceni icihiyaha songkoi yabukini aika šohede mini amala wasimbuha hese be sabufi saral be hahilame unggifi dacingga be amcanafi emu meyen i uriyanghai bade genefi hūtuk sebe baicame jafara oci ele sain aika ceni fidehe cooha kemuni karun ci tucire unde amcaci ojoro gese oci kemuni mini neneme wasimbuha hese be dahame saral dalafi dacingga sebe gaifi cooha i hūsun be acabufi uriyanghai bade genefi dosinjiha songko be baime karun de dosinjiha niyalma be baicame jafakini uttu oci umesi akdun ainaha seme niyalma de eiterebure nashūn turibure de isinarakū aika dacingga saral be yebelerakū mayan tatabure acuhūn akū ba bici dacingga be uthai amasi gocifi wesimbukini sehebe gingguleme dahafi isinjihabi neneme amban be kimcime yargiyalame getukelefi ūled uriyanghai se gemu dosika turgunde teni juwe jugūn dendefi cooha unggihebi te dacingga se mamut se be argadame jafafi fonjici jai neneme yargiyan i musei karun be taka dosika bime saral sa ne inu karun de isinaha dacingga be amban be geli taka karun i hanci bibufi tuwašatame tebuhebi aika dacingga be fidefi saral i meyen de unggici dacingga i tucihengge wargi jugūn i karun saral i tucingge dulimba jugūn i karu ishunde kiyalabuhangge ududu tanggu be bi dacingga isinatala saral sa inu baita mutebure hamika uttu ofi amban be uhei hebešefi hesei dorgi de fideme unggihe cooha emgeri karun be tucime jabdufi amcame halame jabderakū oci uthai ceni icihiyaha songkoi yabukini sehebe gingguleme dahafi amban be dacingga be saral i meyen de unggire be nakafi an i da sasimbuha hese be gingguleme dahame yabuki jai sula amban saral meiren i janggin dacingga de acan jasire hese be amban meni baci juwe jugūn dendeme isibuci jasiga i dorgi baita sitabure jiyoo seme amban be neifi tuwafi da hese be saral de unggiheci tulgiyen kemuni saral de te dacingga be sini meyen de unggihe seme inu amcaburakū be dahame sini baci ere hese be alime gaifi gingguleme dahame yabukini dacingga be sini jakade unggire wesimbuhebi seme afabume yabubuhabi jai saral i meyen be sirabume ne minggan cooha bi hūsun inu niyere akū erei jalin suwaliyame gingguleme donjibume wesimbuhe abkai wehiyehe i juwan uyunci aniya juwe biyai ice de fulgiyan fi i pilehe hese saha inu sehe abkai wehiyehe i juwan uyunci aniya aniya biyai orin emu.

《军机大臣舒赫德等复奏已派萨喇勒达清阿等两路进兵乌梁海厄鲁特情形折（附随征人员名单1件）》，乾隆十九年正月二十七日，档案号：03－0174－1320－002，缩微号：032－0793

amban šuhede cenggunjab gingguleme wesimburengge dahūme wesimbure jalin aniya biyai orin ninggun de isinjiha fulgiyan fi i pilehe hese erebe tuwaci dacingga emhun ere baita be šanggabume muterakū juwe jugūn inu ainahai sain ni damu emu jugūn i hūsun teksilefi saral be dalabufi ulden dacingga be aisilabume unggici baita de tusa seme gūnimbi siran siran i wasimbuha hese isinahao ere hese isiname hūtuk dahūme wesimbu dacingga faršatai genehe bime ainu mejige akū nusan saral cering sede jaka šangnaha bime inu gisun hese akū ere udu inenggi suweni bukdari asuru isinjihakū alšame gūnimni sehe geli jasiha hese karun de dosika uriyanghai sebe baicame jafanabure de saralbe dalbufi unggici aktun tuwa seme ududu mudan hese wasimbufi unggihe te šuhede sei wesimbuhe bade kemuni nusan saral be emu jugūn obufi unggiki seme wesimbuhabi. karun i tule alin waka oci tala manggai juwe karun ci tucime genere dabala umai hūlhai feye de niketele ili de genere ba akū ainasi juwe jugūn ilan jugūn bi cooha kemuni emu bade acaci teksin hūsungge ombi ce juwe jugūn sehengge waka ohobi ceni unggihe cooha morin šadafi kemuni karun ci tucire unde be dahame suwe hahilame šuhede sede jasifi coohai kūwaran de ne je baitalaci uthai udu minggan morin bahara be bodome hanci šurdeme bade adulame ujime belhebure babe šuhede se gūnin de tebufi elhei kimcime budofi icihiyakini da musei karun be bireme dosikangge ūled uriyanghai gemu bihe erebe umesi getukeleme yargiyalafi ejen be holtome damu uriyanghai i emu ergi de obufi icihiyaci ojorakū bime ūled i tehe ba wargi ergi bodoci debi uriyanghai i nukte ba dergi ergi kobdo birai ebergi de bisire turgunde emu jugūn i cooha unggici juwe ergi be amcadame icihiyame banjinarakū ofi tuttu jugūn dendeme cooha unggihe ejen saral be dalabufi dacingga be aisilabume uriyanghai be baicame icihiyabure jalin wasimbuha hese aniya biyai ice nadan i dobori tamir hoton de aha be gingguleme alime gaiha ere sidende dacingga duleke aniya jorgon biyai orin jakūn de uthai ufi dacingga be aisilabume uriyanghai be baicame icihiyabure jalin wasimbuha hese aniya biyai ice nadan i dobori tamir hoton de aha be gingguleme alime gaiha ere sidende dacingga dulke aniya jorgon biyai orin jakūn de uthai uliyasutai ci juraka ice uyun juwan de karun de isinambi seme boolaha saral aniya biyai ice sunja de tamir ci uraka dacingga ci sandalabuhangge kemuni juwe minggan ba bi saral be amcibume unggicibe dacingga be amasi gajifi saral de acabucibe gemu olime šurdeme ofi morin ulha ele cukumbime inenggi goidabume mejige firgembure de isinambi amban

附录：本书所用重要满文档案转写

be geli dacingga emhun muterakū ayoo seme ulden sebe aisilabume fidehe cooha baitalara baita elhešeme goidabuci ojorakū ofi amban be teni kimcime hebdefi uttu icihiyaha jai nusan be saral de adabufi unggihengge gūwa hebei amban be gemu fidehe nusan be amban be da saral i emu bade obuha bime, jai geli dahūn dahūn i baire jakade amban be imbe umesi tacibufi unggihe saral uriyanghai banin be tengkime sambime dain de urehe uriyanghai be icihiyara baita gemu inde akdahabi seme amban be inde inu henduhe saral inu umesi funtume nekulehebi te jasiha hesei dorgi nusan be ainaha seme unggici ojorakū sehebe gingguleme dahafi kimcime gūnici saral nusan aniya biyai orin ilan de karun i dolo jokso de cooha be teksilefi orin sunja de uthai karun de isinambi ere hese orin ninggun i dobori amban be gingguleme alime gaiha amcame nusan be amasi gajici bithe isinarangge juwe ilan inenggi baibumbi ere sidende saral sa karun be tucime jabdefi jing uriyanghai baita be icihiyame bi uttu ofi amban be kimcime hebdefi…kemuini neneme wasimbuha fideme unggihe cooha emgeri karun be tucime jabdufi amcame halame muterakū oci uthai ceni icihiyaha songkoi yabukini sehe hese be gingguleme dahafi icihiyakabi eiterecibe coohai baita be icihiyara de tuwašame elhešeci ojorakū ofi amban be damu ubai yargiyan arbun dursun de acabume ejen i afabuha baita be hūdun šanggabure be bodome baita tome hese isinaha be tuwame icihiyame gamahabi bairengge enduringge ejen genggiyen i bulekušereo eri jalin (fulgiyalafi) ere teni inu ududu minggan ba i dubede nashūn be tuwame hese be dahame dahūme icihiyarakū damu hese be dahara be memereci ombio wesimbuhe jai saral sa orin sunja de karun de isinambi bodoco aniya biyai dorgi urunakū baita šanggabufi mejige isinjimbi amban be mende hafubume sirabume gemu giyamun sindaha mejige isinjime uthai donjibume wesimbureci tulgiyen saral sebe sirabume minggan coohai morin teme be inu gemu tesubume icihiyahabi erei jalin suwaliyame gingguleme donjibume wesimbuhe akbai wehiyehe i juwan uyunci aniya juwe biyai ice ninggun de

207

fulgiyan fi i pilehe hese saha sehe. abkai wehiyehe i juwan uyunci aniya aniya biyai orin nadan. dacingga i meyen de genehe niyalma juwan jakūnju boigon be gajime aculame faššahabi taiji sebten sebten jaisang masi sanggajab kutule bolot mergen baimungke sainai bayan bayandai anggijai basutai ulden i meyen de genehe niyalma juwe jaisang jirgalang kutule bayanbai saral i meyen de genehe niyalma duin gajarci šabi ūljibai gedun joro

《军机大臣舒赫德奏闻乌梁海等移去及派人侦查其踪迹情形折》，乾隆十九年二月二十四日，《军机处满文录副奏折》，档案号：03-0174-1321-006，缩微号：032-0926

amban šuhede chenggunjab gingguleme wesimburengge donjibume wesimbure jalin jaka amban be hebei amban saral sede uriyanghai ebsi gurihe babe sain niyalma tucibufi songko taita seme afabuha bihe juwe biyai orin ilan de saral sei boolaha bade sundul kukui karun i bayara ayusi sei alibuha bade ayusi bi janggin haljan sebe tucibufi narin gool jergi bade isinafi uriyanghai aibade gurihe baran be karafi yargiyalafi jikini seme juwan ninggun de takūraha bihe juwan uyun de janggin haljan sa amasijifi minde alahangge be narin gool de isinafi sohon noor be darifi hūwa šorotui i sekiyen cohor noor i jergi bade isinafi baran karame tuwaci umai baran akū biem be amasi julesi yabure de emu niyalma inu sabuhakū sembi kaljan sei alaha songkoi alibuha sehebi baicaci meni baci uriyanghai se golondofi tulba i bade genehe narin gool de ainahai uriyanghai bini seme alibuha bihe te ayusi i boolaha bithede hūwa šoroto i sekiyen cohor noor i jergi bade uriyanghai akū sehebe tuwaci tulba i jergi bade genehengge yargiyan damu ere baita karun i janggin cooha genefi tuwaha babe alaha gisun giyan i meni baci sain mutere hafan cooha tucibufi yargiyalabuci acame ofi meni baci lamun funggala janggo boohai baitangga fusin ūled lamun funggala hošoci aisilara taiji dorjijab cooha gajiraci be tabume uheri gūsin niyalma silime somjofi niyalma tome juwete morin yalubufi ice ūled

附录：本书所用重要满文档案转写

gajarci šabi gendun kalkai hiya ananda be gajarcilabume sundul kukui karun ci tucime jaksai i sekiyen tulba noor cagan usu i jergi bade isibme jun gar i uryanghai se ya ici nuktehe babe baran karabume songkoi faitame yargiyalakini uriyanghai be acaci suwembe altai cala gurifi genehe genehekū be yargiyalabume jihe suwe hūdun altai cala guri elhešeci meni cooha jifi suwembe bašambi seme janggu sede narhūšame tacibufi jakūn inengge kunesun bahabufi juwe biyai orin emu de nunggimbi isinjiha manggi encu alibuki seme amban mende boolanjihabi orin duin de saral sei geli boolaha bae mulumboo bi karun i janggin injab de ilan cooha adabufi juwe biyai tofohon de takūraha bihe juwe uyun detakūraha bihe bihe juwe uyun de injijab se amasi jifi alahangge injijab be honggoro ūlung ni sekiyen de isinafi jun gar i uriyanghai jaisang tubsin i bambar usutu elsetu yabsin sei duin niyalma be ucirafi bambar sede suweni nukte aibade gurihebi seme fonjici bambar sei gisun be da gemu hūwa šorotu de tehebi meni taiji dawaci mende nunggihe bithede suweni nukte be ume gurire an i te amba guren i cooha jihe seme balai aššaci ojorakū bi aniya biyai orin ilan de amba gurun i ejen de amur jirgal sebe elcin takūrahabi seme mende bithe isinjihabi uttu ofi meni fe tehe nukte de weihe jaka be ganame genembi meni nukte gemu cagan šorotu de tehebi seme gisurambi seme alibuhabi geli tabkai bulak karun i ilaci jerge hiya degjenjab sei boolaha bade hūwa šorotu i sekiyen de isitala uriyanghai se akū seme boolahabi baicaci hiya mulumboo sei boolaha bithede dawaci i baci amur jirgal be elcin obume takūraha sembi uriyanghai aksin sei alaha bade tob jirgal be elcin obume takūrahabi sembi karun i hiyasai bithe arara de gebu be tašaraha be inu booljoci ojorakū jai hūwa šorotu cagan šorotu serengge emu ba umesi hanci uttu ofi meni baci uriyanghai sei tehe babe yargiya labume takūraha lamun funglaga janggu sede inu ulhibume tacibufi unggihe seme amban mende boolahabi amban be kimcime gūnici uriyanghai i ere jerge gisun be gemu hon aktaci ojorakū te uriyanghai se emgeri daharakū jabduha be dahame damu altai cala bašara babe

209

icihiyaci acambi sarai sei juwei mudan boolaha bithe jai jaka jarukci dasipil i alaha musei jaisang dutaci i mejigešehe dergi amargi de tehe jun gar i uriyanghai se gemu tangnu alin i dabagan be dabame jailame genehe sehe gisun be acabufi tuwaci musei karun i tule tehe jun gar i uriyanghai se gemu gurifi jailahangge yargiyan gese damu tanggu dabagan de nimanggi akū kemuni duleci ombi altai mulu be te kemuni dulere erin waka ne amban meni bci heretei ilingga be tucibufi dergi amarigi uriyanghai be yargiyalabume takūraha bime saral sei baci geli janggu sebe tucibufi kobdu i jergi bade tehe uriyanghai be yargiyalabume takūraha be dahame ese gemu isinjiha manggi amban be kimcime fonjifi uhei hebdeme toktabufi encu icihiyaki icihiyaha babe wesimbuki erei jalin gingguleme donjibume wesimbuhe abkai wehiyehe i juwan uyunci aniya ilan biyai ice sunja de fulgiyan fi i pilehe hese saha sehe.

《军机大臣舒赫德奏闻乌梁海等移往唐努等处及准噶尔内乱情形折》,乾隆十九年三月初二日,《军机处满文录副奏折》,档案号：03 - 0174 - 1321 - 010,缩微号：032 - 0959

wesimbuhe amban šuhede cenggunjab gingguleme wesimburengge donjibume wesimbure jalin jaka amban be saral sei boolaha lamun funggala janggo buthai baitangga fusin se gūsin niyalma be tucibufi dundul kukui karun ci tucifi jaksai sekiyen tulba noor i jergi bade isibume jun gar i kobdu i jergi be uriyanghai se ya ici nuktehe babe baran karabume songko faitame yargiyalabume unggihe ba amban meni baci buthai baitangga herentai bayar ilingga aisilara taiji damrin be tucibufi gung dambai cenggunjab sei uriyanghai be gaifi dergi amargi uriyanghai sebe yargiyalabume takūraha babe gemu donjibume wesimbuhe bihe ilan biyai ice i bonio erinde isinjiha saral sei boolaha bithede mamut funggala janggo sei baci ūlet mamut funggala hošoci aisilara taiji dorjijab sebe yargiyalaha babe neneme donjibume juwe biyai orin uyun de jokso de isinjihabi hošoci sei alarangge be juwe

附录：本书所用重要满文档案转写

biyai orin emu de jurafi orin juwe de sundul kukui karun ci tucifi mogoi de tataha orin ilan ingenggi de hobdu birai bujan de sumafi dobori ulan usihi de tuwa deijihekū dedehe orin duin i gejime ulan osihe alin de tafafi soho noor be karame tuwaci umai baran akū an i yabume kuretu kukui dabagan i dergi amargi oforo ci hohor nuurbe karame tuwaci inu umai baran akū ineku inenggi kuretu kukui dabagan i amargi ujan ci hūwa šorotu i wesihun honggoro ūlung ni jergi bade isintala karame tuwaci umai baran akū ineku yamji hūwa šorotu be doofi šongkobe faitame tuwaci gurihe nuktei fe sonko bi gurihe ici sonko be faitame yargiyalaci hūwa šorotu i wasihūn kobdu birai wesihun genehe songko bi arhūd i teisu geli katu uliyasutai i baru genehe songko de dosifi yabume dobori ilan dabagan be dabame tuwa deijihekū buksime dedehe orin sunja i erde dabagan i mulu ci katu uliyasutai be heteme karame tuwaci umai baran akū bira be hetu undu songko faitame tuwaci wargi amargi turha jaksai i baru genehe fe songko labdu bi ere songko be dahalame turha jasai i ebergi mulu ci karame tuwaci umai akū tulba noor i hanci ajige omo de kuren buka iha emke bi meni yalufi genehe morin gemu šadaha turgunde janggo fusil hošoci dorjijab be jakūn niyalma be gaifi nikeduci ojoro morin be yalufi yamji targūn jaksai turha jaksai juwe siden i mulu be wesihun yabume gejing manggi tarhūn jaksai turha jaksai hairtu dabagan i angga be wesihun heteme karame tuwaci umai baran akū hairtu dabagan i baru gurime genehe songko umesi labdu uttu ofi mulu be wasime yabume baran karame songko faitame tuwaci songko juwe ergi baru dedeme yabuhabi kimcime tuwaci emu dulin kobdu birai wesihun arhūd i teisu genehebi emu dulin altai kairatu dabagan be baime genehibi morin iha i songko amasi lbdu jugūn ohobi tuwaci jugūn i unduri damu dobori orin adun eb bargiyafi tatahe oron indehe muru akū morin iha honin i dedehe ba i wajin gemu olhohobi nimanggi inu amba meni beyese geli mului oforo de bederefi karame tuwaci juwe jaksai i bira cagan usu kara usu i bira gemu kukul hono i teisu kbdu bira de acinjihabi sundul

211

kukui alin i anto ergide uriyanghai sai monggo booi son han dori buyarame jaka waliyaha be sabuha jugūn i unduri uriyanghai sai tehe ilan bade labdu niyalma isifi obo muhaliyafi wecehe ba bi ese i nuktei bade an i gurgu bi be orin jakūn de karun eb dosika seme alambi sirame janggo fusil sa inu cooha be gaifi isinjihabi fonjici gisun encu akū seme amban mende boolanjihabi inuku inenggi narin hara cagan burgasu karun i gabsihiyan yungden sei boolaha bade musei uriyanghai jaisang dutaci uthai tatai hiya onoci hūsolok sei juwan juwe niyalma meni karun de jifi mende alahangge jun gar i uriyanghai jaisang bujuho demci degjilai se duleke aniya dawaci de elhe baime genehe juwe biyade isinjifi be dengjilai ci donjiha bade taiji nemeku jirgal tegus hasiha cui dasi ilan niyalma cooha gaifi dawaci be afame jihe amursana nemeku jirgal sede jasihangge bi dawaci be jafafi suwende afabuki jun gar i ba emu dulin be bi ejeleki emu dulin be suwe gaisu sehe dawaci nemeku jirgal i emgi hūwaliyasun sain i banjiki seme fucihi enduri de hengkileme gasahūha amala cooha gaifi gaitai isinafi nemeku jirgal tegus hasiha cui dasi ilan niyalma be gemu waha waha mejige be amursana donjifi ini harangga niyalma be gaifi ukame tucifi horšeng birai sibe bade tehebi g'aldan dorji tumen cooha gaifi amcanjiha janu g'arbu sunja minggan cooha gaifi bulagan i cahan tohoi i erkit wasihūn ci genefi g'aldan dorji de acaha ere sidende bujuhū dengjilai be uthai ula deri amasi nukte de jihe be jidere de g'aldan dorji amursana ishunde uthai afara de isinaha jai meni taiji dawaci duleke aniya jorgon biyade amba gurun i ejen de belege morin jaka jafame tob jirgal niyalma be elcin obume takūrakha seme donjiha sembi jai dutaci meni nuktei bade tehe jun gar i uriyanghai engkisi haktu sa orin isire boigon i niyalma ulha be dutaci bi gemu afabuha songko bašame barluk baci gurifi jun gar i nuktei bade genehe seme alambi yungdu bi geli dutaci de suwe jidere de aisilara taiji damirin sebe uciraha ucirahakū seme fonjici dutaci sei gisun be wargi jugūn deri jihe acaha ba akū sembi uttu ofi bi dutaci sade aliha amban jiyanggiyūn wang ni baci aisilara taiji damirin

附录：本书所用重要满文档案转写

hiya ilingga be takūrafi suwende oyonggo baita afabume genehebi suwe te ci uthai amasi gene seme afabufi orin jakū i sunjaci ging ni erinde yungde bi tuwame dutaci sebe amasi nukte de unggihe seme amban mende boolanjihabi amban be saral sai boolaha songko faitame genehe lamun funggala janggo sa altai i da de bisire tulba noor altai i beyei kairatu dabagan i angga de isibume karame tuwaha emu dulin altai hairatu dabagan be baime genehebi emu dulin kobdo birai wasihun arhūd i teisu genehebi sehebi amban be ere jergi jugūn be baicaci arhūd serengge tangnu alin i cargide bi hairatu serengge uthai altai i beyei mulu ne hairatu dabagan i nimanggi amba dabaci ojorakū bicibe tangnu alin de nimanggi akū ere uriyanghai sa musei cooha tehi aiha seme biburakū urunakū bašara be safi kobdu i dergi ergi de tehe uriyanghai sa tangnu be baime gurime genehe kobdo wargi ergi de tehe uriyanghai sa inu kairatu dabagan be hetu bitume dergi baru arhūd be baime tangnu be dabame jailame genehengge yargiyan hono dutaci i neneme alaha gemu tangnu be baime dabame gurihe sere gisun de acanahabi amban meni baci uriyanghai sebe yargiyalabume unggihe aisilara taiji damarin buthai baitangga heretai bayara ilingga ne gemu teisu teisu karun be tucike be boolanjihabi kumuni amasi isinjire unde ese amasi isinjiha manggi amban be saral sai emgi acafi kimcime fonjifi yungdan i boolaha dutaci i gisun be suwaliyame getukelefi uhei urebume hebdefi encu icihiyafi donjibume wesimbureci tulgiyen saral sai boolaha babe neneme gingguleme donjibume wesimbuhe abkai wehiyehe i juwan uyunci aniya ilan biyai juwan duin de fulgiyan fi i pilehe hese saha hese wasimbuha sehe. abkai wehiyehe juwan uyunci aniya ilan biyai ice juwe.

《军机大臣舒赫德奏闻达玛林等所报乌梁海情况并拟于五月内相机进兵等情折》，乾隆十九年四月初四日，《军机处满文录副奏折》，档案号：1321－012，缩微号：032－0974

wesimburengge amban šuhede chenggunjab tsereng jao hūi ulden

nusan erincindorji gingguleme wesimburengge donjibume wesimbure
jalin aisilara taiji damarin gūsa be kadalara janggin dasipil be musei
uriyanghai jaisang dutaci sei jakade takūraha babe donjibume
wesimbuhe bihe duin biyai ice juwe de damarin se amasi coohai
kūwaran de isinjiha manggi amban be kimcime fonjici alarangge
damarin dasipil be ilan biyai juwan uyun de dutaci be acaha
jiyanggiyūn ambasai afabuha songkoidutac de alafi dutaci ineku
inenggu inenggi uthai jurafi genehe orin nadan de amasi jifi mende
alahangge bi afabuha songkoi jun gar i uriyanghai karun tehe coi al
hošo sere bade isinafi ceni karun tehe engke booci i jergi duin niyalma
be ucaraha dutaci bi tesei baru bi serengge suweni jaisang majidai i
niyamangga niyalma imbe acafi saimbe fonjime jihe sehede engke
booci sei gisun jamtsan hūtuk sebe jafafi gamara jakade be gelefi han
hatun ci ebsi tehe uriyanghai meni emgi acafi uheri sunja tanggū cooha
tucibufi nuktei ujan i abuyen habcigai sere bade nukte be karmame
tehebi sifi majidai i boo be jurime alaha dutaci bi majidai i boode
genefi fonjici majidai boode akū uthai ere sunja tanggū cooha be gaifi
genehe sembi bi niyalma takūrafi majidai be jio seme hūlanaha de
amasi jifi alahangge majidai i gisun bi emhun genefi sinde acaci
niyalma kenehnjembi kemuni si jifi meni duin jaisang emu bade acaki
gemu sini takara niyalma seme alahade bi uthai genefi jaisang c'yilun
cadak samur majidai sebe acaha c'ylun sei gisun si cooha be yarume
gajiha dere be simbe jafambi sehede dutaci mini gisun muse udu encu
tehe bicibe emu adali uriyanghai giranggi mini nukete jecen de bisire be
suwe gemu sambi suweni amursana be ukaka fargara cooha tucike be
dunjifi mini nukte be darire ayoo seme suwende fonjiki seme jihe bi
umai cooha gajihakū te jamtsan hūtuk sebe jafafi jiyanggiyūn ambasa
gemu cooha gaifi amasi jiyanggiyūn amabasa gemu cooha gaifi amasi
mariha sehede ceni gisun si holtome gisurembi yargiyan oci si gasahūn
de dosi sehe dutaci bi jiyanggiyūn ambasa cooha gaifi marihangge
yargiyan holtoci gurun i fafun de bucekini seme gasahūfi geli ceni baru

214

附录：本书所用重要满文档案转写

suweni yargiyan babe inu minde tucibume alafi gasahūkini sebe manggi c'ylun sei gisun amursana nemeku jai amursana i ahūn cimkur sei jergi nadan taiji ubašafi dawaci i baru temšedume ilan minggan cooha gaifi horcin birai bade jifi tehebi seme donjifi meni baci hūdai berde gebungge niyalma be takūrafi fujurulabuha bihe hūdai berde amasi jihe alahangge bi narin būrun sere bade tehe uriyanghai i jaisang biljoohai de acafi fonjihade biljoohai alarangge amursana mini biye jaisang bobi meni juwe otok be bargiyame gaifi ganggasi i jergi juwan niyalma be sonjofi hanci dahalabuha gūwa be an i narin būrul de nuktebume tebuhe neneme dawaci nemeku jirgal ishunde afandure fonde dawaci g'aldan dorji be jio seme juwe mudan niyalma takūraha de g'aldan dorji i gisun bi te generakū si taiji tehe manggi bi jai geneki sefi genehekū amala dawaci be taiji tehe seme donjifi emu garaga cooha gaifi dawaci taiji tesengge yargiyan oci acaki tašan oci bi amasi marifi amba han be baime dosiki seme cooha gaifi genehede dawaci i taiji tehengge yargiyan ofi acaha g'aldan dorji amasi jifi dawaci amursana i juwe sidende tefi amursana de niyalma takūrafi alahangge suweni juwe hūwaliyafi fafun šajin be kice aiseme taiji tere be emdubei temšendume duin oirud be jobobumbini uttu sain niyalma be fahai fajimbikai seme gisurehede amursana teni nukte be majige ilinjefi ulha be adulame tehebi seme biljoohai ci donjiha amala absi ojoro be ainambahafi sara amba gurun i baru coohalara eherere be fuhali donjihakū ere gemu yargiyan gisun aika holtoci sain i bahafi bucerakū okkini seme gashūme alaha dobori majidai geli minde jenduken i alahangge hasak i tumen funcere cooha jifi amursana te ujan acame tefi geli dawaci de amursana horcin i bira be dooci be jafafi sinde bure seme alaname niyalma takūraha amursana geli han hongori sere hasak hafarhūn bade udu minggan niyalma baktara udu aniya teci ojoro be fonjime jugūn dasatara moo sacire suhe suhecen i jergi jaka be weilebumbime jadacin sebe jada sindabume seremšeme bi sembi mini gūnin de hasak unenggi amursana be jafafi dawaci de beneki seci aiseme amursana i emgi ujan amacme tembini amursana be jafafi benembi sehengge holtoro gisun dere hono amursana i emgi afaci dawaci be dailanaki sere be boljoci ojorakū g'aldan dorji cohome amursana be dailame jifi te inu hasak i cooha amursana de acaha be donjifi juwe sidende tefi argadame hūwaliyambume arbun be tuwame bidere seme alaha dutaci bi geli mini gūnin obume majidai sei baru bi suweni uriyanghai sebe bašafi amasi genefi jiyanggiyūn ambasa de alaha de jiyanggiyūn ambasai gisurecehe be donjihangge uriyanghai se aika muse de dahame jici ejen i gosingga hūnin de acabume suwembe an i fe nukte de nukte de nukte de nuktebume alban be ekiyembufi bilume tebumbi seme gisurecehe be donjiha dutaci mini gūnin de suweni jun gar facuhūrafi suweni fe ejen g'aldan cering ni juse omosi ere udu aniya fanduhai enen lakcahabi dawaci lamdarja be waha bime umai suweni jingkini taiji waka suwende kimungge niyalma giyan be bodoci karu gaici acambime elemangga dawaci de dahaci derakū kai giyan i amba han be baime dahaci acambi sehede majidai c'ylun cadak sei gisun be amba ejen de dahaci altai de tebubume alban be ekiyembure oci mende umesi tusa dawaci meni da taiji i enen be facihiyame wahangge yargiyan meni emu feniyen i ursei gūnin de enduringge ejen be dahafi jirgame banjiki secibe damu meni uriyanghai se gurgu i adali altai de nikefi nukteme tehe niyalma aika altai ci aljaci yargiyan i banjime muterakū emgeri dahaha amala uthai membe altai de tebubucibe dawaci atanggi ocibe membe ergemburakū dailame jobobumbi uttu ofi dahambi seme gisureci ojorakū be suweni cooha gocika be donjifi urgunjehe cooha dain akū oci sirame biyade meni alban ganara dargū darbasi jihe manggi meni beyese genefi dawaci de acafi arbun muru be tuwafi jai toktobuki seme gisurehe dutaci bi geli ceni baru suwe amba han be dahame manggi uthai amba han i harangga oho dawaci ai gelhun akū suwembe nungnembi suwe inde ai gelere babi seme gisurehede cadak sei gisun be udu amba han de dahacibe jiduji dawaci ci ubašaha jukanju kai, i udu gelhun akū amba gurun i niyalma be necarakū bicibe ini ukanju be

附录：本书所用重要满文档案转写

fargafi tabcilara de ai ojorakū sere babi sefi geli jamtsan hūtuk sei ulha be bumbio ahūn seme fonjihade bi suwe aika dahaci ulha bumbime jamtsan hūtuk be sindafi hono suwende kesi isibumbi aika daharakū oci ulha sere anggala jamtsan hūtuk i ergen be hono karmame muterakū kai sehede ceni gisun tere juwe karun be bireme dosika turgunde meni geren fe nukte de bahafi terekū uthai ceni juwe niyalma be waha seme be inu korsoro hairara ba akū sembi geli cende mamut be fujurulame fonjici alarangge be gurime yabure de šolo akū ofi mamut i mejige be donjihakū sembi cadak sei geli alarangge amba gurun i cooha meni nukte de jifi jamtsan hūtuk sebe jafaha de be telinggūt i bade tehe jaisang sede mejige buhe manggi nadan jakūn jaisang cooha gajime jifi meni baru suwe amba gurun i cooha jifi altai ebele uriyanghai sebe juke majidai ubašame genehe sehe kai unggi tuttu oci aifini suwembe tabcilafi gamara dabala damu jamtsan hūtuk be jafame gamafi ere durun i bašambiheo majidai unenggi ubašame geneci casi dahame generakū ai turgunde suwembe dahame amasi jiheni erebe tuwame ohode amba gurun de dain akū suweni dolo balai burgindurengge kai seme gisurefi fancafi cooha gaifi amasi genehe sembi musei jiyanggiyūn ambasa cooha gaifi mariha be donjiha turgunde ceni nukte be karamtara sunja tanggū cooha be siran siran i gocika seme alambi amban be damarin sei alaha jun gar i uriyanghai gemu altai tanggū i cala abuyen habcigai bade dosika amursana ne horcin bira de hasak i coohai emgi ujan acame tehebi sere gisun be tuwaci jakan sindafi unggihe uriyanghai kember i jabuha tubsin yardu ne tarhūn jaksai i sekiyen i haksa hafirahūn bade tehebi amursana be dawaci hūlafi gamaha sere gisun ishunde acanarakū babi uriyanghai gurgu i adali niyalma banitai holtoro mangga suwe akdaci ojorakū amban be ere sidende cooha morin be teyebume sunja biyade morin yali baha manggi da wesimbuhe songkoi cooha dosifi uriyanghai sa tutaha tehengge baci coohai horon i dahabure bašara be nashūn de acabume icihiyaki aika uriyanghai se yooni altai tanggū be dabame jailafi altai i ebele niyalma akū oci karun be fesheleme sindara uriyanghai sei jidere jugūn be hetureme karun sindara babe hese be dahame icihiyaki amasi sindafi unggihe uriyanghai kember mejige alanjime oci adarame jabure gisurere babe tuwafi encu icihiyara ba bici acanara be bodome icihiyafi donjibume wesimbuki sembi erei jalin damarin sei amasi isinjifi alaha gisun be gingguleme donjibume wesimbuhe abkai wehiyehe i juwan uyunci aniya duin biyai tofohon de fulgiyan fi i pilehe hese saha sehe abkai wehiyehe i juwan uyunci aniya duin biyai ici duin.

《定边左副将军策楞奏调遣官兵得给驼马弹药口粮以资招抚乌梁海折》,乾隆十九年八月初十日,《军机处满文录副奏折》,档案号:03-0174-1337-011.1,缩微号:032-0542

wesimburengge aha tsereng šuhede erincindorji saral sei gingguleme wesimburengge donjibume wesimbure jalin aha be hese be dahame uyun biyai orin deri cooha dosifi uriyanghai jahacin boocin sebe icihiyaki seme gisureme toktobufi tucibuci acara cooha ūled i taiji cooha de adarame morin teme kunesun bahabure tufi jokto i jergi hacin bahabure jergi babe encu gisurefi wesimbuki seme wesimbuhe bihe baicaci tomilga ūled i emu minggan sunja tanggū cahar i emu minggan cooha hotogoid i sunja tanggū cooha ci tulgiyen kemuni duin minggan cooha tucibuci acarabe dahame iks noor kara ajirgan de seremšeme tehe emu minggan cooha amursana i nukte be tuwašatara sunja tanggū cooha be aššaburakū obume cooha i kūwaran ci ne bisire cooha be duin minggan tucibufi de wesimbuhe nadan minggan coohai ton de jalukiyabufi jai hanci be tuwame sain noyan jasaktu han juwe aiman i nukete de belhehe emu minggan nadan tanggū cooha be gemu fideme gajafi emu minggan cooha be aha meni de gaifi tehe emu minggan cooha de acabufi jokso de isibume sirabume yabuki sunja tanggū tutabuki ne i calu namun be tuwakiyara sunja tanggū cooha de acabufi calu namun be tuwakiyabuki funcehe juwe tanggū cooha be coohai uncehen be sirabume giyamun sindafi baita feksibuki amursana nemeku

附录：本书所用重要满文档案转写

tserang ni tucibuci acara sunjata tanggū cooha be nusan namjil dede bithe yabubufi gemu ne je belhebufi uyun biyai orin deri isinjire be bodome meni meni nukte ci jurambufi jibuki ede tucibuhe ele cooha de morin teme kunesun bahabure babe baicaci cahar kalka i cooha de gemu meni meni ilata morin biyaduri kunesun caliyan bisire be dahame gisurerakūci tulgiyen amursana nemeku tsereng ni emu minggan sunja tanggū cooha nukte ci jurafi coohai kūwaran i baru jidere de sulfaka i yabure be bodome juwan juwe inenggi i kunesun uyun tanggū honin icihiyafi ba tome ilata tanggū honin benebufi ceni taiji hafan cooha de kunesun obuki jugūn goro akū be dahame nukte ci meni meni beyei morin be yalubufi jibureci tulgiyen coohai kūwaran de isinjiha manggi dalaha ambakan taijisa de acarabe tuwame hebei amban tui janggin i kooli songkoi morin teme juwe biyai kunesun icihiyafi bahabuki sula taiji jaisang demci šuling ni jergi hafasa de jergi be bodome dorgi ba i hafan de duibuleme morin teme kunesun icihiyafi bahabuki coohai urse de cahar cooha i kooli songkoi niyalma tome ilata morin ilan niyalma de acan emu teme juwe biyai kunesun icihiyafi bahabuki hotogoid i sunja tanggū cooha jai fidefi gajara sain nuyan i jasaktu han juwe aiman i emu minggan nandan tanggū kalkai cooha de ne bisire kalkai coohai i kooli songkoi juwe biyai caliyan bahabureci tulgiyen hotogoid i sunja tanggū coohai morin be uthai jakan aha meni wesimbuhe songkoi da bocoi morin burakū honda salibume bufi meni meni biyei morin be yalubuki ede baibure morin teme be baicaci coohai kūwaran de da bisire morin ninggun minggan teme ilan minggan bihe cahar cooha de ilan minggan morin emu minggan teme icihiyame buheci tulgiyen funcehen ilan minggan morin juwe minggan teme dorgici buki kemuni isirakū morin be ne isinjime jabduha erincindorji mini nudaha morin i dorgici icinggiyafi baitalaraci tulgiyen kunesun honin geo be baicaci jang giya keo ci benjire juwan teme honin kemuni isinjire unde ofi ne niyalma takūrafi šorginabuhabi isinjiha erinde hese be dahame amursana sebe okdoro baita de belhebure jalin duin aiman de afabufi

219

baime udaha ilan minggan geo ne gemu bi geli baime udaha juwe tumen honin i dorgici cahar hafan coohai juwan biyade isibume kunesun bahabure jalin baitalafi kemuni funcehengge bi uthai ere dorgici kooli songkoi icihiyafi kenesun obuki kumuni wang erincindorji beile cenggunjab sede duin aiman ci jai juwe tumen honin emu minggan geo šufafi kunesun sirabure de belhebukini seme afabuhabi jai coohai urse de bahabure tuwai okto be baicaci cahar kalkai cooha de gemu buhe ūled sei cooha de inu cahar kalkai coohai adali tufi okto taracin muhaliyan be niyalma tome tanggūta cu bahabuki erei jalin gingguleme donjibume wesimbuhe abkai wehiyehe i juwan uyunci aniya jakūn biyai orin ilan de fulgiyen fi i pilehe hese hese wasimbuha sehe.biyai orin ilan de fulgiyan fi i pilehe hese hese wasimbuha sehe abkai wehiyehe i juwan uyunci aniya jakūn biyai juwan.telemše nusan jalengga cenggunjab.

《署定边左副将军班第奏闻密咨萨喇勒等相机招抚吹巴斯库斯等处乌梁海情形折》,乾隆十九年九月七日,《军机处满文录副奏折》,档案号：03－0174－1330－007,缩微号：033－2326

wesimburengge aha bandi erincindorji ts'ereng wesimburengge donjibume wesimbure jalin uyun biyai ice duin de amban meni kūwaran kara usu i bade tataha dobori isinjiha namir šajigai karun i ilaci jergi hiya naikūna kalkai taiji sonom sei boolanjiha bithede uyun biyai ice juwe de meni wesihelehe karun i janggin argan se songko faitame baran karame yabure de juwe uriyanghai be ucarafi fonjici hiya taiji de alara gisun bi seme karun de gajiha be naigūna bi uriyanghai jaisang c'ylun i harangga niyalma meni gebu ulakbang borsok hongho jaisang c'ylun meni duin niyalma be takūrafi alanjibuhangge meni taiji dawaci baci selgiyehengge amba gurun musei baru hūwaliyasun be dahame altai i ba nimanggi amba suwe meni meni fe nuktehe bade nukteme ten seme silgiyehe ofi jaisang cadak cegen tubsin yardu duin nofi minggan funcere boigon nukteme jifi sogok cagan usu sogotu boro burgasu i

附录：本书所用重要满文档案转写

jergi bade isinjifi tehebi jaisang c'ylun juwe tanggū funcere boigon gaifi cui bade tehebi meni duin niyalma be takūraha bihe jugūn de emu niyalma nimere jakade emu niyalma be kadabufi nuku murung ni bade werihe membe takūrahangge cohome meni nukteme tehe šabar šajihai noor šajihai i jergi bade isibume teki seme baime unggihebi membe tebure teburakū babe amasi genefi meni jaisang sede alaki sere jakade bi uthai ceni juwe niyalma be karun de bibufi jangiyūn ambasa de boolafi toktobuki seme alafi geli ceni nimefi jugūn de werihe juwe niyalma bisire akū babe yargiyalabume janggin cooha be takūfi tuwanabuha encu turgun baci jai niyeceme boolaki seme boolanjihabi baicaci ne jing hebei amban saral nusan se cooha gaifi karun de isinara ucuri ere juwe uriyanghai be akdulame tuwakiyarakū oci mejige wesimbuhe manggi baita de tusa akū be dahame amban be uthai karun i hiya naigūna sede uriyanghai sebe ainaha seme turibuci ojorakū akdulame tuwakiyafi hebei amban saral sei isinara be alafi gisun fonjire de belhebukini seme afabume unggihe ci tulgiyen geli dobori dulime saral sede amcaname niyalma takūrafi jihe uriyanghai sede kimcime yargiyalame fonjici cende sereburakū gidanara babe našūn de acabukini seme unggihe ice ninggun de amban meni kūwaran sina usu i bade tataha manggi hebei amban saral nusan sei boolanjiha bithede meni beye cooha be gaifi ice sunja de da boljoho namir šajigai karun isinjifi nuktere babe baime jihe jun gar i uriyanghai sei ne tehe ba mamut aibade tehe kimceme fonjifi jaburengge jaisang cadak cegen tubsin yardu se minggan funcere boigon i urse be gaifi hobdu i sekiyen sogok cagan usu sogotu boro burgasu bade tehebi jaisang c'ylun juwe tanggū funcere boigon be gaifi cui segiyen al hošo ci wesihun sogotu boro burgasu i jergi bade tehebi jaisang mamut urmuktu kuriyetu be dabame dosi nukteme genehebi te aibide tehe be sarkū seme jabumbi geli sideri murime gelebume fonjici kemuni teng seme icihiyarakū jabumbi uttu ofi meni juwe niyalma jai beile cenggunjab se banjur i jergi taiji sai emgi uhei acafi gisurefi meni gaifi yabure ilan minggan

221

coohai dorgici juwe tanggū cooha letereke morin teme aciha fulmiyen be gemu karun i dolo werifi funcehe juwe minggan jakūn tanggū cooha be meni beye gaifi dobori yabume inenggi daldame hacihiyame yabume botohoni holo i bade ici jakūn de isinafi juwe jugūn fakcafi saral bi beise cemcukjab gung cebdenjab ūlet taiji jamts'an cimkur dejit emgi emu minggan jakūn tanggū cooha gaifi hobdu i sekiyen cagan usu i jergi bade tehe duin jaisang ni nukte be didame geneki nusan bi beile cenggunjab taiji banjur purbu sei emgi emu minggan cooha be gaifi cui al hošo i jergi bade tehe jaisang c'ylun i nukte be gidaname geneki meni ere juwe jugūn i cooha uriyanghai tehe bade nikenefi enduringge ejen i tumenergengge be jirgabume gosime bilure ceni da nukte ci aššaburakū babe neileme ulhibufi aika uthai dahaci amursana i fejergi ursei hehe juse be tucibufi acabuki aika dahara arbun akū oci uthai bireme dosifi tabcilaki seme meni juwe jugūn uhei emu obume hebešeme toktobufi karun be tucike ice uyun de uthai uriyanghai sei tehe nukte de isinaci ombi hebei amban ulden cooha be gaifi sirabure be dahame sunja tanggū cooha be ulden i beye gaifi saral be sirabume hotogoit gung erincin ilan tanggū cooha be gaifi nusan be sirabume yabukini seme inu getukeleme bithe unggihebi seme boolanjihabi baicaci ere jergi uriyanghai se umesi holo koimali niyengniyeri cembe bašara fonde uthai holtome dahambi seme andubume gisurefi eitereme yabuha bime geli mamut i sasa amursana i nukte hehe juse be tabcilaha amba ejen i gosin wen de dahame jiki sere ursei jugūn be heturehe hacin hacin i ehe be yabuha bime te geli gūnin cihai kobdo sekiyen i jergi bade ibedeme jifi nukte tehengge umesi ubiyada giyan i uthai nimebume icihiyafi coohai horon be tuwabuci acambi aika neneme dahabure babe gisureci ce geli andubume tookanjabure sidende haksan bade jailame gurire be boljoci ojorakū elemangga musei cooha i hūsun be untuhuri fayabure de isinambi uttu ofi saral nusan sede ere jergi turgun be ulhibume ceni serere onggolo gaitai gidanafi tabcin sindame horime gaici amursana i tabcilabuha hehe juse be ini cisui bahambi ce unggiki horon de gelefi damu ergen guwebure be baime yargiyan gūnin i dahaki seci jai acara be tuwame icihiyaci kemuni ombi urunakū banjinara be bodome nashūn be tuwame yabukini seme amcame yabubuhabi erei jalin gingguleme donjibume wesimbuhe abkai wehiyehe i juwan uyunci aniya uyun biyai orin emu de fulgiyan fi i pilehe hese umesi inu saha sehe akbai wehiyehe i juwan uyunci aniya uyun biyai ice nadan.

《参赞大臣萨喇勒奏闻掠得乌梁海人畜数目折》，乾隆十九年九月二十六日，《军机处满文录副奏折》，档案号：03－0174－1320－010，缩微号：032－0843

wesimburengge aha saral nusan ulden gingguleme wesimburengge donjibume wesimbure jalin aha be neneme sogok cagan usu cui i jergi juwe bade nukteme tehe uriyanghai sebe tabcilame gaiha babe amba muru be teisu teisu boolaha bihe te sogok cagan usu cui i jergi ba i baita wajiha be dahame giyan i ilgame faksalame getukeleme tucibume wesimbuci acame ofi baicaci aha be jakūn biyai orin duin de uliyasutai coohai kuwanran ci jurafi dasihime dosire de aha saral nusan meni juwe be dalabufi beile cenggunjab beise cemcukjab gong cebdenjab cahar uheri da amidao uju jergi hiya samdub ūlet i uheri ilan minggan cooha be gaifi juleri yabume hebei amban ulden kalkai emu minggan cooha be gajifi mende sirabuem jakūn biyai orin duin de uliyasutai i coohai kūwaran ci jurafi uyun biyai ice ninggun de namir šajigai i karun de isinjiha manggi karun de jafaha uriyanghai ulakbang ni jabuha bade cui de juwe tanggū funcere boigon bi sagok cahan usu de minggan funcere boigon bi sere jakade saral nusan meni juwe hebešefi cooha be juwe meyen obume dendefi aha nusan beile cenggnjab hiya samdub ūlet taiji banjur purpu sei emgi cahar kalka ūlet uheri emu minggan cooha be gaifi cui de dosika aha saral beise cemcukjab gung cedenjab cahar uheri da amidao ūlet taiji jats'an qimkur dejit sei emgi cahar kalka ūlet uheri emu minggan jakūn tanggū cooha be gaifi sogok cagan usu i jergi bade dosika hebei amban ulden i gaifi yabure emu minggan cooha be inu juwe meyen dedefi gung erincin jasak sandubdorji ilan tanggū cooha be gaifi aha nusan de sirabume hebei amban ulden gung gunggedondan i emgi sunja tanggū susai cooha be gaime aha saral de sirabume uyun biyai juwan de tabcilaki seme boljofi dasika babe jiyanggiyun aliha amban sede alibume boolafi saral mini beye cooha be gaifi ineku biyai ice jakūn de ūlugei sere bade tatafi ice uyun de tengger undur sere bade buksifi juwan de gaiki seme toktobufi ice uyun de ūlugei ci jurafi tengger undur sere bade buksiki seme jing yabure de honin erende meni turšun de unggihe urse helen emke jafafi gajiha be fonjici juwe uriyanghai adun be bairgiyame yabure be sabufi bašame genefi emken be jafaha emke morin sain ofi fengsime tucike smebi tere emke tucire jakade mujige isibuci baita de tusa akū seme uthai cooha be juwe meyen dndefi gung cebdenjab cahar nirui janggin araha kuwaran i da lobzangrabdan ūlet taiji dejit cimkur be tucibufi cahar kalka ūlet uheri nadan tanggū cooha bufi cagan usu hargantu i jergi bade fideme tabcilabume saral mini beye beise cemcukjab cahar uheri da amindao ūlet taiji jamts'an sei emgi cahar kalka ūlet i uheri emu minggan emu tanggū cooha be gaifi sogok kara usu boro burgasu i jergi bade tabcilame emu deri hebei amban ulden de turgun uttu sini cooha be inu juwe meyen dendefi gung gunggedundan de juwe tanggū cooha bufi cagan usu i jergi bade sirabukini sini beye ilan tanggū susai cooha be gaifi minde sirabukini seme niyalma tgakūrafi mejige isibume emu derei mini meyen i kalkai coohai be emu gala ūlet cooha be emu gala ūlet cooha be emu gala cahar cooha be were de obume icihiyafi tengger undur i boso ergici uthai aššabume turun sindame tabcilame dosika hebei amban ulden inu hafan cooha be gaifi siranduhai isinjifi mini meyen i coohai sasa bireme dosika uriyanghai se mejige bahafi buran tara i burulara be hafan coohai urse teisu teisu fafuršame fargame tosome sogok kara usu boro burgasu i jergi bade nukteke uriyanghai sebe gemu jafaha gaiha geli cagan usu de gung cebdenjab sei tabcilara

附录：本书所用重要满文档案转写

de burulame tucifi arhūd i angga deri dosirahao seme ineku inenggi beise cemcukjab uheri da amidao ilaci jergi hiya lioge temgetu lamun fungala hadabuha bayara bihe sula mage taiji ciwangdorji ūlet bayar mangkan uksin baldanbai sede cahar kalkai duin tanggū cooha bufi cagan usu i sekiyen deri arhūd i angga be tosbume unggihe beise cemcukjab uheri da amidao se cagan usu i sekiyen deri fusihūn wasime teme kuju i jergi bade isibume suweleme yabufi juwe boigon i uriyanghai be teisulefi haha hehe ninggun anggala jafafi duin hacin i ulha emu minggan nadan tanggū fuceme bargiyafi gajiha cagan usu de fidehe gung cebdenjab gong gungdundan cahar nirui janggin araha kūwaran i da lobzangrabdan ūlet taiji cimkur dejit sei inu fafuršame yabufi cagan usu hargantu i jergi bade nuktehe uriyanghai sebe ineku inenggi gemu jafaha gaiha juwan i bonio erinde aisilara taiji damarin ūlet lamun funggala mangnai sei baci sogok i boro burgasu de sibeleme bifi dahaki seme gisurefi dobori ukame genehe fargaki seci cooha komso bime morin elerefi yaburakū oho hebei ambasai baci cooha nuggifi unggireo seme alanjiha de meni baci uthai lamun gunggala jangsa janggū bailingga tegemtu lamun funggala hadabuha buthai baitang fusin aisilara taiji dasi meiren arbatan sede tanggū cooha bufi fargabuha bihe juwan emu de amcafi uheri juwan nadan boigon nadanju funcere anggala duin tanggū isire morin orin funcere ihan be suwaliyame jafame bargiyame gajiha geli juwan de hebei gung cebdinjab i baci niyalma takūrafi alanjiha bade jafaha uriyanghai sede fonjici hotong hūrgan noor de orin funcere tangdu uriyanghai tehebi sembi ede mini beye cooha gaifi geneki seme alanjiha de meni baci cagan burgasu i jergi bade tabcilame gaiha niyalma anggala ulha i jergi babe icihiyaci acara hacin bisire be dahame cebdenjab si genere be joo meni baci beise cemcukjab cahar kūwaran i da gongsereng ūlet taiji ulemji sebe unggihe sini baci gung gunggidondan juwan i da hūwalbagar temgetu lamun funggala hadabuha gocika bayar baidar be tucibufi uheri ilan tanggū cooha bume unggifi tabcilame gaikini seme

225

fidehe bihe beise cemcukjab se juwan ninggun de amasi jifi alahangge be cooha gaime genefi tuwaci uriyanghai se mejige bahafi burulahabi songko be dahalame fargame genefi yamatu dabagan be nimanggi be efulefi dabame kara ircis i sekiyen i baru dosika sembi aha nusan ūlet taiji banjur hebei beile cenggunjab ūlet taiji purpu uju jergi hiya samdub sei emgi cahar kalka hotogūd uriyanghai ūlet emu minggan cooha gung erincin jasak sandubdorji sei gaifi yabure sirabure ilan tanggū cooha be gaifi ice nadan de siber šajihai ci jugūn fakcafi yabume alak ter noor i amargi ujan de isinafi ba šehun buraki toron amba ofi alak ter noor i bade cooha be buksibufi dobori yabume abka gereme kara mangnai i bade isinafi geli buksibufi uthai cooha be juwe gala banjibufi jebele gala de beile cenggunjab hiya ingkebultu lamun funggala i jergi buthai baitangga fuyoo hotogūt uriyanghai cooha ilan tanggū dashūwan gala de ūlet taiji purpu ulemji juwan mana sede cahar hafan cooha emu tanggū jakūnju uheri ninggun tanggū cooha be juwan i tofohon i banjibufi tabcin sindame boo tome dosifi haahsi be jafakini morin ulha be bargiyakini aha nusan ūlet taiji banjur i emgi funcehe ilan tanggū cooha jai mende sirabure gung erincin jasak sandubdorji sei gaifi yabure ilan tanggū cooha be kamcibufi uheri ninggun tanggū funcere cooha be baksan baksan banjibufi ice jakūn i šun urhume kara mangnai i baci yabume ice uyun i erde cui i alin de isinaha manggi turšun de unggihe ūlet ilaci jergi hiya kara baturu ayusi temgetu lamun funggala hadabuha buthai baitangga monica aisilara taiji šakdurjab duici jergi taiji kurukui meiren dasi amursana i jaisang coimpil se hele emke jafafi gajiha be fonjici uriyanghai jaisang c'ylun ini fejergi uriyanghai sebe gaifi cui bara al hošoo bogosok i jergi bade yarume tehebi geli narin gool i bade udu boigon tehebi fuhali mejige bahakū seme alaha de aha nusan bi emu derei ūlet lamun funggala ts'ereng temgetu lamun funggala hadabuha bayara ayusi sede orin cooha bufi narin gool de uriyanghai be jafabume unggifi emu derei aha bi banjur cenggunjab i emgi cooha be gaifi daniyan be baime yabume hancikan isinafi aha be

附录：本书所用重要满文档案转写

cooha be gaifi turun sindafi bireme dosika son son i tehe uriyanghai sebe hafan cooha fafuršame dosifi jafara de uriyanghai se jafabuhangge labdu golondufi alin de tafafi sibelehe be teisu teisu cooha gaifi fargame ice uyun juwan ere juwe inenggi gemu jafame gaiha morin ulha be gemu bargiyaha aha mini baci narin gool de unggihe ūlet lamun funggala ts'ereng sei ineku dobori dehi sunja anggala be jafafi gajiha ice uyun de cui bade tabcilame jafaha niyalma ulha labdu ofi aha nusan bi gung erincin cahar cooha be kadalara uju jergi hiya samdub lamun funggala koimadai temgetu funggala hadabuha buthai baitangga cembuli sede emu tanggū cooha bufi jafaha niyalma ulha be bargiya seme afabufi aha nusan banjur i emgi burulame genere uriyanghai sebe amcame genehe amala torho ulan i alin de sibelehe uriyanghai bi seme ūlet lamun funggala ts'ereng temgetu lamun funggala hadabuha bayara ayusi se mejige isibuha manggi gung erincin uju jergi hiya samdub lamun funggala koimadai temgetu lamun funggala hadabuha buthai baitangga cembuli sei emgi cooha gamame genefi haha hehe orin ilan anggala be dahabuha morin ulha be dalime gajihabi aha meni cui jergi bade tehe uriyanghai be tabcilara de damu ujan i ergi de tehe udu niyalma burulame tucikebi aha saral ulden meni meyen de sogok cagan usu i jergi bade tabcilame gaiha uriyanghai se uheri juwe tanggū orin duin boigon jakūn tanggū dehi uyun anggala erei dorgi jaisang juwe demci juwe amusana i dain de tabcilabuha fejergi urse dehi sunja anggala duin hacin i ulha uheri juwe tumen emu mingan susai ilan aha nusan banjur beile cenggunjab meni meyen de cui al hošo bogosok narin gool i jergi bade tabcilame gaiha uriyanghai se uheri juwe tanggū dehi jakūn boigon uyun tanggū ninju ninggun anggala erei dorgide jaisang emke demci duin amursana i dain de tabcilabuha fejergi urse susai sunja anggala duin hacin i ulha juwe tumen sunja minggan sunja tanggū ninju ereci wesihun juwe bade tabcilame gaiha boigon duin tanggū nadanju juwe uheri anggala emu minggan jakūn tanggū tofohon duin hacin i ulha duin tumen ninggun minggan ninggun tanggū juwan ilan tabcilame bahabi uttu ofi meni juwe meyen i yabuha ba tabcilame baha niyalma ulhai ton be suwaliyame gingguleme donjibume wesimbuhe abkai wehiyehe i juwan uyunci aniya juwan biyai juwan juwe de fulgiyan fi i pilehe hese suwe gemu sain i faššaha turgunde bi aifini gacika hiya takūrafi šangname unggihe gūwa be saha sehe.uyun biyai orin ninggun.

《署定边左副将军班第奏将俘获之乌梁海人安置于沃依浑等处及派兵牧放应赏阿睦尔撒纳之牲畜折》,乾隆十九年十月初四日,《军机处满文录副奏折》,档案号：03 - 0174 - 1322 - 009.1,缩微号：032 - 1050

wesimburengge amban bandi erincindorji ts'ereng ni gingguleme wesimburengge donjibume wesimbure jalin jakan alban be saral sei emgi hebešeme gisurefi ere mudan i bargiyame gaiha uriyanghai sebe tes i jergi bade icihiyame tebuki oci uriyanghai dorgi geren hacin i baitalafi funcehengge be esede hethe obume šangnafi hūtugot i beile cenggunjab de afabufi guribume gamaki seme wesimbuhe bihe te mamut be jafanara de hotogoit i duin tanggū susai cooha be gaifi dosimbi sibašalafi funcehengge damu susai niyalma jai ini fulu gajiha susai funcere niyalma be dabume erei jergi uriyanghai tuwašatame guribure de kemuni bime dalafi šadalara niyalma akū oci ojorakū ofi ne sibšalaha ninggun tanggū kalkai coohai dorgici emu tanggū susai tucibufi hotogoit i cooha de acabufi jasak sandubdorji be dalabume cenggunjab i jui taiji ci emgi uhei tuwašatame tes i oihon i jergi bade guribume gaifi beile cenggunjab i harangga uriyanghai jaisang sede getukeleme afabufi akdun bade icihiyame tebuki beile cenggunjab geli ini asha taiji banzarakci be ceni gūsai funcehe cooha ba gaifi tuwašatame tekini seme tucibuhebi ne guribure uriyanghai amba ajige emu minggan ninggun tanggū funcere anggala de hethe obume olji ulha dorgici amba ulha sonja minggan funceme gūnin nadan minggan funceme bahabufi jasak sandobdorji se jai jasang c'ylun cegen sede afabufi ceni boigon anggala i ton de deisulebume neigen dademe šangnafi guribume unggihebi jasak sandudorji sebe guribume gamafi icihiyame tebuhe manggi kemuni da gaifi genehe cooha be gaifi kirgis noor i jaltu jergi bade morin be adulame ureme uriyanghai ukaju be seremšiem tosobuki jai sibšalafi funcehe cahar i ilan tanggū cooha kalkai duin tanggū susai cooha be amursana sede šangnara amba ajige ulha jai meni meni kūwaran i tutabuha lete lata jaka hacin kadaha macuka morin ulha be tuwašatabume elhi kunggui i jergi bai sain usu de adulabume aliyakini seme wang šangjaidorji gung gundunde be tucibufi uheri bargiyatame kadalabuhabi amban be ere jergi baita be icihiyame wajifi ere biyai ice sunja de neneme ūlet coohai dorgici susai niyalma tutabufi ceni leta lata jaka be tutašatabuki sehe bihe te geli niyalma takūrafi alanjiha bade ne uriyanghai baci baicame baha ceni hehe juse tanggūi anggala niyalma be tamar nuktei bade beneburede jaisang be dalabufi ere susai niyalma be gaifi leta lata jaka šadaha ulha be suwaliyame uheri tuwašatame gambuki esei yalure ulha jugūn i kunesun be uthai hethe obume šangnara ulhai dorgici neneme icihiyafi bahabureo seme alambi uttu ofi ceni baiha songkoi sangjaidorji sede afabufi isiha be bodome ceni bahaci acara ulhai dorgici icihiyame bubufi gajarci tucibufi tuwašatabume unggihe babe gingguleme donjibume wesimbuhe abkai wehiyehe i juwan uyunci aniya juwan biyai juwan jakūn de fulgiyan fi i pilehe hese saha sehe.

《驻乌里雅苏台办事都统莫尔浑奏报总管赤伦回报其前往汗哈屯招抚乌梁海人情形折》,乾隆二十年四月初七日,《军机处满文录副奏折》,档案号：03－0174－1406－008,缩微号：035－1536

wesimburengge aha morhon jao hūi cenggunjab šuhede gingguleme wesimburengge donjibume wesimbure jalin jaka karun i untuhun funggala booha i baitangga cembulai i baci uriyanghai uheri da c'ylun se karun de isinjiha seme boolanjiha be aha meni baci donjibume wesimbuhe bihe sirame duin biyai ice sunja de uheri da c'ylun ini deo cagan be gaifi uliyasutai i coohai kūwaran de isinjihabi aha be c'ylun sede dahabume genehede tubai jaisang se ai sehe suwe tesei baru adarame gisurehe ceni urse atanggi dahame jimbi tesei arbun uru adarame enduringge ejen de wesimbure baita be dahame suwe elhei gūnime yargiyan be jafafi ele seme fonjici c'ylun i alaranggi mini beye juwan biyai tofohon de namir šajihai karun be tucifi han hatun i jergi ba i uriyanghai nukte de isinafi cende alahangge meni beyese gamabure nerginde adun ulha majige gasihiyabuha bicibe isinahaci enduringge fucihi han hatun hacin i kesi isibume ne tes jergi bade tehebi jiyanggiyūn ambasa imbe takūrahangge jun gar i dorgide facuhūrafi dawaci ini taiji be belefi geren be jobobuha de suwe giyan enduringge ejen i kesi be alime biye neneme genefi suweni funcehe uriyanghai sede alafi guileme dahabufi an i altai be nukteme jirgame banjici acambi te bicibe membe inu taka tes i jergi bade guribufi tebuhe baita guribufi tebuhe baita toktoho manggi an i fe bade tebumbi seme hese wasimbuha kai enduringge ejen serengge fucihi ofi geren ergengge be jirgabure de amuran suwe hono gosingga gūnin de acabume uhei goro golmin jirgame banjire be gūnikini sere jergi gisun be alafi dahabure de ceni jaisang sa uhei acafi minde funjihangge te suwembe gamafi babade oljilame dedehe sehe kai si mende aiseme holtombi be dahame dosici inu suweni adali dabala sere jakade mini alahangge meni beyese unenggi tere de isinaci geli suwembe guileme yabuci akbka fucihi geli mimbe guwebumbio ne meni genehe urse gemu taka tes bade tehengge yargiyan enduringge ejen i gosingga gūnin de acabume suweni goro golmin jirgabure jalin jiyanggiyūn ambasa mimbe unggihe dabala amba gurun musei jergi umiyaha yerhuwen gese urse be jakade tebumbi tere angga udu minggan cooha unggici suwe karulame mutembio sere jergi gisun be gisurehe manggi ceni alahangge onggolo jihe cagan batumungke sei gisurehe be meni beyese umai aktahakū bihe te si jifi alaha be umesi akdambi damu meni uriyanghai se gemu alin bujan de bujan de banjiha urse altai be aliyaci uthai muke ci tucibuhe nimaha i

附录：本书所用重要满文档案转写

adali ofi membe an i gosime altai de nuktebume meni seke alban be jafabuci uthai kesi kai ere jergi babe si mende aisilame jiyanggiyūn ambasa de ala meni baci akbilik i jergi ilan niyalma be unggiki seme toktobuha ede bi esei ere gūnin yargiyan biheo tašan biheo getukelerakū genefi jiyanggiyūn ambasa de donjiburengge mangga seme gūnici tubade tutaha mini otok i urse be ebsi guribume ceni arbun muru be tuwaki seme barhiyatame guribufi jihede ceni ebergi ujan de tehe bujuho sere jaisang niyalma takūrafi c'ylun mimbe mini otok i urse be guribuhe geli mimbe bujuho i ulha boo boigon be tabcilame gaiha sere jergi babe holtome geren jaisang sede alanabume geli mini gurire be alibure jakade ceni jaisang bohol manggalak burut namak gocerin hocilai bujuho sa jifi mini fejergi otok i urse be bibufi duleke aniya fakciha juwe hehe emu sargan jui uheri emgi deo cagan be dabume orin uyun niyalma be teile unggihe geli ceni bade bibuhe emu tanggū orin isire boigon be ceni otok otok de dendeme tebumbi sehe geli donjici meni sasa unggiki sere akbalik i jergi ilan niuyalma be taka bibufi dawaci i mejige be aliyakiyafi arbun be tuwafi meni beyese uhei dahame dosiki damu ilan niyalma be unggifi weiengge obumbi sembi amala adarame oho be sarkū ceni arbun muru be tuwaci goljohai jergi jaisang sei gūnin jun gar facuhūraha meni jergi urse amba gurun be dahaci geren jirgame banjici ombi amasi julesi yabure urse be iliburakū cihai yabuci ombi seme dahame dosire muru bi damu bujukū ojorakū tathūjame bi. c'ylun bi hono nergin de bujuhū i emgi afafi uthai fejergi geren be gaifi tuciki seme gunimbihe geli da dube akū de baita dendebure de gelembime ne amba baita toktoro erin hanci oho be gūninafi jihe endurecibe han hatun i jergi ba i uriyanghai se jun gar i baitai toktoho manggi ce daharakū aibade genembi sembi cagan i alarangge bi duleke aniya ambasa i afabuha be dahame han hatun i bade nukteme tehe uriyanghai jakade isinafi geren be dahabume gisuregede tubai jaisang goljohai ombu i jergi ursei alahangge be amba gurun de dahaki damu te nimangge amba gurime yabuci ojorakū ofi taka teyeki amursana sei nukte be gaihangge inu yargiyan mende bisire amursana i ele anggala be inu acabume buki seme gisurefi ambasa de bure emu bithe bufi meni sunja niyalma ebsi jiderede bujuhū sere jangsang membe alibufi alahangga meni donjiha bade suweni uriyanghai sebe bargiyame gamaha amala dendeme oljilafi babade samsibuha sembi sini ere gisun be aktaci ojorakū cadak c'ylun i dorgici emke jici teni akdaci ombi seme goljohai sei buhe bithe be gaifi nekul dalda sebe teile ebsi unggihe batumungke borboi meni ilan be bibuhede bi ukame jiki seci ambasai takūraha niyalma aiseme ukame sujume yabumbi hono meni otok i urse be bargiyatame taka emu bade biki seme gūnifi meni emu otok i urse be bargiyatame bisire de mini ahūn uheri da c'ylun genefi ini sasa teni jihe batumungke ini hehe juse be ganame burul i bade genehe bihe donjici batumungke i sargan boo boigon gemu ubade bi seme alambi sembi erei jalin gingguleme donjibume wesimbuhe abkai wehiyehe i orici aniya duin biyai juwan ninggun de fulgiyan fi i pilehe hese hese wasimbuha sehe duin biyai ice nadan.

《定北将军班第奏饬令青滚杂卜俘获达瓦齐后即进兵乌梁海折》,乾隆二十年五月初八日,《军机处满文录副奏折》,档案号:03-0174-1392-012,缩微号:035-0050

  wesimburengge amban bandi gingguleme wesimburengge dergi hese be gingguleme dahara jalin sunja biyai ice nadan de isinjiha aliha bithei da tondo baturi gung fuheng sei jasiha bithede abkai wehiyehe i orici aniya duin biyai ninggun de hese wasimbuhangge morhon sei baci uheri da c'ylun amaki jifi alahangge han hatun i jergi ba i uriyanghai sebe dahabume gisurere de goljohoi i jergi jaisang sei gūnin dahame dosira muru bi bujuku ojorakū tathūnjame dahame dosikahū seme alaha babe wesimbuhebi goljohoi i jergi jaisang se gemu dahame dosiki sembikai damu bujuku teile ainame muterakū sere anggala musei amba cooha uthai ili be bahambi ili be baha manggi ce geli aibide genembini erebe bandi amursana de jasifi damu cooha dosira babe saikan gūnin

附录：本书所用重要满文档案转写

akūmbume icihiyakini ili be baha manggi bandi amursana sede gemu icihiyaci acara baita bi tere erinde giyūn wang cenggunjab asuru icihiyare baita akū bime jai uriyanghai i banin be sembi haha sain cenggunjab be dalabufi hotogūt i jergi cooha jai amala sirabume dosika solon i cooha dorgici acara be tuwame sonjome tucibufi cadak c'ylun be gaifi han hatun i ba i uriyanghai sebe dahame genekini ere dahabume genere de goljohoi i jergi jaisang sede amba ejen i hese suwe dahame dosici inu neneme dahabuha uriyanghai i adali eiten jaka hacin be heni ašzaburakū an meni meni da tehe bade jirgabume tebumbi aika dahame dosirakū oci coohai hūsun i bargiyame gaimbi seme ulgibume alaci goljohoi i jergi jaisang se urunakū dahame dosimbi ce aika dahame dosirakū turgun bici uthai coohai hūsun i bargiyame gaifi ere songkoi icihiyakini damu bujuku neneme mesei takūraha niyalma be babuhe bime juleri amala gljohoi sei dahame dosire babe ilibuhangge turgun umesi ubiyada bujuku uthai dahacibe inu dahaha de obuci ojorakū an i jafagini ini fejergi urse be cadak c'ylun cegen sede dedeme šangnafi harangga obukini ubabe cadak sede inu getukeleme ulhibufi sakini cenggunjab se atanggi cooha gaifi jidere ya bade acara babe c'ylun de boljome tithe unggifi dahame yabukini neneme cadak se gemu beye dahahangge ofi alban be ekiyembuhe ere songkoi icihiyakini jai c'ylun ere mudan yabuhangge alban saišacuka ofi bi kesi isibume c'ylun de meiren i janggin i jergi šangnafi susai yan menggun šangnahabi ubabe suwaliyame bandi amursana se jasifi sakini sehebe gingguleme dahafi amban bi uthai ere hese be amursana sede amcame benebufi cenggunjab de ulhibume wasimbure cadak isinjiha manggi inu getukeleme ulhibure ci tulgiyen cenggunjab ne dawaci be jafame turšun cooha de genehe be dahame dawaci be jafan baita wajiha erinde ini harangga hotogūt i jergi cooha jai amala sirabume dosire solon cooha i dorgici acara be tuwame sonjome gaifi uriyanghai sebe dahame genere babe uhei hebešeme gisurefi encu wesimbuki eiten babe ejen i tacibuha hesei songkoi dahame icihiyabure babe akūmbume tacibume afabufi unggire ci

233

tulgiyen ne amban mini dergi hese be alime gaifi ulame yabubuha babe gingguleme donjibume wesimbuhe abkai wehiyehe i orinci aniya sunja biyai orin sunja de fulgiyan fi i pilehe hese saha sehe sunja biyai ice jakūn.

《驻乌里雅苏台办事都统莫尔浑等奏请安置青滚杂布收抚之汗卡屯处乌梁海各台吉折》,乾隆二十年八月十八日,《军机处满文录副奏折》,档案号:03-0174-1408-059.1,缩微号:035-2013

wesimburenge aha morhon šuhede gingguleme wesimburengge ulame wesimbure jalin hebei amban kalkai aisilara jiyanggiyūn giyūn wang chenggunjab i baci benjihe bithede han hatun baskus šulusba i jergi bade tehe uriyanghai tellengget sebe bargiyame gaiha babe ulame wesimbure be baire jalin baicaci abkai wehiyehe i orici aniya duin biyai juwan ninggun de wasimbuha hesei dorgide ili be baha manggi bandi amursana sede gemu icihiyaci acara baita bi tere erinde giyūn wang cenggunjab asuru icihiyara baita akū bime i uriyanghai i banin be sambi haha sain cenggunjab be dalabufi hotogūt i jergi cooha jai amala sirabume dosika solon coohai dorgici acara be tuwame sonjome tucibufi cadak c'ylun be gaifi han hatun i ba i uriyanghai sebe dahabume genekini ere dahabume genere de goljohūi i jergi jaisang sede amba ejen i hese suwe dahame dosici inu neneme dahabuha uriyanghai i adali eiten jaka hacin be heni aššaburakū an i meni meni da tehe bade jirgabume tebumbi aika dahame dosirakū oci coohai hūsun i bargiyame gaimbi seme ulgibume alaci goljohūi i jergi jaisang se urunakū dahame dosimbi ce aika dahame dosirakū turgun baci uthai coohai hūsun i bargiyame gaifi ere songkoi icihiyakini sehebe gingguleme dahafi cenggunjab bi solon hotogūd i nadan tanggū cooha be gaifi ninggun biyai ice duin de amba coohai kūwaran ci jurafi nadan biyai ice sunja de sagalbasi i dabagan i bade isinjifi han i jergi bade tehe uriyanghai sebe dahabure jalin mini gūsai meiren i janggin dondob beise cebden i gūsai jalan janggin ubude yabure gūsa be kadalara janggin cibak hotogūt i araha nirui janggin ubasi solon i bošokū jaisanbu uriyanghai

附录：本书所用重要满文档案转写

dabkor sebe elcin takūrahabi sirame kalkai beise cebden gocin hiya turetcu meiren i janggin cebden sede ilan tanggū cooha bufi han i jergi bade unggihe aboo habcihai baskus šulusba altan noor katun birai dergi ergi ere jergi ba umesi hafirhūn bime bujan šuwa alin alin amba umesi haksa ofi bi duin tanggū cooha be gaifi tosome uriyanghai sebe dahabume yabure de boorol i bade isinafi turšul de yabure uriyanghai uheri da tubsin hotogūt gūsai nirui janggin ayusi se emu uriyanghai be jafafi gajiha fonjiha de bi cegen jaisang ni harangga demci harmasi i niyalma bi gurgušeme yabure de jafabuha meni nukte arhūt i bade tehebi seme alambi ede cenggunjab bi uthai cooha be gaifi inenggi dobori akū hacihiyame yabume ice uyun de harmasi sei tehe nukte arhūt i bade isinafi harmasi de enduringge ejen i geren ergengge be bilume ujire ten i kesi be ulhiyame toktabuha suwe dahame dosici suweni eiten jaka hacin be heni aššaburakū an i da nukte de tebumbi seme alara de harmasi se geren be gaifi niyakūrafi alarangge be enduringge ejen i gosingga hese be donjifi cihangga dahame dosimbi seme alafi gemu dahame dosika bi dahabuha demci harmasi de baskus i ergi bade suweni udu jaisang tehebi seme fonjiha de alarangge meni jaisang majidai baskus i bade tehebi seme donjihabi gūwa jaisang se aibide tebe be sarkū geli meni emu jaisang ni harangga demci nartu ini fejergi urse be gaifi nicugun i bade tehebi emu ūlet minggon taiji mangnasi udu boigon be gaifi šakjala i bade tehebi seme alahabi uttu ofi bi uthai uju jergi taiji banjarakca unduhun funggala hadabuha bayar ayusi be tucibufi demci nartu de elcin takūrabume duici jergi taiji danjur be tucibufi taiji mangnasi de elcin takūrabume unggihebi cenggunjab bi cooha be gaifi jalaig'si i dabagan be dabafi cagan usu i bade isinafi ukaka engkesi sebe jafame jihe ilaci jergi hiya liuge meiren i janggin i jergi c'ylun uriyanghai uheri da cegen sei cooha de acafi uhei cooha gaifi hacihiyame yabume jugūn de banjirakci ayusi sei amasi jifi alaha bade be nicukun i bade isinafi tuwaci nartu se gurihe be songko be dahame cagan burgasu i sekiyen de isinafi nartu sebe

235

amcanafi enduringge ejen i gosingga hese be ulhibume alara de nartu sei niyakūrafi alahangge be amba ejen i gosingga hese be donjifi cihangga dahame dosimbi seme nartu ini fejergi urse be gaifi gemu dahame dosika sirame taiji danjur amasi jifi alaha bade bi šakjalan i bade isinafi mangnasi sede ejen i gosingga hese be ulhibume alara de mangnasi sei niyakūrafi alahangge be ejen i gosingga hese be donjifi cihangga dahame dosimbi seme alafi orin sunja boigon urse dahame dosika seme alambi sirame jasak cibakjab gendun sei juwe tanggū cooha be gaifi hiya boidur be waha narin kara i karun be tabcilaha hūlha be jafame jihebi seme mimbe amcanahabi esebe bi gaime sasa yabume juwan duin de aboo habcihai i bade isinafi turšul de yabure hotogit i gūsa be kadalara janggin dasurung se emu uriyanghai jafafi gajiha fonjihade alarangge bi jaisang majidai i harangga niyalma mini waliyabuha adun be baihaname yabure de jafabuha meni nukte baskus de tehebi seme alahabi cenggunjab bi uthai ekšeme cooha be gaifi jafaha uriyanghai be gajaracilame tofohon de baskus i bade isinjifi jaisang majidai sede ejen i gosingga hese be ulhibume alara de jaisang majidai sei alarangge be amba ejen i gosingga hese be donjifi cihanggai dahame dosimbi seme gemu dahame dosika dahabaha jaisang majidai de suweni gūwa jaisang sa gemu aibide tehebi seme fonjihade alarangge jaisang namjal ini fejergi urse be gaifi oimung ni bade tehebi jaisang boogol ini fejergi urse be gaifi samuldu i bade tehebi jaisang manggalak ini fejergi urse be gaifi salja bira de tehebi jaisang bujuku hocilai ceni fejergi urse be gaifi katun i bira de tehebi seme alahabi esebe dahabure jalin mini gūsai araha jalan i janggin abida be tucibufi namjal de elcin takūrabume hiya sonosugat be tucibufi manggalak de elcin takūrabume hiya gumujab be tucibufi bujuku hocilai sede elcin takūrabume unggihe nadan biyai orin sunja orin nadan i jergi inenggi de biya dorji araha jalan i janggin abida sei siran siran i amasi jifi minde alaha bade be jaisang namjal sei tehe nukte de isinafi ejen i gosingga hese be ulhibume alara de boogol namjal se niyakūrafi alarangge be amba ejen i

附录：本书所用重要满文档案转写

gosingga hese be donjifi cihanggai dahame dosimbi seme be jaisang boogol namjal sebe gajihabi seme alambi orin uyun de hiya sonosugat amasi jifi alaha bade bi jaisang manggalak i tehe nukte de isinafi ejen i gosingga hese be ulhibume alara de manggalak be gaifi ebsi jurara nergin de emu uriyanghai jifi manggalak de alahangge jun gar i gubci ba be toktobuha dawaci be jafaha babe gemu holtome alahabi amba cooha jifi teisulebuhe uriyanghai i haha be wafi heeh juse be oljilaha si ume dahame dosire si aika dahame dosici simbe inu jafafi wambi sini hehe juse fejergi urse be inu oljilambi seme alahabi manggalak bi hasigūr de gisurehengge sini gisun be bi donjirakū bi cihangga daheme dosimbi seme hiya sonosugat be dahame geneki sembi ere nukcame tucike uriyanghai c'ylun de jafabuha narin kara karun de hūlhame yabuha jaisang hocilai i niyalma gebu hasigūr seme alambi jakūn biyai ice juwe de hiya gumujab amasi jifi alaha bade bi bujuku hocilai sei nukte de isinafi ejen i gosingga hese be ulhibume alara de bujuku gocilai sei niyakūrafi alarangge be amba ejen i gosingga hese be donjifi be cihangga dahame dosimbi seme alambi gumujab bi jaisang bujuku sebe gaifi ebsi jidere de jugūn i unduri emu uriyanghai be ucarafi bujuku sebe dalbade hūlame gamafi kejine gisurefi bujuku se uthai ucaraha uriyanghai sasa nukte de genembi seme mariha bi uthai amcanafi bujuku sei minde alaha bade suweni jun gar i gubci ba be toktabuha dawaci be jafaha babe gemu holtome alahabi amba cooha jifi teisulebuhe uriyanghai i haha be wafi hehe juse be oljilaha geli minde alaha bade mimbe jafafi mini beyebe wafi mini hehe juse fejergi urse be gemu cadak c'ylun cegen sede dendefi bumbi ere ukame jihe uriyanghai gebu hargai c'ylun be dahame cooha de jihe niyalma bi te dahame dosirakū amasi genefi alin de tafafi sibeleme tembi seme alahabi gumujab bi uthai esebe jafafi gajiki sembihe bujuku se juwan funcere niyalma bi be damu ilan niyalma jafame mutehekū bujuku se amasi nukte de genehe bi mejige isibuki seme ekšeme jihebi sembi ede cenggunjab bi uthai cooha be gaifi bujuku sei nukte de genere de

237

jailugus i bade isinafi turšul de yabure uriyanghai uheri da tubsin mini gūsai gūsa be kadalara janggin tesurung araha jalan i janggin gucukdasi se jifi alaha bade be karun i bira dergi ergi umesi haksan den alin de isinafi tuwaci bujuku se sibelehebi seme alambi bi uthai ekšeme yabufi ceni yabure jugūn i kamni be gaifi sibelehe hanci bade nikenefi jaisang hocilai be hūlaha gajifi ejen i gosingga hese be ulhibume alafi suwe dahame dosici uthai hūdun dahame dosi aika dosirakū oci bi uthai coohai hūsun i gidaname dailame gaimbi seme alara de hocilai amasi genefi udu niyalma be gajihabi fonjihade bi jaisang manggalak i harangga demci mini gebu ak belek meni harangga niyalma be ukcame tucike uriyanghai i balai banjibume alaha gisun be donjifi geleme alin de tafafi sibelehebi jakan wang meni hocilai be hūlame gajifi amba ejen i gosingga hese be ulhibume alara de teni yargiyan be safi be gemu cihangga dahame dosimbi seme alafi gemu dahame dosika geli hocilai sede bujuku suwe sasa amasi jifi sibelehe bime bujuku ainu jihekū seme fonjihade alarangge bujuku ere birai wasihūn de gurime genehe seme alambi ede bi bujuku i jalahi jui nonoho sede bujuku aibide genehe seme fonjihade nonoho tumadak sei alarangge bujuku gelefi ere šurdeme alin bujan i dolo jailahabi i aibide genembi beime bahambi dere seme alambi uttu ofi bi uthai bujuku i jalahi jui nonoho bujuku i harangga tumdak sebe takūrafi bujuku be urunakū baihaname gajikini seme ciralame afabufi unggiheci tulgiyen geli meni cooha be tucibufi uriyanghai dorgide bujuku be takara niyalma be gajircilame gaifi babade baihaname unggihebi sirame meiren i janggin i jergi c'ylun i harangga nirui janggin has jifi minde alaha bade bi mini niyaman hūncihin de acaname genere de jugūn de bujuku sei sunja niyalma be ucirafi si mimbe dahame sasa genefi wang de acanaki seme gisurehede bujuku i gisun bi geleme jailafi balai yabuha bi telenggut i jaisang sei sasa wang de acanaki seme alahabi ineku inenggi telenggut jaisang namuk sei jidere de bujuku umai jihekū ofi cenggunjab bi uthai ice dahame dosika telenggut i jaisang namuk sede ciralame afabufi urunakū bujuku be baihaname jafame gafikini seme afabure de telenggut i jaisang namuk sei gisun bujuku gelefi jailahabi i goro bade generakū be urunakū bujuku be jafame gajimbi seme genehe bujuku jafame baha manggi majidai ak gelek sede getukeleme jabun gaifi hese be dahame icihiyaki sirame kalkai beise cebden gocika hiya turuncu meiren i janggin cadak sei alibume benjihe bade be nadan biyai ice sunja de sagalbasi i dabagan baci cooha be gaifi han i hanci bade isinafi jaisang goljohūi okdome jifi alaha bade hotogoit wang ni takūraha elcin dondob sei mende ulhibume alaha amba ejen i gosingga hese be donjifi be cihangga dahame dosimbi seme okdome jihebi sirame neneme elcin de takūraha hotogoit i meiren i janggin dondob sei amasi jifi alaha bade be han i jergi bade tehe uriyanghai i jaisang ombu burut jaisang gendusi telenggut i jaisang guwecireng burut hontok buktusi namuk sei nukte de isinafi ejen i gosingga hese be ulhibume alara de ombu sei jergi nadan jaisang geren be gaifi niyakūrafi alarangge be amba ejen i gosingga hese be donjifi be cihangga dahame dosimbi seme alafi gemu dahame dosika esei boigon anggala duin hacin i ulha be getukeleme baicafi niyeceme han hatun baskus i jergi ba i uriyanghai sebe gemu bargiyame gaiha damu bujuku teile jafame bahakū ne cenggunjab sei baci imbe takara urse be ba bade unggifi baihanabume jafabure be dahame dahaduhai inu uthai bahambi cenggunjab se cooha gocika manggi be uhei acafi ere jergi uriyanghai sebe tebure icihiyara jergi babe aha mende neneme tacibume wasimbuha hese be gingguleme gingguleme dahafi toktobume gisurefi hese be baime wesimbuki erei jalin gingguleme wesimbuhe abkai wehiyehe i orici aniya jakūn biyai orin nadan de fulgiyan fi i pilehe hese sain hese wasimbuha sehe.

《定边左副将军哈达哈奏报出使哈萨克之侍卫德善等受阻于乌梁海地方缘由折》，乾隆二十一年四月初二日，《军机处满文录副奏折》，档案号：03－0176－1586－024

wesimburengge aha hadaha sangjaidorji chenggunjab cebdenjab

gingguleme wesimburengge donjibume wesimbure jalin ilan biyai orin jakūn de isinjiha hese hadaha sei baci dešan se ice uriyanghai sede ilibufi dulembuhekū turgun be fonjifi dešan umai da dube be tucibume muterakū seme wesimbuhebi neneme hadah se ere baitai jalin wesimbuhe be bi uthai dešan ai gese olihadafi niyalma de basubuha be boljoci ojorakū seme hese wasimbufi dešan be hiya ci anabuha te dešan i fuhali da dub be tucibume mutehekū be [tw(f)r] baita yargiyan i ini olihadaha ci banjinahangge dešan be biyei hūsun i hiya šundene be dahame hasak de genekini jai hadaha se dešan be da dube tucibume mutehekū be saha bime damu ini turgun be tucibume wesimbuhe gojime umai wakalame wesimbuhengge inu niyeniyehujembi te dešan i ere muru be tuwaci ice uriyanghai se juksun de hono ainahai uthai šuwe cembe ilibuha ni dade cendekušeme ini bedercere be safi amala teni ilibuha dere unenggi jokson de uthai ilibuki seci ce isiname saka geli tuttu morin kunesun banjimbio ere cohome dešan i balai olihadaha cendekušefi teni uttu ilibuhangge iletu damu neneme bi uriyanghai sebe balai arbušaha seme gūnifi cenggunjab cebdenjab sebe cooha gaifi genefi horolome icihiyakini sehe bihe te ere jergi turgun bisire be dahame hadaha se cenggunjab cebdenjab de inu ulhibume jasifi ce safi cooha gaifi genehe manggi saikan gūnin tebume getukeleme fujurulafi icihiyaci teni sain aika uriyanghai se balai dorakūlame arbušame ilibuhangge yargiyan oci uthai mini neneme wasimbuha hesei songkoi horolome icihiyaci acambi aika cendekušeme dešan i olihadaha ci banjinahangge oci cembe uthai biretei horolome icihiyara de isirakū bicibe dešan sebe ilibuha niyalma be ujeleme icihiyarakū oci inu ojorakū cenggunjab se dešan sebe ilibuha niyalma be baicame tucibufi ujeleme icihiyame funcehengge be inu acara be tuwame icihiyafi cembe isere gelere be safi jai jai degderšerakū obuci teni sain hadaha se ere songkoi cenggunjab de ulhibume jasifi dahame icihiyafi hadaha se kemuni ūlet jaisang gumujab de ulhibume ala i g'alzang dorji i afabuha songkoi ceni harangga uriyanghai sede gaici acara emu aniyai alban i

附录：本书所用重要满文档案转写

ufuhi be salibufi elcisa de morin ulha aisilame bukini seme hūdun sede alahangge umusi jilaka g'alzang dorji i ere gūnifi jafabuhangge umusi inu bi labdu saišame gūnimbi te ceni beyese uriyanghai sede ilibufi hasak de geneme mutehekūngge gemu hiya dešan i olihadaha ci banjinahangge gumujab de dalikū sere anggala uthai sasa genehe kalka sede inu weile akū gumujab hono faššame yabuhabi te hūlha amursana be jafame baha hasak de niyalma takūracibe inu damu wasimbuha hesei bithe be benebure dabala umai gūwa oyonggo hacin akū gumujab be uthai tederi aji biyai karun deri bar kul be baime nukte de genefi deyekini gumujab nukte de isinafi g'alzang dorji be acaha manggi g'alzang dorji i ini uriyanghai sei alba be salibufi elcisa de morin ulha aisileme bukini seme afabuhangge umusi inu amba ine saišame hese wasimbuha ice uriyanghai se hiya dešan i olihadaha ci cembe afabufi dulembuhekū turgunde te cooha tucibufi weile fojinabume unggiheci tulgiyen amursana be jafame baha hasak de niyalma takūracibe damu hesei bithe benebure dabala umai gūwa oyonggo hacin akū seme mimbe amasi unggihebi seme g'alzang dorji de alakini kemuni g'alzang dorji de šangnaha uriyanghai sei jafaci acara alban be g'alzang dorji de alafi an i fe songkoi gaikini seme suwaliyame ulhibufi gumujab de acara be tuwame morin kunesun icihiyame bahabufi amasi ceni nukte de unggikini seheke ginggulemb dahafi isinjihabi baicaci neneme dešan se uriyanghai de ilibufi dulebuhekū amasi jifi alaha gisun labdu buksuri umai da dob tucibume muterakū erebehotogoit i giyūn wang cenggunjab kalkai beile cebdenjab i baci sain niyalma sokofi yargiyalame fujurulebufi jai kimcifi donjibume wesimbuhe bihe te cenggunjab sei takūraha janggin seretar hiya batur amasi jifi alahangge be ebele ujan i uriyanghai uheri da tubsin manggalak sei jakade isinafi uriyanghai i demci šurgooci i jergi jakūn niyalmai sasa han karun i uriyanghai jaisang goljohūi ombu hūtuk sede genefi jiyanggiyūn ambasai afabuha baita be fujurulaci goljohūi ombu hūtuk sei uhei alarangge hasak de takūraha elcin han de isinjifi ceni dolo mama eršere

241

niyalma bisire turgunde be safi cende suweni ere urse jai nimeku seme
fonjici ce mende alahangge be neneme ebsi jidere de meni ere niyalma
uttu ehe fucihiyara nimeku akū bihe te jabkan i sekiyen de isinjifi teni
saha suwende alaki wmbihe amala meni gisun suweni ere gese nimere
niyalma yabuci meni geren de latume suwaliyagajaci umesi ehe damu
suwe gemu amba ejen i baita de jihe niyalma be dahame tookaci
ojorakū be suwende yalure ulha kunesun aisilame buki suwe yalure ulha
kunesun be gaiha manggi uthai jurakini seme be dasame alaha manggi
ceni gisun ne gajarci akū be adarame yabumbi seme gisurehe de meni
alahangge be mama eršehe gajarci be baime tucibufi suwede gajarci
obume buki seme gisurefi demci samur be tucibure sidende meni oros
de hūdašame genehe dege sere gebungge hoise amasi jifi alahangge
oros sei gisurehe bade monggosoi hasak de genere elcin ere jugūn deri
jimbi sembi aika doron gidaha bithe baci yabubure dabala doron gidaha
bithe akū oci cembe yabuburakū sembi seme alaha meni gisun emude
oci meni urse mama eršehebi jaide oci oros ci donjiha gisun geli suweni
elcin gendursi meni dondok juwe be tucibufi oros i jecen de mejige
gaime unggiki seme aniya biyai juwan uyun de belheme bisire sidende
meni cargi de tehe bobo sa ilan niyalma jifi alahangge haska oirot se
acafi gisurehengge cooha gaifi hadaoli deri dabame altai i uriyanghai
urse de genefi meni emgi duwali acaci coohalara be nakaki aika dain
oci uthai tabcilaki seme jurafi jihe be donjiha turgunde meni cooha teni
ne je jurara be belhehe bihe altai cargi nimanggi bi jihe mejige oci
julergi deri jimbi seme bodofi be cui i angga de tuwaname genere babe
elcisa de alafi suwe ne ainambi seme gisurehe de elcisai gisun be ne
encu hacin akū amasi marimbi seme gisurehe manggi meni alaha gisun
be suweni marire babe sarkū meni gūnin de suwe ubade kuku usu
kukutu sere juwe bade emu sain babe sonjofi tekini meni juwe baci
juwe niyalma be tucibufi ula deri takūrafi turgun be tucibume
jiyanggiyūn ambasa de meni turgun gūniha babe boolaki seme alaha
manggi elcisai gisun be ubade teci ojorakū amasi genefi suweni nuktei

242

附录：本书所用重要满文档案转写

jecen be tucifi tefi jai jiyanggiyūn ambasa de turgun be boolasi seme gisurehe de meni gisun suweni doro be suwe sara dabala tereci meni cooha be jurambume yabuha elcisa inu meni ursei emgi sasa jurafi ulehemtu i bade marifi isinara sidende meiren i janggin cadak deosi se isinjifi be elcisai turgun be cadak deosi sede donjibuha bihe geli alban morin i baita be inu meiren i janggin cadak deosi sede gisurehengge meni ere aniya ulha gasihiyahangge labdu tuttu bicibe suweni beye baicame tuwakini tusa ojorongge be gaiki ekiyehun ning be suweni hnduhe songkoi amala benebuki seme gisurehe manggi cadak deosi sei gisun ne bisirengge be neneme sonjome gaiki macuga isirakū turgun be tucibume jiyanggiyūn ambasa de boolaki sehede be sonja biyai tofohun deri morin ulha eiduha erinde meni beye genefi acaki aika akū oci mejige isibuki seme alaha bihe seme goljohūi sede fonjiha babe aha mende alanjihabi erebe fonjiha babe aha mende alanjihabi erebe tuwaci dešan sei da boolaha etuhušeme ilibuha coohai dahalabume tuwakiyabume balai arbušaha jergi turgun ci encu ofi dešan sede yargiyan turgun be kimcime fonjici dešan sei alarangge be hese be alifi hasak de genere de uriyanghai i jaisang ombu sei nukte de isinafi fuhali membe dulemeburakū ofi meni yargiyan turgun be tucibume boolafi ulame wesimbuhehe bihe ere jergi turgun be ai gelhun akū balai holtome banjibumbi te ombu se angga kūbulifi gese banjibufi mende anambi be wang cenggunjab sebe dahame genefi ombu sebe acaha manggi acabume baicaci eici yargiyan babe tucibumbi damu ombu se balai arbušame duleburakū de be etuhešeme duleme mutehekū hūlhidame ejen i hesei bithe oyonggo waliyaburahū seme mentuhureme gūnime amasi jihengge uthai meni bucere weile te enduringge ejen kesi isibume membe ujen weile arahū oncodome guwebufi šundene be dahame genefi weile šume muteri teile morin yendahūn i gese faššaki seme henggišeme alambi aha be uriyanghai ci fujurulame fonjiha dešan sei alaha babe acabufi kimcime tuwaci uriyanghai sa bobo i jergi ursei balai algimbuha gisun be donjifi juwedeme gūnime dešan sebe

243

dulembure de cihakū cendekušeme gelebume dešan sebe amasi unggihe te amcame gūnime geli umesi gelefi takūraha niyalma de sain i arbušame ijisahūn i gisureme weile ci guweki seme yabuhangge iletu dešan se oci hese be alifi hasak de takūraha niyalma uriyanghai se emgeri ula šušu acabufi casi unggihe amala algimbuha gisun de kenehunjefi dešan se giyan i cende kiyangkiyan be tuwabume kafur seme arbušara oci uriyanghai sa cembe dulemburakū de isinakini ce inu giyan i ainaha seme amasi marirakū tubade aliyame tefi emu derei boolaci acambihe fuhali uttu yaburakū umai be sabure unde de uthai amasi jihengge yargiyan i budun eberi olihadahabi dešan be giyan i uthai wakalafi ujeleme weile araci acambi damu dešan serengge da genehe niyalma te uriyanghai se geli neneme balai arbušaha babe alime gairakū ne ne cooha unggifi ere jergi babe getukelefi icihiyara be dahame dešan be taka cenggunjab cebdenjab sede afabufi dubade isinaha manggi juwe ergi de heni urhu hari oci ojorakū urunakū tondoi getukeleme acabume baicafi uriyanghai sa balai arbušahangge yargiyan oci chenggunjab se uthai hes be dahame ilgame faksalame nišalame icihiyakini baita wajiha manggi kemuni dešan be beyei hūsun i šundene be dahame be dahame hasak de unggiki aika dešan i alaha ba fuhali muru akū uriyanghai i gisun yargiyan oci ere gese uliha budun niyalma be dulergi jecen i aiman de unggihe seme baita de tusa akū gese šundene se bisire be dahame cenggunjab sei baci uthai dešan be aha hadaha meni jakade unggifi dešan be gemun hecen de benebufi ujeleme weile arabuki dešan i sasa takūraha jai jergi hiya inggeltu kalkai meiren i janggin monijab umai dešan de jombume yabuhakū dahacame amasi marihangge inu ambula waka nuhobi damu dešan serengge dalaha niyalma inggltu monijab gemu imbe tuwame dahacame yabuha be dahame taka wakalara be nakafi hese be dahame ere mudan šundene i sasa unggiki kemuni cende ere mudan saikan faššame kiceme yabukini aika geli balai geleme ilihadame yabuci urunakū onggolo mudan i weile be suwaliyame wakalame wesimbufi ujeleme weile arambi seme ulhibufi unggiki jaisang gumujab de hese be akūmbume wasimbuhade gumujab niyakūrafi bi ejen i kesi be alihangge umesi ujen ere mudan umai afabuha baita be mutebuhekū amasi marihangge giyan i ujeleme weile araci acambime ejen cohotoi guwebufi kemuni morin kunesun šangname bufi meni g'alzangdorji de hese wasimbume nukte teyekini seme unggirengge gumujab bi alimbaharakū hukšembime gelembi bahaci bi kemuni hasak de geneki akū oci mimbe uriyanghai be icihiyara cooha de unggifi bi hūsun bume karulame faššame yabuki seme dahūn dahūn i baime alaha de aha be gumujab de ere mudan i yabuha weile gemu dešan de bi hese sini beye anggala kalka meiren i janggin monijab be hono oncodoho kai si damu ejen i hese be dahame yaburengge inu ne hasak de takūrarengge inu oyonggo akū ejen emgeri getukeleme jorime hese wasimbuha si damu hese be saikan ejefi sini han g'alzangdorji de ulame wasimbuci acambi seme ulhibume alafi morin teme kunesun icihiyame bahabufi aji biyai i jakūn deri g'alzangdorji i nukte de amasi unggihebi erei jalin suwaliyame gingguleme donjibume wesimbuha ejen genggiyen i bulekušeru akbai wehiyehe i orin emuci aniya duin biyai juwan nadan de fulgiyan fi i pilehe hese hese wasimbuha sehe duin biyai ice juwe.

《定边左副将军哈达哈奏报出使哈萨克之侍卫德善等中途被乌梁海所阻返回军营并询问缘由情形折》,乾隆二十一年二月二十九日,档案号:03－0176－1579－027

wesimburengge aha hadaha yarhašan gingguleme wesimburengge donjibume wesimbure jalin jakan aha be hiya dešan sebe ganabufi isinjiha manggi encu kimcime fonjiki seme wesimbuhe bihe juwe biyai orin nadan de dešan se aha meni coohai kūwaran de isinjihabi cende kimcime fonjifi ceni alaha be tuwaci ice uriyanghai se daci gurgu i adali banjire eshun urse ere mudan dešan sebe ilibure de ombu hūtuk samur se balai etuhušeme arbušaha bicibe damu erei dorgi jiduji ai turgun bisire be dešan se umai getukeleme tucibume muterakū alaha gisun labdu buksuri tuttu bime dešan se geli hūtuk i benjihe morin honin iten be gaiha babi ne aha meni baci hotogoit i giyūn wang cenggunjab beile cebdenjab de afabufi ere baita be yargiyalame fujurulbure de ceni baci niyalma sonjofi takūraha be dahame takūraha niyalma amasi isinjiha menggi aha be jai encu kimcifi wesimbuki ne hebei amban arafi cooha gaifi nemeku i nukte de genefi icihiyambi nemeku i fejergi urse labdu bime ebsi gurire de gemu son son yabumbi nemeku i jafabuha be donjifi golondufi ukara jafarangge bisire be boljoci ojorakū ofi geren angga kamani de seremšeme tehe cooha be an i tosobume taka tebureci tulgiyen emu derei arantai de nemeku nukte be giyan fiya i icihiyame wajime uthai aha mende sakini seme bithe unggiki seme yabubuha arandai i baci iciniyame jabdure sidende hotogoit wang cenggunjab sei takūraha niyalma inu amasi isinjici ojoro be dahame aha be cenggunjab sei emgi cooha acafi ice uriyanghai sei dorgi unenggi isebume icihiyaci acarangge bici udu cooha baibure ya jugūn deri dosire jergi babe kimcime hebdifi nashūn de acabume icihiyara babe toktobufi wesimbuki aika encu turgun hacin bici aha be yargiyan be jafafi hese be baime wesimbuki uttu ofi dešan sei alaha gisun be afaha arafi ginggguleme tuwabume wesimbuhe jai dešan be eici taka coohai kūwanran de aliyabure eici uthai gemun hecen de unggire g'alzangdoriji i jaisang gumujab be g'alzangdorji de amasi unggici acara acarakū babe hese be baimbi akbai wehiyehe i orin emuci aniya ilan biyai juwan duin de fulgeyan fi i pilehe hese hese wasimbuha sehe juwe biyai orin uyun.hiya dešan meiren i janggin monijab jai jergi hiya inggeltu ūlet jaisang gumujab sei alarangge be aniya biyai ice ninggun de katun bira de isinafi uriyanghai i jaisang hocilai be ucarafi mende alahangge te enduringge ejen i takūraha elcisa meni ubade isinjiha jing nimanggi amba ucuri ulha gemu turha ofi asuru aisilara jaka baharakū seme mende emu ihan benjihe be gaihakū sirame g'alzang dorji i harangga uriyanghai i jaisang hūtuk i nukte de isinaha meni sasa genehe ūlet jaisang gumujab hūtuk de alahangge g'alzang dorji i jasiha gisun

附录：本书所用重要满文档案转写

mini gaici acara emu aniyai alban i ufuhi be salibufi elcisa de muterei teile morin ulha be aisilame bukini seme mimbe cohome adabume takūraha seme alaha de hūtuk sei gisun ceni ulha gemu turha seme anatame gisurembime gumujab i baru arbušahangge inu eshun damu juwan morin duin hūnin emu geo emu iten be gajiha gumujab hono hihan akū tuwame gaire de cihakū bihe ede dešan meni beyese bisire ulha kunesun kemuni elgeyen bi hūtuk emgeri gajiha be dahame muse alime gaici acambi seme gisurehe manggi teni bargiyaha tofohon de han sere bade goljohūi i boode isinaha manggi uheri da goljohūi enduringge ejen i elcin jihe seme funggalajingse mahala be itufi membe goro oktome jifi ini boode dosimbufi mende fonjihangge hasak te amursana i emgi duwali oho be boljoci ojorakū ubai nimangi inu amba morin ulha be tuwaci gemu juken suwe ai darame geneci ombi seme fonjiha de meni alahangge enduringge ejen membe elcin obume hasak de takūrahabi be urunakū abulai de isinafi enduringge ejen i afabuha baita be šanggabume mutebuki seme alaha inuku inenggi be gemu ombu i nuktei hanci bade isinafi tataha de ombu namjal demci gendukesi samur jiber muši se uhei meni tatan de jifi mende fonjihangge suwe hasak de ai baita de genembi yargiyan babe mende ala suweni gaifi yabure bithe be mende tuwabu seme gisurere de meni gisun abulai duleke aniya ili bira de elcin takūrafi enduringge ejen i elhe be baime belek be jafaki sere jalin abulai de kesi šangname genembi suwe enduringge ejen i hese be tuwaki sere gūnin fuhali doro giyan de acanarakū suwe balai gisurembi ombu sei geli alarangge duruge gaiginakū i dabagan de tofohon to i jiramin nimanggi bi sunja bayade isibume wenerakū yabuci ojorakū cars i bira be wasime geneci oros inu suwembe dulemburakū seme gisurembi ede be boro nirukū i jugūn deri geneki suweni be na be sara demci samur be membe dahalabume unggi seme gisurere de jaisang ombu namjal demci samur jiber gendusiki muši sei uhei gisurehengge suwende ba na sara niyalma be burakū sere anggala suwembe inu dulemburakū ede be suwe mende gajarci burakū okini

247

ejen i takūraha elcin be ilibuci ojorakū be urunakū boro nirukū i jugūn deri hasak de genembi meni beyese suweni jecen ci tucike babe meni jiyanggiyūn ambasa de boolara bithe be suweni baci niyalma takūrafi ulame benebukini serede jaisang ombu i jui bolot i gisun be suwembe dulemburakū bime meni nukte de inu suwembe teburakū suwe aika genefi balai yabuci bucere de isinambi seme gisurehe de be bolot i baru si se asigan niyalma balai ume gisurere seme gisurere de bolot i gisun be sarkū ai turgun de membe dulemburakū seme fonjiha de bolot i gisun suwe ai hacin i gisirecibe inu suwembe dulemburakū suwe aika etuhušeme yabuci be suwembe tabcilame jembi sembi ede be juwan uyun de isibume inggidari giyan be jafame ceni baru gisurecibe ce fuhali membe dulemburakū ineku inenggi goljohūi ini harangga honggo i gebungge ilan niyalma be takūrafi mende alahangge suwe hūdun hacihiyame amasi mari ombu se suwembe tabcilame jembi sehe ne ombu sei cooha teksileme isihan babe suwe aika sabuha akū inu suweni maikan eiten jaka be gemu waliyafi damu suweni ergen be tucibure be kice seme alambi ede meni beyese uthai alin de tafafi tuwaci ceni cooha yargiyan i ebsi jihe be kimcime gūnici uriyanghai serengge kooli cikta be sarkū eshun urse be aika etuhušeme duleki seci ce balai durire tabcilara ohode meni beyese uthai buceci ainara damu ejen i abulai de wasimbure hesei bithe šangnara jaka holbobuhangge ujen oyonggo be gūnifi arga akū juwan uyun i yamjishūn de amasi gurifi yolo i birai bade tataha ineku dobori ombu hūtuk se cooha be gaifi hailuk i birai bade tosome isifi membe dahalame genehe fe uriyanghai i ilan niyalma be ombu hūtuk se šusihiyame ukambume gamafi fonjirengge suwe uheri udu niyalma jihe suje boso ulin jaka bisire akū seme fonjiha de ilan uriyanghai i gisun meni gajiha suje ulin jaka asuru labdu akū gajiha cai dambagu boso be ere sidende kunesun ulha be hūlašara de gemu unggme bure de baitalaha seme alaha sembi amala ombu hūtuk goljohūi šeolengge musei se jifi mende fonjihangge oros aika meni altai uriyanghai be gaici suwe bumbio akūn seme fonjihade meni gisun oros se daci enduringge ejen i elhe be baime belek jafame hūdašame elcin takūrahai bi meni juwe ergici ukaju bici sishunde jafafi bumbi suwembe gaire kooli akū seme karu gisurehe geli samur jifi gumujab de g'alzang dorji abagas i emgi acafi ili i bade monggo cooha be gemu gidame tabcilaha seme alaha tereci inenggi dobori akū meni yabure jugūn deri juleri amala coohai fiyanjilame tuwakiyame yabuha orin nadan de isinafi hūtuk i neneme mende buhe juwan morin emu geo i dorgici ninggun morin be ombu i booi hanci bade hūlahabuha funcehe sunja morin be hūtuk i niyalma jifi gemu etuhušeme durime gamaha sirame hūtuk jifi hūlhabuha ini ninggun morin be toodame bukini seme menci gairede goljohūi i gisun bi amasi marifi ere morin be ombu ci gaifi sinde toodame buki sehe orin nadan de uriyanghai i bade morin hūlašame takūraha uriyanghai i meiren i janggin i jergi cadak hotogoit i meiren deoki se isinjiha jai inenggi uheri da cegen isinafi ejen i uriyanghai jaisang sede šangnaha jingse funggala mahala suje cai be šangname bufi geli amursana be jafaha seme alara jakade jaisang goljohūi hūtuk se jifi suwe amasi marifi gene seme henduhe de ede be hendurengge amursana be jafame baha hasak i abulai de ejen i kesi isibume šangnaha jaka hacin be šangname geneki seme gisurehe de ce fuhali ojorakū ede be umai arga akū ofi orin uyun de amasi jurfi jihe be amasi julesi yabure de han alin i jugūn wehe labdu haksan bime hafirhūn katun bira šumin muke turgen ofi be hacihiyame yabume muterakū majige inenggi baibuha seme alambi.

《定边左副将军哈达哈奏报青滚杂卜等与乌梁海交战情形及赴哈萨克擒拿阿逆折》，乾隆二十一年五月二十二日，《军机处满文录副奏折》，档案号：03–0176–1594–022

wesimburengge aha hadaha tangkalu šuhede gingguleme wesimburengge donjibume wesimbure jalin jakan aha meni baci uriyanghai sei nukte gemu katun birai cargi de tehebi amba coohai bira doore be sabufi balai ukare jailara be boljoci ojorakū seme neneme bira doome jabduha ninggun nadan tanggū cooha be wang cenggunjab gaifi gabsihiyalafi genehe funcehe minggan isire cooha be beile cebdenjab gaifi acaha fulmiyen be waliyafi gabsihiyalame morin be kutulefi gidame genehebi seme donjibume wesimbuhe bihe aha be inenggi dobori akū beye tuwame hafan cooha be huwekiyebume šorgime fuluhan i weihun jaha weilebufi siran siran i doobume doome jabduha 1cooha be baha be tuwame uthai kalakai cin wang bayarsidi gung cedensangpil sede afabufi cenggunjab sede sirabume jurambufi aha meni beye se inu dahaduhai bira be doofi hūdun hahilame amcame juraka sirame giyūn wang cenggunjab sei benjihe bithede uriyanghai i helen be jafame bahafi fonjici uriyanghai jaisang hūdug se emu finiyen i urse be gaifi caras i bira be wesime horgo i baru genehe jaisang ombu se geren urse be gaifi haiseng daitag deri genehe sere jakade cenggunjab bi cooha gaifi haiseng dabagan deri ombu se be farganame cebdenjab bi cooha gaifi caras i jugūn deri hūtug sebe farganame genehe seme boolanjiha manggi aha be uthai cenggunjab cebdenjab be hūdun farganame urunakū amcanafi jafakini seme yabubuhamanggi sirame cenggunjab sei benjihe bithede bi cooha gaifi cing ni bade isinjifi juleri yabure karun i urse emu feniyen i ulha be dailime yabure baran be sabufi amasi jifi alanjiha be bi uthai cooha gaifi haha hehe nadan niyalme be jafaha morin geo daga ihan nadan tanggū funceme honin juwe minggan isime bargiyame gaiha esede fonjici jaisang ombu i harangga buk i booi niyalma jaisang hūdug i ahūn adasaha i boi niyalma meni jiasang hūduk i ahūn adasaha gūsin isire boigon i urse be gaifi cing ni dabaga deri kuke hada i bade jaisang goljohūi ombu i hrangga demci samur dolo sebe acame genehe be ulha be dalime adasaha sebe amcame kuke hada i bade goljohūi sebe acame geneme yabure de amba cooha de ucarafi jafabuha sembi uttu ofi bi uthai cooha be silifi hacihiyame amcame gidame genehe seme bithe benjihebi geli beile cebdenjab i benjihe bithede cebdenjab mini beye gung damarin ilhi da ombu sei solon kalkai sunja tanggū hamire cooha be gaifi hahilame rargame yabufi

附录：本书所用重要满文档案转写

hūduk se dobori dulime nuktefi emu dulin ulha be birai ebergi de werifi haira kumun birai cargi bakcin i halhatu dabagan i angga tatatambi seme donjifi dobori dulime yabume jai inenggi farhūn suwaliyame birai cikin de isinafi birai muke eyen haksa fehe amba ofi babade dogon baire de teni šun tucime hūtuk se cooha gaifi birai cikin de okdome afare be cebdenjab be hafan cooha be gaifi uthai niyereme bira be doofi fontome afara de hūtuk se alime muterakū ceni nukte be karamame afahai burulara be amargici siranduhai susai ba fuceme halhatu dabagan i cargi de isitala afara de alin amba ba haksan hafarahūn ofi hafan cooha morin elerefi hūtuk gendusi se tanggū isire niyalma damu morin i teile yalufi burulame tucike waha hūlanaha emu tanggu susai funcembi hūtuk i deo hūdai burtu erei saragan urun omolo be dabume hehe juse juwe tanggū isire anggala be bargiyaha ceni turun be emke be durime gaiha birai ebele bargiyaha ulha amba muru morin geo dagan unagan emu minggan funcembi ihan duin tanggū fumcembi honin duin tanggū funcembi erebe coohai uncehen de dalime gamambi jai hūtug sei birai bakcin de ferihe morin ihan gonin be barhiyara de sula janggin buku funde bošokū moloma serenjab sebe tucibufi unggiheci tulgiyen afara de gaibuha cooha emke feye baha cooha nadan muke de sengserefi bucehe cooha ilan cebdenjab bi uthai ineku inenggi cooha gaifi hūtuk gendusi be hahilame fargame genembi seme bithe benjihebi giyūn wang cebdenjab i benjihe de cenggunjab bi cooha be gaifi hūlaha goljohūi sebe farganame yabure de sala i bade isinafi hūlha goljohūi cooha be gaifi okdome afanjiha, ede coohai gaifi amcame bireme dosifi fumereme juwe mudan afafi hulha sebe gidafi udu hūlha be waha muse cooha juwe niyalma feye baha emu udu morin feye bahafi bucehe funcehe hūlha sa duin hacin i ulha be waliyafi damu aciha morin be kutulame hehe juse be gaifi burulame genehe ede bi cooha gaifi ciciktu balciraganatu i segiyen i mulu de isitala fargafi coohai ursei morin gemu šadaha turgunde bi uthai dasame coohai be silifi hūlha sebe farganaha ci tulgiyen hūlha goljohūi aika bobo i nukte be baime genecibe bi inu fargahai genembi jai hūlha sai waliyabiha ulha be bi kalkai meiren i janggin emegedei de afabufi bargiyame gaikini bargiyame wajiha manggi uthai mimbe amcame jikini seme afabuha be suwaliyame boolaha seme bejiho aha meni baci nergin de uthai cenggunjab cebdenjab sede udu uriyanghai urse be wahangge waha bargiyahangge bargiyaha bicibe ehe yabuha uriyanghai ombu hūtuk sebe urunakū hese de acabume muhobume farganafi jafame bahangkini ainaha seme 9turibure de isibuci ojorakū seme hahilame bithe yabubuha ci tulgiyen uriyanghai i baita be ne icihiyame warde hamika be dahame aha be uthai ejen i tacibuha songkoi cenggunjab cebdenjab i emgi acafi uriyanghai i baita be hacihiyeme icihiyafi baha morin ulha be geren cooha de hūsun unggime neigeyeme dendeme bahabufi emu derei donjibume wesimbume emu derei uthai hasak i jecen de nikenefi eiten babe gemu ejen i dahūn dahūni tacibuha hese be gingguleme dahame heni majige niyenniyehuyere tuwašatara gūnin teburakū hafur seme yabume urunakū ere emu mudan de ubašaha ehe hūlha amursana be jafame bahara be kiceme funturšeme faššame yabuki erei jalin gingguleme donjibume wesimbuhe abkai weniyehe i orin emuci aniya ninggun biyai ece nadan de fulgiyan fi i pilehe hese suweni gisun de niyenniyeherjerakū sere gojime umai julesi yaburakūngge jaci aldungga ere gemu šuhede i gūnin kemuni embe sasa cooha de yabubuci suwe gemu ušabufi weile bahara de isinambi imbe amasi unggi sehe sunja biyai orin juwe.

《定边左副将军哈达哈派兵收复乌梁海折》,乾隆二十一年七月初二,档案号：03-0176-1603-0015

weisimburenggi aha hadaha cebdenjab tangkalu gingguleme weisimburengge donjibume weisimbure jalin neneme aha be hotgoid i giyūn wang cenggunjab cooha gaifi uriyanghai goljohūi bobo sebe farganame genefi umai majige akū ofi beile namjalcesurung beise dalja sede sunja tanggū cooha bufi guljohoi sebe gidanabume cenggunjab de sirabume unggihe babe donjibume wesimbuhe bihe te beile namjalcesurung

附录：本书所用重要满文档案转写

beise darja sei boolaha bithede be jiyanggiyūn ambasai afabuha songkoi cooha be gaifi uriyanghai goljohūi sei sibelehe cagan cikin sere bade isinafi tuwaci uriyanghai se gurihebi ceni songkoi de dosifi fargahai kuyuge sere alin de uriyanghai se sibelegebi ede namjalcesurung bi dulin cooha be gaifi ceni sibelehe angga deri amba poo sindame beise darja emu dulin cooha be gaifi yafagan dalbai alin deri sibelehe ba be bireme dosifi afara de uriyanghai se burulaha geli farganame genehei ambarame agafi yamrire jakande jai inenggi geli fargame genefi coohai ursei morin juwe inenggi afame fargame yabufi šadara jakade cooha gocika ere afara de waha uriyanghai i niyalma dehi juwe bargiyaha niyalma orin emu baha olji morin ihan ilan tanggū hūnin emu minggan emu tanggū hamimbi dain de gaibuha namjalcasurung mini hiya emke feye baha niyalma jakūn gaibuha morin juwe jai hafan cooha de jidere de damu udu inenggi kunesun hūtakitafi jihe ofi cende sirabume olji 18ulahai dorgeci amba ulha susai honin niman sunja tanggū tucibufi kunesun obume be amba kūwaran ci fakcafi hūlha be afara fargara de jakūn inenggi amarilaha bicibe meni beye cooha be gaifi muterei teile amba meyen be amcame genembi sehebi baicaci uriyanghai goljohūi bobo se musei cooha de ududu mudan gidabufi te damu ergin guweki seme alin weji be baime burulame jailaha bicibe dahaduhai beile cebden hiya sanduob sei cooha goiderakū uthai uriyanghai i bade jifi alūbume suweleme gisabuci ombi uttu ofi aha be dasame beile cebden hiya sandub sede amursana be jafara baita oyonggo ofi sede amursana be jafara baita oyonggo ofi mende uriyanghai i baita be icihiyara šolo akū suwe cooha gaifi uriyanghai goljohūi sebe urunakū gemu gisabume wakini emke inu funcebuci ojorakū seme bithe yabubuhabi geli beile namjalcesurung sede suweni beye cooha be gaifi hūdun membe amcame jikini seme inu kanabume bithe yabubuhabi baha olji ulha be hafan cooha de sirabume bureci tulgiyen uriyanghai sebe fargara de nenehe amala faššaha hafan cooha be meni meni meyen be faksalame dangse weilefi coohai nashūn i bade benebufi baicame icihiyara be

253

aliyaki erei jalin gingguleme donjibume wesimbuhe abkai wehiyehei orin emu de fulgiyan fi i pilehe hese saha sehe nadan biyai ice juwe.

《副都统衔舒赫德奏报派兵追剿乌梁海人等折》，乾隆二十一年闰九月二十日，《军机处满文录副奏折》，档案号：03–0176–1621–003.1

  wesimburengge aha šuhede gingguleme wesimburengge donjibume wesimbure jalin aha bi cooha morin be teksileme jabdufi hacihiyame yabume anagan i uyun biyai juwan emu de kengger i belcir i ebergi ujan de tehe uriyanghai ci morin hūlhafi jihe telenggut i ūlet hosihar be jafame bahafi fonjici goljohoi i hanci mukūn uriyanghai jaisang namjal ini deo yanggasi kengger i belcir oros i hanci tehebi erei onggolo namjal be sabuha bihe ercis be doome nukteki seme donjiha na dooha akūbe sarakū telenggut i ūlet se namjal i hanci adame tehebi geli goljohoi i demci durung se kengger i wesihun tehebi cooha dosire jugūn i ildun juwe ilan bade inu uriyanghai se bi goljohoi i beye kengger i belcir i cala juwe inenggi on de bisire cagan olbi de tehebi seme alara jakade aha bi dobori dulime hacihiyame yabume juwan juwe i dobori jugūn i ildun de tehe uriyanghai i duin boobe gaiha sede fonjici ineku hosihar i adali alame ofi aha bi giyamun i bithesi mantai cahar kūwaran de lobzangrabtan jalan pungsuk de jakūnju cooha werifi duin boo i uriyanghai i hanci bisire uriyanghai sebe baime gidanabume ilacijergi hiya dešengge cahar i araha kūwaran i da sonomrincin nirui janggin baincak de emu tanggū susai cooha bufi kengger i wesihun tehe uriyanghai demci durung sebe baime gidanabume aha i beye silin dacungga kūwaran i juwan i da akūmbu cahar i kūwaran i da cibal nirui janggin cibakjab emu tanggū jakūnju cooha gaifi kengger i belcir de tehe uriyanghai i namjal yanggasi telenggut i ūlet sebe baime gidanaki seme toktobufi ineku erinde uthai jugūn dendefi aha bi cooha gaifi dobori dulime hahilame yabume den haksan jalin dabakan be dabame juhe nimanggi be fehume tanggū ba funceme tucitele morin šadafi tutaha cooha ci tulgiyen tanggū isire cooha funcefi juwan ilan osohon

附录：本书所用重要满文档案转写

budai erinde kengger i belcir i bade isinafi goljohoi i tutabuha uriyanghai gendun be jafame bahafi fonjici goljohoi telenggut urgan jiša i urse gemu oros de dosika oros i urse uyun biyai orin uyun de ceni cagan han de bithe wesimbuhe oros goljohoi harangga urse be uheri ilan tanggū susai boo be baicafi ubade tehe namjal yanggasi emu decin urse inu ere baicaha booi dorgide bisire turgunde oros weihu bufi bira be doobufi gamaha goljohoi be oros i jecen i dorgi šara kargai gebungge bade tebuhe telenggut urgan jiran i urse be inu gemu oros i karun i dorgide tebuhebi seme almas aha mini cooha isinaha ba oros i hoton i damu juwan be i siden bi oros se aha i cooha be sabure jakade nurhūme temgetu poo sidame bigan de bisire morin uhla be bargiyame bural taran i belheteme arbušambi gojohoi se oros de dosikangge yargiyan tašan be be yargiyalarakū oci acarakū ofi aha bi barhū i ilhi da tulubur be oros hoton de takūrafi meni ukaju goljohoi telenggut jergi urse suwede dosika sembi yargiyan biheo tašan biheo aika suwende dosikangge yargiyan oci suwe ai turgunde alime gaiha mende amasi bumbio jakūn ere jergi turgun be suweni emu baita ulhire niyalma be unggi be gisureciki seme fonjinabume unggihede tulubur genefi amasi jifi alahangge oros i gisun ese mende dosika be be alime gaihangge yargiyan uriyanghai telenggut i urse daci miningge bihe amala g'aldan cering holtome gamaha te an i mende dosika be amasi burakū seme karu niyalma unggihekū aha bi tuwaci oros i gisun fuhali waka ceni dalaha niyalma be acafi getukelerakū oci ojorakū ofi dasame tulubur be oros de meni amban hanci ubade bi suweni dalaha niyalma be acaki sembi meni amban uthai ebsi jimbi suweni dalaha niyalma be inu tuwaci jugūn i siden de acafi gisureki seme dasame takūraha de oros i gisun suweni amban jiderebe dahame meni hoton i hanci isinjiha manggi be jai okdoki sere jakade aha bi juwan funcere niyalma be gaifi ceni hoton i hanci nikenere onggolo susai funcere oros okdome jifi baran be tuwafi amasi genehe hoton i hanci nikenehe manggi oros i dalaha niyalma tanggū isire cooha be gaifi juleri amala fiyanjilame

255

hašame okdome jihe aha be ishunde gala jafame saimbe fonjifi oros de muse hūwaliyame acaha ci da toktobuha kooli hacin be aifurakū dahame yabure jakade te aniya goidatala umai baita hacin akū bihe damu suwe meni uriyanghai ukaju be onggolo bargiyaha da toktobuha ukaju be singgeburakū sere emu hacin be suwe onggoho bio seme fonjihade oros i gisun ere utala aniya yargiyan i sain i hūwaliyame acaha be umai onggolo ba akū sefi dalbai niyalma ci emu justan i bithe be gaifi tuwame aha i baru suwe neneme asha i amban tosi be elcin obume takūraha de toktobuhangge seme gisurecibe umai uriyanghai sebe ai turgunde bargiyaha babe jaburakū ofi aha bi oros de ere toktobuha be suwe sambime meni ukaju be bargiyaha turgun adarame seme fonjihade oros majige gūninjame bifi gisurehengge suweni amba cooha duleke aniya jun gar be toktobume gaiha ede jafafi mende dosinjiha urse be be bargiyahangge yargiyan seme gisurembi aha bi oros be tuwaci asuru ulhiyen niyalma waka bime umai doro giyan be tucibume jabume muterakū balai aktame gisurere jakade aha bi geli oros de jun gar i babe meni amba cooha toktobuha ba na niyalma gemu miningge oho bime menci ukafi tucike ukaju be suwe gairengge eici suweni jecen de bisire urse gūnin cihai bargiyame gaihao eici sudai han i gisun bifi suwe bargiyahao seme fonjihade oros i gisun meni han ere jergi urse be alime gaisu seme afabuha te amban i beye jifi uttu fonjiha gisurehe babe be uthai meni han de donjibumbi sehe aha bi oros de mini suwende fonjiha turgun be bi inu amba ejen de wesimbumbi seme gisurefi facaha aha bi oros de amasi julesi niyalma takūrara mejige be aliyara sidende jafame baha uriyanghai de gūrban hojo i jui oros de dosika dosikakū aibide bisire babe sibkime fonjire de uriyanghai i gisun gūrban hojo i jui udu inenggi onggolo oros de dosiki seme oros i hanci haranggūi gebungge bade bihe ne emuni tubade bisire akū be sarkū seme alara jakade aha bi emu derei oros i mejige be aliyame emu derei morin nikedeci ojoro cooha be nadanju sonjofi juwan i da akūmbu cahar i kūwaran i da cibal de afabufi gūrban hojo i jui aika oros i karun

附录：本书所用重要满文档案转写

i tule bici goro hanci be ume bodoro suwe uthai beime gida seme unggihe aha bi oros i baru bireme wajifi yamji ere unggihe cooha be baime acafi fonjici gūrban hojo i jui bisire babe baime isinafi tuwaci oros i karun ci juwan ba funeme bi nukte akū gemu gurihe damu kengger birai cargi emu feniyen i niyalma lete lata casi gurime yabumbi be gūsin funcere cooha be gaifi bira be niyereme doofi amcanafi gūsin isire niyalma be waha tura morin geo dagan orin funceme temen ninggun ihan tukša orin isime durime gaiha jafaha ūlet i juse de fonjici gūrban hojo i jui juwan duin se eiten baita gemu demci donghoi dambi neneme amba cooha ceni nukte be gidanara de gūrban hojo i jui gūsin isire boigon sasa nukcame tucifi kūrcin bade taka tefi tereci gurifi oros be baime jihe cooha isinjire onggolo meni uthai oros de dahame dosi seme hebešeme toktobufi oros de alaha manggi oros de alaha manggi oros se dosikini seme gisurere jakade be jing oros i jecen be dosime gurime yabure de cooha isinjiha seme oros niyalma takūrafi mejige buhe meni oros de bele gaime genehe dasidorji gebungge niyalma inu cooha jihe seme alanjiha meni gūwa urse gūrban hojo i jui i sasa gemu oros de dasika meni jergi tutaha leta lata urse bira be doofi bucehe seme alambi tereci aha bi cooha bargiyatai juwan duin tofohon ere juwe inenggi bithesi matai hiya dešengge sei cooha de acaha matai sei cooha juwe bade bisire uriyanghai be wajiha gūwa hahasi juwe inenggi onggolo oros de bele gaime genehe amasi isinjihakū gemu goljohoi i muduri uriyanghai modori uriyanghai sembi morin daga geo ajirga juwan funceme iha tukšan duin gajiha hiya dešengge cahar araha kūwaran i da sonomrincin sei cooha alin haksa be dabame emu tanggū susai ba funceme tucifi siran siran i jakūnju cooha isinafi belcir ganatu i sekiyen i ergide tehe goljohoi demci durung manglai durun jafara batur hasiha danghol sei hanci šurdeme bisire susai funceme wafi morin geo ajirga unaga emu tanggū orin funceme ihan dehi funceme bargiyame gaiha demci durung manglai ukcame tucike danghol be jafafi gajihabi uttu ofi jafaha uriyanghai gendun danghol de fonjiha babe encu afaha

257

arafi gingguleme tuwabume wesimbuheci tulgiyen ne bokturum i jergi bade nimarafi alin bira yabure de mangga ongko fuhali sorombi morin i hūsun udu cukuhe ofi aha bi morin be deyebume mujime narin i jergi bade marimbi erei jalin gingguleme donjibume wesimbuhe ere genggiyen i bulekušereo abkai wehiyehe i orin emuci aniya juwan biyai juwan duin de fulgiyan fi i pilehe hese sini ere mudan yabuhangge hono saišacuka cooha gocirengge inu si ere hese be bahame giyamun deri gemun hecen de hahilame jio sehe.

《定边左副将军成衮扎布奏请暂免发给阿尔泰淖尔乌梁海札尔纳克总管印信折》，乾隆二十七年闰五月初三日，《军机处满文录副奏折》，档案号：03-0179-1944-014

wesimburengge aha cenggunjab manggūlai yalangga i gingguleme wesimburengge hese be dahame donjibume wesimbure jalin abkai wehiyehe i orin nadanju aniya anagan i sunja biyai ice juwe de isinjiha coohai nashūn baci benjihe bithede meni baci wesimbuhengge hese be dahame gisurefi wesimbure jalin jiyanggiyūn cenggunjab se jahacin i gung altai uriyanghai dorgi amban cadak tangnu wuriyanghai sede doron bahabure babe beime wesimbuhe bukdari de fulgiyan fi i pilehe hese coohai nashūn i amban gisurefi wesimbu sehebe gingguleme dahafi amban meni gisurehengge cenggunjab sei wesimbuhe bade baicaci ne jahacin i urse emu gūsa altai uriyanghai nadan gūsa tangnu uriyanghai sebe duin gūsa obume meni meni alban kame yabumbi esei dorgi uriyanghai sa oci gemu karun i tulergide tefi karun be tucime dosime yabure de kemuni aha mende an i boolacibe damu esede daci doron bahabuhakū ofi eiten de temgetu akū cende mangga bime meni meni uheri da i tušan bifi uheri dalaha niyalma akū karun i tule balai nemun yabure jakade ahasi icihiyara de inu akūnara de mangga kimcime gūnici erei onggolo durbede han wang jasak sa doron baiha be aha meni baci wesimbufi hesei doron šangnafi unggihe ba bisire be dahame bahaci jahacin i gung jamcan uriyanghai dorgi amban cadak

附录：本书所用重要满文档案转写

sede emte doron šangnafi ceni harangga urse be uherileme dalabukini tangnu i uriyanghai sede inu emu doron bahabufi kadalabuci acacibe damu ese daci umesi facuhūn dade te sehe seme ceni uheri da i dorgide umai baitai ujen weihuken ulhere niyalma akū be dahame doron be taka ne uriyanghai baita be icihiyara meiren i janggin monijab de jafabume karun i hanci tebume ceni baita be kadalame tacibume ceni uheri da sa baita ulhifi muru be saha erinde jai niyalma be sonjofi doron be guribufi kadalabuki sehebi baicaci jahacin uriyanghai i urse abkai wehiyehe i juwan uyunci orici aniya siran siran i dahame dosika manggi ceni boigon anggalai labdu komso be tuwame gūsa niru banjibufi uheri da sindafi kadalabuha jahacin i juwe minggan funcere anggala be uyun niru emu gūsa altai uriyanghai i duin minggan duin tanggu funcere anggala be orin sunja niru nadan gūsa tangnu uriyanghai i duin minggan jakūn tanggū funcere anggala be juwan ninggun niru duin gūsa banjibufi uriyanghai i urse be gemu karun i tule tebuhebi ede karu be tucire dosire jai eitein siden i baita be meni meni uheri da sa gemu jiyanggiyūn ambasa de bithe boolancibe esede daci doron bahabuhakū ofi yargiyan tašan be baicara temgetu akū bime uheri dalaha niyalma akū oci baicame icihiyara de inu akūnara de mangga neneme durbet i urse dahame dosika manggi ejen kesi isibume cembe han wang jasak fungnefi doron šangnaha bihe te cenggunjab sei baci jahacin uriyanghai sede doron šangnaki seme wesimbuhengge kemuni yabubuci ojoro be dahame ceni wesimbuhe songkoi jahacin gung jamcan altai uriyanghai dorgi amban cadak sede uheri da i doron šangnafi jafabume ceni harangga urse be uherileme kadalabuki tangnu i uriyanghai sa daci facuhūn bime ceni uheri da i dorgi umai baita ulhire niyalma akū be dahame inu cenggunjab sei wesimbuhe songkoi šangnaci acara doron be taka meiren i janggin monijab de jafabufi karun i hanci tebume cembe kadalame tacibuki udu aniya ofi ceni uheri da sai dorgi baita ulhire niyalma ofi bihe manggi jai wesimbufi doron be guribufi kadalabuki uttu ofi bahabuci acara doro i hergen be encu

259

afaha arafi gingguleme tuwabume wesimbuhe dergici tuwafi tucibuhe manggi harangga jurgan de afabufi manju monggo hergen kamcime arafi cahar uheri da i doron i songkoi hungkirefi jiyanggiyūn cenggunjab sede unggifi ulame bahabuki geli baicaci altan noor uriyanghai nadan tangnu funcere anggala be duin niru juwe gūsa ubufi ne uheri da jarnak balsang kadalahabi esede inu doron bahabufi kadalabuci acara acarakū babe cenggunjab se umai onome tucibuhekū erebe cenggunjab sede afabufi altan noor i uriyanghai jarnak sede inu jamcan sei adali doron bahabufi kadalabuci acara acarakū babe getukeleme baicafi encu wesimbufi icihiyaki acanara acanarakū babe hesei jorime manggi gingguleme dahame icihiyaki smebi erei jalin gingguleme wesimbuhe hese be baimbi seme abkai wehiyehe i orin nadaci aniya sunja biyai orin juwe de wesimbuhede hese gisurehe songkoi obu sehebe gingguleme dahafi isinjiha be baicaci jarnak sa daci musei bade juwete seke alban jafame geli oros ergide emte seke bume siden bade goro nuktere jakade ce aniyadari alban benjime emu mudan jidereci tulgiyen encu baita oci amasi julesi yabure mudan akū ofi neneme aha meni baci doron be baime wesimbure de cembe dosimbuhakū bihe kimcime gūnici ceni dorigide monggo gisun sara niyalma komso bime yaya hergen bahanara niyalma fuhali akū doron bahabure be nakaki sembi eici acanara acanarakū babe enduringge ejen genggiyen i bulekušefi hese wasinjiha erinde gingguleme dahame yabuki erei jalin gingguleme wesimbuhe abkai wehiyehe i orin nadanci aniya anagan i sunja biyai juwan ilan de fulgiyan fi i pilehe hese gisurehe songkoi obu sehe anagan i sunja biyai ice ilan.

《定边左副将军车布登札布奏报阿勒坦淖尔乌梁海归服纳貂后每年应纳之贡交总管哈克图征收折》，乾隆二十二年九月二十七日，档案号：03-0176-1655-030

wesimburengge aha cebdenjab sei gingguleme wesimburenge donjibume wesimbure jalin ere aniya ninggun biyade uriyanghai i uheri da haktu aha mende acaraha de alahangge ne dergi ergi altan noor de nukteme tehe duin decin i uriyanghai bi daci cooha isinaha ba akū be daci ureme takame ofi mini jurara oyonggo jifi minde alaha bade be neneme oros de emte seke i alban galzangdorji de inu seke alban jafambihe te oros ci galzangdorji jafara alban be suwaliyame gemu cende bukini seme niyalma takūraha be kimceme gūnici meni urse neneme damu oros de emte seke i alban jafambime te galzangdorji de jafara laban be suwaliyame gemu oros de buci acarakū ere alban be be amba ejen de jafara dabala seme alahabi esebe dahabuci acara acarakū babe jiyanggiyūn ambasai gonin be baimbi seme alaha de aha be haktu de te duin decin i uriyanghai i urse enduringge ejen i gosin we be buyeme cihanggai alban jafaki seme alaha be tuwaci gūnin kemuni ilan si nukte de isinaha manggi sini beye ucibe sini akdaci ojoro duote juse ocibe emke takūrafi cende ulhibume alafi ceni gūnin umesi hing sere oci esei alban be suwaliyame gajikini seme afabume unggihe bihe te monijab i boolaha bithede haktu i beye altan noor de isinafi alban be gaifi jihebi haktu ne meni ubade majige icihiyara baita bi erei gaifi jihe alban i jaka be amala benebuki sehebi uttu ofi aha be uhei hebešefi haktu de sini beye ejen i kesi be kukšeme altan noor de bisire duin decin i uriyanghai be dahabufi alban be suwaliyame bargiyafi gajihangge umesi saišacuka be te uthai ejen de donjibumbi sini baicaha duin decin i boigon anggala i ton jafaha alban be sini beye uthai gaifi mende acanjifi be fonjifi wesimbumbi seme yabubuha ci tulgiyen altan noor de bisire duin decin i uriyanghai se hing se dahame dosifi alban jafahangge umesi ilan unenggi haktu duin decin i uriyanghai i urse be dahabufi alban be suwaliyame gaifi jihengge saišacuka haktu uriyanghai i jafaha alban be benjime isinjiha erinde tukta dahame dosika doroi duin decin i uriyanghai de adarame huwekiyebume šangnara haktu de kesi isibume šangnara babe encu gisurefi hese be baime wesimbureci tulgiyen duin i uriyanghai haktu i dahabufi gajihangge be dahame ereci julesi ceni aniyadari jafaci acara alban be haktu de kamcibufi gaifi benjibuki sembi erei jalin gingguleme donjibume wesimbuhe abkai wehiyehe i orin juweci aniya juwan biyai ece nadan de fulgiyan fi i pilehe hese sain hese wasimbuha sehe uyun biyai orin nadan cebdenjab jangūi aratai.

《定边左副将军成衮扎布为乌梁海等进贡貂皮事呈文》,乾隆二十七年五月二十六日,档案号：03 - 0179 - 1946 - 028

　　alibume unggire bithe jecen be toktobure hashū ergi aisilara jiyanggiyūn jasak i hošoi cin wang hebei ambasai bithe coohai nashūn i bade alibume unggihe beneburu jalin meni baci wesimbuhengge hese be baire jalin uriyanghai i baita be alifi icihiyara ilhi culgan i da jasak i doroi giyūn wang cemcukjab i baci alibume benjihe bithede ulame benebure jalin baicaci abkai wehiyehe i orin ilaci aniya juwe biyai ice uyun de daiselaha jiyanggiyūn bihe namjal sei baci ice fe uriyanghai sei alban jafara jalin wesimbuhe bukdari i dorgide aniyadari uriyanghai sei jafara alban be tumen bargiyara de cebdenjab cemcukjab juwe niyalma be emke jibufi ubai jiyanggiyūn ambasai emgi afaci sasa bargiyafi dolo benebuki seme hese be baime wesimbuhede fulgiyan fi i pilehe hese gisurehe songkoi obu sehebe gingguleme dahafi ere aniya cemcukjab mini beye jifi uriyanghai sei alban be baicame tuwaci altai uriyanghai i dorigi amban cadak sula amban tubsin meiren i janggin mengken uheri da mūngke cegen jibagan haktu i jergi nadan gūsai alibuha bade meni nadan gūsai alban jafame mutere duin tanggū orin emu boigon erei dorgi duleke aniya mahacin sebten sebe fargame cooha dosika de janggin juwe cooha emu tanggū ese duleke aniya nadan biyade genefi tuweri teni isinjiha turgunde botara erin dulefi sekei alban jafame mutehekū turgunde esei alban i seke be edelehebi erebe adarame oubure babe kesi wang sa ci tucimbi ne jafaci acara fucehe ilan tanggū juwan uyun boigon boigon tome juwete seke bodome benebuhe seme benjihebe ne bargiyaha seke ninggun tanggū gūsin jakūn funcehe emu tanggū juwe niyalma cooha de genefi yabuhangge yargiyan bicibe jifi

附录：本书所用重要满文档案转写

amcame butahakū ofi esei ishun aniyai alban de nunggime gaire eici adarame obure babe jiyanggiyūn wang ambasai afabure be aliyaraci tulgiyen altan noor i uheri da jaranak balsang ni jergi juwe gūsaci benjime jihe alban jafame mutere boigon emu tanggū juwe boigon tome juwete seke bodome uheri bargiyaha seke emu tanggū nadanju jakūn seke tome dehi yacin ulhu bodome bargiyaha yacin ulhu emu minggan dehi tangnu uriyanghai i uheri da dasi erincin itegel uheri da bihe batu i jergi duin gūsaci benjime jihe alban jafame mutere boigon ilan tanggū dehi jakūn boigon tome ilata seke bodome benjici acara seke be tashari silun hailun emte be ilata seke damin be emte seke niohe i sukū dobihi kirsa soosar be juwete be emte seke dehi yacin ulhu be emte seke bodome uheri bargiyaha seke ilan tanggū nadan tashari gūsin silun orin duin hailun susai duin damin emu tanggū gūsin niohe sugū juwan dobihei emu tanggū nadanju nadan kirsa juwan ninggun soosar juwan juwe yacin ulhu nadan minggan orin ereci wesihun altai altan noor tangnu i jergi ilan bai uriyanghai i dorgi amban cadak i jergi ilan gūsaci benjime jihe alban jafame mutere boigon nadan tanggū ninju uyun boigon erei dorgi altai altan noor i uriyanghai i boigon tome juwete seke tangnu i uriyanghai boigon tome ilata seke bodome uheri bargiyaha seke emu minggan emu tanggū orin ilan tashari gūsin silun orin duin hailun susai duin damin emu tanggū gūsin niohe i sukū juwan dobihi emu tanggū nadanju nadan kirsa juwan ninggun soosar juwan juwe yacin ulhu jakūn minggan ninju be bargiyaha be alibume benebuhe jiyanggiyūn ambasai baci ulame dolo benebureo seme benjihebe aha meni beyese wang cemcukjab i egi baicame tuwaci gemu meiren i janggin monijab i onggolo baicaha alban jafame mutembi boigon i ton de acaname ofi da wasimbuha hase be dahame altai altan noor i uyun gūsai ursede juwan seke de emu arsari suje orin yacin ulhu de emu boso salibume bure be bodome uheri jakūnju juwe suje susai emu boso šangnafi bargiyaha ci tulgiyen neneme baicafi yadashūn seme taka alban be guwebuhe urse be te ci baicabume ciktarakangge be da

263

wesimbuhe songkoi ishun aniyai alban jafara de dosimbukini seme afabufi ne bargiyaha sekei jergi hacin be hiya i ubu de yabure ningguci jergi fulehun i hafan ilgana de afabufi giyamun deri benebuhebi damu altai uriyanghai i dorgi amban cadak i jergi nadan gūsai emu tanggū juwe boigon i jafaci acara seke be giyan i ce jihe manggi uhei facihiyašame jalukiyaci acambime erken teren anatame siltame baihangge umesi acihakūbi ere inu neneme ukaka uriyanghai i yangke aršan sebe fargame yabuha uriyanghai sebe kesi isibume alban be guwebuhe be kooli obume erehunjerengge ereci emdubei ehe tacin banjinara be dahame giyan i ishun aniyai alban de niyeceme benjibuci acara gese gūnimbi eici adarame obure baebe hese wasinjiha erinde gingguleme dahame yabuki erei jalin gingguleme wesimbuhe hese be baimbi seme wesimbuhebi uttu ofi hiya i ubu de yabure ningguci jergi fulehun hafan ilgana uriyanghai sei jafaha sekei jergi alban be beneme isinaha manggi ambasai baci harangga bade afabufi baicame bargiyabureo erei jalin jecen be toktobure hashū ergi aisilara jiyanggiyūn jasak i hošoi cin wang cenggunjab hebei amban meiren i janggin uksun manggūlai hebei amban meiren i janggin uksun yalangga alibume unggihe abkai wehiyehe i orin nadan aniya sunja biyai orin ninggun.

《定边左副将军成衮扎布为解送乌梁海所贡兽皮事咨呈》，乾隆二十四年闰六月二十五日，档案号：03‑0178‑1778‑043

  alibume unggire bithe jecen be toktobure hashū ergi aisilara jiyanggiyūn jasak i hošoi cin wang hebei ambasai bithe coohai nashūn i baita be icihiyara ambasa de alibume unggihe benere jalin neneme meni baci wesimbuhengge hese be baire jalin uriyanghai sei baita be kata〔lara〕… icihiyara kalkai doroi giyūn wang cemcukjab〔…〕janggin monijab sei alibuhangge baicaci geren uriyanghai sei jafara alban tesure tesurakūngge toktohon akū ofi be erdeken i bargiyame gaifi tesure urse ci šorgime gaifi ninggun biyai dorgide benebure de tusangga seme

附录：本书所用重要满文档案转写

bilgan i onggolo jaikini seme selgiyhe bihe te sirgeten i uriyanghai i duin otok i jaisang sargajin cibak itegel jihebi soyon nimehe turgunde ini oronde doroga batu se jifi jaisang daruga bošokū sei jafara ehe sain damin dashari i dethe silun dobihi niohe i sukū yacin ulhu i jergi jaka be gajifi alahangge meni nukte daci mafa ama i fon ci tetele kuskul noor arik ur jergi bade nuktembihe meni nuktei hanci šurdeme bade fuhali seke akū ofi neneme yaya jaka bahara be tuwame alban jafafi jihe te enduringge ejen i albatu ofi umai encu hacin i joboro alban akū damu boigon tome ilata seke jafabure de yargiyan i umesi jirgame banjimbi onggolo uriyanghai sebe kadalara wang cemcukjab meiren i janggin monijab sei baci boigon tome urunakū ilata seke bahafi ninggun biyai dolo benjikini seme ududu mudan ciralame afabuha bicibe daci seke bahara ba waka ofi damu damin tashari i dethe silun dobihi niohe i sukū yacin ulhu i jergi alban gajiha emu hacin eden oci ahasi i bisire morin ihan ci aname oronde jukime jafaki seme alahabi baicaci sirgeten i uriyanghai se meni afabuha songkoi seke benjihekūngge ambula acahakū turgunde sara urse ci fujurulame baicame fonjici ceni nuktei ba karun i dolo tule suwaliyagajame tehebi seke tucirakūngge yargiyan sembi kimcime gūnici esei tehe bade seke tucirakū bime yadara urse ofi ninggun biyai dorgi sere anggala aniya biyade isitala inu bahara arga akū ejen de jafara alban umesi oyonggo be dahame esebe eici seke tucire bade guribufi nuktebure eici bahara be tuwame damin tashari i duthe silun dobihi niohe i sukū yacin ulhu i jergi jaka be ceni fe jafara alban i songkoi bargiyara babe jiyanggiyūn ambasai baci toktobufi jorime afabureo seme alibuhabe aha meni baci wang cemcukjab sede neneme hūlha cinggunzab i fonde esebe ai gese jobobuha bihe te cembe tukiyefi amba ejen i albatu obuha manggai jingkini jafara alban ci tulgiyen umai gūwa jobobure hacin akū bime duleke aniya i edelehe alban be geli kesi isibume oncodome guwebuhebi ede giyan i kesi be hukšeme jafaci acara alban be yongkiyame benjici acambime elemangga ehe sain damin tashari i dethe silun dobihi niohe i sukū yacin ulhu i jergi jaka be benjihengge ambula waka ohobi erebe yooni amasi bederebufi boljoho ninggun biyai dolo boigon tome urunakū ilata seke obume benjibukini eden ekiyehun ojoro geli gūwa jaka be ton arame gajire oci ainaha seme ojorakū seme ciralame afabume yabubuhaci tulgiyen aha be kimcime gūnici sirgeten i uriyanghai sei tehe ba daci karun i dolo tule suwaliyagajame tembi seke bahara de manggangge inu yargiyan ese neneme alban burede ulha furdehe ci name seke de fangkabume alban jafambihe aika urunakū seke jafabuci yargiyan i mangga seke bisire bade gurifi tebuki seci ceni gūdame tehe nukte ci aljabumbime ese banjirengge suilashūn emu erinde gurime muterakū be monijab sa inu sambi te aha meni baci udu bederebuhe bicibe esei mangga babe giyan i tucibume donjibume wesimbuci acame ofi ninggun biyade isinafi geli seke baharakū gūwa hacin i jaka be benjici bargiyaci acara acarakū babe kesi ejen ci tucimbi erei jalin gingguleme wesimbuhe hese be baimbi seme abkai wehiyehe i orin duici aniya ilan biyai ice nadan de wesimbuhede ineku aniya ilan biyai orin ninggun de isinjiha fulgiyan fi i pilehe hese ceni baiha songkoi yayademe gaikini sehebe donjibume wesimbuci acame ofi［…］gingguleme dahafi isinjiha be dangsede ejehebi te sirgeten toji kem tes i jergi geren uriyanghai jaisang sai jafaci acara alban be siren siran i benjihebi baicaci sirgeten jaisang cibak i kadalame otok de da boolaha alban jafame mutere boigon dehi sunja bihe erei dorgi bucehe nadan niyalma be sufi funcehe funcehe gūsin jakūn boigon i benjihe silun juwe hailun sunja dobihi emu tanggū juwan jakūn niohe i sukū orin jakūn yacin ulhu jakūnju tashari dethe duin yohi damin dethe ninggun yohi jaisang sargajin i kadalaha otok de da boolaha alban jafame mutere boigon ninju sunja bihe erei dorgi bucehe duin niyalma be sufi funcehe ninju emu boigon i benjihe seke emke silun emke hailun juwan ilan dobihi emu tanggū niohe i sukū juwan duin kirsa juwe jakūn ulhu yohi jaisang itekel i kadalaha otok de da boolaha alban jafame mutere boigon dehi nadan bihe erei dorgi bucehe juwe niyalma be sufi funcehe dehi sunja boigon

附录：本书所用重要满文档案转写

benjihe seke juwan emu silun ilan hailun sunja soyon i kadalaha otok de da boolaha alban jafame mutere duin boigon i benjihe dobihi tofohon niohe i sukū duin kirsa ilan damin dethe emu yohi toji uriyanghai i jaisang jobor i kadalaha otok de da boolaha alban jafame mutere boigon orin ilan bihe erei dorgi benjihe emu niyalma be sufi funcehe orin juwe boigon i benjihe seke ninju ninggun jaisang akbani i kadalaha otok de da boolaha alban jafame mutere boigon juwan ninggun bihe erei dorigi bucehe emu niyalma be sufi funcehe tofohon boigon i benjihe seke dehi sunja jaisang batu i kadalaha otok de da boolaha alban jafame mutere boigon jakūn bihe erei dorgi bucehe emu niyalma be sufi funcehe nadan boigon i benjihe seke tofohon silun emke niohe i sukū juwe dobihi juwe damin dethe emu yohi kem uriyanghai i jaisang dasi i kadalaha otok de da boolaha alban jafame mutere boigon dehi sunja bihe erei dorgi bucehe juwe niyalma be sufi funcehe dehi ilan boigon i benjihe seke susai ninggun silun emke hailun jakūn dobihi duin niohe i sukū juwe kirsa duin tashari dethe duin yohi damin dethe uyun yohi jaisang rincin i kadalaha otok de da boolaha alban jafame mutere boigon dehi ilan bihe erei dorgi bucehe emu niyalma be sufi funcehe mutere boigon dehi nadan bihe erei dorgi bucehe ilan niyalma be sufi funcehe dehi duin boigon i benjiheo seke juwan emu silun ilan hailun ilan tashari dethe juwan nadan yohi damin dethe jakūn yohi dobihi jakūnju ninggun niohe i sukū juwe jaisang bathan i kadalaha otok de da boolaha alban jafame mutere boigon gūsin emu bihe erei dorgi bucehe juwe niyalma be sufi funcehe orin uyun boigon i benjihe seke orin emu silun emke hailun juwe dobihi ninju juwe niohe sukū juwe tashari dethe nadan yohi mutere boigon [...] damin dethe duin yohi jaisang culkiyak i kadalaha otok de da boolaha alban jafame mutere juwan nadan boigon i benjihe seke sunja silun emke hailun duin dobihi orin duin niohe i sukū ninggun tashari dethe juwe yohi damin dethe juwan juwe yohi esei jafara silun i jergi furdehe tashari damin i jergi jaka be hese be dahame suwaliyagajame bargiyafi

267

salibume bodoci gemu ceni jafaci acara ilata seke de tesumbi jai kem uriyanghai i jaisang aranja neneme ini urse alban jafame mutere emu boigon inu akū seme boolaha bihe te aranja jifi alarangge meni urse gemu ulha akū boohašame yabume bicibe ejen i kesi de hukšeme mutere teile facihiyašafi sunja seke juwe silun juwe dobihi bahafi buya ahasi i ser sere gūnin be akūmbume ejen de jafaki seme alambi ereci wesihun duin hacin i uriyanghai i jaisang i tofohon otok i jafaha seke duin tanggū jakūnju ninggun silun orin emu hailun susai sunja dobihi sunja ninggun tanggū niohe i sukū nadanju duin kirsa juwan uyun yacin ulhu sunja minggan ninggun tanggū orin tashari dethe gūsin jakūn yohi damin deohe susai uyun yohi geli baicaci tes uriyanghai jaisang onom tetele umai alban benjire unde ofi gajarci cuimpil be šorginabume unggihebi damu neneme donjihangge ini otok urse ini beye ci aname yadafi kiohošome［…amasi…］seme donjiha bihe de meni baci gajarci cuimpil be takūrafi šorginame unggifi kemuni isinjire unde erebe teile aliyara anggala ne bargiyahangge be giyan i neneme benebuci acame ofi tulergi golo be dasara jurgan［…］takūrafi giyamun deri bahabuhebi isinaha manggi ambasai baci harangga bade afabufi bargiyabureci tulgiyan cuimpil amasi mariha manggi onom ci alban baha bahakū babe encu boolaki erei jalin jecen be toktobure hashū erei aisilara jiyanggiyūn jasak［…］hebei amban meiren i janggin hebei amban kalkai aisilara jiyanggiyūn jasak i hošoi cin wang decinjab alibume unggihe akbai wehiyehe i orin duici aniya anagan i ninggun biyai orin sunja.

《定边左副将军成衮扎布奏报杜尔伯特王乌巴什领兵追剿劫掠乌梁海之哈萨克人折》,乾隆二十四年十一月三十日,档案号：03-0178-1799-013

wesimburengge aha cenggunjab manggūlai fulu jarungga teisu decinjab i ginggūleme wesimburengge donjibume wesimbure jalin omšon biyai orin ninggun de isinjiha narin kara karun i hiya dotoboo i

附录：本书所用重要满文档案转写

alibume benjihe bithede durbed i wang ubasi i baci niyalma takūrafi alanjihangge cereng ubasi bi ilan tanggū susai cooha be gaifi dorgi amban cadag i amargici ineku biyai orin emu de hūlha be fargame genehe ubabe mini funde ulame jiyanggūn ambasa de boolarao seme alanjihabi sehebi baicaci jakan uriyanghai i dorgi amban cadag i uheri da jabkan haktu ere juwe gūsai jud hošo bugar usu sere bade ukteme tehe sunja nirui urse be hasak i juwe tanggū funcere cooha jifi niyalma be waha tabcilaha bebe boolanjiha be getukelerakū de uthai icihiyara ici baharakū ofi aha meni baci untehun funggele seyen taiji tugar be tucibufi ere baitai da dube be getukelebume giyamun ula deri unggifi geli aha meni bade bisire morin ulha de teisulebume haciki nuktei kalkasa ci minggan isire cooha be gaifi durben uriyanghai i cooha be bahara be tuwame gamame nimanggi be amcame šuwe ini jecen de nikenefi ujeleme nimebufi weile be fonjime icihiyaki seme hese be baime wesimbuheci tulgiyen aha meni uhei hebešehengge uriyanghai sebe waha tabcilahangge aika hasak yargiyan oci be goro kemuni teksileme genefi ujeleme nimebuci acara be dahame uthai da wesimbuhe songkoi icihiyaki aika uriyanghai ūled i jergi funcehe mahacin babaci isafi hasak i gebu be jorime yabuhangge oci teksilere be baiburakū uthai genefi gisabume icihiyaci acara be dahame ne meni bade bisire cooha be tewaci gemu asuru teyehekū hūsun juken turgunde bahara be tuwame emu tanggū susai sonjofi hanciki nukte ci isinjici ojoro be bodome beise i jergi gung erkšar jasag dasipungcug cenggunjab se jai emu tanggu susai cooha jibume selgiyafi seyen sei baci da dube be getukelefi mejige boolanjime uthai jurafi tederi durbed uriyanghai i cooha be juwe ilan tanggū gaifi generi be bodome morin ulha kūnesun ci nakame ne je belhebufi icihiyaha bihe ahasi kimcime gūnici te ere baita bifi eicibe cooha baitalara be dahame jakan gociki seme wesimbuhe buyantu i juwan ninggun giyamun be jiyanggūn cenggunjab se cooha dosika ci cargi juce be guribufi bayan jurke karun de sirabume tebuhe bihe erebe uriyanghai sei tesu be tuwame an i

269

nenehe songkoi buyantu i karun de sirabume tebukini seme jasag norbu de afabume yabubuhabi erei jalin gingguleme donjibume wesimbuhe abkai wehiyehe i orin duici aniya jorgon biyai juwan de fulgiyan fi i pilehe hese saha hese wesimbuha sehe omšon biyai gūsin.

《成衮扎布奏车布登扎布等请前往乌里雅苏台军营办理哈萨克劫掠乌梁海事宜折》，乾隆二十四年十二月初六日，档案号：03-0178-1800-005

wesimburengge aha cenggunjab manggūlai fulu jarungga dersu i gingguleme wesimburengge donjibume wesimbure jalin jakan uriyanghai i dorgi amban cadag i baci uheri da jabgan haktu juwe gūsai jud hošo bugar usu sere bade tehe sunja nirui be hasak i cooha jifi niyalma be waha tabcilaha babe boolanjiha be aha meni baci donjibume wesimbuheci tulgiyen cin wang ni jergi cebdunjab giyūn wang cemcukjab se uriyanghai i baita be alifi icihiyara niyalma ofi wesimbuhe bukdari be songkoi ceden sakini seme unggihe bihe te wang cebdenjab cemcukjab sei baci benjihe bithede jiyangyūn ambasai baci hasak i juwe tanggū funcere urse jifi uriyanghai i jabgan haktu sei sunja nirui urse be tabcilaha baita jalin wesimbufi sakini seme binjihe bithe be alime gaifi meni beyese uthai uliyasutai i coohai kūwaran de genefi hese be aliyame jiyanggūn ambasai afabume jorire be dahame yabuci acambihe damu bulgan cagan tohoi i bade alime gaiha hesei dorgide membe jorgon biyai orin deri gemun hecen de jikini sehebe gingguleme dahafi aciha fulmiyen morin teme coohai agūra i jergi jakan be yooni amala tutabufi komsokon i isinjiha bicibe be cohotoi hesei uriyanghai i baita be alifi icikiyara urse hasak sa gelhun akū mesei uriyanghai sei jecen de latunjifi niyalama be wame tabcin sindame yabuhangge yargiyan oci šuwe ini jecen de nikenefi ciralame weile be fonjinaci acambi morin teme coohai agūra be belhebume gamarakū beye teile neneme uliyasutai de genecibe asuru baita de tusa akū be dahame ne meni beyese gemun hecen de genere be ilinjifi amala tutabuha morin

附录：本书所用重要满文档案转写

teme coohai agūra i jergi jakan be aliyakiyame gaifi uthai jurafi uliyasutai i coohai kūwara de genefi hese be aliyame jiyanggūn ambasai afabume jorire be dahame yabuki ubabe jiyanggūn ambasai baci ulame wesimbureo seme bithe benjihebi erei jalin gingguleme donjibume wesimbume wesimbuhe abkai wehiyehe i orin duici aniya jorgon biyai juwan ninggun de fulgiyan fi i pilehe hese hese wesimbuha sehe jorgon biyai ice ninggun.

《二等侍卫纳旺奏闻自乌鲁木齐起程赴哈萨克地方探明抢掠乌梁海情形折》，乾隆二十五年三月二十五日，档案号：03-0178-1816-029

wesimburengge aha nawang gingguleme wesimburengge donjibume wesimbure jalin aha nawang juwe biyai orin nadan de urumci de isinjifi aha i sasa takūraha ūled hiya sanjijab doici isinjire unde ofi aliyara sidende antaki sei baci hasak ci elcin jihe turgunde encu taciburu hese bisire be boljoci ojorakū aha be ubade alibuki seme wesimbuhe ofi inu taka ere bukdari be aliyara jergi babe donjibume wesimbuhe bihe ilan biyai juwan emu de sanjijab se isinjiha ineku biyai orin de antai sei baci wesimbuhe bukdari i sasa coohai nashūn i baita be icihiyara baci afabume jasiha bithei dorgi aha de wasimbuha hesei dorgide hasak abulai sei baci ceni jaisang hūtubai atalig begenei sebe takūrafi elhe be baime morin jafame jihe abulai se cene fejergi urse musei uriyanghai sebe tabcilaha be safi gelefi elcin takuraha dere te mini baci dasame abulai sede wesimbure hese narafi unnggihe nawang urumci de isinafi hese arafi unggihe nawang urumci de isinafi hesei bithe šangnara suje be gaifi hasak de isinaha manggi an i mini onggolo unggihe hese be neneme abulai sede wesimbufi ere mudan wasimbuha hese be wasimbufi ceni muru be tuwafi tabcilabuha niyalma jakan be bure burakū adarame arbušara be uthai donjibume wesimbukini sehebe gingguleme dahafi aha abulai sede wasimbuha hese be aliyambihe ineku biyai orin duin de isinjiha abulai sede wasimbure tod hergen i hese šangnara suje be gingguleme alime gaifi aha nawang sanjijab sebe

271

gaifi jai inenggi uthai juraka nawang hasak i bade isinafi abulai sebe acaha manggi ejen i siran siran tacibume isinjiha hese be gingguleme dahame ejefi juleri amala be kimcime acabume akūmbume ulhibume hese be wasimbufi ceni ai sere adarame arbušara muru be tuwame geli gūnin werišeme jenduken i fejergideri fujurulame yargiyan turgun be baha be tuwame uthai donjibume wesimebure babe muterei teile kiceme faššaki erei jalin gingguleme donjibume wesimbuhe abkai wehiyehe i orin sunjaci aniya duin biyai juwan ilan de fulgiyan fi i pilehe hese sain saha sehe ilan biyai orin sunja

参考文献

一、史料

(一) 档案

中国第一历史档案馆藏：军机处满文录副奏折。

中国第一历史档案馆藏：军机处汉文录副奏折。

中国第一历史档案馆藏：清代内务府呈稿档案。

中国第一历史档案馆藏：上谕档。

《康熙朝满文朱批奏折全译》，中国社会科学出版社，1996年。

《雍正朝满文朱批奏折全译》，黄山书社，1998年。

《乾隆朝满文寄信档译编》，岳麓书社，2011年。

《Tuwa-yin teüken-dür qolbuɣdaqu arkiw-ün barimta-yin emkidkel》，УБ-Кызыл：2011.（《图瓦历史档案汇编》，乌兰巴托，2011年。）

《清代新疆满文档案汇编》，广西师范大学出版社，2012年。

《清代新疆稀见奏牍汇编》，新疆人民出版社，1997年。

(二) 古籍

(1) 汉文古籍

（唐）李延寿：《北史》，中华书局点校本，1974年。

（唐）魏徵：《隋书》，中华书局点校本，1973年。

（后晋）刘昫：《旧唐书》，中华书局点校本，1975年。

（宋）欧阳修《新唐书》，中华书局点校本，1975年。

（元）脱脱：《辽史》，中华书局点校本，1974年。

佚名：《元朝秘史》，乌兰校注，中华书局，2012年。

（波斯）拉施特编：《史集》，余大钧等译，商务印书馆，1983年。

（明）宋濂：《元史》，中华书局点校本，1976年。

（元）王恽《秋涧先生大全集》，《元人文集珍本丛刊》第2册，新文丰出版公司，1985年。

（清）张廷玉：《明史》，中华书局点校本，1974年。

（明）岷峨山人：《译语》，纪录汇编本，收入《丛书集成初编》史地类第3177册；薄音湖、王雄点校《明代蒙古汉籍史料汇编》第一辑，内蒙古大学出版社，1993年。

（明）方孔炤：《全边略记》，民国十九年（1930）影印明刻本。

（明）郭乾、潘晟等编：《兵部奏疏》，国家图书馆藏明刻本，全国图书馆文献缩微复制中心，2007年。

（明）郭造卿：《卢龙塞略》，明万历三十八年（1610）新城王象乾刊本，广文书局，1974年；薄音湖等点校《明代蒙古汉籍史料汇编》第六辑，内蒙古大学出版社，2009年。

（明）火原洁编：《华夷译语》，收入《北京图书馆古籍珍本丛刊》，第6册，经部，书目文献出版社，1991年。

（明）李辅修：《全辽志》（嘉靖），民国二十三年（1934）铅印本，《辽海丛书》，1985年。

（明）刘效祖修：《四镇三关志》，明万历四年（1576）刻本，《四库禁毁书丛刊》史部第10册。

《明实录》，"中研院史语所"校印本，1962年。

《明清史料》，中华书局，1985年。

（明）瞿九思：《万历武功录》，中华书局影印本，1962年；《万历武功录·蒙古女真人物传记选》，收入《明代蒙古汉籍史料汇编》第四辑，内蒙古大学出版社，2007年。

（明）申时行等修：《大明会典》（万历重修），广陵古籍刻印社影印本，1989年。

（明）孙世芳修：《宣府镇志》（嘉靖朝），明嘉靖四十年（1561）刻本，收入《中国方志丛书》塞北地方第19号，成文出版社，1970年。

（明）王世贞：《三卫志》，《弇州史料前集》卷十八，《四库禁毁书丛刊》史部第48—50册；薄音湖等点校《明代蒙古汉籍史料汇编》第二册，内蒙古大学出版社，2006年。

《万历起居注》，北京大学出版社影印本，1988年。

南炳文、吴彦玲辑校：《辑校万历起居注》，天津古籍出版社，2010年。

（明）翁万达：《翁万达集》，上海古籍出版社，1992年。

(明)魏焕：《皇明九边考》，明嘉靖刻本，《国立北平图书馆善本丛书》第1集，1936年；薄音湖、王雄点校《明代蒙古汉籍史料汇编》第一辑，内蒙古大学出版社，1993年。

(清)吴廷燮撰：《明督抚年表》，中华书局点校本，1985年。

(明)徐日久撰：《五边典则》，旧钞本，《四库禁毁书丛刊》史部第25—26册；王雄点校《明代蒙古汉藉史料汇编》第五辑，内蒙古大学出版社，2009年。

(明)叶向高：《四夷考·朵颜三卫考》，陈继儒编《宝颜堂秘笈》。

(明)尹耕：《两镇三关通志》，明嘉靖间刻本，美国国会图书馆藏。

(明)赵堂等：《军政备例不分卷》，清抄本，《续修四库全书》第852册。

(明)郑文彬：《筹边纂议》，辽宁省图书馆藏清抄本，全国图书馆文献缩微中心，1999年。

(明)郑晓：《吾学编》，明万历二十七年(1599)郑心材刻本，《四库禁毁书丛刊》史部第45—46册；隆庆元年(1567)郑履淳等刊本，《北京图书馆古籍珍本丛刊》，第12册。

赵尔巽等：《清史稿》，中华书局，1998年。

《清圣祖实录》，中华书局，1985年。

《清高宗实录》，中华书局，1985年。

《清穆宗实录》，中华书局，1987年。

《清德宗实录》，中华书局，1987年。

张岱年主编：《大清五朝会典》，线装书局，2006年。

(清)穆彰阿：《嘉庆重修大清一统志》，上海古籍出版社，2008年。

《蒙古回部王公表传》第1辑，包文汉等整理，内蒙古大学出版社，1998年。

《蒙古回部王公表传》第2辑，包文汉等整理，内蒙古大学出版社，2008年。

(清)祁韵士撰,(清)张穆改定：《清朝藩部要略稿本》，包文汉整理，黑龙江教育出版社，1997年。

(清)温达等修：《亲征平定朔漠方略》，中国藏学出版社，1994年。

(清)乾隆敕修：《平定准噶尔方略》，收入《西藏学汉文文献汇刻》

第 2 辑,全国图书馆文献缩微复制中心,1990 年。
(清)富俊等辑:《科布多事宜》,《中国方志丛书》塞北地区第 42 号,成文出版社,1970 年。
(清)和珅等纂修:《钦定热河志》(乾隆),收入《辽海丛书》。
(清)何秋涛:《征乌梁海述略》,收入《小方壶斋舆地丛抄》。
《乌梁海内属述略》,《朔方备乘》,收入李毓澍《中国边疆丛书》第二辑,第 17 册,文海出版社,1965 年。
(清)黄可润纂修:《口北三厅志》,清乾隆二十三年(1758)刻本,收入《中国方志丛书》塞北地方第 36 号,成文出版社,1968 年。
(清)施世杰:《元秘史山川地名考》,卷一"兀良哈部"条,清光绪二十三年(1897)施氏自刻《鄦郑学庐地理丛刊》本;光绪二十九年(1903)《皇朝藩属舆地丛书》本。
王铁崖:《中外旧约章汇编》,生活·读书·新知三联书店,1957 年。
(清)魏源:《圣武记》,韩锡铎、孙文良点校,中华书局,1984 年。
(清)文庆、贾桢、宝鋆等纂辑:《三朝筹办夷务始末》,民国十九年(1930)故宫博物院影印清内府抄本,上海古籍出版社,2007 年。
王彦威、王亮辑编:《清季外交史料》(光绪朝),1932 年付印,李育民等点校,湖南师范大学出版社,2015 年。
王彦威等编:《清宣统朝外交史料》,书目文献出版社,1987 年。
(清)张穆撰,何秋涛校:《蒙古游牧记》,清同治六年(1867)寿阳祁氏刻本。
《中俄边界条约集》,商务印书馆,1973 年。
《中俄关系史料——外蒙古》(民国六年至八年),"中央研究院近代史研究所",1959 年。
《中俄关系史料——东北边防与外蒙古》(民国十年),"中央研究院近代史研究所",1978 年。

(2)蒙古文古籍

罗布桑丹津撰:《黄金史》(蒙古文),乔吉校注,内蒙古人民出版社,1999 年;影印本收入《XVII зууны монгол түүхэн сурвалжийн тулгуур эхүүд》,Lobsandanzan《Erten-ü qad-un ündüsülegsen törü yosun-u jukiyal-i tobčilaln quriyaγsan altan tobči kemekü orusibai》,

Уб：2011.

萨冈彻辰：《蒙古源流》（蒙古文），呼和温都尔校注，民族出版社，1987年；影印本收入《XVII зууны монгол түүхэн сурвалжийн тулгуур эхүүд》，《Qad-un ündüsün-ü erdeni-yin tobči》，Уб：2011.

佚名：《大黄册》（蒙古文），乌力吉图校注，民族出版社，1983年；影印本收入《XVII зууны монгол түүхэн сурвалжийн тулгуур эхүүд》，《Erten-ü mongγol-un qad-un ündüsün-ü yeke sir-a tuγuji》，Уб：2011.

佚名：《汉译蒙古黄金史纲》（蒙汉合璧），朱风、贾敬颜译，内蒙古人民出版社，1985年；影印本收入《XVII зууны монгол түүхэн сурвалжийн тулгуур эхүүд》，《Qad-un ündüsün quriyangγui altan bobči》，Уб：2011.

佚名：《阿勒坦汗传》（蒙古文），珠荣嘎译注，(erdeni tonomal neretü sudur orusiba)，后附有原文影印件，内蒙古人民出版社，2013年。

二、论著

（一）著作

1. 中文或中译著作

（法）伯希和：《西域南海史地考证译丛》（第1编），冯承钧译，商务印书馆，1962年。

达力扎布：《明代漠南蒙古历史研究》，内蒙古文化出版社，1997年。

樊明方：《唐努乌梁海历史研究》，中国社会科学出版社，2004年。

樊明方：《唐努乌梁海历史资料汇编》，西北大学出版社，1999年。

关丙胜：《族群的演进博弈——中国图瓦人研究》，社会科学文献出版社，2011年。

韩儒林：《韩儒林文集》，江苏古籍出版社，1985年。

（日）和田清：《明代蒙古史论集》，潘世宪译，商务印书馆，1984年。

（日）箭内亘：《兀良哈及鞑靼考》，陈捷、陈清泉译，商务印书馆，1932年。

李毓澍：《外蒙撤治问题》，"中央研究院"近代史所专刊，1976年。

李毓澍：《外蒙政教制度考》，"中央研究院"近代史所专刊，1978年。

吕一燃：《北洋政府时期的蒙古地区历史资料》，黑龙江教育出版社,2012年。

南快莫德格:《新疆图瓦人研究》(蒙古文),民族出版社,2007年。

南快莫德格:《新疆图瓦人社会文化田野调查与研究》,民族出版社,2009年。

(苏)P·卡鲍:《图瓦历史与经济概述》,辽宁大学外语系译,商务印书馆,1976年。

乌云毕力格:《喀喇沁万户研究》,内蒙古人民出版社,2005年。

2. 日文著作

(日)和田清:《東亞史研究——蒙古篇》,东洋文库,昭和34年。

(日)原田淑人:《明代の蒙古》(日文),东亚同文会报告,1908年。

3. 西里尔蒙古文著作

А.Очир.《Монголын түүх, угсаатны судлалын зарим асуудалд》. Тохокү их сургуулийн Зүүнхойт Ази Судлалын Төв, Сэндай, 2004.

Б. Төвшинтөгс, А. Гонгор, 《Тува: Түүх, Хэл, Соёл》XXIX, УБ, 2013.

С.Чулуун, 《Монголын газрын зураг газрын нэр судлал》, УБ, 2015.

Ц.Гантулга.《Алтайн Урианхайчууд》, УБ, 2000.

Д.Гонгор.《Ховдын хураангуй туух》, УБ, 2006.

Х. Бямбажав, Ц. Гантулга, 《Алтайн Урианхай судлалын бүтээл туурбил》, XLIII, УБ, 2015.

《Монгол улсын түүх》(IV), УБ, 2006.

На. Сүхбаатар, Х. Бямбажав, 《Алтайн Урианхайн түүх соёлын судалгаа》, L1, УБ, 2015.

Ондрэй Срба, 《Алтай Урианхайн баруун амбаны хошууны он цагийн товчоон》, УБ, 2018.

Очирын Оюунжаргал, 《Манж Син улсаас Монголчуудыг захирсан бодлого》, УБ, 2009.

三、论文

(一)中文论文

奥登:《蒙古兀良哈部落的变迁》,《社会科学辑刊》1986年第2—

3期。

安伯奇:《苏联侵夺之乌梁海》,《大道月刊》1935年第1期。

宝音德力根:《关于兀良哈》(蒙古文),收入乌云毕力格等编《硕果——纪念札奇斯钦教授诞辰80寿辰文集》,内蒙古文化出版社,1996年。

宝音德力根:《兀良哈万户牧地考》,《内蒙古大学学报(人文社会科学汉文版)》2000年第5期。

宝音德力根、玉芝:《山阳或岭南万户的结局——达延汗子孙瓜分朵颜—兀良哈三卫考》,《蒙古史研究》第十三辑,内蒙古人民出版社,2020年。

(俄)别洛夫:《乌梁海问题》,陈春华译,《中国边疆史地研究》2000年第1期。

(俄)别洛夫:《1915年至1919年期间争夺乌梁海的斗争》,陈春华译,《中国边疆史地研究》2009年第3期。

薄音湖:《俺答汗征兀良哈史实》,《纪念内蒙古大学成立25周年学术论文集》,1982年。

薄音湖:《明代蒙古的黄毛与红帽兀良哈》,《民族研究》2002年第5期。

岑仲勉:《达怛问题》,《岑仲勉史学论文续集》,中华书局,2006年。

丹忱:《苏联的原子城——唐努乌梁海》,《自由天地》1947年第1期。

额德:《明代朵颜卫源考》,《内蒙古民族大学学报》,2001年第3期。

冯承钧:《辽金北部部族考》,《冯承钧学术论文集》,上海古籍出版社,2015年。

樊明方:《清朝对唐努乌梁海地区的管辖》,《中国边疆史地研究》1996年第2期。

樊明方:《唐努乌梁海并入苏联始末》,《中国边疆史地研究》1997年第2期。

樊明方:《19世纪60年代以后俄国对唐努乌梁海盆地的渗透》,《中国边疆史地研究》1998年第1期。

(日)冈田英弘:《达延汗六万户的起源》,薄音湖译,收入《蒙古学资料与情报》,1985 年第 2 期。

(日)冈田英弘:《兀良哈蒙古的衰亡》,徐维高译自美国《蒙古研究(1986—1987)》,收入《蒙古学资料与情报》1988 年第 4 期。

郭蕴华:《阿勒泰乌梁海"德瓦人"的历史变迁》,《喀什师范学院学报》1988 年第 1 期。

(美)H.赛瑞斯:《蒙古的"黄毛"和"红帽"》,《蒙古学资料与情报》1986 年第 1 期。

韩儒林:《唐代都波》,原刊《中国边疆》1943 年第 3 卷第 4 期;收入《韩儒林文集》,江苏古籍出版社,1985 年。

韩儒林:《唐代都波新探》+补记,原载《社会科学战线》1978 年第 3 期;收入《穹庐集》(上海人民出版社,1982 年)和《韩儒林文集》。

韩儒林:《元代的吉利吉思及其邻近诸部》,原载《南京大学学报》专辑《元史及北方民族史研究集刊》第 5 期,1981 年;收入《穹庐集》和《韩儒林文集》。

何星亮:《阿尔泰乌梁海之印及其有关问题》,《中央民族学院学报》1986 年第 2 期。

何璟:《唐努乌梁海问题及其与中俄蒙三方之关系》,《外交月报》1934 年第 3 期。

贺继宏:《图瓦人考》,《新疆地方志》2001 年第 4 期。

胡日查:《有关朵颜卫者勒蔑家族史实》,《内蒙古社会科学(汉文版)》2000 年第 1 期。

胡日查:《关于塔布囊的若干历史问题》,《内蒙古社会科学(蒙古文版)》1999 年第 4 期。

胡秋原:《外蒙科布多唐努乌梁海》,《台湾新生报》,1953 年 3 月 8 日。

贾敬颜:《明成祖割地兀良哈考辩》,《蒙古史研究》第一辑,中国蒙古史学会编,内蒙古人民出版社,1985 年。

金峰:《再论兀良哈部落的变迁》,《新疆师范大学学报》1990 年第 2 期。

景岚:《唐努乌梁海》,《大公报》,1948 年 1 月 9 日。

金兆鸿:《唐努乌梁海——蒙古方志》,《新夏》1960年第11期。

李俊义:《〈辽史〉中的"斡朗改"名称沿革考》,《赤峰学院学报(汉文哲学社会科学版)》,2016年第2期。

刘廉克:《乌梁海民族移动考》,《中国学术史论集》(第2册),1956年10月。

刘学铫:《北陲奥区——唐努乌梁海》,《边政学报》1969年第8期。

罗新:《论拓跋鲜卑之得名》,原载《历史研究》2006年第6期;收入《中古北族名号研究》,北京大学出版社,2009年。

吕一燃:《清政府对阿勒坦诺尔乌梁海的管辖》《阿勒坦诺尔乌梁海历任总管考略》《阿勒坦诺尔乌梁海究竟属于何族》《阿勒坦诺尔乌梁海图巴族人说质疑》,俱收入《中国北部边疆史研究》,黑龙江教育出版社,1998年。

那音塔:《关于新疆阿勒泰乌梁海盟旗制度及其氏族统计》,《西北民族大学学报(蒙古文版)》2013年第1期。

奥拉:《明末清初的朵颜卫与喀喇沁的关系》,《内蒙古社会科学》2001年第5期。

敖拉:《明末朵颜卫南下及其驻牧地考》,《赤峰学院学报》2014年第3期。

潘世宪:《唐努乌梁海与中原地区的关系》,《内蒙古大学学报》1978年第1期。

特木勒:《朵颜卫研究——以十六世纪为中心》,南京大学博士学位论文,2001年。

特木勒:《"庚戌之变"与朵颜卫的变迁》,《蒙古史研究》第七辑,内蒙古大学出版社,2003年。

特木勒:《十六世纪后半叶的朵颜卫》,《内蒙古大学学报》2004年第3期。

特木勒:《朵颜卫左右两都督的世系钩沉》,《元史及民族与边疆研究集刊》第三十四辑,上海古籍出版社,2018年。

吐娜:《阿勒泰乌梁海蒙古社会生活及文化》,《新疆社会经济》1999年第2期。

吐娜:《阿勒泰乌梁海七旗的分布及其盟旗组织》,《新疆师范大学学报》专号《卫拉特史论文集》,1987年。

陶元甘:《漫谈唐努乌梁海》,《青年世界》1946年第7期。

王云五:《控制外蒙与乌梁海》,《中央日报》,1952年7月13—16日。

乌云毕力格:《关于朵颜兀良哈人的若干问题》,《蒙古史研究》第七辑,内蒙古大学出版社,2003年。

祥伯:《乌梁海边区之概况与素阿特人》,《中央亚细亚》1942年第1期。

余汉华:《苏俄控制下之唐努乌梁海——唐努都温共和国之现状》,《新亚西亚月刊》1935年第6期。

张广达:《关于马合木·喀什噶里的〈突厥语词汇〉与见于此书的圆形地图》,收入《西域史地丛稿初编》,上海古籍出版社,1995年。

周良霄:《〈元史〉北方部族表》,原载《中华文史论丛》2010年第1期;收入《知止斋存稿》,上海古籍出版社,2022年。

周清澍:《元朝对唐努乌梁海及其周围地区的统治》,《社会科学战线》1978年第3期;收入《周清澍文集》,广西师范大学出版社,2020年。

周清澍:《读〈唐驳马简介〉的几点补充意见》,原载《元史及北方民族史研究集刊》第3期,南京大学历史系,1978年;收入《周清澍文集》。

(二) 外文论文(日文)

冈田英弘:「ダヤン・ハーンの六万戸の起源」,『榎博士還暦記念東洋史論叢』,山川出版社,1975年。

冈田英弘:「ウリヤンハン・モンゴル族の滅亡」,『榎博士頌寿記念東洋史論叢』,汲古書院,1988年。

オチル・オユンジャルガル:「乾隆期中葉におけるドゥルベドの牧地問題について」,『日本モンゴル学会紀要』,2006年。

オチル・オユンジャルガル:「清代ホヴド参贊大臣の設置について」,『国際文化研究』第11号,2005年第3期。

后　　记

　　本书的写作整整经历了十年,准确地说是整整拖了十年。写作缘起于撰写硕士学位论文。笔者2010年考入内蒙古师范大学历史文化学院攻读硕士学位,师从兼职教授中国社会科学院中国边疆史地研究中心的毕奥南研究员。学习之初,出于家乡情怀,我准备专攻额鲁特营或准噶尔汗国史。后来在导师推荐下阅读了冈洋树、柳泽明等人的论著,开始对清代漠北喀尔喀史感兴趣,在导师和曹永年先生的鼓励下准备做乌里雅苏台将军驻防研究。突然有一天,导师毕先生抱着两大本厚厚的书放我面前,说能不能利用这批新资料来做学位论文。这是蒙古国学者编纂出版的两卷本《图瓦历史档案汇编》。于是我在乌兰巴根老师的指点下,把两本书从头到尾读了一遍,结果由于对相关研究及史料了解有限,不得要领。虽然资料不算少,但太过于零散,不成系统。此时,毕先生给我带来樊明方先生的《唐努乌梁海历史研究》作为参考,希望我能发现新问题深化研究。我抱着此书快速读了一遍,因樊先生旁征博引,没有一定基础很难读明白,于是我在导师的鼓励下又细读了一遍,并做了详细的笔记,深为樊先生胼手胝足挖掘资料的精神所鼓舞,我也开始疯狂地搜集该书所引资料,费了很大劲基本将樊著征引主要资料搜集到手。细细研读樊著,觉得用《图瓦历史档案汇编》补充或深化相关研究远远不够,在导师和乌兰巴根老师的鼓励下,我又去中国第一历史档案馆查阅相关满文档案。当时的一档馆没有电子目录,无法检索,只能去调阅缩微胶卷,能否找到,全凭运气。我每天调来与乌里雅苏台相关的七八盒胶卷一页页翻阅,凡在目录里看到"乌梁海"字样的档案都抄下来。年轻气盛的我务求罗掘殆尽,于是一口气埋头抄了六个月,结果代价是学问尚无长进,颈椎却出现问题,这成为我日后伏案写作最大痛点,后来又慢慢发展成肩椎炎,大大影响我的工作效率。虽然伏案抄录了一千多页的满文档案,但抬头一看,只抄了总量一小部分,带有"乌梁海"字样的档案简直是海量(后来在一档馆数据库里搜到条目两千多条),让我只能是望洋兴叹。因为撰写学位论文时间有限,只能到此告一段落。

我抱着抄来的档案钻进北师大对面的地下室暂租房开始了系统解读,结果发现抄下来的"宝贝"跟设想撰写的唐努乌梁海内容关联不多,大多是关于准噶尔汗国时期科布多乌梁海的录副奏折。我不得不修改论文框架,最终利用这批资料形成了我硕士学位论文《清朝征服阿尔泰乌梁海若干问题探讨》。承蒙评委老师厚爱,此文还被评为内蒙古师范大学优秀学位论文,对我鼓励不小。本书第四、五章即是在我硕士学位论文基础上修改而成。虽然做了系统修改,但还是有意无意保留了一些当时稚嫩手法和观点的痕迹。

读博期间,闲来无事,翻阅抄来尚未来得及利用的满文档案,我完成了论文《清朝征服汗哈屯乌梁海资料评述与史实考证》(发表在《西域历史语言集刊》第八辑),该文经修改成为本书第六章。前两年我写了一篇《18世纪中叶科布多乌梁海诸宰桑游牧地考》(发表于《西域研究》2022年第2期),经修改后形成了本书第八章第三节内容。

读博期间,与中国人民大学清史研究所安海燕老师合作申报内蒙古社会科学院主持的国家社科基金特别项目《北部边疆历史与现状研究》子课题"部落史研究",我的"乌梁海部落史"获批(批准号:BJXM2013-76)。按项目要求,对乌梁海部落进行全面系统的研究,从其形成到现状。该课题难度特别大,因为从隋唐一直跨越到近现代。要追溯乌梁海人的起源,摆在面前的问题是要解决唐努乌梁海人主要成员图瓦人的由来。笔者追溯到唐代的都波,否定了一系列望文生义的解释,理清了图瓦族名的来由,并追溯了"乌梁海"或"兀良哈"族称的来由。依我个人愚见,今后欲对此二部进一步研究,不得不寄希望于将来发现新的突厥如尼文和契丹女真文碑文。

元明时期的兀良哈部是一脉相承的同一个部落。但有意思的

后 记

是,者勒蔑、速不台兄弟俩身后遗留兀良哈支系大不相同,不能混淆。明代乌梁海史研究难度最大,对此前人做了很好的研究。本书的重点是清代乌梁海部落史研究,笔者为此大量利用中国第一历史档案馆所藏满文档案对相关问题进行了详细研究。对诸如乌梁海这么一个小部落能留下两千多件档案,已经算是海量了,但想搞清一些事件的原委,有时档案也显得苍白无力,只能感慨文献不足征。有些地方不得不付诸合理推演。由于档案众多,需要探讨的细节问题也很多。关于沙俄入侵和唐努乌梁海被割问题,樊明方先生做了很好的研究,本书相关部分主要参考樊先生提供的史料和思路,又结合一些蒙古文档案进行了补充研究。中国第一历史档案馆还藏有大量相关满汉文档案,其中一部分被收入《中俄关系档案史料选编》尤其是《中俄关系历史档案文献集》,但还有大量的档案资料未搜罗进来。利用这些编译出版和未出版的档案对沙俄侵占唐努乌梁海问题可进行大量细节研究。本书因考虑到项目体例要求,不得不舍去一些新研究思路,而是着重对前人研究进行一些梳理和补充。还应说明的是,笔者曾花不少精力整理了清代乌梁海档案目录70多页,但因篇幅过多被舍弃。笔者曾开列的详细参考文献,并不限于本书征引,后因太过繁密大都被删节,现在的参考文献也是略多于书中具体引用之书。

  以上就是本书写作背景。回顾写作过程,首先感谢我的妻子包乌云,她这些年来揽去大部分家务尤其是接送孩子和辅导孩子功课,让我才有整段时间来投入教学和科研工作。这些年来牺牲了太多本该陪伴孩子的时间,深以为憾。尤其感谢我的硕士导师毕奥南先生,从指导论文选题到写作过程,从项目申报、撰写过程到结项,都进行了热心指导和鞭策,并为本书提供了很多珍贵资料。若没有毕先生的关怀,就不可能有这本书的写作。特别感谢我博士导师乌云毕力格教授一直以来对本书的热心关照,一直指导着本书的写作,提出了很多宝贵意见,并把本书列入出版计划,花费了很多精力与我切磋出版事宜,若没有乌云毕力格老师的提携,这本书很难有出版机会。本书的出版还要特别感谢我们国学院西域所黄维忠老师的关怀和督促。感谢安海燕和乌兰巴根老师的支持。感谢我的师兄、师弟们的关怀。感谢我的学生田钰、哈达、额日古纳等同学的协助。

特尔巴衣尔

2023 年 2 月 16 日

于中国人民大学国学馆

图书在版编目(CIP)数据

山林之间：乌梁海部落史研究／特尔巴衣尔著. ——上海：上海古籍出版社,2024.4
（欧亚古典学研究丛书）
ISBN 978-7-5732-1051-7

Ⅰ.①山… Ⅱ.①特… Ⅲ.①蒙古部落—民族历史—研究—中国 Ⅳ.①K281.2

中国国家版本馆 CIP 数据核字(2024)第 063303 号

欧亚古典学研究丛书
山林之间：乌梁海部落史研究
特尔巴衣尔 著
上海古籍出版社出版发行
（上海市闵行区号景路 159 弄 1-5 号 A 座 5F 邮政编码 201101）
（1）网址：www.guji.com.cn
（2）E-mail：guji1@guji.com.cn
（3）易文网网址：www.ewen.co
启东市人民印刷有限公司印刷
开本 710×1000 1/16 印张 18.25 插页 2 字数 254,000
2024 年 4 月第 1 版 2024 年 4 月第 1 次印刷
ISBN 978-7-5732-1051-7
K·3551 定价：88.00 元
如有质量问题，请与承印公司联系